한국 독자들께 드리는 글

오늘날 전 세계적으로 리더십 훈련과 계발을 위한 멘토링이 절실히 필요합니다. 한국에서도 많은 성도와 크리스천 리더가 멘토링의 도움을 받기를 간절히 바라고 있습니다!

나는 한국 교회와 선교 리더들이 사역을 통해 다음세대 리더를 훈련하고 세워 나가는 일에 더욱 집중하며, 그들에게 필요한 멘토가 되어야 한다고 믿습니다.

풀러신학교에서 리더십을 가르치면서 이영규 박사를 개인적으로 멘토링해 줄 기회가 있었습니다. 나의 리더십과 멘토링 이론을 수년간 가르치고 실제로 적용하고 있는 제자 이영규 박사가 이 책을 한국어판으로 번역해주어서 더욱 기쁘게 생각합니다.

이 책은 다음세대 리더들을 훈련하고 발굴하기 원하는 한국 교회 목회자, 선교사 그리고 모든 크리스천에게 큰 도움이 되리라 믿습니다. 이 시대에 필요한 바로 그 일을 위해 멘토링은 매우 중요한 도구가 될 수 있기 때문입니다.

나는 이 책을 한국 교회의 모든 리더에게 기쁜 마음으로 강력히 추천합니다. 이 책을 자세히 읽고 멘토링의 개념을 유용하게 사용하기 바랍니다. 멘토링을 통해 다른 사람들을 섬기고, 그들의 리더십 훈련과 계발을 위해 수고하는 여러분에게 그리고 여러분의 사역에 하나님의 축복이 함께하기를 기원합니다.

2021년 9월
J. 로버트 클린턴

J. Robert Clinton

추천의 글

나는 풀러신학교에서 클린턴 박사의 제자로 3년, 동료 교수로 20년을 넘게 함께 보냈다. 클린턴 박사는 나의 삶과 사역에 엄청난 변화를 가져다준 분이다. 그분으로부터 리더십을 배운 수많은 리더들이 세계 각처에서 선한 영향력을 끼치고 있다. 그 탁월한 제자 중 한 사람인 이영규 박사가 클린턴 박사의 『멘토링 매뉴얼』을 한국어로 번역한 것은 귀중한 열매라고 믿는다. 평생에 걸쳐 하나님이 원하시는 리더로 성장하고, 또한 다른 사람들의 리더십이 계발되도록 돕기 원하는 한국 교회와 선교 지도자들에게 이 책을 필독서로 추천한다.

박기호
풀러신학교 아시아선교 원로교수

우리는 모두 누군가의 가르침과 도움으로 이 자리까지 왔다. 그리고 우리는 모두 누군가를 돕는 멘토가 되어야 한다. 좋은 멘토를 만난 사람은 좋은 사람이 될 가능성이 훨씬 크지만, 좋은 멘토들을 만나는 것이 쉽지 않은 게 현실이다. 이 책은 좋은 멘토가 되고 싶은 사람이나, 좋은 멘토를 만나지 못한 채 스스로 길을 찾아야 하는 모든 사람들에게 훌륭한 가이드가 될 것이다.

박은조
은혜샘물교회 원로목사

이 책은 리더십의 대가인 클린턴 박사의 방대한 자료를 한국어로 번역한 멘토링 매뉴얼이다. 번역자인 이영규 박사는 클린턴 교수로부터 직접 멘토링을 받고 이 분야에 오랫동안 이론과 실천을 통합하는 진지한 연구 작업을 해왔다. 그동안 한국에 멘토링 분야와 관련된 책들이 출판되었지만 이 책이야말로 가장 체계적이고 권위 있는 매뉴얼이라 믿는다. 리더십과 멘토링에 대한 심도 깊은 연구와 지침서가 되는 이 책을 통해 한국 교회가 하나님의 사람들을 리더들로 훈련하고 세워나가는 일에 더욱 귀하게 사용되기를 바란다.

박진석
포항 기쁨의교회 담임목사

멘토를 통해 세움을 받고 또한 누군가의 멘토가 되어 다른 사람을 세워가는 멘토링, 그 가능성과 중요성에도 불구하고 검증된 이론적 틀과 실천적인 안내서가 없어 아쉬웠는데, 그 목마름을 해갈해줄 멘토링에 관한 종합 매뉴얼을 만나게 되어 매우 기쁘게 생각한다. 이 책은 멘토링에 관한 매우 구체적이고도 실천적인 방안들을 여러 사례들과 함께 제시해주고 있어, 크리스천 공동체를 건강하게 이끌어갈 하나님의 일꾼들을 세우는 데 매우 유용하게 쓰이리라 확신한다.

양혁승
연세대학교 경영대학 교수

클린턴 박사는 우리 시대 최고의 기독교 리더십 이론가이다. 그러나 그의 이론은 철저하게 실천과 적용을 염두에 둔 정교한 이론으로 구성되어 있다. 그래서 우리 시대 리더십을 고민하는 모두에게 그는 피해 갈 수 없는 큰 바위 얼굴이 되었다. 그의 역작인 『멘토링 매뉴얼』이 이영규 박사에 의해 번역된 것은 정말 치하할 경사스런 일이다. 여러 가지로 내일이 보이지 않는 한국 교회의 미래 리더십을 세우기 위해 고민하는 모두에게 이 책을 정독하고 또 정독하라고 권하고 싶다. 나 자신부터 그렇게 할 작정이다.

이동원
지구촌교회 원로목사

이 세상에 독불장군은 있을 수 없다. 모든 사람이 서로 배우고, 돕고, 영향을 주고 받는다. '멘토'와 '멘토링'이란 말은 이제 한국 사회에도 보편화되었다. 그럼에도 여전히 멘토링에 대한 정확한 개념, 멘토링의 적절한 방법론에 대해 배워야 할 점이 많다. 이론과 실천이 잘 어우러져 있는 이 책은 멘토링에 관한 교과서라고 할 수 있다. 효과적인 멘토링을 위한 실제적인 지침을 제시해주고 있어 한국적 상황에 적용 가능하다. 또한 리더십과 멘토링 분야의 세계적인 권위자인 클린턴 박사의 정수를 볼 수 있다. 심도 깊은 연구를 다룬 『멘토링 매뉴얼』을 클린턴 박사의 제자인 이영규 박사가 번역해 그 의미와 가치를 더한다. 이 책을 통해 우리 사회에 올바른 멘토링 문화가 확산되길 기대한다.

이태형
기록문화연구소 소장

역자 서문

우리는 인생을 살아가면서 수많은 사람을 만납니다. 우연한 만남도 있지만, 삶에 큰 영향을 끼치는 만남도 있습니다. 바로, 우리에게 필요한 도움을 준 매우 소중한 사람들과의 만남입니다. 그들은 하나님이 보내주신 우리의 '멘토'라고 할 수 있습니다. 풀러신학교에서 리더십을 연구할 때 하나님의 섭리 가운데 J. 로버트 클린턴 박사님과 만난 일은 제 삶의 중요한 전환점이 되었고, 저에게 지대한 영향을 끼쳤습니다.

학위 과정(Th.M., Ph.D.) 동안 지도해 주신 클린턴 박사님은 삶과 가르침을 통해 저에게 본이 되어 주셨습니다. 강의실에서는 탁월한 교사로, 조교로 있을 때는 후원자와 엄격한 코치로, 진로를 놓고 고민할 때는 교수님 댁으로 불러 따뜻한 상담자로서 책무를 다하며 멘토링을 해주셨습니다. 박사님은 지금도 여전히 변함없는 격려와 후원으로 저와 함께해 주십니다. 평소 가르치고 강조하는 대로 유종의 미를 거두는 삶을 살아가는 클린턴 박사님은 제가 너무나 본받고 싶은 동시대 모델입니다.

클린턴 박사님은 풀러신학교에서 40년 이상 재직하면서 리더십과 멘토링 분야에 지대한 공헌을 하셨습니다. 『멘토링 매뉴얼』은 클린턴 박사님이 자신의 멘토링 경험과 수년간 리더 6백여 명을 연구하면서 집대성한 멘토링 이론과 실제적 매뉴얼을 담은 책입니다. 이 책은 리더십 계발을 위한 멘토링 이론과 더불어 효과적인 멘토링을 위한 다양한 방법론과 실제적 지침을 제시합니다.

이 책을 한국어로 번역하면서 적절한 단어와 용어를 찾는 것은 그다지 녹록한 작업이 아니었습니다. 그래도 이 책을 번역할 수 있도록 격려해 주신 클린턴 박사님께 먼저 감사드리며, 귀한 추천사를 써 주신 이동원 목사님, 박기호 교수님, 박은조 목사님, 박진석 목사님, 양혁승 교수님, 이태형 소장님께 진심으로 감사드립니다.

한국 교회는 물론 사회 전반에 걸쳐 멘토링이 절실히 필요한 때 이 책이 한국어로 출판되어 매우 기쁘게 생각합니다. 예수님을 믿고 따르는 사람으로서, 자신의 리더십을 세우고, 다른 사람들의 리더십 계발을 도우며 그들을 멘토링으로 도와주길 원하는 모든 분에게 이 책이 유익하게 쓰이길 바랍니다. 이 책이 한국 교계에 출판되도록 사명감을 품고 수고해 주신 도서출판 디모데의 고종율 대표님과 직원들에게도 진심으로 감사드립니다.

기대하는 마음으로 이 책에 등장하는 수많은 하나님의 사람과 만나고, 그들의 삶으로 들어가 멘토링을 깊이 경험하기를 바랍니다. 그들과 친히 함께해 주신 하나님이 놀라운 은혜와 인도하심(히 13:7-8)으로 독자 여러분과도 함께해 주실 것입니다.

이영규

멘토링 매뉴얼

Copyright © 2011 by J. Robert Clinton & Richard W. Clinton
Originally published in English under the title **The Mentor Handbook**
by Barnabas Publishers, USA

All right reserved.

Korean Edition Copyright © 2013 by Timothy Publishing House, Inc.,
Seoul, Republic of Korea

이 한국어판의 저작권은 Barnabas Publishers와 독점 계약한 (주)도서출판 디모데에 있습니다.
신 저작권법에 의하여 한국 내에서 보호를 받는 저작물이므로 무단 전재와 무단 복제를 금합니다.

멘토링 매뉴얼

1쇄 발행   2013년 7월 15일
2쇄 발행   2021년 9월 13일

지은이   J. 로버트 클린턴 & 리처드 W. 클린턴
옮긴이   이영규
펴낸곳   주)도서출판 디모데〈파이디온 선교회 출판 사역 기관〉

등록   2005년 6월 16일 제 319-2005-24호
주소   서울특별시 서초구 서초대로 141-25(방배동, 세일빌딩)
전화   마케팅실 070) 4018-4141
팩스   마케팅실 031) 902-7795
홈페이지 www.timothybook.com

값 30,000원
ISBN 978-89-388-1558-3
Copyright ⓒ 주) 도서출판 디모데 2013 〈Printed in Korea〉

멘토링 매뉴얼
리더십 계발을 위한 멘토링 바이블

J. 로버트 클린턴 & 리처드 W. 클린턴 지음 | 이영규 옮김

서문

우리는 종종 "멘토링 좀 해 주세요"라는 요청을 받는다. 그런 요청을 받으면 5년 전과는 매우 다르게 대답을 한다. 왜냐하면 그동안 우리가 멘토링에 관한 많은 연구를 했기 때문이다. 이 책은 바로 그 연구한 내용을 나누기 위해서 만들었다. 그래서 이 책은 **"나를 멘토링 해주실 수 있나요?"**라고 요청하고, 그리고 이러한 중요한 요청에 응해야 하는 사람들에게 매우 유익하다.

우리는 성경에 나오는 리더들에 대해 연구하면서 당황스러운 결론을 얻었는데 그것은 바로 유종의 미를 거둔 리더들이 드물다는 것이다. 또한 우리와 동시대를 살아가는 중견 리더들에 대해 연구한 결과 우리는 또 다른 결론에 이르렀다. 이 리더들은 대부분 그들의 삶의 여정 가운데 필요할 때면 다른 사람의 도움을 받았다는 점이다. 그들이 유종의 미를 거두는 삶을 살지는 아직 알 수 없다. 그러나 다른 사람들과의 관계를 통해 그들의 리더십 계발이 크게 향상된 것을 알 수 있었다. 여기에 나온 사례 연구의 대부분은 이들의 리더십 계발을 도와준 사람이 적어도 3명에서 10명 정도라는 사실이다. 이들에게 나타난 현상은 우리에게도 예외는 아니었다. 우리 또한 우리의 삶과 사역에 지대한 영향을 끼친 사람들이 15명 정도가 된다는 중요한 사실을 발견했다.

리더십 계발에 도움을 준 이 사람들에 대한 비교 연구를 통해 우리는 다른 사람들의 리더십 계발을 계속 돕고 그들이 유종의 미를 거두는 삶을 살 수 있도록 돕기 위해 활용할 수 있는 자료를 모았다. 종합적인 비교 연구 결과 가장 도움이 되는 전체적 개념은 바로 멘토링의 정의였다. 멘토링은 한 사람이 다른 사람에게 하나님이 주신 자원을 나누어 줌으로써 능력을 부여하는 인간관계적 경험이다. 그 자원은 다양하다. 멘토링은 긍정적이고 역동적이며 사람들의 잠재력이 계발되도록 한다.

빈번하게 일어난 리더십 실패 사례가 일반 대중들에게 충격적으로 알려진 1987년 이후, 리더십에서 책무(accountability)의 필요성이 널리 인식되었다. 이러한 리더십 실패는 대부분 적절한 멘토링으로 방지할 수 있었을 것이다. 이 책에서 제시하는 다양한 종류의 멘토링은 분명히 리더십의 실패를 방지하고 필요한 책무를 제공할 것이다. 오늘날 리더들은 모두 책무가 필요하다. 그들은 리더로서 유종의 미를 거두기를 원한다. 그래서 그들의 리더십 계발에 유익하다면 멘토링을 기꺼이 환영할 것이다.

멘토링이 이루어지면 리더가 실패하는 확률이 줄어들고, 필요한 책무를 제공하며, 호응하는 리더에게 능력 부여가 일어난다. 우리는 우리 자신의 삶의 여정과 많은 사례 연구, 특히 역사적 인물들의 삶을 재조명해 봄으로써 이 결론에 이르렀다. 그리고 제자훈련을 통해 멘토링을 개인적으로 경험하였다. 또한 이런 경험을 통해서 배운 원리와 기술을 다른 사람들에게 전수해 주었다. 나는(로버트) 26년 전에, 그리고 리처드는 10년 전에 제자훈련을 받았다. 우리는 능력을 부여해 주는 다른 형태의 관계를 통해 성숙한 크리스천으로서 그리고 책임 있는 사역자로서 성장을 경험했다. 그리고 우리도 다른 사람들과의 관계를 통해 그들에게 능력을 부여하는 사역을 경험해 왔다.

1979년에 나는 미국 풀러신학교 선교대학원으로 옮겼고, 1982년부터 리더십 계발에 관하여 체계적으로 연구하기 시작했다. 나는 리더들의 삶을 연구하던 많은 학생들의 도움으로 8년을 넘게 수많은 사례를 체계적으로 연구했다. 그 기간에 6백여 명의 리더들을 비교 분석한 결과 멘토링의 개념이 정립되었다.

1986년 나는 멘토링을 제자훈련의 연장 선상에서 독자적으로 연구하고 있던 폴 스탠리(Pual Stanley)를 만났다. 폴의 통찰력은 내가 멘토링을 더욱 깊이 연구할 수 있는 계기를 만들어 주었다. 이 책의 1부에서 다루는 많은 정의는 나와 폴의 토론과 공동 연구에서 나온 것이다. 나와 폴은 함께 만나 배우고 연구한 것을 책으로 공동 저술하기로 했다. 그 책이 바로 『인도: 삶으로 전달되는 지혜』(Connecting: The Mentoring Relationships You Need to Succeed in Life, 네비게이토)이다. 폴과 나는 일찍이 그 책을 통해 일반 대중들에게 멘토링에 대해 동기를 부여하고 널리 알리기로 작정했다. 나는 대중들에게 그 책이 매우 필요함을 인식했고, 후속적인 멘토링을 절실하게 원하는 사람들을 위해 필요한 심화 과정의 매뉴얼을 구상했다.

한편 리처드와 나는 멘토링에 대해 가르치기 시작했다. 그리고 세미나와 워크숍을 통해 멘토링 사역자들을 위한 심화 과정의 매뉴얼이 필요하다는 것을 더욱 절실하게 느꼈기 때문에 마침내 이 매뉴얼을 완성하였다.

이 매뉴얼은 위에서 언급한 책보다 훨씬 탁월하다. 왜냐하면 내용과 정의를 더욱 상세하게 설명하고, 구체적으로 안내하고 있기 때문이다. 이 책은 멘토가 되기를 진지하게 고민하는 사람들에게 완벽할 것이다. 또한 제자훈련 멘토링과 영적 안내 멘토링에 대한 내용을 이 책에 더 추가했으며, 비형식 훈련과 관련시켜 멘토링이 적절한 훈련 모델의 하나인 것을 설명했다. 추가적으로, 다양한 멘토링 형태에 대한 간략한 사례 연구를 수집했다. 따라서 멘토링에 대한 실제 사례들을 보여주고, 매뉴얼을 통해 전체적으로 연습 문제로 사용하는 데 매우 유익하다.

이 책의 가장 큰 특징은 다음의 5가지로 요약할 수 있다.

1) 자신에게 멘토가 되어 줄 만한 사람들을 주변에서 찾을 수 없을 때 어떻게 멘토링의 도움을 받을 수 있는지 보여준다. 우리는 이상적인 멘토를 여러 역할로 나누었기 때문에 최소한 한 가지 역할이나 그 이상을 할 수 있는 사람을 언제든지 찾을 수 있다.
2) 멘토링 역동성의 5가지 요인을 확인하고 설명한다.
3) 멘토링 관계의 균형 잡힌 모델을 제시함으로써 삶과 사역에 대한 건강한 관점을 갖도록 한다.
4) 멘토링 관계를 확립하는 단계를 제시한다.
5) 효과적인 멘토링을 어떻게 해야 하는지에 대한 실제적 후속 조치와 지침을 제공한다. 또한 멘토링이 당신 자신과 다른 사람들의 삶에 왜 필요하고 유익한지 실제 사례들을 통해 보여준다.

이 매뉴얼은 다음과 같이 구성되어 있다. 1부에서는 비형식 훈련 모델의 상황에서 멘토링 개념을 소개한다. 멘토링은 비형식 훈련 모델로 교회나 선교단체에서 의도적으로 사용할 수 있다. 여기서는 멘토링의 개념을 확인할 수 있는 멘토링의 9가지 형태를 다룬다.

처음의 3가지 형태는 집중적 멘토링에 속하며, 이 책 2부 집중적 멘토링에서 심도 깊게 다룬다. 이 3가지 형태는 제자훈련자, 영적 안내자, 그리고 코치이며 가장 의도적인 방식으로 이루어지는 멘토링이다.

3부에서는 간헐적 멘토링을 다룬다. 즉 상담자, 교사, 그리고 후원자이다. 이러한 형태의 멘토링을 인식함으로써 간헐적 멘토링을 더 의도적으로 활용할 수 있다.

4부에서는 간접적 멘토링에 대해 다루고, 모델링을 통해서 멘토링이 어떻게 이루어지는가를 알 수 있다. 이 2가지 모델로서 동시대 모델과 역사적 모델을 설명한 후에 다목적 멘토인 섭리적 만남을 다룬다. 간접적 멘토링에서는 1부에서 소개하는 멘토링의 모든 역동성이 나타나지는 않는다. 그러나 민첩한 멘티는 부족한 멘토링의 역동성을 제공할 수 있으며 능력 부여를 경험한다. 동시대와 역사적 모델들은 언제든지 찾을 수 있다. 그리고 그들이 어떤 기능을 하는지를 인식하고 활용함으로써 더욱 유익을 얻을 수 있다.

5부에서 다양한 범위의 멘토링 관계를 경험하기 위한 이론적으로 균형 잡힌 모델을 제시한다. 여기서 제안하는 멘토링의 명제는 다음과 같다(폴 스탠리가 처음 이 문구를 만들었다.). 크리스천 사역자는 삶과 사역에 대한 균형 있고 건강한 관점을 갖기 위해 멘토들, 동료들, 그리고 멘티들을 포함하는 관계적 네트워크가 필요하다. 그것은 상향, 수평, 그리고 하향 멘토링을 위한 실제적 제안을 제시한다.

6부에서는 능력 부여가 더욱 효과적으로 일어나도록 멘토링 관계를 어떻게 강화할 수 있는지 제안함으로써 이 매뉴얼을 마무리한다.

당신 자신과 당신이 관계하는 많은 사람들의 삶 가운데 능력 부여의 관점을 갖고 이 책을 공부하기를 제안한다. 그러면 당신은 **"나를 멘토링 해주실 수 있나요?"** 라고 요청할 수 있고, 그리고 이러한 요청에 당신이 응할 수 있을 것이다.

이 매뉴얼의 사용 방법

만약 당신이 이미 『인도: 삶으로 전달되는 지혜』를 읽었고 멘토링 개념에 익숙하다면 당신이 관심 있는 멘토링 형태를 다루는 장으로 바로 넘어가면 된다. 이 책의 목차는 당신이 원하는 어떤 특정한 개념을 찾을 수 있도록 도와준다.

1장과 2장은 멘토링에 대한 폭넓은 배경을 제공한다. 1장은 멘토링이 기본 훈련 개념과 어떻게 관련되는지를 보여준다. 2장은 멘토링의 기본 정의, 9가지 멘토링의 형태와 각 능력 부여의 역동성을 다룬다. 멘토링의 용어에 익숙한 사람일지라도 1장은 대부분의 독자들에게 멘토링이 유익한 훈련 체계로 어떻게 적합한지를 보여준다. 2장은 멘토링 용어를 이미 아는 사람에게 신선함을 주거나 혹은 이러한 개념을 처음 공부하는 사람에게 멘토링을 소개하는 개관이 될 것이다.

3장, 4장, 그리고 5장은 집중적 멘토링 형태인 제자훈련, 영적 안내, 그리고 코칭을 논한다. 목차는 주요 멘토링 형태의 각 개념을 소개한다. 만약 당신이 영적인 삶에 도움받기를 원한다면 1장과 2장을 건너뛰고 관심 있는 4장으로 바로 가면 된다. 그것은 당신이 특별히 영적 안내 멘토링에 관심이 있기 때문이다. 각 장은 멘토링의 기본 개념에 따라 그 내용을 자체적으로 다룬다. 당신은 아마 5부의 14장에서 제시하는 지침과 그에 해당하는 내용을 살펴보고자 할지도 모른다. 그렇다면 14장에서 영적 안내 멘토링(301-304 페이지)에 대한 안내를 받을 수 있다.

6장, 7장, 8장은 3가지 간헐적 멘토링 형태인 상담, 티칭, 후원을 다룬다. 만약 당신이 이러한 종류의 멘토링에 관심이 있다면 해당되는 그 장으로 바로 가면 된다. 그리고 14장에서 각 멘토링 형태에 필요한 지침을 제공한다.

9장, 10장, 11장은 간접적 멘토링 형태인 동시대 모델, 역사적 모델, 그리고 섭리적 만남을 다룬다. 각 장의 멘토링 형태에 대한 지침이 14장에 있다.

매뉴얼의 배치 구조

이 매뉴얼은 크게 부로 나누어져 있고, 각 부는 큰 제목을 다룬다. 예를 들어, 2부는 집중적 멘토링을 다룬다. 각 부는 주제별로 여러 장으로 나누어져 있다. 각 장은 이 매뉴얼의 한 부분으로 주요 주제를 다루고 있다. 예를 들어, 2부는 3개의 장으로 되어 있고, 각 장은 집중적 멘토링 가운데 하나의 형태를 다룬다.

각 장은 주된 개념으로 나누어져 있다. 각 장에는 모든 개념에 대한 소개와 개요가 있다. 이어서 해설 페이지 혹은 피드백 페이지가 있다. 해설 페이지는 대개 요약 정리, 관련된 정보, 적용, 그리고 그 개념의 함축적 의미를 제공한다. 피드백 페이지는 당신이 배운 것을 적용하는 데 도움이 되는 질문이나 연습 문제를 제시한다.

부록 A는 1장에서 사용한 기술적인 훈련 용어를 해설한다. 1장은 훈련 이론의 상황에서 멘토링을 소개한다. 종종 사용하는 훈련 용어에 아마 당신은 익숙하지 않을 수도 있다.

부록 B는 사역 시간선, 리더의 평생 계발에 대한 관점을 간략하게 설명한다. 이 시간선은 특정한 시기에 어떤 형태의 다양한 멘토링이 필요한지를 보여준다.

부록 C는 영적 훈련에 대한 정보를 제공하기 때문에 제자훈련자와 영적 안내자에게 매우 유익할 것이다.

부록 D는 유종의 미를 거둔 리더들이 유산으로 남긴 12가지 종류의 업적을 열거한다. 당신은 자신의 평생 계발을 추구함에 있어서 어떤 궁극적인 공헌을 위해 당신의 사역에 더욱 집중하기를 원할 것이다. 10장에서 소개하는 역사적 멘토들은 그들의 궁극적 공헌이 무엇인지 보여주고 그들을 어떻게 찾을 수 있는지 실제적인 방법을 알려준다.

부록 E는 다양한 종류의 멘토링에 대한 미니 사례 연구를 제공한다. 매뉴얼 전체에 걸쳐 이 사례들을 사용한다. 당신이 멘토링 개념을 제대로 이해했는지 테스트하는 피드백에서 이 사례들을 구체적으로 사용한다.

이 매뉴얼이 흥미롭기를 바라며 다른 사람들과 함께 사용하길 바란다. 교회 안에서 그룹별로 이 매뉴얼을 사용하면 주된 훈련 방법으로 멘토링을 지역 교회에서 실시하는 데 놀라운 원동력이 될 수 있다.

차례

서문 —————————————————————— 5

1부 멘토링 개론

1장 비형식 훈련의 멘토링 —————————— 25

서론
1장의 개요

3가지 훈련 방식 ———————————————— 27
훈련 방식과 멘토링에 대한 해설
훈련 방식에 대한 피드백

비형식 훈련 모델의 개요 ——————————— 31
비형식 훈련 모델과 멘토링에 대한 해설
비형식 훈련과 멘토링에 대한 피드백

수습 훈련 ———————————————————— 34
인턴십 ————————————————————— 36
비교: 수습 훈련, 인턴십, 멘토링 ——————— 38
수습 훈련, 인턴십, 멘토링에 대한 피드백

홀랜드 훈련 모델 ——————————————— 40
홀랜드 훈련 모델에 대한 피드백

시간/사역 상황 ———————————————— 42
시간/사역 상황에 대한 해설
시간/사역 상황에 대한 피드백

사역 시간선과 전환기 훈련 ————————— 46
사역 시간선과 전환기 패턴에 대한 해설
사역 시간선과 전환기 패턴에 대한 피드백

5가지 타입의 리더 —————————————— 49
5가지 타입의 리더와 멘토링에 대한 해설
5가지 타입의 리더에 대한 피드백

요약: 이상적인 비형식 훈련 모델의 멘토링

2장 멘토링의 정의 ——————————————————— 55

서론
2장의 개요
멘토링의 기본 개념

멘토링 ——————————————————————— 59
멘토 ———————————————————————— 60
멘티 ———————————————————————— 61
  멘토링의 기본 개념에 대한 피드백
능력 부여 —————————————————————— 64
능력 부여의 3가지 카테고리 ——————————————— 65
  능력 부여의 개념에 대한 피드백
  해설: 멘토링, 멘토, 멘티, 그리고 능력 부여
멘토링의 5가지 역동성 ————————————————— 68
매력 역동성 ————————————————————— 69
관계 역동성 ————————————————————— 70
반응 역동성 ————————————————————— 71
책무 역동성 ————————————————————— 72
능력 부여 역동성 ——————————————————— 73
  멘토링의 5가지 역동성에 대한 피드백
  멘토링의 5가지 역동성에 대한 해설
9가지 멘토 타입과 그 핵심 취지 —————————————— 77
멘토링 연속선 ————————————————————— 78
  멘토 타입과 멘토링의 연속선에 대한 피드백
  요약: 멘토링의 정의와 능력 부여의 역동성

2부 집중적 멘토링

3장 집중적 멘토링 – 제자훈련 멘토링 ——— 83

서론
3장의 개요
제자훈련 멘토링의 개요
도심지 문화 형태의 제자훈련

제자훈련자 ——— 89
    제자훈련자에 대한 피드백
제자훈련자의 5가지 역동성 요인 ——— 91
    5가지 역동성과 제자훈련에 대한 해설
    제자훈련 멘토링의 역동성에 대한 피드백
제자훈련의 기본 습관 ——— 94
제자훈련 습관의 4가지 영역 ——— 95
경건 습관 ——— 96
말씀 섭취 습관 ——— 97
관계 습관 ——— 98
사역 습관 ——— 99
평가서 - 경건 습관 훈련 ——— 100
평가서 - 말씀 섭취 습관 훈련 ——— 101
평가서 - 관계 습관 훈련 ——— 102
평가서 - 사역 습관 훈련 ——— 103
    4가지 기본 습관에 대한 피드백
    4가지 기본 습관에 대한 해설
제자훈련자 멘토를 찾는 4가지 힌트 ——— 106
멘티를 찾는 6가지 힌트 ——— 107
    제자훈련 멘토링에 대한 결론

4장 집중적 멘토링 – 영적 안내 멘토링 ———————— 109

서론
4장의 개요
영적 안내 멘토링의 개요

영적 안내자 ———————————————————— 112
    영적 안내자에 대한 해설
    영적 안내자에 대한 피드백

영성 모델의 도해 ————————————————— 116
영성 모델의 8가지 요소와 핵심 취지 ————————— 117
중심성 —————————————————————— 118
    중심성에 대한 피드백
내면성 —————————————————————— 120
    내면성에 대한 피드백
외면성 —————————————————————— 122
    외면성에 대한 피드백
성령의 민감성 —————————————————— 124
    성령의 민감성에 대한 피드백
독특성 —————————————————————— 126
    독특성에 대한 피드백
공동체 —————————————————————— 129
    공동체에 대한 피드백
열매 맺는 삶 ——————————————————— 131
    열매 맺는 삶에 대한 피드백
계발 ——————————————————————— 134
    계발에 대한 피드백

평가서 - 영성 프로필 ——————————————— 136
능력 부여의 5가지 주된 요인 ———————————— 138
사역 시간선과 영적 안내 —————————————— 139
영적 안내 멘토링의 필요를 인식하는 6가지 힌트 ——— 140
영적 안내 멘토링에 대한 결론 ———————————— 141

5장 집중적 멘토링 – 코칭 멘토링 ──────── 143

서론
5장의 개요

코치 멘토 ──────── 145
    코치 멘토에 대한 피드백

코칭의 4단계 과정 ──────── 148
    코칭 단계에 대한 피드백

코칭 멘토링의 역동성 ──────── 150
    코칭의 역동성에 대한 피드백

코치가 사용하는 7가지 기술 ──────── 152

코치의 4가지 기능 ──────── 153
    코치의 기능에 대한 피드백

코치를 위한 4가지 실제적 제안 ──────── 155
    코치를 위한 실제적 제안에 대한 피드백

멘티를 위한 4가지 실제적 제안 ──────── 157
    멘티를 위한 실제적 제안에 대한 피드백

코칭 멘토링에 대한 결론 ──────── 159
    5장의 하이라이트
    추가 연구

3부 간헐적 멘토링

6장 간헐적 멘토링 – 상담 멘토링 ──────── 163

서론
6장의 개요

상담자 멘토의 2가지 형태 ──────── 165
비공식적 상담자 멘토 ──────── 166

비공식적 상담자 멘토에 대한 피드백
공식적 상담자 멘토 ─────────────── 168
공식적 상담자 멘토에 대한 피드백
상담자 멘토의 8가지 능력 부여 기능 ─────────────── 170
상담자 멘토의 능력 부여에 대한 피드백
상담자 멘토의 능력 부여 평가서 ─────────────── 173
멘티를 위한 5가지 제안 ─────────────── 174
상담자 멘토를 위한 4가지 제안 ─────────────── 175
기간/능력 부여의 연속선 ─────────────── 176
6장의 하이라이트
추가 연구

7장 간헐적 멘토링 – 티칭 멘토링 ─────────────── 179

서론
7장의 개요

교사 멘토 ─────────────── 181
교사 멘토에 대한 피드백
교사 멘토의 8가지 능력 부여 기능 ─────────────── 186
교사 멘토의 능력 부여에 대한 피드백
멘티를 위한 5가지 실제적 제안 ─────────────── 189
교사 멘토를 위한 9가지 제안 ─────────────── 190
7장의 하이라이트
추가 연구

8장 간헐적 멘토링 – 후원 멘토링 ─────────────── 193

서론
8장의 개요

후원자 역할 ———————————————— 197
후원자 역할에 대한 피드백
후원자 멘토/후원 ———————————————— 199
후원자 멘토에 대한 피드백
후원자 멘토의 역동성에 대한 해설
후원자 멘토의 6가지 기능과 능력 부여 ———————————————— 202
후원자 멘토의 기능과 능력 부여에 대한 피드백
멘티들을 위한 5가지 제안 ———————————————— 204
후원자 멘토를 위한 10가지 제안 ———————————————— 205
간헐적 멘토링에 대한 결론
8장의 하이라이트
추가 연구

4부 간접적 멘토링

9장 간접적 멘토링 – 동시대 모델 ———————————————— 211

서론
9장의 개요

동시대 모델 ———————————————— 217
동시대 모델에 대한 피드백
동시대 모델에 대한 해설
능력 부여 향상을 위한 3가지 제안 ———————————————— 221
동시대 모델링의 향상에 대한 피드백
동시대 모델의 2가지 문제점 ———————————————— 223
2가지 문제점에 대한 피드백
9장의 하이라이트
추가 연구

10장 간접적 멘토링 – 역사적 모델 —————— 227

서론
10장의 개요

역사적 모델 —————————————————— 231
    역사적 모델에 대한 피드백
장르에 따른 5가지 종류의 전기물 ————————— 233
역사적 멘토로부터 유익을 얻는 방법 ———————— 235
동시대 모델과 역사적 모델의 비교 ————————— 237
역사적 모델을 찾는 5가지 힌트 —————————— 238
    역사적 모델을 찾는 힌트에 대한 피드백
    10장의 하이라이트
    결론
    추가 연구

11장 간접적 멘토링 – 섭리적 만남 —————— 243

서론
11장의 개요

섭리적 만남 —————————————————— 249
    섭리적 만남에 대한 피드백
    섭리적 만남에 대한 추가 해설
섭리적 만남이 중요한 이유 4가지 ————————— 252
    11장의 하이라이트
    추가 연구

5부 멘토링 네트워크

12장 균형 잡힌 멘토링 관계 ——————— 257

서론
12장의 개요

별자리 모델 ——————— 259
　별자리 모델에 대한 피드백
　상향 멘토링에 대한 해설

이상적인 계발을 위한 상향 멘토링 ——————— 262
　상향 멘토링에 대한 피드백
　내부 수평 멘토링에 대한 해설
　하향 멘토링에 대한 해설

하향 멘토링의 계발 시간선 ——————— 267
　외부 수평 멘토링에 대한 해설

별자리 모델의 4가지 주요 개념 ——————— 269
멘토링 범위의 자기 위치 ——————— 270
　자기 위치에 대한 해설

관계적 초점 ——————— 272
능력 부여 ——————— 273
4가지 비이상적 멘토링 프로필 ——————— 274
　이상적인 별자리 모델에 대한 결론
　12장의 하이라이트
　추가 연구

13장 수평 멘토링 ——————— 279

서론
13장의 개요

동료 관계의 3가지 요소 ——— 280
  동료 관계의 3가지 요소에 대한 피드백
우정 멘토링 연속선 ——— 284
  우정 멘토링 연속선에 대한 피드백
동료 관계의 3가지 성경적 강조점 ——— 286
  동료 관계의 3가지 성경적 강조점에 대한 피드백
유종의 미를 거두는 삶을 가로막는 6가지 장애물 ——— 289
  6가지 장애물에 대한 피드백
상호 멘토링 관계를 확립하는 5단계 ——— 292
  13장의 하이라이트
  추가 연구

14장 상향 멘토링 ——— 295

서론
14장의 개요

전략적 책무 ——— 297
전략적 책무의 4가지 기능 ——— 298
상향 멘토링: 제자훈련자 찾기 ——— 299
상향 멘토링: 영적 안내자 찾기 ——— 301
상향 멘토링: 상담자 찾기 ——— 305
상향 멘토링: 후원자 찾기 ——— 307
상향 멘토링: 코치와 교사 찾기 ——— 310
상향 멘토링: 동시대 모델 찾기 ——— 312
상향 멘토링: 역사적 모델 찾기 ——— 314
상향 멘토링: 섭리적 만남 찾기 ——— 316
상향 멘토링의 5가지 실제적 지침 ——— 317
  14장의 하이라이트
  추가 연구

15장 하향 멘토링 ——— 321

서론
15장의 개요

이슈 1. 작게 생각하라
이슈 2. 멘토링 계발의 과정
이슈 3. 은사와 멘토링
이슈 4. 관리와 하향 멘토링
이슈 5. 평신도 멘토링
이슈 6. 멘토링의 조절 범위
이슈 7. 하향적 모집
이슈 8. 상향적 모집
결론
　　15장의 하이라이트
　　추가 연구

6부 멘토링을 위한 실제적 제안

16장 멘토링을 위한 유익한 통찰력 ——— 335

서론
16장의 개요

멘토링 십계명 ——— 336
계명 1. 관계 ——— 337
계명 2. 목적 ——— 338
계명 3. 규칙성 ——— 339
계명 4. 책무 ——— 340

책무의 예 - 제자훈련 습관 ——————————— 341
   계명 4. 책무에 대한 피드백
계명 5. 의사소통 ——————————————— 343
계명 6. 비밀 유지 ——————————————— 344
계명 7. 순환 주기 ——————————————— 345
계명 8. 피드백/평가 —————————————— 347
계명 9. 기대치 수정 —————————————— 348
계명 10. 마무리 ———————————————— 349
4가지 방식의 멘토링 그룹 ———————————— 350
교육자/학습자 그룹 —————————————— 351
동료 책무 그룹 ———————————————— 353
다수의 교육자/학습자 그룹 ——————————— 354
소집단 그룹 ————————————————— 355
   멘토링의 부수적인 개념
   16장의 하이라이트
   추가 연구

17장 유종의 미를 거두는 삶 ——————————— 361

유종의 미를 거둔 리더들의 5가지 특징
유종의 미를 거두는 삶의 4가지 특징

부록 A. 용어 해설 ——————————————— 365
부록 B. 사역 시간선의 설명 ——————————— 374
부록 C. 제자훈련과 영적 안내를 위한 영적 훈련 ——— 377
부록 D. 12가지 형태의 궁극적 공헌 ———————— 389
부록 E. 멘토링 사례 연구 ———————————— 395
   사례 1. 해럴드와 로버트
   사례 2. 피에르의 요청
   사례 3. 마크와 게일에게 보내는 편지
   사례 4. 리처드 윌리암스의 성장 영역

사례 5. 로베르토의 초기 과제

사례 6. T 목사 – 코치

사례 7. 헨드릭스 교수

사례 8. 현명한 이웃 사촌

사례 9. 켄터키에서 걸려온 전화

사례 10. 대표직을 맡을 것인가, 거절할 것인가?

사례 11. 중년기 커리어 결정

사례 12. 장기적 학업을 위한 조언

사례 13. T 목사 – 가정의 성경 교사

사례 14. 셀즈 교수 – 대중적 성경 교사

사례 15. 해치 교수 – 탁월한 교사

사례 16. 비형식 상호 멘토링

사례 17. 구체적 필요 중심의 멘토링

참고 문헌 ──────────────── 410
멘토링 관련 도서 ──────────── 414

1. 제자훈련 멘토링

2. 영적 안내 멘토링

3. 상담 멘토링

4. 티칭 멘토링

5. 코칭 멘토링

6. 후원 멘토링

7. 역사적 모델

1부 멘토링 개론

1장

비형식 훈련의 멘토링

서론

교회와 선교단체에서 리더십의 필요가 점점 커져감에 따라 현재 시행중인 훈련 방식을 더욱 면밀히 검토해 볼 필요가 있다. 훈련의 주요 요람인 신학 대학이나 대학원은 현 시대가 요구하는 그 필요를 충분히 채워주지 못하고 있다. 오늘날의 상황이 요구하는 리더십 훈련을 그러한 교육 기관들이 제대로 제공하지 못하는 실정이다. 질적으로나 양적으로 다 마찬가지다. 리더들을 키우는 데 필요한 질적 훈련이 부족할 뿐만 아니라 팽창된 양적 수요를 충족시키는 데 필요한 리더들을 훈련시킬 수가 없다. 그러므로 형식 훈련(formal training)으로는 충분하지 않으며 반드시 다른 대안을 찾아야 한다.

1980년대는 무형식 훈련(non-formal training) 시대였다. 그래서 워크숍과 세미나, 컨퍼런스와 집회 등이 급격히 불어났다. 이러한 훈련과 행사는 대체적으로 도움이 되는 편이었다. 그러나 체계적 훈련의 부족으로 대다수 사람에게는 큰 효과가 없었다. 효과적인 훈련은 참석자가 어느 정도 준비된 상태이고 무형식 훈련을 잘 활용할 수 있을 때 성립되는 개념이다. 만약 그렇지 않다면 효과적인 훈련이 일어날 수 없다. 그러나 비형식 훈련(informal training) 모델은 다음세대 리더들 (emerging leaders)이 사역 현장에서 직면하는 상황과 필요에 맞게 활용할 수 있는 잠재력을 가지고 있다.

역사적으로 볼 때 19세기 이전에는 수습 훈련(apprenticeship)과 인턴십 형태로 비형식 훈련을 주로 사용하였다. 19세기가 되면서 팽창하는 산업혁명의 압박에 대처하기 위해 중앙 집중식 교육의 필요와 더불어 형식 훈련이 크게 부각되었다. 그 결과 형식 훈련은 한 세기 넘게 주도적으로 실시되었다. 무형식 훈련은 1980년대에 최고의 정점에 도달했다. 1990년대 이후에는 대개 평신도와 목회자에게 차별 없이 접근하는 비형식 훈련이 주도할 것으로 보인다. 멘토링은 개인적인 접근이며 필요 중심의 훈련으로 특별히 비형식 훈련 모델을 주도해 나갈 것으로 본다.

이 책에서 정의하는 멘토링은 신약 성경의 제자도 개념에서 비롯되었으며 리더십 훈련의 필요에 맞추어 넓은 의미로 확장되었다. 멘토링을 찾고 활용하라. 이제 멘토링 시대가 왔다! 이런 중요한 훈련 모델의 전문가가 될 수 있도록 지금 결심하라. 멘토로서 뿐만 아니라 멘티의 입장에서 멘토링의 혜택을 경험하라. 당신이 그 경험을 할 수 있도록 돕는 것이 바로 이 매뉴얼의 목적이다.

1장의 개요

1장은 먼저 멘토링과 훈련 이론이 서로 어떻게 관련되는지 설명하는 것을 목적으로 5가지의 주요 훈련 개념을 소개한다. 첫째로, 리더들을 훈련시키기 위해서 역사적으로 다양한 접근 방법이 사용되어 왔는데 이것을 크게 3가지의 일반적인 상위적 개념으로 분류할 수 있다. 형식, 무형식, 비형식 모델이 바로 그것이다. 우선 각 모델의 중요성과 위치, 한계를 인식하는 것이 중요하다. 이것은 멘토링의 능력과 한계를 이해하는 데 첫걸음이 된다. 다음으로, 비형식 모델을 훈련에 대한 광의적인 접근 방식으로 정의한다. 멘토링은 일종의 비형식 훈련 모델이며 수습 훈련, 인턴십, 모방 모델링과 유사한 특징을 지니고 있다. 멘토링은 비형식 훈련의 형태를 띠지만 형식 훈련과 무형식 훈련 모델을 보완하며 적절하게 활용할 수 있다는 점에서 특별히 플러스 요인이 된다.

세 번째 주요 개념으로 훈련 접근 방법의 균형을 평가하는 모델인 홀랜드 훈련 모델(Holland Two-Track Analogy)을 소개한다. 이 모델의 4가지 구성 요소는 지식 습득(input), 경험(experience), 역동적 성찰(dynamic reflection), 형성(formation)이라고 할 수 있는데 이 4가지 요소 모두 훈련 접근법에 있어서 필수적이다. 그러나 많은 훈련 모델은 한 가지 혹은 두 가지 구성 요소에만 집중하며 다른 것을 배제시키는 경향이 있기도 하다. 수반되는 멘토링의 형태에 따라 멘토링은 많은 부분 내지 대부분의 요소를 다룬다고 생각한다.

네 번째 주요 개념은 훈련이 이루어지는 적절한 시기이다. 시간/사역 상황의 측면에서 훈련을 사용하기 전(사역 전), 사용하는 중(사역 중), 또는 여러 왕성한 사역 기간 가운데(사역 일시 중단) 훈련이 이루어진다. 멘토링은 이런 시간/사역 상황 중 어느 시기에나 적합할 수 있다. 각 시기에 훈련 방식을 택할 때는 특별한 도전이 따른다. 이 시간/사역 연속선상에서 멘토링을 다목적 훈련 방식으로 가장 효과적으로 사용할 수 있다.

다섯 번째 개념은 훈련받는 사람들의 범주를 소개하고 5가지 기본 타입을 정의한다. 효과적인 훈련이 이루어지기 위해서는 훈련받는 사람들에게 적합해야 한다. 형식 훈련 모델은 한 가지 타입의 리더들을 훈련하기 위해 제한적으로 사용된다. 무형식 훈련은 3가지 타입의 리더들을 위해 사용 가능하다. 비형식 훈련 모델은 5가지 타입의 리더들을 위해 사용할 수 있다. 멘토링은 특별히 이 5가지 타입의 모든 리더들을 위해 적절하게 사용할 수 있다.

1장을 마치면 다음과 같이 할 수 있다.

- 3가지 훈련 모델을 열거하며 멘토링이 어떻게 관련되는지 알 수 있다.
- 멘토링과 다른 비형식 훈련 모델과의 관련성, 특히 수습 훈련과 인턴십과의 연관성을 알 수 있다.
- 홀랜드 훈련 모델의 4가지 요소를 사용하여 주어진 멘토링 모델을 평가할 수 있으며 존재하거나 빠진 요소를 알 수 있다.
- 멘토링이 각각의 시간/사역 상황에 어떻게 적용 가능한지 알 수 있다.
- 멘토링이 어떤 타입의 리더에게 어떻게 적합한지 알 수 있다.

3가지 훈련 방식

소개 성인 훈련(adult training) 모델은 형식, 무형식, 비형식의 3가지 주요 방식으로 분류할 수 있다. 각 방식은 의도성, 사회적 공신력, 전달 시스템, 위치, 적절한 시기, 그리고 주된 초점에 따라 구분한다. 기본적으로 형식 훈련은 사회적으로 공인하는 제도화된 교육을 말한다. 무형식 훈련은 주로 형식 훈련의 관할권 밖에서 실시하는 어느 정도 체계적인(semi-organized) 훈련을 말한다. 마지막으로 비형식 훈련은 일상생활 가운데 일어나는 것을 말한다.

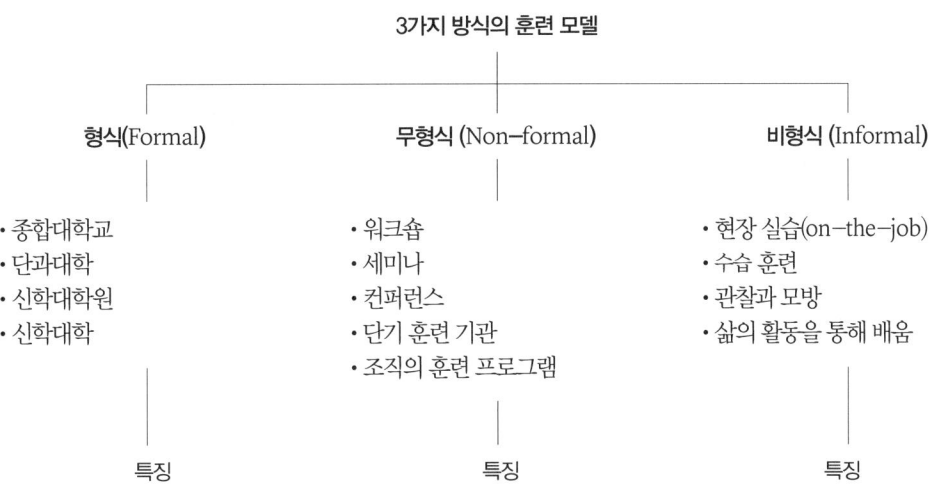

3가지 방식의 훈련 모델

형식(Formal)
- 종합대학교
- 단과대학
- 신학대학원
- 신학대학

무형식 (Non-formal)
- 워크숍
- 세미나
- 컨퍼런스
- 단기 훈련 기관
- 조직의 훈련 프로그램

비형식 (Informal)
- 현장 실습(on-the-job)
- 수습 훈련
- 관찰과 모방
- 삶의 활동을 통해 배움

특징 (형식)
- 의도적
- 사회적으로 공인된 주요 교육 방식으로 정규 학위 과정
- 위치-중앙 집중적, 교사의 위치
- 전달 시스템-교실, 교사 중심으로 초점을 맞추며, 형식적 의사소통을 사용한다.
- 시간-수년이 걸림, 생애 한두 번
- 초점-주요 학습 활동이 미래 삶의 활동과 관련되거나 관련되지 않을 수도 있다.

특징 (무형식)
- 의도적
- 사회적으로 제한적이지만 특별 훈련으로 인정됨
- 위치- 비중앙 집중적이며 지역적, 임시 장소
- 전달 시스템-장소에 얽매이지 않으며 교사와 학습자에게 초점을 맞추며, 다양한 의사소통 매개체를 사용한다.
- 시간-수일 내지 주간, 생애에 여러 번
- 초점-학습 활동이 주요 삶의 활동과 관련되거나 관련되지 않을 수도 있다.

특징 (비형식)
- 반의도적(quasi-deliberate)
- 대개 참된 훈련으로 생각하지 않음
- 위치-학습자의 위치
- 전달 시스템-교실 밖, 학습자 중심이며, 비형식 의사소통 매개체를 사용한다.
- 시간-언제든지 가능하며 생애 수없이 반복 가능
- 초점-주요 삶의 활동과 직접적으로 연관된다.

훈련 방식과 멘토링에 대한 해설

결합 이 매뉴얼의 정의에 따르면, 멘토링은 멘토인 한 사람이 다른 사람, 즉 멘티에게 자원을 나누어 줌으로써 능력을 부여하는 인간관계적 경험이다. 이 훈련 형태는 무형식과 비형식 훈련의 여러 장점을 결합하는 것이다. 또한 의도적이며, 학습자의 위치에서 다양한 의사소통의 매개체 (그러나 대개 비형식 의사소통 방법)를 사용하며, 초점은 학습자에게 맞춘다. 언제든지 가능하며 생애 여러 번 반복할 수 있다. 주로 삶의 주요 활동과 직접 관련이 있다. 멘토링은 이와 같이 무형식과 비형식 훈련의 성격을 결합한 것 같으나 멘토링의 개인적 관계의 특징으로 인해 비형식적 성격이 더 강하다.

개인적 형식 훈련과 무형식 훈련은 모두 그룹으로 접근하는 반면에 멘토링은 주로 개인적으로 접근한다. 이러한 특징 때문에 멘토링은 형식 훈련 및 무형식 훈련 방식과 연관하여 사용할 수 있다. 적극적인 교사와 학습자는 형식 훈련의 현장에서 멘토링 기술을 활용할 수 있으며 이로 인해 그룹을 초월하여 특정 소수에게 개별화 수업을 제공하고 이로부터 많은 유익을 얻도록 할 수 있다. 적극적인 멘토는 멘티의 계발을 위해 무형식 훈련을 최대한 그리고 의도적으로 사용할 수 있다. 또한 무형식 훈련에서 종종 놓치는 책무성을 제공할 수 있다.

유익 간단히 말해, 멘토링 개념은 3가지 방식인 형식, 무형식, 비형식 훈련에서 모두 사용할 수 있다. 본질적으로는 멘토링이 비형식이지만 형식과 무형식 훈련의 장점 또한 갖고 있다. 형식 훈련의 측면에서 멘토링은 책무의 장점을 지니고 있지만 개별화 학습으로 동기를 부여하는데 매력적인 요인으로 작용할 수도 있다. 멘토링은 현재의 삶에서 경험하는 주요 활동과 직접적인 관련성(relevancy)이 있다. 그리고 무형식 훈련처럼 멘토링 역시 기본 훈련 방식으로 평생 사용할 수 있다.

훈련 방식에 대한 피드백

1. 형식 훈련 프로그램의 가장 큰 장점은 무엇인가? 체크 표시하라.
   ___ a. 사회적인 공신력으로 인해 모집 요인의 큰 강점으로 작용한다.
   ___ b. 최상의 이론적 연구 시설을 제공한다.
   ___ c. 상호 교류할 수 있는 학자들 간의 공동체를 제공한다.
   ___ d. 상호 교류할 수 있는 동료들 간의 공동체를 제공한다.
   ___ e. 빠른 세계관의 변화를 가져오는 집중되고 분리된 형태의 훈련 기회를 제공한다.
   ___ f. 미래에 네트워킹 파워 (networking power)의 기반을 구축하기 위한 큰 잠재력을 제공한다.
   ___ g. 무형식과 비형식 훈련에서 부족한 책무를 확립해 준다.

2. 형식 훈련 프로그램의 가장 눈에 띄는 약점은 무엇인가? 체크 표시하라.
   ___ a. 개인적인 성장에 초점을 맞추지 않는다.
   ___ b. 개인 학습자의 필요보다 프로그램 진행이 더 중요하다.
   ___ c. 너무 이론적이며 실용적이지 못하다.
   ___ d. 형성 평가(formative feedback)와 총괄 평가(summative feedback)에서 오는 변화의 압력에 대하여 유연성이 상대적으로 부족하다.
   ___ e. 훈련받는 학습자가 많은 재정적 비용을 부담한다.
   ___ f. 사역 현장에서 필요로 하는 모든 타입의 리더를 훈련하지 않는다.

3. 무형식 훈련 프로그램의 가장 큰 장점은 무엇인가? 체크 표시하라.
   ___ a. 크리스천 사역을 이행하기 위한 내적 갈망을 주된 동기부여와 모집 요인으로 활용한다.
   ___ b. 대중적 크리스천 운동으로 확산시킨다.
   ___ c. 크리스천들이 느끼는 필요를 충족시킨다.
   ___ d. 어느 단계에 있는 리더라 할지라도 훈련이 적합하다.
   ___ e. 매우 융통성이 있으며 어떤 종류의 필요에도 적합하다.

4. 무형식 훈련 프로그램의 가장 눈에 띄는 약점은 무엇인가? 체크 표시하라.
   ___ a. 배움에 대한 후속 조치와 책무가 약하다.
   ___ b. 일반적으로 재정적 기반이 약하다.
   ___ c. 종종 창출할 수 있는 것 이상을 약속한다.
   ___ d. 종종 지역적 한계를 넘지 못해 널리 알려지지 않는다.
   ___ e. 통합이나 장기적 계발이 없다.
   ___ f. 효과적인 훈련을 위해 평가나 점검을 거의 하지 않는다.

5. 비형식 모델에서 삶의 활동이 단지 참여하는 것으로 끝나지 않고 훈련의 경험이 되도록 만들어 주는 필수적 요소는 무엇인가? 체크 표시하라.
   ___ a. 리더십 잠재력 측면에서 개인적인 성장과 계발이 일어난다.
   ___ b. 활동에 수반되는 훈련에서 어떤 형태의 책무가 존재한다.
   ___ c. 종결을 가져오는 어떤 수단이 존재한다.
   ___ d. 위의 모든 것이 해당된다.

6. 모든 비형식 모델이 가진 포괄적 특징은 무엇인가? 체크 표시하라.
    ___ a. 모두 강한 헌신이 존재한다.
    ___ b. 모두 책무를 인식한다.
    ___ c. 모두 지식 습득 수단(input means)으로 관찰을 사용한다.
    ___ d. 모두 지역 교회 시설을 중심으로 이루어진다.

7. 당신의 크리스천 사역을 크게 향상시켜주었던 형식 훈련의 예를 들어보라.

8. 당신의 크리스천 사역을 크게 향상시켜주었던 무형식 훈련의 예를 들어보라.

9. 당신의 크리스천 사역을 크게 향상시켜주었던 비형식 훈련의 예를 들어보라.

10. 멘토링과 결합될 수 있는 형식 훈련 프로그램의 장점은 무엇인가?

11. 멘토링과 결합될 수 있는 무형식 훈련 프로그램의 장점은 무엇인가?

12. 멘토링에서 비형식 훈련의 어떤 장점이 부각될 수 있는가?

해답
1. 당신의 답을 말하라. 내 생각은 a, e, 그리고 g다.
2. 당신의 답을 말하라. 나는 모두가 눈에 띄는 약점이라고 생각한다.
3. 당신의 답을 말하라. 내 선택은 a, d, 그리고 e다.
4. 당신의 답을 말하라. 나는 a, c, 그리고 e다.
5. 사실 확실하지 않지만 나는 d로 답할 것이며 위의 모두를 포함할 것이다. 그러나 미처 생각하지 못한 더 많은 것이 있을 수 있다.
6. c
7-9. 당신의 답을 말하라. 당신의 선택에 대해 다른 동료와 토론하라.
10. 의도적, 책무성
11. 의도적, 융통성, 분권적, 적합성
12. 학습자의 위치에서, 학습자에게 초점을 맞추며, 관련성을 갖고, 주요 삶의 활동에서 가운데 어느 곳이든, 언제든지 가능하다.

비형식 훈련 모델의 개요

소개 비형식 훈련은 삶의 활동 가운데 일어나는 훈련을 말한다. 리더십 계발의 시간선을 통해 살펴볼 때 이러한 훈련은 리더의 삶에 중요한 영향을 끼치는 것이 분명하다. 이러한 일상적인 훈련에 내재되어 있는 효과를 인식하는 리더는 그 훈련을 의도적으로 활용하며 유익을 얻는다. 간단히 말해, "모든 삶은 남은 생애를 위한 훈련이며, 모든 삶은 실제적이다." 비형식 훈련은 수반되는 기간에 따라 아래와 같이 여러 훈련 모델로 분류할 수 있다.

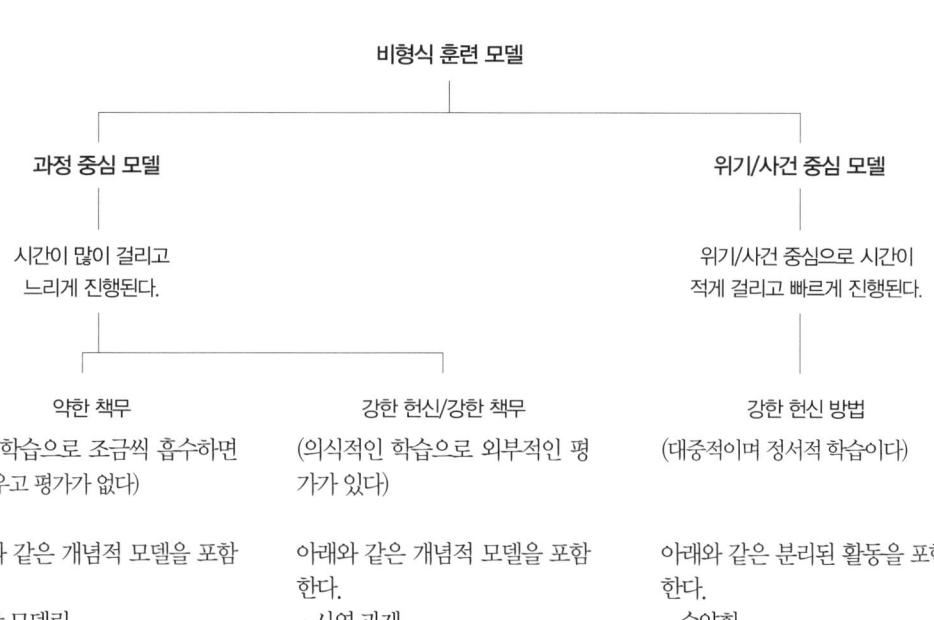

비형식 훈련 모델

과정 중심 모델 — 시간이 많이 걸리고 느리게 진행된다.

위기/사건 중심 모델 — 위기/사건 중심으로 시간이 적게 걸리고 빠르게 진행된다.

약한 책무
(관찰 학습으로 조금씩 흡수하면서 배우고 평가가 없다)

아래와 같은 개념적 모델을 포함한다.
- 모방 모델링
- 비형식 수습 훈련
- 개인 성장 모델
- 멘토링:
  - 동시대 모델
  - 역사적 모델
  - 후원

여러 종류의 활동으로
- 성경 공부 모임
- 기도 모임
- 예배
- 비형식적 상호 활동 등이 있다.

의식적 종료가 거의 없다.

강한 헌신/강한 책무
(의식적인 학습으로 외부적인 평가가 있다)

아래와 같은 개념적 모델을 포함한다.
- 사역 과제
- 제한적 수습 훈련
- 형식 수습 훈련
- 성장 계획
- 멘토링:
  - 제자훈련
  - 영적 안내
  - 코칭
  - 티칭
  - 상담 등

많은 종류의 활동을 포함하나.

대개 종료를 가진다.

강한 헌신 방법
(대중적이며 정서적 학습이다)

아래와 같은 분리된 활동을 포함한다.
- 수양회
- 캠프
- 부부 수양회
- 특별 세미나
- 워크숍
- 컨퍼런스

- 멘토링–섭리적 만남

대개 종료를 가진다.

비형식 훈련 모델과 멘토링에 대한 해설

용어 모방 모델링, 개인 성장 모델, 성장 계획과 같은 용어는 리더십 훈련 이론에서 사용하는 전문 용어들이다. 이런 용어에 대한 더 상세한 내용은 저자의 『효과적인 리더십 계발 이렇게 하라』 (Leadership Training Models, 하늘기획)를 참고하라. 이 책은 수습 훈련을 자세하게 설명하며 인턴십에 대해서도 다룬다. 또한 전문 용어의 어휘들을 설명하는 이 책의 부록 A를 보라.

멘토링 9가지 멘토링의 형태 가운데 일반적으로 3가지, 동시대 모델, 역사적 모델, 후원은 책무가 약한 과정 중심 모델로 분류한다. 그러나 이 매뉴얼의 목적은 이러한 멘토링 방법들이 더 의도적으로 책무를 강화하는 방향으로 나아가도록 이 개념들을 보다 구체화하는 데 있다. 이는 의도한 종료와 더불어 성장을 이끌어 낼 것이다. 9가지 멘토링 형태 가운데 5가지인 제자훈련, 영적 안내, 코칭, 티칭, 그리고 상담은 과정 중심 모델로서 의식적 학습과 외부적 평가나 책무를 수반한다. 다시 말해, 이 매뉴얼이 의도하는 것은 이러한 멘토링 형태의 역동성을 분명히 확인하며 삶의 활동에서 적극 활용하자는 것이다. 이러한 멘토링 형태 가운데 하나인 섭리적 만남의 상호작용은 비교적 짧은 기간에 이루어지기 때문에 주로 위기/사건 모델로 일어난다.

유익 탁월한 효과를 발휘하는 다양한 멘토 타입과 역동적 요인에 대한 연구는 다른 형태의 비형식적 멘토링을 강화시켜 줄 수 있다. 비형식 훈련은 모든 리더의 계발에 매우 중요한 부분을 차지한다. 더 효과적인 멘토링을 위한 강화 지침을 이러한 비형식 훈련 모델에 잘 적용할 수 있다.

비형식 훈련 모델과 멘토링에 대한 피드백

1. 비형식 훈련 모델은 과정 중심(장기간에 걸쳐 일어남)이거나 혹은 사건 중심(대개 특별한 사람이나 사건에서 비롯되어 단기간에 일어남)이 될 수 있다. 앞서 소개한 비형식 훈련 모델의 수형도(tree diagram)를 고려해 볼 때 과정 중심이거나 사건 중심인 것 가운데 멘토링은 어느 것에 적합한가? 해당하는 것에 체크 표시하라.
   ___ a. 과정 중심 – 약한 책무의 방식
   ___ b. 과정 중심 – 강한 책무의 방식
   ___ c. 위기·사건 중심 – 강한 헌신 방식
   ___ d. 위의 어느 것도 아니며 멘토링은 주로 무형식 훈련 모델이다.

2. 가장 집중적이고 효과적인 멘토링 모델은 제자훈련, 영적 안내, 코칭, 티칭과 상담이다. 비형식 훈련 모델의 수형도를 통해 살펴볼 때 이런 멘토링이 동시대 모델, 역사적 모델, 후원, 섭리적 만남과 같은 다른 멘토링 형태와 차별화되는 주된 요인은 무엇인가? (기본 특징에 주목하라.)

3. 수형도를 다시 보라. 개인적으로 직접 경험한 비형식 훈련 모델에 동그라미를 그려라.

4. 이런 전체적 수형도에 비형식 훈련 모델을 포함시킨 주된 이유는 무엇인가?

해답
1. a, b, c
2. 강한 책무. 이것이 멘토링의 주된 역동성 중에 하나인 것을 나중에 알게 될 것이다. 이것은 위기 중심 모델과 강한 헌신을 나타낸다.
3. 당신의 답을 말하라. 나에게는 모방 모델링, 비형식 수습 훈련, 개인 성장 모델, 역사적 모델, 후원, 성경 공부반, 녹음/영상물, 사역 과제, 제자훈련, 영적 안내, 코칭, 티칭, 상담, 수양회, 워크숍, 섭리적 만남이 해당된다.
4. 유익한 점을 설명한 이전 페이지의 마지막 해설은 이 문제에 대한 해답의 본질을 제시한다. 그것을 다시 반복하겠다.

   탁월한 효과를 발휘하는 다양한 멘토 타입과 역동적 요인에 대한 연구는 다른 형태의 비형식적 멘토링을 강화시켜 줄 수 있다. 비형식 훈련은 모든 리더의 계발에 매우 중요한 부분을 차지한다. 더 효과적인 멘토링을 위한 강화 지침을 이러한 비형식 훈련 모델에 잘 적용할 수 있다.

수습 훈련

소개 세상의 많은 사람들은 어떤 직업에 필요한 기술을 이미 터득한 장인(匠人) 밑에서 생업을 배운다. 장인의 주의 깊은 감찰 아래 실습 기간을 거친 후 수습생은 필요한 기술을 사용할 수 있거나 같은 기술을 누군가에게 가르칠 수 있다. 이것은 여러 종류의 멘토링 기능을 동시에 이행하는 비형식 훈련이다. 몇 가지 형태의 수습 훈련을 아래에 정의한다. 여기서 수습 훈련은 능력을 부여하는 관계임을 분명하게 정의한다. 이러한 훈련 형태를 알면 나중에 정의하는 여러 멘토링 형태를 이해하는 데 더욱 도움이 된다. 멘토링 용어로 장인은 멘토 그리고 수습생은 멘티라고 말할 수 있다.

정의 수습 훈련 모델은 사역 중 훈련 모델(in-service training model)이며 교육자인 장인이 학습자인 수습생에게 실제적 사역 상황에서 태도, 지식, 기술을 다음과 같이 전수해 준다.
1. 원하는 태도, 지식, 그리고 기술의 본을 보인다.
2. 이러한 것을 가르치고 설명한다.
3. 학습자에게 실습을 요구한다.
4. 학습자를 평가하고 교정해 준다.

이를 통해 학습자가 교육자의 수준에 도달한다.

정의 비형식 수습 훈련 모델은 부분적인 수습 훈련을 말하며 한쪽인 학습자가 일상적인 사역 현장에서 다른 쪽(교육자)을 관찰하고 모방하며 배우는 것을 의미한다.

예 사도행전 18장 1-4절, 18, 19절을 보라. 결과는 18장 24-28절에 있다.

현장 대개 학습자는 교육자 가까이에 살면서 일하는 것을 관찰하며 집중된 많은 시간을 보낸다. 학습자는 교육자로부터 작은 일거리(기본기를 익히는)를 부여받고 점차적으로 많은 책임을 부여받으며 마침내 교육자가 소유한 숙련된 기술 수준까지 도달한다.

용어 교육자와 학습자라는 용어는 결코 부정적인 느낌을 의미하는 것이 아니다. 교육자라는 용어는 다른 사람에게 전수 가능한 어떤 기술이나 지식을 터득한 사람을 말하는 것이며 학습자라는 용어는 기꺼이 배우고자 하는 사람을 의미한다.

교육자의 의미   이 모델에서 교육자는 아래 사항을 고려한다.
1. 어떤 사역 기술에서 인정받는 전문가여야 한다. 크리스천 사역자의 역할을 이행하거나 어떤 은사를 효과적으로 사용하는 데 능숙하다.
2. 자신이 배운 것을 다른 사람들에게 전수할 수 있는 능력이 있으며 다른 사람들 역시 교육자와 같은 사람이 되어 교육자가 하는 사역을 할 수 있도록 해야 한다.
3. 모방, 양육, 성숙한 접근법, 책임–설득, 가부장적 스타일 등의 리더십 스타일에 정통해야 한다.[1]

학습자의 의미   이 모델에서 학습자는 아래와 같이 고려한다.
1. 교육자가 사역에 능숙하기 위해서 어떤 은사가 필요한 것과 마찬가지로 학습자도 그러한 은사가 필요하다.
2. 학습자는 훈련 기간 동안 교육자를 기꺼이 따르고 그에게 순응한다.

모델의 본질   이 모델의 본질은 아래 사항을 고려한다.
1. 많은 경험을 가진 교육자는 다른 사람에게 전수할 수 있는 어떤 가치 있는 것을 소유하고 있다
2. 교육자는 학습자가 입문 단계에서 숙련 단계까지 도달하는 데 있어 전체 기술과 단계적인 방법론을 알고 있다.
3. 학습자는 원하는 기술을 배우는 데 필요한 재능을 소유하고 있다.
4. 학습자는 수습 훈련 기간 동안 교육자를 기꺼이 따르며 그에게 순응한다.
5. 학습자는 교육자의 모범적 기술을 보고 배우며 익힌 기술을 실습하고 교육자의 관찰을 통해 교정받을 수 있는 충분한 시간을 가져야 한다.
6. 학습자는 교육자로부터 전수받은 기술과 태도 그리고 지식을 시범적으로 보여준 후에 훈련을 종료할 수 있다.

해설   모든 형태의 수습 훈련 모델은 대개 코칭이나 티칭의 멘토링 기능과 가장 긴밀하게 연결된다. 동시대 모델의 멘토링 역시 비형식 수습 훈련 모델에 해당한다. 각각의 경우에 수습 훈련 모델이 더 일반적이라고 할 수 있으며 능력 부여로 이끄는 수습 훈련 모델의 기본 4단계는 모든 형태의 멘토링 기능을 강화시켜 준다. 종종 티칭, 코칭, 그리고 동시대 모델링과 같은 멘토링에서는 3단계와 4단계가 존재하지 않는다.

---

[1] 각 리더십 스타일에 대한 정의와 내용은 J. 로버트 클린턴의 소책자, 『리더십 스타일에 대한 결론』(Coming To Conclusions on Leadership Styles)을 참고하라.

인턴십

소개   감독자의 지도 아래 실제 사역 현장 경험을 강조하는 모델이며 감독자와 훈련생 간에 배움과 역동적 성찰이 자주 일어나는 인턴십 훈련 모델이다. 형식 훈련 프로그램과 무형식 훈련 프로그램이 점점 더 인턴십을 많이 사용하는 추세이다. 이는 인지적 학습에 초점을 맞춘 프로그램이 더욱 균형이 잡히도록 보완해 준다.

정의   인턴십 모델은 실제적이며, 현장 실습과 사역 경험을 제공하는 모델이며 영적 형성(spiritual formation)과 사역 활동 그리고 계속적인 역동적 성찰에 초점을 맞춘다. 대개 먼저 인지적으로 입 배우고 그 배움에 대한 경험적 학습을 추가한다.

예   교회 개척 사역에 대한 신학대학원 코스와 관련된 하계 교회 개척 인턴십 훈련

예   기본적인 지식을 습득한 후에 종종 경험적 요소가 필요한 교회 성장 컨설팅 훈련

예   감독자의 지도 아래 종종 실제로 경험을 필요로 하는 결혼과 가족 상담 훈련

모델의 본질   이 모델의 본질은 아래 사항을 가정한다.
1. 인턴(훈련생)에게 먼저 지식을 습득하게 하고 그 지식을 경험적으로 배우기 위한 실제 사역을 경험한다. 대개 지식을 습득하지만 이는 주로 경험적 학습에 대한 보조 역할을 한다.
2. 인턴은 실제 사역 현장 경험으로부터 영적 형성(spiritual formation)과 사역 활동 그리고 계속적인 역동적 성찰(dynamic reflection)을 통해 성장한다.
3. 훈련생과 사역 상황을 지도하는 감독자는 다음과 같은 기술을 갖고 있다.
   - 조정 기술(coordinating skills)
   - 행정 업무 기술(administrative skills)
   - 역동적 성찰 기술(dynamic reflection skills)
   - 멘토링 정신(mentoring spirit)
   - 형성을 격려하는 능력(the ability to encourage formation)
   - 멀티 리더십 스타일(multi-leadership styles)
4. 사역 현장에서 인턴십을 진행하는 주최 그룹이 있다.
5. 지식 습득, 상호 작용, 평가에 대한 전반적인 통제가 가능한 사역 경험의 체계적인 계획을 세운다.
6. 형성 평가(formative feedback)가 가능하고 역동적 반응, 영적 형성, 지식 습득에 초점을 맞추며, 감독자와 인턴 사이에 규칙적인 상호 작용의 시간을 갖는다.
7. 사역 활동에 대한 명확한 기간(예: 시작과 종료, 구체적 일정)을 정한다.
8. 종결 활동으로 배운 교훈, 논의된 강점 영역(확인한 은사)과 직면한 약점 영역에 대한 전체적 인턴십의 종합적인 결과를 보고한다. 이 보고는 약점을 보강하고 강점을 더욱 계발해 나가기 위한 제안된 계획을 포함해야 한다.

해설	인턴십은 학교 모델에 초점을 맞춘 교육 기관의 훈련과 결합하면 큰 잠재력을 갖춘 훈련을 제공할 수 있다. 인턴십은 계발적 모델(developmental model)을 사용할 수 있으며 홀랜드 훈련 모델의 모든 영역에 적절하게 초점을 맞출 수 있다. 인턴십은 관찰하고 배우는 모방 모델링이 일어날 수 있는 가능성을 높여준다.
적용	인턴십은 다음과 같은 거주형 모델(residence models)과 결합하여 잘 활용할 수 있다. • 복음 전도 인턴십 • 교회 개척 인턴십 • 성경 교육 인턴십 • 행정 업무 인턴십 • 평신도 훈련 인턴십 • 컨설팅 훈련 인턴십 • 평신도 상담 훈련 인턴십
주의점	인턴십은 다음과 같은 이유로 실패할 수 있다. 1. 감독자가 인턴에게 유익하게 작용할 필수적인 기술을 갖추지 못했다. 2. 인턴, 주최 측, 감독자가 인턴십 프로그램에 대해 서로 다른 기대치를 갖고 있다. 3. 주최 측이 인턴십과 관련된 모든 훈련 상황에 대한 책임감이 없고 훈련되어 있지 않다. 4. 체계적인 프로그램이 빈약하며 역동적 성찰과 형성(특히 영적 형성)에 대한 정기적인 모임을 갖지 않는다. 5. 훈련과 학습에 대한 형성 평가(formative feedback)와 총괄적 평가(summative feedback)가 전혀 실행되지 않거나 비난적인 시선에서 이루어지며 훈련의 관점에서 실행되지 않는다.
성장 계획	멘토의 기술을 소유한 감독자는 영적 형성, 사역적 형성, 그리고 전략적 형성에 있어서 상당한 진전을 이끌어내기 위해 인턴과 맺는 성장 계획을 사용할 수 있다.

비교: 수습 훈련, 인턴십, 멘토링

소개 수습 훈련, 인턴십, 그리고 멘토링의 본질을 비교, 대조해 보면 유익하다.

수습 훈련 모델

훈련생	훈련자	훈련자의 기본적 기능 (멘토 타입에 따른)
학습자	교육자	실습, 시범, 설명을 통해 가르치며 학습자가 따라 하는 것을 자세히 지켜본다(제자훈련자, 코치, 교사).

인턴십 모델

인턴	감독자에게 한계가 따르지만 대개 경험적 학습이기 때문에 인턴이 주도적으로 배운다.	인턴이 학습한 것을 역동적으로 성찰하며 영적, 사역적, 그리고 전략적 형성에 적용하며 이를 촉진시킨다. (영적 안내자, 상담자, 후원자)

차이점
- 인턴십 모델은 대개 인지적 지식 습득이 먼저 이루어지는 어떤 형식 내지 무형식 프로그램과 연결된다. 인턴십은 균형 잡힌 전체 학습에 필수적인 역동적 성찰(dynamic reflection), 형성 (formation), 사역적 경험(in-ministry experience)을 제공한다.
- 수습 훈련 모델은 대개 어떤 형식 내지 무형식 프로그램과 연결되지 않는다. 수습 훈련 자체가 균형 잡힌 전체 학습인 인지적, 형성적, 역동적 성찰을 제공한다.
- 멘토링은 형식과 무형식 둘 다 혹은 비형식 훈련 방식으로 동시에 사용할 수 있다. 멘토링은 형식이나 무형식 훈련에서 빠진 구성 요소를 제공한다. 혹은 수습 훈련의 경우 멘토링은 비형식 훈련 상황을 충분히 제공한다.

유사점
- 만일 의도적으로 잘 고안한다면 3가지 방식 모두 사용할 수 있다.
- 학습의 일부로 현장 실습 경험과 견학을 모두 필요로 한다.
- 학습 분류법의 모든 범주인 정서적, 의지적, 인지적, 경험적 영역을 모두 다룰 수 있다.
- 모든 형태의 멘토링이 그러하듯이 수습 훈련 역시 교육자와 같은 전문성 계발에 초점을 맞추는 데 한계가 있지만 모두 계발적인(developmental) 훈련 철학이다.
- 수습 훈련, 인턴십, 멘토링, 이 3가지 모두는 오늘날 더욱 많이 활용해야 할 강력한 훈련 모델이다.

수습 훈련, 인턴십, 멘토링에 대한 피드백

1. 수습 훈련, 인턴십, 멘토링, 이 3가지가 공통적으로 지닌 특징은 무엇인가? 해당 사항에 체크 표시하라.
   ___ a. 모두 비형식 훈련 모델이다.
   ___ b. 모두 관계를 통해 능력을 부여한다.
   ___ c. 모두 형식, 무형식, 비형식의 3가지 훈련 방식을 사용할 수 있다.
   ___ d. 해당 사항이 없다.

2. 수습 훈련 모델은 어느 멘토링 모델과 가장 비슷한가? 해당 사항에 체크 표시하라.
   ___ a. 제자훈련 멘토링   ___ b. 코칭 멘토링   ___ c. 티칭 멘토링   ___ d. 섭리적 만남

3. 인턴십 모델은 어느 멘토링 모델과 가장 비슷한가? 해당 사항에 체크 표시하라.
   ___ a. 영적 안내 멘토링   ___ b. 상담 멘토링   ___ c. 제자훈련 멘토링   ___ d. 후원 멘토링

4. 3가지 모델 사이에서 비슷한 점을 다시 주목하라.
   ___ a. 만일 의도적으로 잘 고안한다면 3가지 방식 모두 사용할 수 있다.
   ___ b. 학습의 일부로 현장 실습 경험과 견학을 모두 필요로 한다.
   ___ c. 학습 분류법의 모든 범주인 정서적, 의지적, 인지적, 경험적 영역을 모두 다룰 수 있다.
   ___ d. 모든 형태의 멘토링이 그러하듯이 수습 훈련 역시 교육자와 같은 전문성 계발에 초점을 맞추는 데 한계가 있지만 모두 계발적인(developmental) 훈련 철학이다.
   ___ e. 수습 훈련, 인턴십, 멘토링, 이 3가지 모두는 오늘날 더욱 많이 활용해야 할 강력한 훈련 모델이다.
   만일 당신이 지역 교회 목회자라면 위의 비슷한 점 가운데 어느 것이 가장 중요한가?

5. 당신이 주로 무형식 훈련의 세미나와 워크숍을 실시하는 훈련 기관의 책임자라고 가정하라. 그러면 위의 4번에서 체크한 해당 사항을 바꿀 수 있겠는가? 만일 그렇다면 어떻게 변화시키겠는가?

6. 당신이 형식 훈련 기관의 교수라고 가정하라. 그러면 위의 4번 문제에서 체크한 해당 사항을 바꿀 수 있겠는가? 만일 그렇다면 어떻게 변화시키겠는가?

해답
1. a, b, c
2. a, b, c
3. a, b, d. 당신이 멘토링 모델에 대해 아직 배우지 않았기 때문에 2번과 3번 문제에 답하는 것이 부당하다고 느꼈을 것이다. 나중에 멘토링 모델에 충분히 익숙해진 후에 이 문제에 답한다면 왜 이런 답이 주어졌는지 이해할 수 있을 것이다.
4. 당신의 답을 말하라. 나는 b, c, d를 택했다. 물론 e도 정말 사실이다.
5. 당신의 답을 말하라. 나의 답은 "예"이며 b와 c를 택했다. 왜냐하면 이러한 사항들이 종종 무형식 훈련에서 미흡하며 또한 매우 필요하기 때문이다.
6. 당신의 답을 말하라. 나의 답은 "예"이며 a, b, c, d를 택했다.

홀랜드 훈련 모델 동의어: 균형 잡힌 학습(balanced learning)

소개 프레드 홀랜드(Fred Holland)는 훈련에 대한 그의 박사 논문(1978)에서 신학 연장 교육 모델은 균형 잡힌 학습을 제공하기 위해 4가지 구성 요소를 필요로 한다고 주장하였다. 나는 이 구성 요소들을 수정하여 훈련 모델을 위해 일반화시켰다. 기본적 비유는 기찻길 궤도 세트가 목적지로 이끈다는 것이다. 기찻길 궤도에 필요한 어느 요소라도 빠지면 최종 목적지까지 도달하지 못하게 만든다.

기본적 비유: 두 궤도(지식 습득과 사역 경험), 철도의 침목(역동적 성찰), 그리고 바닥(형성)을 포함한다.

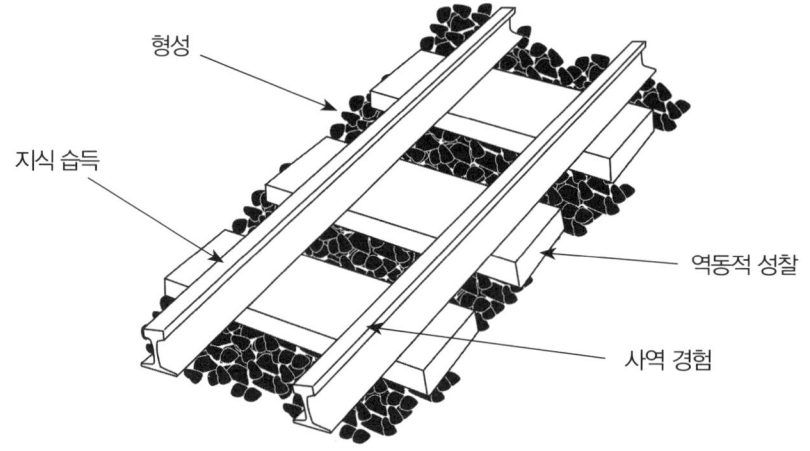

용어 설명

용어	설명
지식 습득(input)	사역 경험에서 사용할 인지적, 정서적 그리고 경험적 학습이다.
사역적 경험 (in-ministry experience)	습득한 지식을 사역 현장에서 사용하여 그것을 테스트하고 조정하여 학습자 자신의 개인적 기술이나 태도 혹은 습관으로 삼는다. 혹은 평가를 위한 관점이나 기준이 되며 결국 지식 습득은 학습자의 가치 체계의 일부가 된다.
역동적 성찰 (dynamic reflection)	두 겹의 사고 과정은 한편으로 습득한 아이디어가 경험 및 형성과 어떻게 상호 관련되는지를 가르쳐 준다. 다른 한편으로는 사역 경험으로부터 아이디어를 이끌어 내게 되는데 그 아이디어는 지식 습득에 영향을 주며, 학습자에게 새롭고 더 적절한 지식 습득이 된다.
형성(formation)	형성은 지식 습득, 역동적 성찰, 사역적 봉사의 근본적 초점이다. 이것은 학습자의 3가지 핵심인 리더십 성품, 리더십 기술, 그리고 리더십 가치관 (각각 영적 형성, 사역적 형성, 전략적 형성이라고 부름) 측면에서 변화를 가져온다.

홀랜드 훈련 모델에 대한 피드백

1. 형식 훈련 모델에 대해 당신이 알고 있는 것을 고려할 때 홀랜드 훈련 모델의 구성 요소 중에 없거나 등한시하거나 혹은 약한 것은 어느 것인지 평가하라. 약하거나 빠진 요소에 체크 표시하라.
    ___ a. 지식 습득   ___ b. 사역 경험   ___ c. 역동적 성찰   ___ d. 형성(들)

2. 워크숍, 세미나, 컨퍼런스와 같은 무형식 훈련 모델에 대해 당신이 알고 있는 것을 고려할 때 홀랜드 훈련 모델의 구성 요소 가운데 없거나 약한 것이 어느 것인지 평가하라. 약하거나 빠진 요소에 체크 표시하라.
    ___ a. 지식 습득   ___ b. 사역 경험   ___ c. 역동적 성찰   ___ d. 형성(들)

3. 비형식 훈련 모델에 대해 당신이 알고 있는 것을 고려할 때 가장 초점이 맞춰지는 구성 요소(들)은 무엇인가?
    ___ a. 지식 습득   ___ b. 사역 경험   ___ c. 역동적 성찰   ___ d. 형성(들)

4. 모든 훈련 방식에서 대부분 가장 잘 일어날 것이라고 여기지만 전혀 확인하지 않는 요소는 어느 것인가?
    ___ a. 지식 습득   ___ b. 사역 경험   ___ c. 역동적 성찰   ___ d. 형성(들)

5. 앞으로 참가할 훈련 프로그램을 통해 실습하기를 제안한다. 홀랜드 훈련 모델의 4가지 구성 요소의 관점에서 평가하고 결과를 서로 나누라.

해답
1. b, c가 가장 맞다. d는 두 번째로 가깝고 많은 경우 미흡하다.
2. b, c, 그리고 d
3. b. 종종 역동적 성찰이 존재하지 않으며 지식 습득이 종종 약하다.
4. d. 훈련자는 지식 습득이 형성에 영향을 줄 것이라고 단순히 믿는다. 그러나 그러할 수도, 그렇지 않을 수도 있다. 그렇기 때문에 지식 습득은 의도적으로 고려해야 한다.
5. 당신은 훈련에 참가하기 전에 상황을 미리 예측하고 훈련 과정 중에 이를 테스트해 볼 수도 있다.

시간/사역 상황

소개 균형 잡힌 학습의 이해를 돕는 모델은 시간/사역의 상황 연속선이다. 그것은 특히 지식을 습득했을 때 그리고 그 지식을 경험적 학습으로 실제화하는 사역 경험이 발생할 때의 관계를 이해하는데 도움이 된다. 아래와 같이 훈련을 분류함으로써 멘토링이 왜 효과적인 훈련 접근법이 되는지 이해할 수 있다.

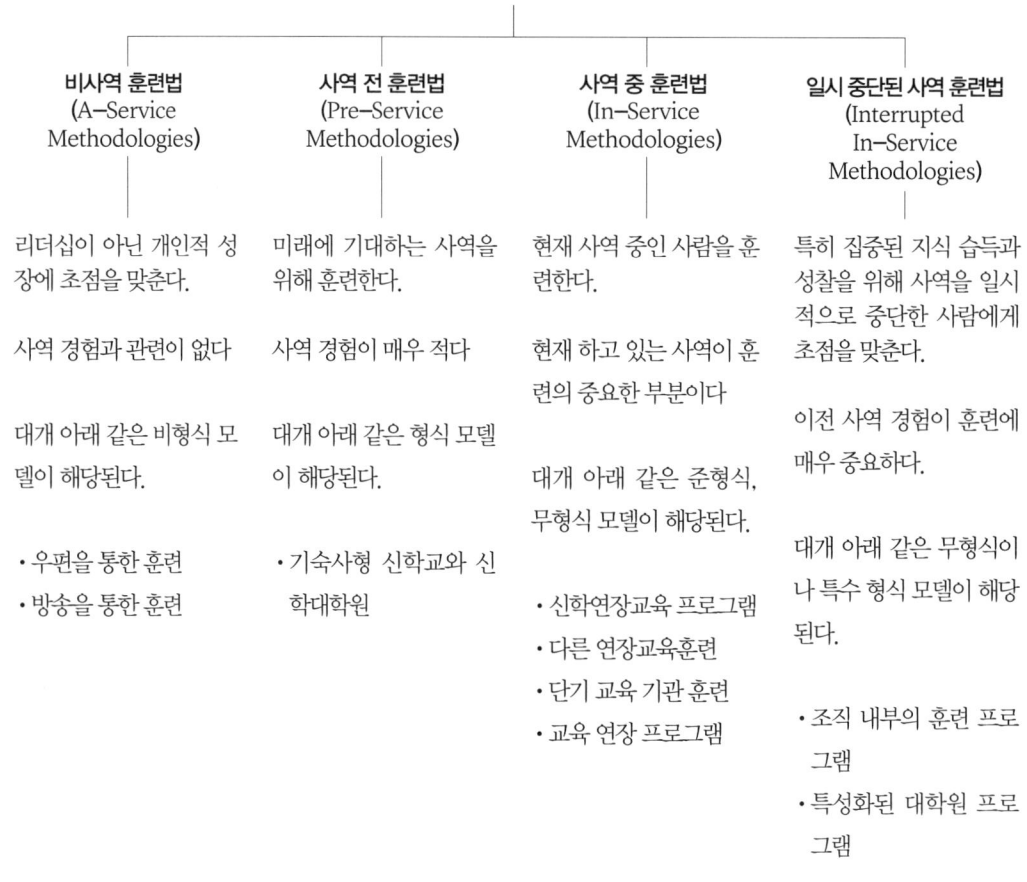

시간/사역 상황에 대한 해설

비사역
(A-Service)

비사역은 관련되는 경험적인 요소가 전혀 없는 훈련을 말한다. 이러한 훈련 프로그램은 대개 인지적 정보를 강조한다. 성경 통신 과정은 보통 이런 훈련에 초점을 맞춘다.

사역 전
(Pre-Service)

여기서 사역은 대개 실제 풀타임 사역을 의미하며 파트 타임 사역이라면 앞으로 기대하는 사역에 초점을 맞춘 경우에 해당된다. 훈련생들은 주어지는 지식에 대해 판단할 수 있는 경험이 없다.

사역 중
(In-Service)

사역 중이란 훈련생들이 풀타임 사역이든 아니든 그들이 실제 사역 현장에 위치해 있다는 것을 의미한다. 사역 중에 동시에 지식적으로 배운다.

일시 중단된 사역
(Interrupted In-Service)

여기서 중단된 사역이란 풀타임 사역자에게 해당된다. 사역이 일시 중단되었다는 것은 그들이 얼마간 오랜 시간 동안 사역 환경에서 벗어난다는 것을 의미한다. 오랜 시간이란 사역으로 인한 압력과 문제 그리고 책임을 다른 사람에게 넘겨준 충분한 시간을 말한다. 훈련생은 실제 사역을 통해 이미 많은 압박을 경험했기 때문에 이런 훈련 상황에서 대개 학습 동기가 매우 높다.

설명

왼쪽에서 오른쪽으로 연결되는 연속선상에서 여러 카테고리를 나타낸다. 연속선은 2가지 주된 요인의 관점에서 균형 잡힌 훈련인지 아닌지를 보여준다. 즉 지식을 경험적으로 학습할 때 형성(formation)이 얼마나 효과적으로 이루어지는지를 나타낸다. 오른쪽에 있는 훈련법일수록 더 효과적이다. 왼쪽에 있는 것일수록 덜 효과적이다. 왼쪽 훈련법은 경험을 갖기 전에 지식이 주어진다. 가운데에 있는 것은 앞으로 경험을 기대하거나 현재 동시적으로 일어나고 있다. 오른쪽으로 갈수록 인지적인 지식 습득보다 경험이 앞서며 배우는 교훈을 미래에 사용하고자 하는 동기 부여를 받는다.

| 비사역 훈련법 | 사역 전 훈련법 | 사역 중 훈련법 | 일시 중단된 사역 훈련법 |

더 효과적 훈련이다. →

← 경험이 학습과 덜 관련된다.

최상의 훈련 따라서 일시 중단된 사역 훈련법이 가장 효과적이다. 이것은 지식 습득을 후속적인 방법으로 성찰한다. 즉 이전 경험을 바탕으로 하여 지식 습득을 평가한다. 강한 필요에서 비롯된 동기부여의 역동성이 관련되기 때문에 역동적 성찰과 형성은 매우 효과적이다. 이런 형태의 훈련은 보통 '아하' 하는 경험을 갖게 하며 이전의 경험을 확인하거나 미래에 더 잘할 수 있도록 유익한 교훈을 지적해 준다. 진행 중인 사역의 책임감으로부터 방해받지 않는 분리된 시간, 즉 성찰에 집중할 수 있는 학업 환경은 효과적 학습을 위해서 매우 중요하다. 이것은 최대한 많은 시간을 지식 습득과 역동적 성찰에 초점을 맞추도록 한다.

효과적 훈련 지식 습득과 동시에 이루어지는 실제적인 사역 경험은 지식에 대한 성찰을 위해 좋은 환경을 제공한다. 또한 이는 훈련을 위한 효과적 수단이 된다. 그렇지만 현재 사역 중에 훈련 경험은 지식 습득과 적용, 양자를 통해 배울 수 있는 부분을 분산시키는 문제를 야기한다. 이는 책임의 중압감과 활용 가능한 시간의 제약과 배울 수 있는 지식 습득의 한계 때문이라고 할 수 있다. 그러나 배움에 대한 즉각적인 적용은 학습의 동기와 관련성을 보장하는 장점을 갖는다.

비효과적 훈련 사역 전 훈련법은 앞으로 기대하는 사역 경험을 위해 준비하는 훈련으로 가장 비효과적이다. 이는 몇 가지 요인 때문이다. 사역을 경험하기 전 지체하는 동안 배우고 지식으로 습득한 것이 손실된다. 경험에서 오는 관점의 부족으로 인해 어떤 지식이 중요하다는 것을 인식하지 못하기 때문에 배우려는 동기 부여가 부족하다. 경험이 없기 때문에 종종 역동적 성찰이 약하고 배우는 개념을 이해하는 것이 어렵다.

멘토링 멘토링은 주로 사역 중(in-service) 훈련법이다. 즉 멘티는 진행 중인 사역을 경험하면서 배운다. 때때로 일시 중단된 사역 훈련 프로그램 참가자가 동시적으로 멘토를 가질 수 있다. 멘티가 집중적인 멘토링 시간을 확립하기 위해 사역으로부터 벗어나는 것은 거의 드물다. 보기 드문 경우지만 멘토가 멘티를 위해 적절하게 시간을 할애할 수 있다면 모든 종류의 훈련 방법 가운데 가장 효과적이다.

시간/사역 상황에 대한 피드백

1. 형식 훈련은 주로 사역 전 훈련법이라는 점을 이해할 때 형식 훈련을 제공하는 교육 기관의 훈련 효과를 높이기 위해서 무슨 제안을 하겠는가?

2. 전 생애에 걸친 가장 효과적인 훈련을 위해서 가장 큰 잠재력을 지닌 훈련법은 어느 것인가?

3. 만일 당신이 시간/사역 상황의 기본 개념을 고려한다면 사역을 위해 훈련받기 원하는 고등학교를 졸업한 젊은 이에게 어떤 조언을 해주겠는가?

해답
1. 경험이 학습의 열쇠이며 사역 전 훈련 프로그램에 참가하는 사람들은 대부분 경험이 별로 없기 때문에 실제 사역을 어느 정도 경험한 나이가 든 사람들만 형식 훈련 프로그램에 받아들여야 한다. 또 다른 제안은 훈련 프로그램의 일부로 사역 경험을 쌓아야 한다. 예를 들어, 3년 과정의 목회학 석사(교회 개척 전공) 과정을 밟고 있는 학생들에게 두 번 정도 여름 인턴십 프로그램과 1년 동안의 교회 개척 실습 과정을 요구한다. 즉 2년 동안 학문적으로 배우고, 1년은 실제 사역을 하고, 여름에는 두 번에 걸쳐 인턴십을 갖도록 한다.
2. 사역 중 훈련법이다. 사역 전 훈련법과 일시 중단된 훈련법은 중앙 집중식 기숙사형 프로그램을 요구하며 실제적으로 4-6년이 걸릴 것이다. 사역 중 훈련법은 평생 활용할 수 있다.
3. 먼저 직업을 갖고 인생 경험을 쌓아라. 평신도로서 사역에 적극적으로 참여하고 활동하라. 그리고 2-4년 정도 사역 경험을 쌓은 후에 풀타임으로 신학 공부를 하라.

사역 시간선과 전환기 훈련

소개 리더 개개인마다 독특한 시간선이 있다. 그렇지만 크리스천 사역을 진지하게 받아들이는 모든 리더들에게는 유사점이 있다. 리더십 비교 연구 결과로부터 이러한 공통점을 확인하였다. 사역적 관점에서 본 많은 사람들의 개인 시간선을 종합한 것을 아래 사역 시간선이 제시한다. 사역 시간선의 1단계와 2단계 사이에 있는 선은 리더가 풀타임 사역자가 되거나 혹은 다른 부업을 병행하면서 크리스천 사역을 평생 소명으로 받아들이는 시기를 나타낸다. 시간선 아래는 하부 단계(sub-phase)로 각 단계에 이상적인 훈련 방식을 제시한다. 전체적 시간선을 따라 공통적으로 3가지 전환기적 훈련 패턴을 관찰할 수 있으며 세 번째가 가장 효과적이다. 이 전환기적 패턴은 1단계와 2단계 모두의 전환기 훈련인 하부 단계 B를 확대한 것이다. 시간선에 대한 상세한 설명은 부록 B를 참고하라.

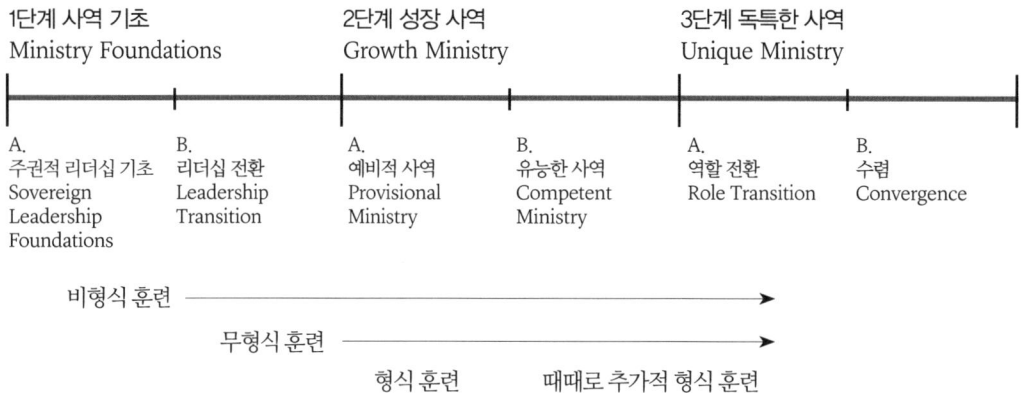

전환기 1. 사역 전 교육 패턴 (Pre-Service Educational pattern)

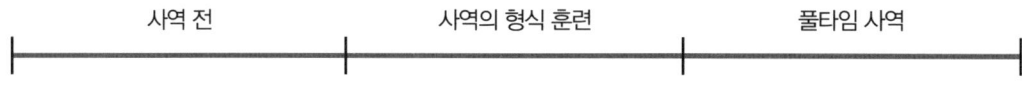

전환기 2. 사역 중 전환기 훈련 패턴 (In-Service Transitional Training Pattern)

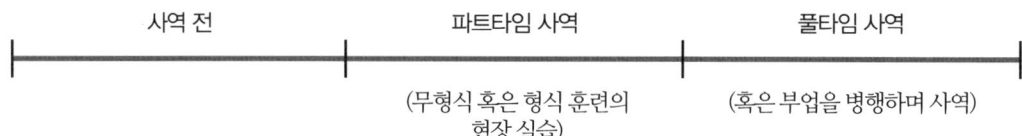

전환기 3. 사역 중 전환기 수정 훈련 패턴 (Modified In-Service Transitional Training Pattern)

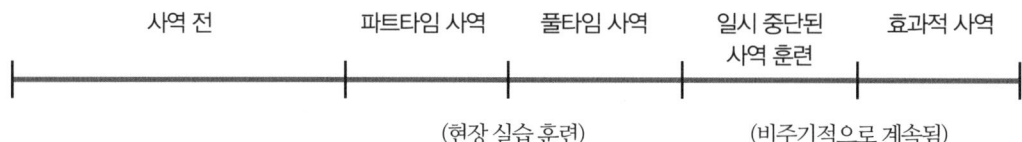

사역 시간선과 전환기 패턴에 대한 해설

사역 시간선 262페이지의 도표 12-2에서 시간선에 따른 이상적인 멘토링 형태를 보여주는 사역 시간선을 나중에 다시 제시할 것이다. 그러나 지금은 사역 시간선에 따른 3가지 훈련 방식의 중요성을 이해하는 것으로 충분하다. 비형식 훈련은 전체 시간선에 걸쳐서 적합하다는 사실에 주목하라. 무형식 훈련은 대부분 모든 성장 단계에서 적합하다. 형식 훈련은 어느 정도 사역 경험을 가진 후에, 그리고 리더가 유능한 사역의 하부 단계에서 독특한 사역 단계로 전환하기 원하는 경우에 한 번 이상 제안한다. 멘토링은 주로 비형식 모델이지만 형식 및 무형식 방식과 함께 사용할 수 있다. 이를 통해 평생에 멘토링을 의도적으로 계속 사용하면 멘토링 과정은 분명히 효과적으로 진행될 것이다. 그런데 많은 리더들이 예비적 사역 단계에서 중도에 포기한다. 또한 상당히 많은 리더들이 유능한 사역 단계에까지 도달하지 못한다. 소수의 리더들만이 독특한 사역 단계에 이른다. 적합한 훈련 방식, 그리고 멘토링에 대한 인식은 최대한 잠재력을 계발할 수 있는 가능성을 높여준다.

전환기 1 패턴 이것은 자체적인 교단 신학교를 운영하는 주류 교단과 다른 교단의 일반적인 패턴이다. 균형 잡힌 학습 모델과 사역 시간선 관점에서 보면 부족한 점이 분명히 드러난다. 형식 훈련의 초점은 대개 지식적인 습득이며 형성, 역동적 성찰, 그리고 경험적 학습이 모두 부족하다. 어느 정도 사역 경험을 갖기 전에 지식을 습득하기 때문에 종종 관련이 없거나 지식을 사용하기 전에 잊어버린다.

전환기 2 패턴 이것은 여러 선교단체와 오순절이나 독립 교단 교회들이 가진 일반적인 패턴이다. 대부분 비형식 훈련으로 이루어지기 때문에 지식 습득이 부족하다. 초기 영적 형성과 사역적 형성은 좋으나 전략적 형성은 대개 약하다. 역동적 성찰이 일어나는 것이 가능하지만 모델링을 보여주는 리더들에게 달려 있다. 경험적 학습에 초점을 맞춘다.

전환기 3 패턴 이것은 이상적인 패턴이다. 전환기 1과 2 패턴의 각 장점을 취해서 그것들을 강화시킨다. 시간/사역 상황의 측면에서 리더에게 사역을 소개하는 데 초점을 맞춘, 경험적인 비형식 훈련을 사용한다. 한두 가지 사역 과제를 마친 후에 리더는 일시 중단된 사역 훈련 방식으로 형식 훈련을 받는다. 훈련의 필요성을 인식하기 때문에 훈련은 효과적이다. 이 훈련의 가장 중요한 특징은 일시 중단된 사역 훈련이 계속적으로 이루어지는 데 있다. 시간이 흐르면서 사역 환경이 바뀌고 새로운 관점이 필요한 것을 인식한다. 비주기적으로 이루어진다는 것은 정해진 시간적 주기보다는 정기적인 필요성 때문에 반복되는 것을 의미한다. 계속적 훈련이 필요함을 인식하기 때문에 모든 형태의 멘토링을 포함하여 모든 훈련 방식을 사용한다.

사역 시간선과 전환기 패턴에 대한 피드백

1. 전환기 3 패턴이 왜 가장 효과적이라고 말하는가?(시간/사역 연속선과 그 개념을 고려하면서 답하라.)

2. 사역 시간선의 도표를 살펴볼 때 평생 동안 가장 광범위한 영향력을 끼치는 잠재력을 가진 것은 어느 훈련 방식인가?
   ___ a. 비형식 훈련   ___ b. 무형식 훈련   ___ c. 형식 훈련

3. 당신 자신의 사역 경험과 리더십 훈련을 가장 잘 묘사하는 전환기 훈련 패턴은 어느 것인가?
   ___ a. 전환기 패턴 1 – 사역 전 훈련 패턴
   ___ b. 전환기 패턴 2 – 사역 중 훈련 패턴
   ___ c. 전환기 패턴 3 – 사역 중 수정 훈련 패턴

4. 이 장에서 사역 시간선과 전환기 훈련 패턴을 소개하는 주된 이유가 무엇이라고 생각하는가?

해답
1. 일시 중단된 사역과 사역 중 훈련법이 시간선/사역 연속선에서 가장 효과적이다. 전환기 패턴 3은 이러한 훈련법을 결합시켰다. 추가적으로 그것은 평생 계속되는 학습의 필요를 상징적으로 나타내며 전환기 패턴 1이나 2는 해당되지 않는다.
2. a. 잠재적인 측면에서 최소한 그렇다. 그렇지만 그것은 의도적이어야 한다. 무형식 훈련을 받는 시간은 평생 모두 합해도 2~3년을 넘지 못한다. 형식 훈련은 평생에 최대한 20~30년 정도 될 것이다. 그러나 비형식 훈련은 우리 삶의 대부분이 될 수 있다. 특히 남은 일생 동안 삶의 모든 경험이 훈련이 될 수 있다는 것을 기억해야 한다.
3. 당신의 답을 말하라. 나 자신은 전환기 패턴 2였는데 전환기 패턴 3으로 바뀌었다..
4. 평생 훈련의 필요성에 대한 인식을 높이기 위해서다. 효과적인 리더들로부터 우리는 중요한 교훈을 발견해 왔다. 그 중 하나가 바로 **효과적인 리더들은 그들의 모든 삶 가운데 배움의 자세를 견지한다**는 점이다. 이것은 평생 동안 비형식 훈련의 중요성을 지적한 것이라고 할 수 있다. 멘토링은 비형식 훈련 모델이다. 리더십의 평생 계발을 위해 멘토링을 적용할 수 있기 때문에 당신의 삶 가운데 멘토링을 적극 활용하도록 동기 부여를 받기 바란다.

5가지 타입의 리더

소개 때때로 크리스천 리더십의 영향력에서 차이점을 인식하는 것이 유익하다. 리더는 영향력의 범위 안에서 다른 사람들에게 영향을 끼치는 잠재력을 갖는다. 만약 리더십 계발이 적절하게 이루어진다면 영향력의 기대 수준까지 도달할 것이다. 교회와 선교단체들은 A와 B타입의 많은 리더가 필요하며 상대적으로 적은 수의 C타입과 더 적은 수의 D와 E타입 리더가 필요하다. 이런 다양한 수준에 있는 리더에게는 각각 다른 종류의 훈련이 필요하다. 추가적으로 B와 C타입의 리더십 역량을 뛰어넘는 리더에게는 2가지 주된 장애물이 존재한다. 이런 장애물을 사전에 확인함으로써 정신적으로 미리 준비하며 장애물을 극복할 수 있는 훈련을 받을 수 있다.

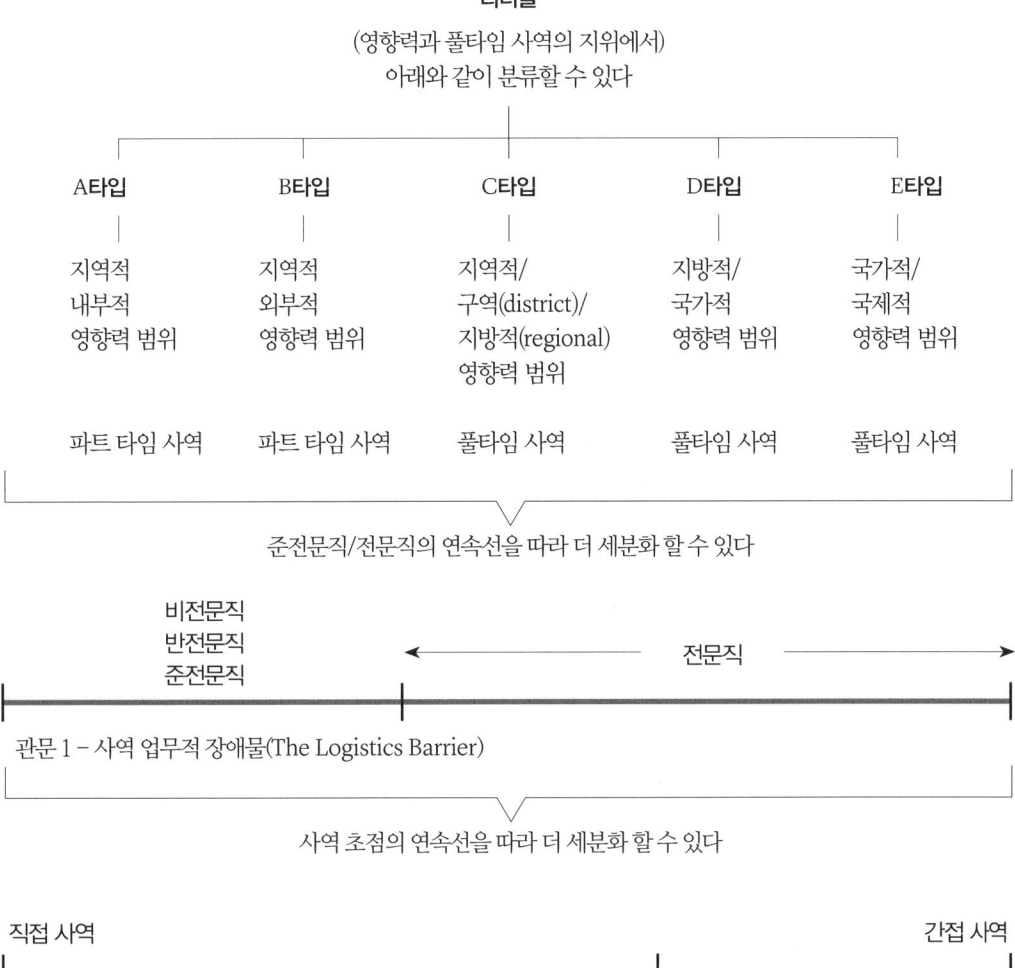

5가지 타입의 리더와 멘토링에 대한 해설

소개 하나님은 리더의 잠재력이 계발되기를 원하신다는 것을 확신한다. 어떤 리더는 자신의 잠재력을 최대한 계발하여 A타입이 된다. 어떤 리더는 B타입이 되고, 다른 리더는 C타입이 될 것이다. 소수의 리더가 D타입이 되고 극소수만 E타입이 된다. 리더의 영향력 범위가 더 크다고 더 좋은 것은 아니다. 각 리더의 능력에 따라 적절한 영향력 범위가 이상적이다.

관문 1 C타입 영향력 범위로 계발된 리더가 이전에 A와 B타입의 단계를 먼저 경험했다면 최상이다. 이러한 일반적 단계로 계발된 리더는 사역 업무적 장애물(the Logistics Barrier)에 직면한다. B에서 C타입으로 옮겨가는 리더에게는 중요한 사고의 전환과 훈련이 필요하다. 첫째, 하나님이 재정적 후원을 공급해 주신다는 믿음의 도전이다. 둘째, 역할에 대한 기대가 변화된다. 비록 리더가 이전과 같은 일을 하더라도 따르는 자들은 준전문직보다는 풀타임 유급 사역자로부터 더 많은 것을 기대한다. 셋째, 영향력의 범위가 소그룹 수준에서 다수의 그룹으로 옮겨간다. 종종 대중적인 사역이 더욱 많아진다. 사역 철학에 영향을 끼칠 수 있도록 성경 말씀에 대한 더 많은 이해가 필요하다. 리더가 어느 전환기 훈련 과정에 있더라도 후원자 멘토는 항상 필요하다. 이러한 중요한 전환기에 코칭, 상담, 티칭으로 돕는 멘토는 매우 필요하다.

관문 2 리더의 삶에서 전환기는 항상 매우 어려운 시기이다. 특히 C타입 리더십에서 D타입으로 옮겨가며 전략적 장애물을 넘어가는 리더의 경우 더욱 그렇다. 이 전환기는 구체적으로 2가지 이유 때문에 어렵다. 첫 번째는 심리적 장애물이 존재한다. C타입은 주로 사역에 직접적으로 임한다. 즉 달란트를 사용하여 많은 사람들에게 직접 사역한다. D타입 사역은 직접 사역을 주로 실행하던 것으로부터 다른 사람이 직접 사역을 하도록 지원하는 역할로 전환한다. 직접 사역을 하고 그 결과를 볼 때 그 보상은 크다. 그러나 다른 사람들이 하는 사역을 간접적으로 도울 때에는 동일한 보상을 받지 못한다. 직접 사역에서 간접 사역으로 옮겨가기 위해서, 다시 말해 전략적 장애물을 극복하기 위해서는 멘토링에서 쉽게 볼 수 있는 기본 개념을 받아들여야 한다. 여기서 말하는 기본 개념이란 **더 적은 사람들과 더 많은 시간을 보내는 것이 결국 하나님을 위해 더 크고 영속적인 영향을 끼칠 수 있다는 것이다.** 전환기에서 어려움의 두 번째 이유는 간단하다. C타입 리더는 대개 직접 사역을 위해서 훈련을 받으며 간접 사역을 위해 필요한 리더십 기술을 훈련받지 않는다.

A타입 주일학교 교사, 소그룹 리더, 청소년부 사역자는 교회에서 A타입의 예가 된다. A타입 리더는 주로 지역 교회에서 소그룹 사역을 하거나 위원회와 같은 부서의 행정 지원 사역을 한다. 기본적으로 그들의 사역 핵심은 지역 교회 안에서의 교육(edification)과 봉사이다. 그들은 비전문직 내지 준전문직 사역자들이며 교회 사역을 삶에서 주요 공헌으로 여긴다. 그들의 소명은 이러한 목적을 지지한다. 그들이 받는 훈련은 대부분 비형식 훈련이다. 가끔 무형식 훈련도 받는다. 특히 코칭, 티칭, 동시대 모델링, 그리고 후원과 같은 멘토링은 이러한 타입의 리더들에게 가장 귀중한 훈련이 될 수 있다.

B타입 심방 사역자, 부업을 병행하는 목회자, 파트타임 전도사, 가난한 자들을 위한 사회 봉사 사역자(자비량), 파트타임 목회자, 개척교회 사역자 (자비량), 작은 두 교회를 위해 동시에 목회하는 사역자는 B타입의 예가 된다. B타입 리더는 지역교회 안에서 그리고 그 이상으로 2가지 영역 모두에서 사역할 수 있다. 기본적 사역 핵심은 교육(edification)을 넘어서 전도와 지역 교회에 국한되지 않는 다른 복음 전도 사역이라고 할 수 있다. 영향력의 범위는 소그룹들을 뛰어넘지만 대개 작은 교회들 안에서 이루어진다. 그들은(어떤 사람은 최소한 재정적 지원을 받는) 준전문직이나 혹은 반전문적 사역자들이며 교회사역을 삶에서 중요한 공헌으로 여긴다. 그들의 소명은 이러한 목적을 지지한다. 이러한 크리스천 사역자들이 활용할 수 있는 형식 내지 무형식 훈련은 거의 없다. 코칭, 티칭, 동시대 모델링, 그리고 후원과 같은 멘토링은 이러한 타입의 리더에게 필요한 훈련을 적절하게 제공할 수 있다.

C타입 유급 풀타임 목회자, 청소년 사역자, 전도사 그리고 대형 교회의 목회자와 스태프가 C타입 리더의 예가 된다. 큰 영향력을 가진 대형 교회의 담임 목사나 스태프는 지역 교회를 넘어 지역사회에 영향력을 끼친다. 그들은 D타입의 리더십 영향력을 향해 나아간다. 이들은 유급으로 봉사하는 전문 사역자들이다. 일반적으로 이들은 목사 안수를 받고 나라에서 합법적인 지위로 자격을 부여받은 자들이다. 이들에게는 사역 전 훈련과 사역 중 훈련 방식의 형식 훈련이 활용 가능하다. 신학대학원과 신학교는 이런 타입의 리더들을 위해 사역 전 훈련을 제공한다. 신학대학원의 목회학 박사 프로그램은 사역 중 훈련을 제공한다. 그러나 이러한 유형의 리더들이 전략적 장애물을 극복하고 D타입 리더의 사역을 하도록 지원해 주는 무형식 훈련은 거의 없거나 존재하지 않는다.

D타입 D타입 리더들은 주로 어느 지역이나 나라에서 A, B, 그리고 C타입 리더에게 방향을 제시한다. 그들은 어느 지역이나 나라의 전 지역에 걸쳐 기독교적 영향력을 끼치는 사람들이다. 또한 복음전도전략, 훈련전략, 방법론, 평가, 단체와 협력, 신학의 상황화, 새로운 기관의 설립에 앞장선다. 그들은 대개 C타입 리더들에게 잘 알려져 있다. D타입 리더의 예는 다음과 같다. 어느 지방이나 나라에서 사역하는 선교단체 대표, 지역적 혹은 국가적 영향력을 가진 교단 사역자, 전국적으로 활동하는 부흥사, 신학대학원이나 풀타임 사역자들을 훈련시키는 다른 교육기관의 교수, 사역 전문가, 초교파 신학대학원과 교육기관의 훈련 자료와 책의 저자, 전국적 영향력을 가진 신학자 등이다. D타입 리더들에게 활용 가능한 효과적인 훈련은 거의 없다. 그들은 대개 스스로 해결해 나간다. 이 단계의 리더에게는 다른 비형식 및 무형식 훈련과 더불어 멘토링이 절실히 필요하다. 동시대 모델, 역사적 모델, 후원, 코칭, 티칭, 상담, 그리고 영적 안내와 같은 멘토링이 필요하다. 그러나 종종 이 단계에 도달한 리더는 스스로를 유능한 리더로 여기며 더 이상의 훈련이 필요하다고 느끼지 못한다. 결과적으로 그들은 이 중대한 전환기에 종종 훈련의 필요성을 깨닫지 못하며 자만심 때문에 도움을 청하지 못한다.

E타입		E타입 리더의 예는 다음과 같다. 국제 기관의 대표, 국제적으로 활동하며 여러 나라에 영향력을 가진 크리스천 정치가, 저명한 신학자, 다국적 D타입 리더들을 훈련시키는 훈련자, 광범위한 운동을 지지하거나 선도하는 크리스천 서적의 유명한 저자, 그리고 어떤 운동이나 기관을 시작하여 세계적으로 혹은 적어도 여러 나라에 확장시킨 카리스마를 가진 리더들이다. 종종 E타입 리더는 많은 사람들의 자원과 재정, 그리고 기관들을 관리한다. 그들은 다른 국제적 및 국가적 리더들과 매우 폭넓은 개인적 네트워크를 이루고 있다. 종종 큰 영향력을 가진 국제 기관의 이사회 멤버이기도 하다. 이 단계에 있는 리더는 주로 서로 책무를 다할 수 있는 수평 멘토링이 필요하다. 또한 궁극적 공헌을 성취하고 영적 유산을 남기고자 할 때 역사적 멘토로부터 유익을 얻을 수 있다.
주의점		분명히 강조하는 것은 고유의 가치가 어느 특정 타입의 리더에게만 존재하는 것은 아니라는 점이다. 즉 어느 E타입 리더가 어느 A타입 리더보다 더 낫다고는 말할 수 없다. 교회 안에는 다양한 모든 타입의 리더가 필요하다. E타입보다는 A와 B타입 리더가 더 많이 필요하다. 리더의 타입은 하나님이 주신 능력과 그 능력을 사용하는 역할에 우리가 도달할 수 있도록 이끄시고 계발해 가시는 하나님께 달려있다. B타입 리더십의 은사를 지니고서 D타입을 갈망하는 것은 청지기직을 잘못 관리하는 것이다. 또한 E타입 은사를 지니고서 C타입에 머무는 것도 마찬가지다. 어느 타입보다 다른 타입이 더 나은 것이 아니며 모든 타입이 필요하다. 우리는 하나님이 주신 은사와 리더십 계발에 따른 청지기적 책임을 다하기 위해 리더 타입의 연속선에 알맞게 사역해야 한다.

요약 – 리더 타입과 멘토링의 필요

리더 타입	전반기	후반기
A	제자훈련자, 교사, 코치 동시대 모델	상담자, 후원자, 영적 안내자
B	동시대 모델, 코치, 교사	상담자, 후원자, 영적 안내자
C	동시대 모델, 후원자, 상담자, 영적 안내자, 코치, 교사	역사적 모델
D	동시대 모델, 영적 안내자, 코치 상담자, 후원자	역사적 모델
E	동시대 모델, 영적 안내자 (책무를 위한) 수평 멘토들	역사적 모델

5가지 타입의 리더에 대한 피드백

1. A타입 리더와 C타입 리더 사이의 근본적인 차이점은 무엇인가?(정답에 체크 표시하라.)
   ___ a. A타입 리더는 풀타임 사역자이며 C타입은 대개 부업을 병행하는 사역자이다.
   ___ b. A타입 리더는 대개 무급 사역자로서 주로 지역 교회 안에서 봉사하지만 C타입 리더는 유급 사역자로서 지역 교회 안팎에서 사역한다.
   ___ c. a, b 모두 아니다.
   ___ d. a, b 모두 맞다.

2. A, B, C, D, E타입의 리더 사이의 근본적인 차이점은 무엇인가?(해당 사항에 모두 체크 표시하라.)
   ___ a. D, E타입은 사역 초점이 각각 간접적, 직접적이며 서로 반대이다.
   ___ b. D, E타입은 재정적 지원을 충분히 받지만 A, B, C타입은 그렇지 않다.
   ___ c. D, E타입은 대개 간접 사역과 역할을 위해 형식 훈련을 갖는 반면 A, B, C타입은 직접 사역을 위해 무형식 훈련을 갖는다.
   ___ d. 위의 모두가 아니다.

3. 형식 훈련은 어느 타입의 리더들에게 사용 가능한가? 해당 사항에 모두 체크 표시하라.
   ___A타입 ___B타입 ___C타입 ___D타입 ___E타입

4. 무형식 훈련은 어느 타입의 리더들에게 사용 가능한가? 해당 사항에 모두 체크 표시하라.
   ___A타입 ___B타입 ___C타입 ___D타입 ___E타입

5. 비형식 훈련은 어느 타입의 리더들에게 사용 가능한가? 해당 사항에 모두 체크 표시하라.
   ___A타입 ___B타입 ___C타입 ___D타입 ___E타입

6. 멘토링 주제와 관련하여 리더 타입에 대한 지식이 왜 중요한가?

해답
1. b   2. a   3. C타입   4. A, B, C타입(주로 C)
5. 일반적으로 A, B타입이며 몇몇 C타입이다. 이러한 종류의 훈련, 특히 비형식 훈련 모델과 멘토링을 모든 타입의 리더들을 위해 사용하는 것이 이 매뉴얼이 의도하는 바이다.
6. 어떤 타입의 리더들에게는 자신들이 사용 가능한 형식 훈련이 없다. 이 사실을 알고 훈련을 가치 있게 여긴다면 리더를 훈련시키기 위한 비형식과 무형식 훈련 방법을 찾을 것이다. 리더 타입에 대한 지식은 우리가 사용 가능한 훈련이 무엇인지 확인하는 데 도움을 준다. 또한 멘토링과 같은 비형식 훈련을 이해하고 활용하는 것이 필요함을 강조한다.

요약: 이상적인 비형식 훈련 모델의 멘토링

3가지 훈련 방식인 형식, 무형식, 비형식 훈련 가운데 비형식 훈련 방식을 리더의 평생 계발을 위해 가장 자주 사용할 수 있다. 리더들은 아마 형식 훈련을 위해 그들 평생에 최대한 20~30년의 시간을 보낼 것이다. 무형식 훈련을 위한 시간이 많다 해도 그렇게 많은 훈련 시간을 갖지는 못할 것이다. 그러나 비형식 훈련은 평생에 걸쳐 삶의 활동과 사역 가운데 일어난다. 자기 계발과 더불어 다른 사람을 세우기를 원하는 리더는 비형식 훈련의 능력을 인식하고 그것을 의도적으로 사용해야 한다.

멘토링은 비형식 훈련 모델 가운데 가장 용도가 다양하다. 멘토링은 수습 훈련 및 인턴십의 형태로써 강력한 훈련 모델들로부터 파생된 개념을 결합시킨다. 멘토링은 심지어 형식 및 무형식 훈련 방식과 연관시켜 함께 활용할 수 있다. 개인적이고도 적용 지향적인 특징을 토대로 멘토링은 홀랜드 훈련 모델의 4가지 요소를 모두 충족시키고 균형 잡힌 훈련을 제공하는 데 있어서 가장 큰 잠재력을 지니고 있다. 또한 사역 시간선에 따른 리더십 계발을 위해 모든 단계에서 언제든지 멘토링을 사용할 수 있다. 교회나 선교단체 안팎에서 활동하는 평신도 지도자들이 멘토링을 활용할 수 있다. 영향력의 범위가 크든 작든 상관없이 교회나 선교단체의 풀타임 사역자들도 물론 멘토링을 사용할 수 있다. 국가적 혹은 국제적 영향력을 가진 교단과 선교단체 리더들도 멘토링을 사용할 수 있다. 훈련의 보다 효율적인 타이밍이라 할 수 있는 사역 중 혹은 일시 중단된 사역 상황에서 멘토링을 사용할 수 있다. 마지막으로 멘토링은 가장 실속 있는 훈련 방법이다.

만일 멘토링이 그렇게 훌륭한 것이라면 왜 그것을 더 의도적으로 사용하지 않을까? 불리한 점은 무엇일까? 여러 가지 이유가 있다. 첫째, 우리 문화는 형식 훈련이 중요하다고 가르친다. 둘째, 현재 우리 문화는 개인주의와 독립심을 강조하는 반면 친밀하고도 남에게 의존하는 인간관계에 대해 믿지 못한다.. 셋째, 형식 훈련 시스템 속에서 교육받은 사람들은 지속적인 학습의 필요성에 민감하지 않다. 또한 그들은 지속적 계발을 위한 무형식과 비형식 훈련의 중요성에 대해 배우지 못했다. 넷째, 멘토링에 대하여 알려진 것이 별로 없다.

이 매뉴얼은 이러한 멘토링의 불리한 점을 극복하고자 한다.

2장

멘토링의 정의

서론

멘토링은 오늘날 널리 보급되어 있다.[1] 멘토링의 인기가 높은 이유는 모든 종류의 리더십에 유익하고 그 잠재력이 입증되었기 때문이다. 또한 멘토링이 필요한 것은 오늘날 개인주의 사회 속에 만연해 있는 인간관계의 큰 진공 상태를 대변해 주기 때문이다. 오늘날은 개인주의의 팽배로 인해 상호 간에 책무가 부족하다. 이러한 관계의 결핍에서 비롯된 필요 때문에 어느 정도 멘토링에 대한 여론이 고조되었다. 우리는 다른 그룹의 리더들에게 리더십 계발을 논할 때 멘토링 개념에 대한 긍정적인 반응을 경험했다. 그리고 "나를 멘토링 해주실 수 있나요?" 또는 "제발 멘토가 되어 주세요!" 라는 요청을 받는다. 이것은 학습과 책무의 도약판을 제공해 줄 수 있는 관계를 갈망하는 부르짖음을 의미한다.

그렇다면 멘토링이란 정확하게 무엇인가? 멘토링에 대한 많은 정의가 있다. 오늘날 멘토링을 의도적으로 이루어지는 과정으로 이해하며 비즈니스, 군대, 학교, 그리고 크리스천 리더십 계발에서 다양하게 활용한다. 멘토링을 어떻게 이해하느냐는 자신의 멘토링 경험과 활용 그리고 상황(비즈니스, 학교, 조직 사회, 교회나 선교단체)과 관련된 몇 가지 요소에 달려 있다. 멘토링에 대한 저자들은 이러한 다양한 관점에서 비롯된 멘토링의 정의를 각 상황과 목적에 따라 적절하게 사용한다.

우리는 개인적으로 리더십 계발의 기회를 가졌던 교회와 선교단체에서 멘토링을 경험했다. 우리가 가장 먼저 경험한 것은 제자훈련이었다. 훈련 경험이 더욱 쌓이면서 잠재적 리더들에게 능력을 부여하는 방법으로 제자훈련 외에 다른 방법도 알게 되었다. 우리는 이러한 경험을 바탕으로 멘토링의 정의를 내렸다.

비즈니스, 군대, 학교, 크리스천 조직 혹은 무엇이든지 간에 당신의 처한 상황이 멘토링의 정의를 내리는 데 크게 영향을 줄 것이다. 비즈니스와 군대에서 멘토링은 보호와 진로지도에 초점을 맞출 것이다. 그러한 상황에서 멘토링 과정의 핵심은 주로 멘토의 자질과 지위에 달려 있으며 강력한 멘토가 필요하다. 학교에서 이루어지는 멘토링은 지식 습득을 통해 능력을 부여하는 것에 초점을 맞춘다. 다른 학생들보다 적극적이고 우수한 학생들은 대학 생활을 통해 다양한 멘토링을 계속 경험할 것이다. 멘토들이 모두 뛰어난 것은 아니지만 어떤 분야의 지식, 경험, 그리고 시스템에 맞게 학생들을 개인적으로 연결해 준다. 학교에서 이루어지는 일대일이나 소그룹 멘토링은 전체 프로그램을 얼마나 잘 관리하느냐에 따라 질적으로 차이가 난다.

---

[1] 최근 멘토링은 집중적 연구 대상이 되었다. 윌리엄 그레이(William A. Gray) 박사와 마릴린 마일스 그레이(Marilynne Miles Gray) 박사는 주요 기업과 대학, 정부 조직, 그리고 교육 기관과 같은 다양한 상황에서 5천명이 넘는 멘토와 멘티를 훈련시켰다. 그들은 멘토링 연구와 훈련을 촉진시키기 위해 멘토링 연구소를 설립했다. 관련 기관인 멘토링 국제센터는 멘토링과 코칭 자료를 보급하고 『멘토링 인터네셔널』(*Mentoring International*) 잡지를 발간한다.

크리스천 멘토링의 개념은 크게 2가지 종류의 근원을 두고 있다. 크리스천 조직에서 멘토링은 비즈니스 혹은 군대 조직의 관점으로 기우는 경향이 있다. 크리스천 사역에서 멘토링 관계는 주로 지식적인 측면을 강조한다. 우리는 우리의 개인적인 소그룹 사역 경험의 영향으로 인해 멘토링에서 강한 관계적인 경향(relational bent)과 계발적인 성향(developmental bias)을 강조한다.

2장의 개요

이 장은 먼저 멘토링의 기본 개념을 소개한 후 일반적인 정의를 내린다. 그리고 중요한 멘토, 멘티, 능력 부여의 개념을 상세하게 설명한 후 멘토링 역동성의 5가지 요인을 다룬다. 마지막으로 9가지 멘토 타입과 각 타입에 대한 역동적 요인을 설명한다. 이 장을 마치면 다음과 같이 할 수 있다.

- 자신의 말로 멘토링의 정의를 내린다.
- 멘토링 역동성의 5가지 요인을 제시하고 자신의 말로 간략하게 설명한다.
- 9가지 멘토 타입이 각각 이행하는 능력 부여의 핵심과 연결한다.
- 멘토링 연속선의 개념을 인식한다. 예를 들어, 멘토링 연속선에서 제시하는 각 멘토 타입과 역동성의 다이어그램을 설명한다.

멘토링의 기본 개념

우리는 멘토링을 일종의 능력 부여의 과정으로 보면서 멘토링의 정의를 발전시켰다. 우리는 리더들을 제자훈련하며 훈련과 계발시키는 과정을 통해 경험적으로 배웠다. 그다음은 경험하고 배운 것을 개념화했으며 그 과정에서 다음 3가지 단계를 거쳤다.

첫째, 다른 사람들을 계발시킬 때 영향력 있는 사람들이 얼마나 중요한가를 인식했다.
둘째, 영향력 있는 특별한 사람들을 비교 연구함으로써 멘토의 특징, 영향력의 방법, 그리고 멘토링 과정의 정의를 이끌어냈다.
셋째, 멘토링의 전체 과정을 살피며 그에 따른 멘토링의 역동성과 개념적 기초를 분석하였다.

리더십 계발 연구에서 우리가 초기에 발견한 것은 하나님이 리더를 계발하시는 과정에서 가장 자주 사용하시는 방법 중 하나는 특별한 사람들과의 만남이었다. 우리의 리더십 사례 연구에서 대부분은 그들의 리더십 계발에 중요한 역할을 했던 3명에서 20명(혹은 더 많은)의 사람들을 확인했다. 이것은 아래에 있는 우리 질문에 대한 대답을 제시한다. 그들은 과연 어떤 사람들인가? 우리는 일찍이 멘토의 6가지 특징을 다음과 같이 확인하였다.

1. 사람에게 있는 잠재력을 알아볼 수 있는 분별력
2. 그러한 잠재력을 계발하는 데 있어서 실수, 거친 성품, 모난 점과 같은 것을 참아낼 수 있는 관용

3. 상황에 따라 능동적으로 대처할 수 있는 융통성
4. 리더십 계발을 위해 시간과 경험이 필요한 것을 알고 기다릴 줄 아는 인내심
5. 미래를 내다보는 비전과 능력 그리고 멘티에게 필요한 다음 단계를 제시할 수 있는 안목
6. 격려, 긍휼, 나눔, 권면, 가르침, 믿음, 지혜의 말씀과 같은 영적 은사와 능력

우리가 멘토의 특징을 위와 같이 제한하는 것은 아니다. 이것이 멘토의 모든 특징을 나타내는 것은 아니지만 리더십 계발에 영향을 끼친 사람들의 중요한 특징을 보여주는 것은 분명하다.

다음으로 이 사람들이 잠재력을 가진 젊은 리더들에게 특별하게 영향을 끼친 것을 확인하고 분류하였다. 다른 사람들의 계발을 도와준 특별한 5가지 방법을 아래와 같이 확인하였다.

1. 젊은 리더들에게 다음과 같은 것을 제공한다(Giving).
    - 시기적절한 조언
    - 적시에 필요한 관점을 제공하는 편지, 책, 혹은 다른 정보와 다양한 자료
    - 재정적 지원
    - 멘토를 능가하여 더 성장할 수 있는 기회와 자유
2. 젊은 리더들을 후원하기 위해 자신의 명성에 손상을 입을 수 있는 위험을 감수한다(Risking).
3. 리더십의 여러 역할에 대한 본을 보여주며 젊은 리더들에게 도전을 주고 그들이 닮고 싶어하는 모델이 된다(Modeling).
4. 젊은 리더들이 계속적으로 성장해 갈 수 있도록 필요한 자원에 연결해 준다(Bridging).
5. 젊은 리더들의 자신감, 지위, 신뢰성을 높여주기 위해 그들과 함께 공동 사역을 한다(Co-Ministering).

나중에 우리는 이보다 더 많은 멘토링 방법을 확인했다. 이것은 멘토링의 확대 정의에서 소개할 것이다. 특별히 이것은 능력 부여의 기능을 이행하기 때문에 능력 부여에 관해 논하면서 다룰 것이다.

우리는 이 개념을 간략한 정의로 정리했는데 이것이 이 책에서 소개하는 멘토링 개념의 기반이 된다.

멘토링의 간략한 정의

> 멘토링은 한 사람이 다른 사람에게 하나님이 주신 자원을
> 나누어 줌으로써 능력을 부여하는 인간관계적 경험이다.

멘토링 드라마에는 두 명의 배우가 등장한다. 한 사람은 멘토로서 능력을 부여하는 자이고, 다른 사람은 멘티로서 능력을 부여받는 사람이다. 그리고 하나님이 주신 자원을 나눔에서 오는 주된 결과는 능력 부여이다. 멘토링의 개념을 확대시켜 내린 정의는 능력 부여에 더 초점을 맞추며 멘토링 드라마 속에 등장하는 배우들을 분명하게 밝힌다. 이것을 이 매뉴얼 전체에 걸쳐서 멘토링의 기본 정의로 사용할 것이다. 뒤에서 소개하는 멘토링의 확대 정의는 멘토가 영향을 끼치는 능력 부여의 종류를 제시한다는 점을 주목하라.

멘토링의 확대 정의

멘토링은 관계적인 과정으로

- 어떤 것을 알고 있는 한 사람, 멘토가
- 다른 사람, 멘티에게
- 영향을 끼치도록 적절한 때에 어떤 것(지혜, 조언, 정보, 정서적 지원, 보호, 자원 연결, 진로지도, 지위와 같은 능력 자원)을 전해 주는 것이다

나중에 15장에서 하향 멘토링을 다룰 때 자원의 개념을 더욱 구체적으로 논할 것이다.

우리는 초기에 이 멘토링 개념과 멘토링 정의를 시작으로 더 많은 사례들을 연구하였고 세미나의 피드백을 통해 여러 멘토 타입을 확인할 수 있었다. 이 책의 특징은 멘토링 형태에 따라 관련된 멘토링 과정을 세분화했다는 점이다. 우리는 멘토의 참여를 능력 부여의 종류, 의도성, 심도, 그리고 노력의 인식 여부에 따라 멘토링을 다양한 형태로 분류하였다. 그리고 멘토의 9가지 타입을 확인했으며 다음과 같이 분류했다. 즉 제자훈련자, 영적 안내자, 코치, 상담자, 교사, 후원자, 동시대 모델, 역사적 모델, 그리고 섭리적 만남이다.

이 장에서는 멘토링의 기본 개념과 멘토링의 확대 정의, 9가지 멘토 타입, 능력 부여의 5가지 요인, 능력 부여의 5가지 기본 관점에서 각 타입의 연속선을 제시한다. 이것은 멘토링의 기본 개념을 상세하게 다루는 각 장을 이해하는 체계(framework)를 제공한다.

멘토링   동의어: relational empowerment(관계적인 능력 부여)

소개 600명이 넘는 개인들의 리더십 계발에 대한 사례 연구를 비교 분석한 결과 중요한 사실을 발견했다. 거의 모든 사례 연구에서 발견한 것은 리더십 계발에서 주된 열쇠는 리더의 생애에서 중요한 때에 하나님이 중요한 사람들을 보내주신다는 점이다. 이 중요한 사람들은 대개 리더들과 신앙의 순례 가운데 함께했으며 적절한 시기에 잠재력을 가진 리더들의 계발을 위해 여러 방법으로 돕고 격려했다. 이 모든 만남의 공통점은 그 리더에게 적시에 필요한 도움으로 능력을 부여(계발하고, 돕고, 필요한 자원을 제공하며)하는 인간관계적 경험이었다는 것이다. 하나님이 계획하신 만남과 관계를 통해 리더를 계발하신다는 점이 바로 멘토링 개념의 핵심이다.

정의 멘토링은 관계적인 과정으로,
- 어떤 것을 알고 있는 한 사람, 멘토가
- 다른 사람, 멘티에게 영향을 끼치도록 적절한 때에
- 어떤 것(능력 자원)을 전해 주는 것이다.

예 역사적인 예로, 마가렛 바버(Margaret Barber)가 워치만 니(Watchman Nee)의 생애 가운데 그의 예비적 성장 사역과 유능한 사역 단계의 리더십 전환기에 개입한 것을 들 수 있다. 그녀는 신령한 지혜, 관점, 성경적 가르침, 사명감 도전, 그리고 믿음과 승리하는 삶의 모델을 통해 워치만 니의 삶에 영향을 끼쳤다. 그녀는 또한 특별한 학습을 갖기 위해 그와 집중적으로 시간을 함께 보냈다. 즉흥적으로 잠시 만나면서 상담 시간을 갖기도 했다. 그녀는 워치만 니의 삶에 흔적을 남겼으며 그에게 삶의 모토를 제시했다.

예 성경에 있는 멘토링의 훌륭한 사례는 바나바와 바울[2] 사이에 일어난 멘토링 과정이다. 바나바는 바울을 예루살렘 교회와 안디옥 교회의 이방인 복음화 사역에 연결시켜 주는 핵심 역할을 했다.

해설 능력 자원은 지혜, 조언, 정보, 정서적 지원, 보호, 자원 연결, 진로지도, 지위, 사역 철학, 사역의 통찰력, 다양한 리더십 기술, 중요한 태도, 기본적 사역 습관, 사역 기회, 하나님의 축복을 통해 사역으로 놓아줌, 하나님에 대한 경험적 지식 등이다.

---

[2] 바나바와 바울 사이의 멘토링에 대한 심도 깊은 연구는 클린턴의 소책자, 『격려하는 권고자, 바나바의 멘토링에 대한 연구』(Barnabas, Encouraging Exhorter A Study in Mentoring)를 참고하라.

멘토 동의어: 스승(master), 감독(supervisor), 지도 교사(preceptor)

소개 멘토는 다른 사람들이 성장하기를 열망하는 특별한 사람이다. 우리가 멘토를 연구하면서 배우고 관찰한 것을 아래와 같이 제시한다.

정의 멘토는 젊은 리더 안에 잠재한 리더십을 발견하고, 섬기고, 베풀고, 격려하는 태도를 가진 자이다. 또한 젊은 리더의 잠재적 리더십이 계발되고 실현되도록 지대한 영향을 끼치는 사람이다.

예 바나바는 바울과 마가 요한의 멘토였다.

예 마가렛 바버는 워치만 니를 비롯한 중국의 여러 훌륭한 리더들의 멘토였다.

예 찰스 트럼블(Charles Trumbull)은 미국 컬럼비아신학교의 설립자인 로버트 맥퀼킨(Robert C. McQuilkin)의 중요한 멘토였다.

예 찰스 시므온(Charles Simeon)은 헨리 마틴(Henry Martyn)과 영국의 다른 많은 젊은 목회자들과 선교사들의 멘토였다.

특징 멘토에게서 목격할 수 있는 특징은 다음과 같다.
- 어떤 사람 안에 있는 잠재력을 볼 수 있는 분별력(discernment)
- 리더십 잠재력 안에서 흔히 발견되는 실수, 거친 성품, 모난 점과 같은 것을 참아낼 수 있는 관용(tolerance)
- 젊은 리더가 시도하고, 실패하고, 색다르게 시도하도록 여지를 주는 데 필요한 융통성(flexibility)
- 젊은 리더가 열린 마음으로 배워 가며 원숙해 가는 과정을 큰 그림을 갖고 기다릴 줄 아는 인내심(patience)
- 젊은 리더의 미래를 내다보며 적절한 다음 단계를 제시해 줄 수 있는 비전(vision)
- 개인적으로 격려하고 동기를 부여하는 타고난 재능, 습득한 기술, 그리고 영적 은사(격려, 권면, 주는 은사, 권면, 가르침, 믿음, 지혜의 말씀 등)의 은사(giftedness)

해설 이런 특징의 대부분은 계발될 수 있다. 모든 멘토가 이런 특징을 다 갖고 있는 것은 아니다. 그러나 모든 특징의 기본은 다른 사람들과 관계를 형성하고 그들을 계발해 주기 위해 자신이 가진 것을 나누어 주기를 열망한다는 점이다.

멘티 동의어: 프로테제(protege), 멘토리(mentoree) 인턴(intern), 수습생(apprentice)

소개   능력 부여의 관계에는 두 명이 관련되며 멘토와 멘티이다. 멘토는 능력 부여의 제공자이고, 멘티는 능력 부여를 받는 자이다. 멘토링 관계의 효과는 멘토와 멘티에게 달려 있다. 멘토와 멘티가 가진 특징은 능력 부여가 일어날 수 있는 가능성을 높여 준다.

정의   멘티는 멘토링 관계에서 능력 부여를 받는 수혜자이다.

예   바울은 바나바로부터 도움을 받았던 멘티였다.

예   마가 요한은 바나바로부터 도움을 받았던 멘티였다.

예   아볼로는 브리스길라와 아굴라로부터 도움을 받았던 멘티였다.

예   디모데, 누가, 그리고 디도는 사도 바울로부터 도움을 받았던 많은 멘티들 가운데 일부다.

특징   사례 연구를 통한 멘토링 관계에서 멘티들의 특징을 다음과 같이 확인하였다.
1. 하나님을 섬기고 그분을 위해 쓰임 받고자 하는 열망이 있다.
2. 멘토가 도와줄 수 있다는 것을 인식한다.
3. 하나님이 멘토링 관계를 인도하셨다는 것을 믿는다.
4. 하나님을 섬기고 멘토의 도움을 받기 위해 권리를 내려놓고 기꺼이 권위에 순응하며 희생을 감수한다.
5. 멘토를 위해 섬기는 마음의 자세를 갖는다.
6. 멘토로부터 기꺼이 사역 과제를 받아들인다.
7. 멘토를 향한 존경심을 갖는다.
8. 멘토에게 기꺼이 책무를 다한다.

해설   위의 모든 자질을 포함하는 것은 성실성(faithfulness)이다. 바울은 디모데가 리더십을 위해 어떤 사람들을 선택하여 자신의 삶을 투자해야 하는지를 분명하게 말해준다.

"또 네가 많은 증인 앞에서 내게 들은 바를 충성된 사람들에게 부탁하라
그들이 또 다른 사람들을 가르칠 수 있으리라"(딤후 2:2).

멘토링의 기본 개념에 대한 피드백

1. 멘토링을 간략하게 정의할 때 기본 요소는 무엇인가?

2. 멘토링을 확대 정의할 때 기본 요소는 무엇인가? 멘토링의 간략한 정의에서 무엇이 추가되었는가?

3. 멘토의 기본 특징 가운데 당신 자신의 삶에서는 어떤 것을 목격할 수 있는가? 확실한 것은 **P**(Positive), 현재 노력 중인 것은 **W**(Working), 그리고 당신이 놓치고 있는 것은 **M**(Missing)으로 표시하라.
    ___ a. 어떤 사람 안에 있는 잠재력을 볼 수 있는 분별력(discernment)
    ___ b. 리더십의 잠재력 안에서 흔히 발견되는 실수, 거친 성품, 모난 점과 같은 것을 참아 낼 수 있는 관용(tolerance)
    ___ c. 젊은 리더가 시도하고, 실패하고, 색다르게 시도하도록 여지를 주는 데 필요한 융통성(flexibility)
    ___ d. 젊은 리더가 열린 마음으로 배워 가며 원숙해 가는 과정을 큰 그림을 갖고 기다릴 줄 아는 인내심(patience)
    ___ e. 젊은 리더의 미래를 내다보며 적절한 다음 단계를 제시해 줄 수 있는 비전(vision)
    ___ f. 개인적으로 격려하고 동기 부여하는 타고난 재능, 습득한 기술, 그리고 영적 은사(격려, 권면, 주는 은사, 권면, 가르침, 믿음, 지혜의 말씀 등)의 은사(giftedness)

4. 과거의 어떤 상황에서 멘토(혹은 멘토와 같이)로서 당신을 도와주었던 어느 특정한 사람을 생각해 보라. 이름을 적고 그 사람에게서 목격할 수 있었던 멘토의 기본 특징에 표시하라.
    ___ a. 어떤 사람 안에 있는 잠재력을 볼 수 있는 분별력(discernment)
    ___ b. 리더십의 잠재력 안에서 흔히 발견되는 실수, 거친 성품, 모난 점과 같은 것을 참아 낼 수 있는 관용(tolerance)
    ___ c. 젊은 리더가 시도하고, 실패하고, 색다르게 시도하도록 여지를 남기는 데 필요한 융통성(flexibility)
    ___ d. 젊은 리더가 열린 마음으로 배워 가며 원숙해 가는 과정을 큰 그림을 갖고 기다릴 줄 아는 인내심(patience)
    ___ e. 젊은 리더의 미래를 내다보며 적절한 다음 단계를 제시해 줄 수 있는 비전(vision)
    ___ f. 개인적으로 격려하고 동기 부여하는 타고난 재능, 습득한 기술, 그리고 영적 은사(격려, 권면, 주는 은사, 권면, 가르침, 믿음, 지혜의 말씀 등)의 은사(giftedness)

5. 부록 E의 사례 1에서 해럴드(Harold)와 로버트(Robert)의 멘토링 관계를 관찰하라. 로버트에게서 발견할 수 있는 멘티의 특징은 무엇인가? 당신이 본 것에 체크 표시하라.

___ a. 하나님을 섬기고 그분을 위해 쓰임 받고자 하는 열망이 있다.
___ b. 멘토가 도와줄 수 있다는 것을 인식한다.
___ c. 하나님이 멘토링 관계를 인도하셨다는 것을 믿는다.
___ d. 하나님을 섬기고 멘토의 도움을 받기 위해 권리를 내려놓고 기꺼이 권위에 순응하며 희생을 감수한다.
___ e. 멘토를 위해 섬기는 마음의 자세를 갖는다.
___ f. 멘토로부터 기꺼이 사역 과제를 받아들인다.
___ g. 멘토를 향한 존경심을 갖는다.
___ h. 멘토에게 기꺼이 책무를 다한다.

6. 부록 E의 사례 2에서 피에르(Pierre)가 요청한 것을 확인하라. 피에르에게서 발견할 수 있는 멘티의 특징은 무엇인가? 당신이 본 것에 체크 표시하라.

___ a. 하나님을 섬기고 그분을 위해 쓰임 받고자 하는 열망이 있다.
___ b. 멘토가 도와줄 수 있다는 것을 인식한다.
___ c. 하나님이 멘토링 관계를 인도하셨다는 것을 믿는다.
___ d. 하나님을 섬기고 멘토의 도움을 받기 위해 권리를 내려놓고 기꺼이 권위에 순응하며 희생을 감수한다.
___ e. 멘토를 위해 섬기는 마음의 자세를 갖는다.
___ f. 멘토로부터 기꺼이 사역 과제를 받아들인다.
___ g. 멘토를 향한 존경심을 갖는다.
___ h. 멘토에게 기꺼이 책무를 다한다.

해답

1. 3가지가 있다. ⑴ 멘토링은 인간관계적 경험이다. ⑵ 한 사람이 다른 사람에게 능력을 부여한다. ⑶ 능력 부여는 하나님이 주신 자원을 나누어 줌으로써 일어난다.
2. 나는 위의 3가지 요소와 더불어 한 가지 개념을 더 추가한다. 그것은 바로 멘토링 관계의 당사자, 멘토와 멘티에게 해당된다. 또한 하나님이 주신 자원이 무엇인지를 나타낸다. 마지막으로 시간적 요소가 추가되며 멘티는 그/그녀 자신의 계발을 위해 도움이 필요한 적절한 때이다.
3. 당신의 답을 말하라. 나의 답은 P-a, W-b, P-c, P-d, W-e, P-f이다. (나의 은사는 권면, 가르침, 지혜의 말씀이다.)
4. 나는 해럴드를 생각한다. 내가 그에게서 발견한 멘토의 특징은 a, e, f이다.
5. 당신의 답을 말하라. 나는 b, f, g를 보았다.
6. 당신의 답을 말하라. 나는 a, b, g에 대해 확신하며 아마 f, h도 해당된다고 본다.

능력 부여 　동의어: enablement(능력 향상), transfer of resources(자원의 전수), development(계발)

소개　지금까지 멘토링을 간단하게 정의하면서 두 개의 주된 개념을 소개했다. 하나님이 주신 자원을 나누어 준다는 문구는 능력 부여의 의미를 내포한다. 멘토링을 확대한 정의는 그 문구에서 하나님이 주신 자원을 나누는 것, 즉 전해 주는 것(지혜, 조언, 정보, 정서적 지원, 보호, 자원에 연결, 진로지도, 지위)을 더 명확하게 하며 능력 부여의 내용을 구체적으로 설명한다. 여기서 확대 개념은 멘토가 실행하는 능력 부여 기반의 종류를 제시한다.

정의　능력 부여는 멘티의 삶에서 실제 일어나는 진전을 말한다. 즉 멘토링 관계의 결과로 나타나는 리더십 성품, 리더십 기술 혹은 리더십 가치관과 같은 계발의 종류를 말하며 멘토로부터 멘티에게 전해지는 자원이다.

예　사도행전 9장 27절에서 바나바는 자신의 명성에 손상을 입을 수 있는 위험을 감수하고서 바울을 그 당시 기독교 세력 기반의 중심이었던 예루살렘 교회에 추천(연결)해 주었다. 이를 통해 능력 부여가 분명히 일어났고 바울은 확장된 네트워크를 구축하게 되었다.

예　사도행전 18장 24-26절에서 브리스길라와 아굴라는 메시아에 관한 성경 말씀의 발전된 관점을 아볼로에게 제시함으로써(25절에 보면 그는 요한의 세례만 알고 있었다) 능력을 부여했다. 그때의 멘토링(티칭)의 결과는 사도행전 18장 28절에 있다. "이는 성경으로써 예수는 그리스도라고 증언하여 공중 앞에서 힘있게 유대인의 말을 이김이러라."

종류　정의에 따르면 3가지 종류의 일반적인 능력 부여가 존재한다.
　　1. 리더십의 성품을 다루는 자원
　　2. 리더십의 기술과 사역하고 지도하는 능력을 계발하는 자원
　　3. 리더십의 가치관이나 사역 철학을 확립하고 계발하는 자원

해설　멘토의 입장에서 능력 부여는 능력 기반(power base)이 되고 멘토가 사용할 수 있는 자원이며 멘티들을 끌어당기는 원동력이 된다.

해설　멘티의 입장에서 능력 부여는 멘토링 관계가 종료된 후에 나타나는 결과이며 멘티는 멘토로부터 자원을 전해 받고 계발된다.

능력 부여의 3가지 카테고리

소개 앞장에서 나열한 멘토의 기능은 능력 부여를 인식하기 위한 첫 시도였다. 능력 부여의 관점에서 그 기능들을 주목하라. 멘토는 다음과 같이 능력을 부여한다.
1. 젊은 리더들에게 시기적절한 조언, 적시에 필요한 관점을 제시하는 편지, 서적, 혹은 다른 정보와 다양한 자료, 재정적 지원, 멘토를 능가하여 더 성장할 수 있는 자유와 기회를 제공한다(Giving).
2. 젊은 리더들을 후원하기 위해 자신의 명성에 손상을 입을 수 있는 위험을 감수한다(Risking).
3. 리더십의 여러 역할에 대한 본을 보여주며 젊은 리더들에게 도전을 주고 그들이 닮고 싶어하는 모델이 된다(Modeling).
4. 젊은 리더들이 계속적으로 성장해 갈 수 있도록 필요한 자원에 연결해 준다(Bridging).
5. 젊은 리더들의 자신감, 지위, 신뢰성을 높여주기 위해 그들과 함께 공동 사역을 한다(Co-Ministering).

아래 표 2-1은 3가지 일반적 카테고리, 하부 카테고리, 그리고 능력 부여의 예를 제시한다.

표 2-1. 능력 부여의 카테고리

형성(Formation)	하부 카테고리 (Sub Categories)	예(Examples)
1. 성품 (Character)	a. 성품을 심어준다. b. 성품을 고쳐준다. c. 성품을 지지한다. d. 관점을 제시한다.	1. 성실성 2. 훈련의 부족 3. 진실성 4. 긍정적 및 부정적 성품을 확인해 주는 삶과 성경적 모델을 보여준다.
2. 기술 (Skills)	a. 은사를 확인한다. b. 은사를 계발한다. c. 관점을 제시한다. d. 기술을 지지한다. e. 자신감을 키워준다. f. 영향력 범위를 넓힌다. g. 리더십 스타일을 확장한다. h. 자원과 연결해 준다.	1. 창의적 성향을 갖고 있다. 2. 가르치는 기술을 전수한다. 3. 사역의 통찰력을 갖고 있다. 4. 관찰하고 피드백을 준다. 5. 시범을 보이고, 과제를 부여하고, 관찰하며 확인해 주고, 사역 상황과 기회에 연결해 준다. 6. 스타일의 범위를 확장해 준다. 7. 재정, 정보, 사람에게 연결해 준다.
3. 가치관 (Values)	a. 동기를 부여한다. b. 가치관의 본이 된다. c. 가치관을 확인한다. d. 가치관을 지지한다. e. 가치관을 전수한다.	1. 근본적 이유를 설명한다. 2. 개인적인 성과를 나타낸다. 3. 융통성, 부족한 것을 지적한다. 4. 좋은 결정을 하도록 한다. 5. 피드백의 요구에 따라 재현한다.

능력 부여의 개념에 대한 피드백

1. 예를 들어, 사도행전 18장 24-28절에서 능력 부여를 나타내는 구절의 상황을 확인하라. 능력 부여의 3가지 카테고리와 관련된 구절은 어느 것인가?

2. 사도행전 18장 24-28절에서 멘토의 입장에서 브리스길라와 아굴라가 아볼로에게 나누어 줄 수 있었던 잠재적 능력 기반(power base)을 설명하라.

3. 사도행전 18장 24-26절에서, 멘티의 입장에서 아볼로가 받았던 능력 부여를 당신 자신의 말로 설명하라. 그것은 멘토링 관계를 통해 아볼로가 어떻게 계발되었는지를 보여준다.

4. 만약 당신이 멘티 입장에서 멘토링 관계를 경험했다면, 능력 부여의 3가지 카테고리 관점에서 당신의 경험을 간단히 설명하라.

5. 일반적으로 능력 부여의 3가지 카테고리 중에서 어떤 것을 가장 인식하기 쉬운가? 그다음으로 쉬운 것은 어느 것인가? 판단하기 더 어려운 것은 어느 것인가?

해답
1. "하나님의 도를 더 정확하게 풀어 이르더라"(행 18:26). "이는 성경으로써 예수는 그리스도라고 증언하여 공중 앞에서 힘있게 유대인의 말을 이김이러라"(행 18:28). 이 말씀은 기술 영역에서 능력 부여를 의미한다고 보며, c. 관점의 제시에 해당된다. 그들은 예수님과 성령의 오심에 대한 성경 말씀을 설명해 주었다(사도행전 19장은 요한의 세례만 알고 있던 사람들을 나타낸다.). 이것은 또한 가치관을 다루는 것이며 a. 예수님이 메시아로서 중심이 되는 사역 가치관을 갖도록 동기를 부여했다.
2. 브리스길라와 아굴라는 메시아로서 부활하신 그리스도와 성령을 통해 지속되는 그리스도의 사역에 대해 바울의 가르침을 받았다. 그들은 자신의 삶에 변화를 경험했다. 그들은 바울과 함께 성경 말씀을 공부했다. 그들이 가진 능력 기반은 예수님과 그분의 사역에 관한 인지적이고 경험적인 것이었다.
3. 아볼로는 이미 성경 말씀에 익숙했고 대단한 연설가였다. 브리스길라와 아굴라가 도와준 것은 아볼로가 이미 잘 알고 있던 성경을 바라보는 새로운 패러다임을 제시한 것이다. 그리스도의 완성된 사역과 성령의 역사에 관한 새로운 패러다임으로 말미암아 아볼로는 이전보다 훨씬 더 큰 능력으로 더욱 효과적으로 쓰임을 받을 수 있었다.
4. 당신의 답을 말하라.
5. 기술, 성품, 가치관

해설: 멘토링, 멘토, 멘티, 그리고 능력 부여

해설 일반적으로 사람들은 거의 대부분 자신에게 좋은 혹은 나쁜 영향을 준 사람들과 인간관계적 경험을 갖고 있다. 가족, 동료, 그리고 교사와의 관계에서도 마찬가지이다. 그리고 이들 가운데 소수의 사람들과는 보통 이상으로 관계를 발전시켜 나간다. 이러한 인간관계적 경험으로부터 당신의 됨됨이(shaping)가 영향을 받았다는 사실이 우리가 소개하고자 하는 개념을 이해하는 데 기초가 된다. 그러나 능력 부여의 용어는 리더십 계발에 있어서 어떤 사람에게는 긍정적 계발을 의미한다. 멘토링을 정의하고 설명할 때 리더들의 삶에서 확인한 중요한 인간관계적 경험에서 비롯된 정보를 파악하고자 한다. 그들의 삶을 자세히 살펴보면 그들의 중요한 계발에 지대한 공헌을 한 사람들이 적게는 3명에서 많게는 20명에 이른다. 지대한 영향을 끼친 이러한 소수의 사람들에 대한 비교 연구로부터 멘토링을 접근하는 개념들이 도출되었다.

해설 우리가 관찰한 바에 의하면, 사역을 통해 개인적으로 접근하는 리더들은(따르는 자들을 잘 알고, 그들의 필요를 인식하며, 그들과 개인적인 관계를 모색하고, 접근하기 쉽다.) 대부분 개인적으로 접근하기 어렵거나 대중적 사역을 더 많이 하는 리더들에 비해 다른 사람들의 삶에 더 깊고 지대한 영향을 끼친다. 더 대중적이고 덜 개인적인 사역을 하는 리더들은 더 많은 사람들에게 다가갈 수는 있지만 개인적으로 모든 사람들에게 깊은 수준까지 영향을 끼치지는 못한다. 더 개인적으로 접근하는 리더들은 숫자적으로 더 적은 사람들에게 다가가지만 결국 더 많은 영향을 줄 수 있다. 이러한 관찰을 통해 우리는 멘토링을 정의함에 있어서 개인적인 관계를 강조하게 되었다. 장기적으로 볼 때 이러한 개인적 사역도 간접적 방법의 광범위한 대중적 사역이다. 그래서 멘토링 원칙의 핵심은 바로 이것이다. **더 적은 사람들과 더 많은 시간을 보내는 것이 결국 하나님을 위해 더 크고 영속적인 영향을 끼칠 수 있다.**[3]

해설 제자훈련자, 영적 안내자, 코치, 그리고 교사 멘토로서 가르치는 방법으로 개인적으로 능력을 부여하는 기본 과정은 아래와 같이 5가지 단계가 있다.
1. 멘토는 배워야 할 것을 모델로 본을 보여준다.
2. 멘토는 그것의 기본 개념을 설명한다.
3. 멘토와 멘티는 함께 실습하고 일어난 것에 대해 보고한다.
4. 멘티는 혼자서 시도하고 평가와 피드백을 받는다.
5. 멘티는 그것을 스스로 할 수 있으며 다른 사람들에게 가르칠 수 있다.

---

3) 나는 1960년대 중반에 네비게이토 훈련을 통해 이 개념을 처음 소개받았고 특별히 도슨 트로트맨(Dawson Trotman)의 "Born to Reproduce"라는 제목의 테이프를 듣고서 깊이 깨달았다. 나중에 예수님의 열두 제자훈련을 공부하면서 알게 되었다. 이 구체적인 개념은 멘토링에 관한 론 리 데이비스(Ron Lee Davis, 1991)의 책에서 나온 것이다.

멘토링의 5가지 역동성

소개 멘토링을 비교 연구함으로써 상대적으로 더욱 효과적인 멘토링과 이에 관련된 5가지 근본 요인을 발견했다. 이것은 3가지 주된 요인 2가지 부수적 요인이며 멘토와 멘티 사이에 일어나는 능력 부여의 인간관계적 경험을 설명한다. 시작 과정에는 매력이 존재한다. 초기의 시작 단계 다음에 역동성의 발전으로 이어주는 주요 수단은 관계이다. 다른 사람들과의 관계에서 반드시 포함되어야 하는 2가지 필수적 역동성이 존재한다. 그것은 구체적인 요인으로 효과적인 관계를 위해 어떤 것을, 왜, 어떻게 해야 하는지를 말해 주는 반응과 책무이다. 그리고 마지막 역동성은 멘토링 관계의 목표인 능력 부여이다.

역동성의 형태	역동적 요인의 명칭
과정의 시작	매력 (Attraction)
주요 수단	관계 (Relationship)
능력을 부여하는 관계의 구체적 내용	반응 (Responsiveness) 책무 (Accountability)
최종적 결과 혹은 목표	능력 부여 (Empowerment)

매력 역동성

소개 매력 역동성의 핵심은 어떤 사람을 존경하고 그 사람에게 있는 중요한 것을 인식하며 그것이 자신에게도 나타나기를 열망하는 것이다. 만약 멘티가 멘토에게 매력을 느끼지 못한다면 멘토는 멘티와 능력 부여의 관계를 지속할 수 없다. 당신은 어떤 사람에게 장기간에 걸쳐 멘토링을 강요할 수 없고 멘토링 관계 후에 배운 것에 대한 주인 의식을 기대할 수 없다. 멘토는 멘티로부터 존경심을 얻어야 하며, 자신에게는 어떤 중요한 것이 있고 또 자신을 따를 만한 가치가 있다는 것을 보여주어야 한다.

정의 매력은 멘토가 멘티를 자연스럽게 끌어들이는 성향을 말한다. 왜냐하면 멘토의 삶이나 사역에서 나타나는 어떤 것이 강한 흥미를 돋우고 멘티에게 도움이 될 수 있는 가능성을 보여주기 때문이다.

예 부록 E의 사례 1에서 해럴드와 로버트를 보라. 로버트는 해럴드에게 매료되었다. 그는 그리스도의 제자로 살아가는 데 도움이 될 만한 해답을 해럴드가 갖고 있다는 것을 인식했다. 해럴드는 로버트가 제자훈련의 관계를 시작하도록 도전했다. 해럴드에 대한 로버트의 존경심은 그리스도를 진지하게 따르는 제자로서 그에게 끌리는 매력의 한 부분이 되었다.

예 부록 E의 사례 2에서 피에르의 요청을 보라. 30대 중반이었던 피에르는 처음 크리스천이 되었을 때 일찍이 익혀야 했던 영적 훈련의 부족을 깨달았다. 피에르는 로버트에게 끌리게 되었다. 왜냐하면 그가 자신의 그러한 필요성을 느꼈고 자신의 삶에 필요한 어떤 도움과 영적 훈련에 대한 책무를 다할 수 있다는 것을 알았기 때문이다.

해설 활력이 넘치는 크리스천은 대개 같은 종류의 열매 맺는 삶을 살기 원하는 사람들을 끌어당긴다.

해설 능력의 은사를 나타내는 사람은 자신과 비슷한 잠재적 능력의 은사를 가진 사람들을 끌어당긴다.

해설 필요 그 자체가 잠재적 멘티를 끌어들이는 가장 강력한 동기 부여가 될 것이며 어떤 사람이 그 필요를 채워 줄 수 있다는 가능성을 알아채는 것이 바로 매력이다. 이것을 상향적 매력의 모집(bottom-up attraction: recruitment)이라고 부른다.

해설 멘토와 같은 사람은 잠재적 멘티 안에 있는 필요를 볼 것이며 그 필요를 채워 줄 수 있는 가능성을 본으로 보여줌으로써 매력을 살린다. 간단히 말해, 멘토는 필요한 자원의 본을 보여줌으로써 멘티들을 선발할 수 있다. 이것을 하향적 매력의 모집(top-down attraction: recruitment)이라고 부른다.

관계 역동성

소개 관계 역동성은 멘토와 멘티 사이에 일어나는 개인적인 상호 작용이며 신뢰감이 형성되는 과정이다. 멘티 쪽에서 반응하는 태도와 멘토 쪽의 책무로 인해 능력 부여가 촉진된다. 물론 멘토는 전달해 줄 수 있는 자원을 소유해야 하고, 멘티는 기꺼이 배우고자 하는 마음을 가져야 한다. 그러나 능력 부여가 일어나도록 하는 수단은 관계 역동성이다.

정의 관계는 멘토와 멘티 사이에 깊어지는 상호 신뢰를 말하며 반응과 책무가 작용하는 기반이 되고 결국 능력 부여가 일어나도록 한다.

예 바울은 디모데와의 멘토링 관계에서 친밀함을 보여준다. 그는 "나의 아들 디모데에게"(딤후 1:2)라고 하며 디모데에 관하여 빌립보 성도들에게 말할 때, 디모데를 향한 관계의 깊이와 그와 반대로 바울을 향한 디모데의 관계의 깊이를 보여준다. "내가 디모데를 속히 너희에게 보내기를 주 안에서 바람은 너희의 사정을 앎으로 안위를 받으려 함이니 이는 뜻을 같이하여 너희 사정을 진실히 생각할 자가 이밖에 내게 없음이라 그들이 다 자기 일을 구하고 그리스도 예수의 일을 구하지 아니하되 디모데의 연단을 너희가 아나니 자식이 아버지에게 함같이 나와 함께 복음을 위하여 수고하였느니라"(빌 2:19-22).

예 디도와의 관계에 대한 바울의 묘사는 디모데와의 관계와 거의 비슷하다. "같은 믿음을 따라 나의 참 아들 된 디도에게 편지하노니 하나님 아버지와 그리스도 예수 우리 구주로부터 은혜와 평강이 네게 있을지어다"(딛 1:4).

해설 멘토링 관계는 개인적인 것이며 멘토의 삶이 다 노출된다. 이 때문에 멘토링 관계를 부요하게 하며 능력을 부여한다. 모델링은 멘토링 관계에서 자연스럽게 일어난다. 삶의 기복 가운데서도 멘토의 삶을 통해 그리스도의 역사가 나타날 것이다. 디모데후서 3장 10-11절은 그 관계가 얼마나 밀접한지를 보여준다. 바울은 디모데에게 이렇게 말한다. "나의 교훈과 행실과 의향과 믿음과 오래 참음과 사랑과 인내와 박해를 받음과 고난과 또한 안디옥과 이고니온과 루스드라에서 당한 일과 어떠한 박해를 받은 것을 네가 과연 보고 알았거니와 주께서 이 모든 것 가운데서 나를 건지셨느니라"(딤후 3:10-11).

반응 역동성 동의어: submissiveness(순응)

소개	순응은 개인주의 사회에서는 별로 인기가 없지만 반응을 보여주는 또 다른 방법이다. 멘티는 멘토의 조언에 순응하며, 지시를 따르고, 필요한 관점을 배우고, 멘토의 제안을 이행하는 것 등으로 반응한다. 다른 말로 하면, 멘토가 멘티에게 능력을 부여하고자 시도하는 멘토링 과정에서 멘티가 성실하고 긍정적으로 반응하는 것이다.
정의	반응은 멘티가 멘토에게 보여주는 자발적인 순응의 태도를 말하며 이를 통해 멘토의 조언과 과제를 존중하고 감사하며 주의를 기울이며 이행하는 것이다.
예	바울은 디모데후서 2장 2절에서 그의 주요 리더십 선택 기준을 제시함에 있어서 매우 중요한 반응의 특징을 지적하고 있다. "충성된 사람들에게 부탁하라 그들이 또 다른 사람들을 가르칠 수 있으리라." 사람들은 배운 것에 대한 반응을 보이고 실제로 사용하는 것이 필요하다.
예	사울에 대한 사무엘의 훈계는 반응에 대한 부정적인 면을 보여준다. 사울은 사무엘의 조언에 반응하지 않았다. "사무엘이 이르되 여호와께서 번제와 다른 제사를 그의 목소리를 청종하는 것을 좋아하심같이 좋아하시겠나이까 순종이 제사보다 낫고 듣는 것이 숫양의 기름보다 나으니"(삼상 15:22).
해설	위의 예에서 사울이 사무엘에게 반응하지 않는 것은 사울이 반항적이고 오만하기 때문이라고 규정한다. 그러나 반항하고 반응하는 데 실패하는 것과 자유롭게 생각하고 창의적이 되는 것에는 분명히 차이가 있다. 현명한 멘토는 친밀함을 소중하게 여기고 멘티의 반응과 의견을 너그럽게 받아준다. 동시에 자기 만족에 빠지기 쉬운 나이에 훈련의 필요성을 인식하도록 한다.
해설	반응은 대부분 멘티가 통제할 수 있는 기능이다. 만약 멘티가 반응하기를 원치 않고 멘토의 조언과 과제를 받아들이지 않는다면 그 멘토링 관계는 기껏해야 제한된 능력 부여만 경험할 것이다.
해설	책무는 대부분 멘토가 이행하는 기능이며 반응이 존재할 경우에만 멘티를 도울 수 있다. 책무 관계를 시도할지라도 반응이 부족할 경우 조언과 과제에 대한 부족한 반응에 따른 결과와 같이 제한된 성공으로 끝날 것이다.

책무 역동성

소개 어떤 능력 부여는 인간관계적 경험을 통해 그냥 일어날 수 있다. 그러나 의도적인 멘토링 관계로 강화시켜 주는 것은 바로 책무이다. 멘토가 제시하는 과제가 분명한 것이든 은연중의 것이든 멘티가 면밀히 잘 따르고 멘토링 관계에서 최대한 많은 유익을 얻고 있는지 확인해야 한다. 책무를 다해야 한다는 인식은 멘티로 하여금 관계적인 상황을 최대한 활용하도록 고무시켜 준다.

정의 책무는 실제적으로 유익이 되는 조언과 멘티가 과제를 면밀히 잘 이행하도록 분명하게 확인하기 위해 멘토가 갖는 감독의 책임을 말한다.

예 부록 E의 사례 2에 피에르가 면밀히 따르고 보고해야 하는 기간과 책무가 기록되어 있다. 즉 그가 고독과 기도의 훈련에서 진전이 있었는지 증거를 제시하고 하나님과 홀로 가진 시간을 통해 묵상하고 기도한 내용이 무엇이며 어떤 일이 일어났는지에 대한 기록이다.

예 부록 E의 사례 3에 있는 마크와 게일에게 보낸 편지를 보라. 그것은 멘토링 관계로 초청하는 편지로 책무에 대한 기본 규칙을 어떻게 정하는지를 보여준다.

예 부록 E의 사례 4에서 리처드 윌리엄스에게 부여된 멘토링 과제를 보라. 이것은 또한 책무를 다해야 하는 주된 목표와 활동을 나열하고 있다.

예 부록 E의 사례 5에서 로베르토에게 보낸 편지를 보라. 이것 역시 책무를 명확하게 하기 위해 예비적으로 시도하는 것을 상세하게 열거한다.

해설 멘토링 관계에서 반응은 멘티의 중요한 책임인 반면에 책무는 멘토의 주된 책임이다.

방법 책무의 요소는 무엇을, 어떻게, 언제, 그리고 어디를 포함한다. 즉 멘티가 이행하고 보고해야 하는 것은 무엇인가? 어떤 방법으로 하는가? 얼마나 자주? 어디에서? 어떤 대답은 구두로, 문서로, 정기적 만남으로, 전화 연락으로, 편지나 이메일로, 목표와 과제에 대한 평가 등이다.

16장에 나오는 멘토링의 십계명 가운데 제4계명, 책무를 또한 참고하라.

능력 부여 역동성

소개   일반적인 능력 부여에 대해 이미 정의를 내리고 분류하였다. 여기서는 단순히 멘토링의 기본 목표로 그 의미를 강화할 것이다. 능력 부여는 인간관계적 경험의 결과로 그냥 일어날 수 있다. 그러나 우리는 멘티를 위한 멘토의 의도적인 목적으로 능력 부여를 집중 조명할 것이다. 잠재적인 관계는 항상 그 관계로부터 일어날 수 있는 능력 부여의 관점에서 면밀하게 관찰해야 한다. 어떤 관계이든지 좋은 질문은 "당신은 이 관계에서 무엇을 기대하는가?"라고 묻는 것이다. 이 질문만으로도 능력 부여의 관계로 나아가는 출발점이 된다.

정의   능력 부여 역동성은 멘토가 멘티에게 능력을 부여하는 과정은 물론 그 과정의 결과를 말한다. 즉 멘티에게 일어나는 변화된 능력, 태도, 사역의 역량 등이다.

예   멘토링 과정은 물론 그 결과로 인한 능력 부여를 가장 잘 나타내는 것은 아마 바울과 바나바 사이에 일어난 멘토링 관계일 것이다.[4] 관계 초기에 바울은 새로운 개종자였고, 미숙한 점도 많았고, 크리스천 공동체로부터 신임을 얻지 못하고 있었다. 바나바는 자신의 명성에 손상을 입을 수 있는 모험을 감수하면서까지 바울을 예루살렘과 안디옥의 크리스천 공동체에 연결시켜 주었다. 안디옥에서 바나바의 모델링과 동역은 이방인들을 위한 선교 사역으로 확장되었다. 선교 여행에서 그는 바울이 리더가 되도록 도와주고 놓아주었다. 나중에 바울과 바나바가 결별하게 될 때 바울은 유능한 리더이자 세계적 선교 운동의 선구자가 되어 있었다.

해설   멘토링 관계를 종료할 때 일어나는 능력 부여는 본질적으로 멘티가 멘토링을 받기 전에 비해 리더로서 더욱 계발되는 것을 의미한다. 계발(development)은 리더십 계발을 평가하는 데 형성되는 표준으로 사용할 수 있는 영적 형성(spiritual formation), 사역적 형성(ministerial formation), 전략적 형성(strategic formation)의 관점에서 고려할 수 있다.

---

[4] 『격려하는 권고자, 바나바의 멘토링에 대한 연구』(Barnabas, Encouraging Exhorter–A Study in Mentoring)를 참고하라. 클린턴의 이 소책자는 능력 부여의 과정을 심도 깊게 연구했다. 특별히 중요한 것은 바나바가 연결자 형태로 바울을 사람, 훈련, 사역 기회, 자원 등에 연결해 주었다는 점이다.

멘토링의 5가지 역동성에 대한 피드백

1. 멘토링의 5가지 역동성 가운데 주로 멘토의 책임이 되는 것은 무엇인가? 주로 멘티의 책임이 되는 것은 무엇인가? 멘토와 멘티가 공동의 책임 내지 책임을 공유하는 것은 무엇인가?

2. 상향적(Bottom-up), 그리고 하향적(Top-down)이란 용어가 멘토링의 어떤 역동성과 관련성이 있는지 간단히 설명하라.

3. 반응과 책무는 하부적 요소로 어느 주요 요인에 속한다고 볼 수 있는가?
   __ a. 매력 __ b. 관계 __ c. 능력 부여

4. 만약 반응 역동성이 빠지면 어떤 일이 생기는가?

5. 만약 책무 역동성이 빠지면 어떤 일이 생기는가?

6. 부록 E의 사례 1에서 해럴드와 로버트의 경우를 보라. 그들의 관계에서 부여된 혹은 암시된 멘토링의 역동성은 무엇인가? 당신이 발견할 수 있는 것에 체크 표시하라.
   __ a. 매력 __ b. 관계 __ c. 반응 __ d. 책무 ____ e. 능력 부여

해답

1. 멘토-책무; 멘티-반응; 공유하는 책임-매력, 관계, 그리고 능력 부여이다.
2. 상향적 그리고 하향적인 것은 매력 역동성과 관련된 용어이다. 상향적인 것은 멘티가 멘토에게 이끌리며 멘티가 멘토와 멘토링 관계를 확립하기 위해 행동을 취해야 한다는 것을 의미한다. 하향적인 것은 멘토가 잠재적인 멘티가 가진 필요를 인식하고 모집해야 하는 것을 의미한다(즉 멘티에게 있는 가능성이 매력으로 작용하는 특징을 나타낸다). 본질적으로 이 표현은 멘토링 관계 안으로 다른 사람을 끌어들이는 데 있어서 주도권이 어디에서 나오는지를 말한다.
3. b
4. 만약 반응 역동성이 빠지면 당신은 카페테리아 스타일의 멘토링 관계를 갖게 될 것이다. 즉 멘티는 반응할 것과 배제할 것을 편리한 대로 선택할 것이다. 이런 관계에서는 책무의 역동성에 문제가 따르며 능력 부여에 해를 끼친다.
5. 만약 책무 역동성이 빠지는 경우 멘티가 스스로 주도적이 되고 매우 적극적으로 반응을 보이면 여전히 능력 부여가 일어날 수 있다. 또한 멘토는 멘토링이 실제적으로 얼마나 효과적인지 알 수도 있지만 때로는 모르고 지나칠 수도 있다. 물론 의도적인 책무와 피드백이 존재하면 능력 부여는 훨씬 더 효과적으로 일어난다.
6. a-매력, b-관계가 가장 강하게 나타난 것으로 보인다. c-반응, d-책무, 그리고 e-능력 부여를 암시한다.

멘토링의 5가지 역동성에 대한 해설

매력 때때로 리더들이 다른 사람들에게 멘토링을 시도할 때 그들에게 이러한 매력 역동성이 부족하다. 이는 멘토가 될 만한 사람에게 멘티가 매력을 느끼지 못하기 때문이다. 그래서 이런 관계는 잠재적인 멘티가 이끌리는 매력보다는 여러 가지 다른 이유로 종종 멘토의 강요에 의해 억지로 멘토링이 이루어진다. 이런 경우 따르기를 원하는 멘티의 입장에서 자발적으로 따르고자 하는 측면이 부족하기 때문에 능력을 부여하는 관계는 약화될 것이다. 따라서 효과적인 멘토링 관계가 가능하기 위해서는 멘티가 반드시 멘토링 관계를 원하고 그 관계로부터 어떤 기대감을 가져야 한다.

책무 수평 멘토링(lateral mentoring)[5]에서 종종 동료 멘토들은 연간 목표를 서로 나누고 주제, 목표, 목표 달성을 반영하는 활동들을 기록한다. 그들이 함께 만날 때 그러한 목표를 달성하도록 서로 지원할 수 있다.

관계 멘토링에 대한 대중적인 책 『인도: 삶으로 전달되는 지혜』에서 스탠리와 나는 이 5가지 멘토링의 역동성을 3가지로 간단히 줄였다. 이 책에서 우리는 역동성의 방법에 집중했다. 멘토링의 정의 그 자체가 관계에 초점을 맞추기 때문에 관계를 역동성의 하나로 설명하지 않았다.

그러나 사실 관계적인 개념 속에 매력, 반응, 그리고 책무를 포함시켰다. 그래서 우리는 단지 3가지 역동성의 매력, 반응, 책무를 역동성의 방법으로 다루었다. 이것이 사실인 반면 멘토링 관계의 초기에 혹은 일어나기 전에 멘토링이 시작되도록 가능하게 하는 지배적인 요인으로 매력을 선택했다. 그리고 반응과 책무가 멘토링 관계에서 지배적으로 나타난다. 그리고 지배적이지는 않지만 관계적인 다른 본질적이고 중요한 국면들이 존재하며 이것은 관계의 법칙에 나타나는 일반적인 개념이라고 본다.

반응 멘티의 편에서 이것은 가장 중요한 역동성이다. 만약 반응이 없다면 멘토링은 상대적으로 약화된다. 반응이 따르면 다른 약한 역동성을 극복할 수 있고 능력 부여가 일어난다.

책무 이 역동성은 멘토링이 매우 효과적으로 일어나는 데 필수적인 요인이며, 평생에 걸쳐 실패의 함정에 빠지고 싶지 않다면 멘티는 반드시 이것을 필요로 한다. 리더십의 실패는 대부분(적어도 재정, 부적절한 이성 관계, 대인 관계의 실패) 독불장군으로 살기 때문이며 객관적이고 현명하게 책무를 다할 수 있는 상향 멘토가 없기 때문에 일어난다.

---

5) 나중에 이 매뉴얼의 5부에서 멘토링 관계의 균형 잡힌 모델을 설명할 것이다. 간단하게 말하면, 멘티로서 멘토로부터 도움을 받는 상향 멘토링이 있고, 멘토로서 멘티에게 도움을 제공하는 하향 멘토링이 있다. 그리고 동료들 간에 상호적인 관계를 통해 서로 돕는 수평 멘토링(상호 멘토링)이 있다.

능력 부여   우리가 제시한 3가지 유형보다 다른 종류의 능력 부여가 더 많이 존재한다. 당신이 경험하게 될 모든 능력 부여가 이 카테고리 안에 딱 맞아떨어지는 것은 아니다. 하부 카테고리도 최종적인 것이 아니며 완전한 것도 아니다. 우리가 연구를 계속하면서 더 추가할 것이다. 그러나 그것은 능력 부여의 영향력을 검토하기 위한 좋은 틀을 제공한다. 종종 어떤 능력 부여에 대한 설명은 다른 몇 가지 카테고리와 중복될 것이다. 우리는 기술과 성품에 대해서 많은 연구를 했지만 가치관의 카테고리에 대해서는 연구를 시작했을 뿐이다.

해설   우리가 멘토링 이론을 정립함에 있어서 5가지 역동성이 멘토링 상황에서 모두 나타날 것으로 보이지만 이것은 사실이 아니다. 그러나 그것은 멘토링 관계에서 열망하는 이상적인 모범을 보여준다. 그리고 주어진 멘토링 상황에서 부족한 점을 지적해 준다. 나중에 우리가 멘토링의 전체적 개념을 기본적인 멘토링 형태로 분류하고 연속선 위에서 살펴볼 때 모든 역동성이 이상적으로 일어나지 않는다는 것을 알게 될 것이다. 어떤 역동성은 빠질 것이며 이에 대한 유사한 방법으로 제공해야 한다.

9가지 멘토 타입과 그 핵심 취지

소개   우리가 멘토링 연구를 통해 발견한 가장 중요한 결과는 9가지 멘토 타입으로 멘토링을 분류한 것이다. 아래의 표 2–2는 우리가 확인한 기본 멘토 타입으로 구분하고 각 능력 부여의 주된 목적을 제시한다. 나중에 우리는 각 멘토 타입에 대한 정의를 내리고 당신의 삶에 능력 부여를 가져오는 멘토링의 종류를 인식하는 과정을 제시할 것이다. 아래 표는 당신이 확신 있게 이 책의 나머지 부분에 접근할 수 있도록 충분한 개요를 제공한다.

표 2–2. 멘토 타입과 핵심 취지

타입	능력 부여의 핵심 취지
1. 제자훈련자(Discipler)	그리스도를 따르는 데 필요한 기본적인 제자도의 삶을 위해 능력을 부여한다.
2. 영적 안내자(Spiritual Guide)	영적 성장과 성숙을 위한 영성과 영적 훈련의 책무를 제공한다.
3. 코치(Coach)	필요한 기술과 그것을 사용하도록 동기를 부여한다.
4. 상담자(Counselor)	자신과 다른 사람들 그리고 사역에 대한 올바른 관점을 갖도록 적시에 필요한 조언을 제공한다.
5. 교사(Teacher)	필요한 지식과 그것을 이해하도록 동기를 부여한다.
6. 후원자(Sponsor)	조직 안에서 리더로서 승진해 나갈 때 진로지도와 보호를 제공한다.
7. 동시대 모델(Contemporary Model)	삶이나 사역의 본이 되며 닮고 싶은 개인적인 모델을 제시한다.
8. 역사적 모델(Historical Model)	삶과 사역을 위한 역동적 원리와 가치관을 제시한다.
9. 섭리적 만남(Divine Contact)	하나님의 섭리적인 개입으로 인식되는 적시의 안내와 분별력을 제공한다.

해설   이러한 종류의 획기적인 개념과는 별도로 매우 실제적인 멘토링 문제가 존재한다. 그것은 위의 모든 것을 다 할 수 있는 이상적인 멘토들이 충분하게 존재하지 않는다는 점이다. 실생활에서 멘토들은 항상 이러한 카테고리로 적절하게 분류할 수 있는 것이 아니며 대개 이 타입들 가운데 한 가지 이상으로 동시에 작용한다. 그러나 이 멘토링 연구의 결과로 도움을 구할 수 있는 기회를 제공한다. 모든 멘토 타입을 소유하고 다 이행할 수 있는 완전한 멘토를 찾기보다는 자신이 필요한 것(멘토링 초점의 구체적 타입을 확인하라)을 인식하고 그것을 이행할 수 있는 사람을 찾을 수 있다.

멘토링 연속선

소개 이 책의 특징은 멘토링 과정을 멘토 타입의 측면에서 관련된 연속선에 따라 분류한 것이다. 우리는 능력 부여의 종류, 의도성, 깊이 그리고 노력의 인식 여부에 따라 멘토의 활동을 다양한 타입으로 분류했다. 능력 부여의 9가지 영역은 각 역할에 대한 핵심이 되었다. 이들은 제자훈련자, 영적 안내자, 코치, 상담자, 교사, 후원자, 동시대 모델, 역사적 모델, 그리고 섭리적 만남으로 분류하였다. 아래에 있는 표를 보면 연속선에 따라 멘토 타입을 분류하며 왼쪽으로 갈수록 더 계획적이고 의도적이며 오른쪽으로 갈수록 의도적이지 않다. 마찬가지로 멘토링 형태의 역할에 따른 멘토링의 5가지 역동성이 존재하는지의 여부를 보여준다. 이 연속선에서 의도성과 이에 상응하는 역동성을 기반으로 멘토링을 3가지의 주요 카테고리로 분류할 수 있다. 즉 집중적, 간헐적, 그리고 간접적 멘토링이다. 이러한 3가지 주요 카테고리는 이 매뉴얼의 구조에 대한 아웃라인을 제공한다.

도표 2-1. 멘토링 연속선과 역동성

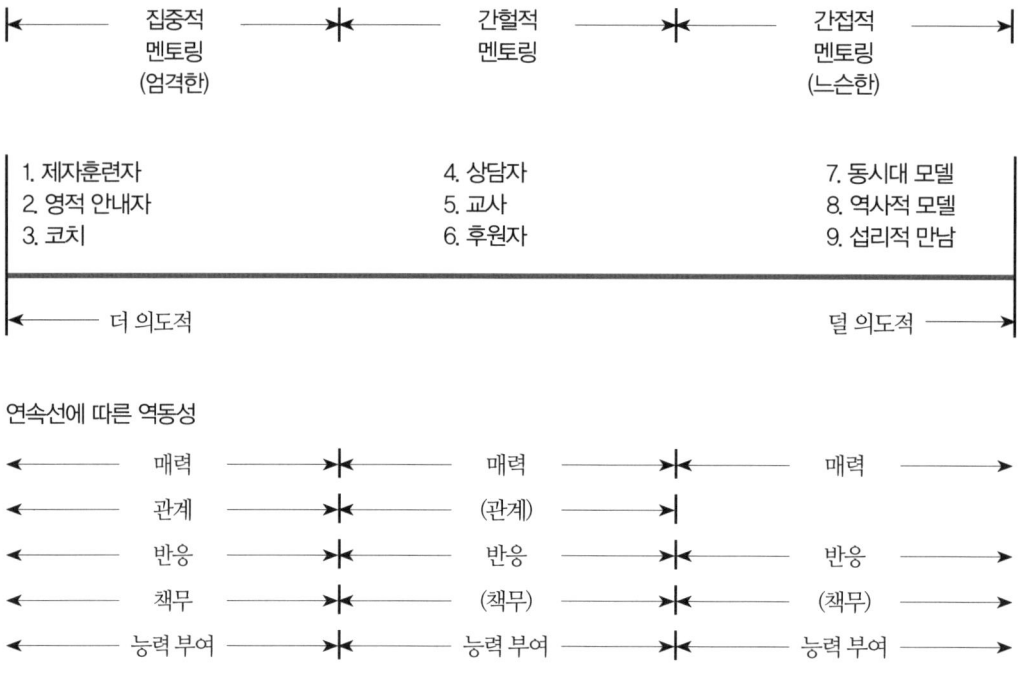

6) 괄호로 표시된 역동성 요인은 본래 없거나 빠진 것을 의미하며 혹은 멘티 쪽에서 유사한 방법(pseudo fashion)으로 빠진 역동성 요인을 제공해야 한다. 간접적 멘토링에서는 관계 역동성이 모두 빠진 점을 주목하라.

멘토 타입과 멘토링 연속선에 대한 피드백

1. 멘토링의 개념을 9가지 타입(제자훈련자, 영적 안내자, 코치, 상담자, 교사, 후원자, 동시대 모델, 역사적 모델, 섭리적 만남)으로 확장할 때 멘토링의 정의를 확장(혹은 수정) 해석하는 것이다. 아래에서 어느 것이 옳은가? 확장 개념과 관련되는 것에 모두 체크 표시하라.

   __ a. 정의 그 자체의 엄격한 의미에서는 오직 집중적 멘토링이 해당된다.
   __ b. 관계보다는 능력 부여가 초점을 맞추는 역동성이 된다.
   __ c. 관계는 간헐적 멘토링에 있어서 유사한 역동성 요인이다 - 멘토는 관계를 더 발전시킬 수도 있고 그렇지 않을 수도 있다.
   __ d. 모든 간접적 멘토링에서 관계 역동성이 전혀 없거나 거의 없다.
   __ e. 간헐적 혹은 간접적 멘토링에서 능력 부여는 멘티의 주된 책임이 된다(멘토와 공유하기보다는).

2. 실제 삶에서 어떤 멘토는 (해당되는 것을 모두 선택하라).

   __ a. 멘토링 시간선 위의 몇 개의 다른 위치에서 몇 개의 멘토링 기능(예: 제자훈련자, 상담자, 교사 등)을 동시에 이행할 수 있다.
   __ b. 오직 한 가지 기능을 이행하는 능력을 가지고 그것에 집중할 수도 있다(예: 제자훈련자).
   __ c. 매우 드문 경우 오직 소수의 사람들과의 멘토링 관계를 통해 모든 멘토링 기능을 이행할 수도 있다.
   __ d. 나는 아직 대답을 제대로 할 수 없다. 왜냐하면 나는 이러한 멘토 타입에 대하여 더 자세한 정보가 필요하기 때문이다.
   __ e. 위의 아무것도 해당되지 않는다.

3. 멘토링의 일반적인 접근 방법에서는 놓치기 쉬운 것으로 멘토링의 연속선 개념에서 무엇을 기대할 수 있는가?

해답

1. a, b, c, d
2. 나는 a, b, c를 선택했다. 그러나 지금까지 배운 최소한의 지식을 기초로 한 능력에 따라 당신은 d나 다른 것을 선택할 수도 있다.
3. 우리가 멘토링의 연속선을 따라 왼쪽에서 오른쪽으로 움직여 갈수록 멘토링의 정의를 확장하는 것과 멘토링을 더 효과적으로 만드는 역동적 요인을 놓치는 것을 인식한다. 멘티는 능력 부여가 일어나도록 만드는 추가적인 책임을 취할 수 있음을 재차 강조한다. 그러나 유용성에 있어서 많은 유익을 얻는다. 멘토링을 소개할 때 대개 나이가 든 이상적인 멘토들을 묘사하지만 현실적으로 그런 멘토들을 거의 찾을 수가 없다. 그래서 멘토링의 연속선을 따라 멘토의 역할을 분류함으로써 당신이 필요한 영역을 구체화하면 이상적인 멘토링은 아닐지라도 능력 부여를 경험할 수 있다. 왜냐하면 모든 것을 다 잘하는 사람을 찾기보다 어떤 분야의 멘토링을 위해 당신을 구체적으로 도울 수 있는 사람을 찾을 수 있는 가능성이 훨씬 더 크기 때문이다. 멘토링의 연속선에서 오른쪽으로 갈수록 유용한 멘토링 자원이 더 많이 존재한다(특히 역사적 및 동시대 모델에서).

요약: 멘토링의 정의와 능력 부여의 역동성

2장에서는 멘토링의 개요를 설명했다. 오늘날 크리스천 리더십에서는 멘토링이 절실히 필요하다. 그리스도를 따르는 자로서 얼마 되지 않았거나, 오래되었거나 혹은 더 성숙할지라도 모두 멘토링의 필요를 인식할 것이다. 멘토링이 대중적인 관심을 끌게 된 것은 능력 부여를 위해 필요한 책무와 사회적인 요인으로부터 비롯되었다. 즉 극단적인 개인주의는 책무의 부족을 가져오고 비즈니스, 정부, 그리고 기독교 교계에서도 리더십의 실패를 초래했다.

우리가 정의한 멘토의 특징을 알면 당신은 주위에 있는 잠재적인 멘토들에게 민첩하게 반응할 수 있고, 또한 당신 자신이 그러한 자질을 갖추는 데 도움이 될 것이다. 그리고 과거에 멘토들이 다른 사람들을 도왔던 방법을 배워서 당신이 다른 사람들을 위해 사용할 수도 있다.

멘토링은 일종의 인간관계적 과정이다. 당신이 멘토링의 필요성을 인식할 때 그 필요의 관점에서 당신을 도와줄 수 있는 사람을 확인하고 찾을 수 있다. 9가지 멘토 타입을 인식함으로써 멘토들을 찾을 수 있는 범위를 확장할 수 있다. 반면에 당신이 필요로 하는 구체적인 도움과 관계에 초점을 맞추는 데 유익하다.

멘토링의 5가지 역동성(매력, 관계, 반응, 책무, 능력 부여)을 알고 9가지 멘토 타입과의 일반적인 상호 작용을 인식하면 모든 멘토링 관계를 통해 더 많은 유익을 얻을 수 있다. 다만 멘토링의 효과를 높이는 데 필요한 역동성 요인을 당신이 제공해야 한다.

이제 당신은 멘토링에 대한 개요를 이해함으로써 멘토링을 구체적으로 탐구할 준비가 되었다. 다음 장에서는 3가지 집중적 멘토 타입(제자훈련자, 영적 안내자, 코치)에 대해 다룰 것이다.

2부 집중적 멘토링

집중적 멘토링 – 제자훈련 멘토링

3장

서론

집중적 멘토링[1]에는 3가지 형태가 있는데, 제자훈련, 영적 안내, 코칭이 여기에 속한다. 집중적 멘토링에서는 멘토링의 5가지 역동성이 모두 존재할 때 최상으로 작용하며 전체적인 과정이 집중적으로 통제된다. 각 역동성은 존재의 정도에 따라 항상 그 효과를 분석할 수 있다. 이제 집중적 멘토링의 종류를 세부적으로 살펴볼 것이며, 3장에서는 제일 먼저 제자훈련 멘토링을 다룬다.

3장의 개요

이 장은 집중적 멘토링의 첫 번째 형태로 제자훈련 멘토링을 소개한다. 먼저 어느 도심지에서 일어날 수 있는 사례 연구를 소개하면서 제자훈련 멘토링 관계의 본질을 설명한 후에 제자훈련자의 정의를 내릴 것이다. 또한 제자훈련 멘토링의 관점에서 5가지 역동적 요인을 설명한다. 멘티에게 일어나는 능력 부여의 핵심적인 제자도 습관을 소개하고 4가지 영적인 기본 습관(경건의 시간, 말씀 섭취, 관계, 사역)을 세부적으로 다룬다. 멘티의 삶에 이러한 영적 습관을 평가할 수 있는 평가서를 제시한다. 마지막으로 제자훈련자 멘토와 멘티를 위한 힌트를 제시하며 이 장을 마무리한다. 이 장을 마치면 아래와 같이 할 수 있다.

- 제자훈련자 멘토에 대해 자신의 말로 정의를 내린다.
- 제자훈련 멘토링 관계에서 나타나는 5가지 역동적 요인을 논한다.
- 영적 습관의 명칭과 중요한 습관에 대한 정의를 내린다.
- 제자도 습관 4가지와 각각에 대한 정의를 내린다.
- 제자도 습관 4가지를 논하고 기본 특징을 설명한다.
- 사례 연구에서 멘토링의 5가지 역동성이 존재하는지 그 여부를 평가한다.
- 제자훈련 멘티로서 자신의 프로필을 평가하는 평가서를 사용한다.
- 잠재적 제자훈련 멘티를 사전에 평가할 수 있는 평가서를 사용한다.

---

[1] 집중적 멘토링을 때로는 적극적 멘토링 혹은 엄격한 멘토링이라고 부른다. 왜냐하면 이러한 형태의 멘토링이 효과적으로 이루어지기 위해서는 5가지 역동성이 모두 작용해야 하기 때문에 집중해야 하고 엄격해야 한다. 적극적이라는 형용사적 표현은 역동성에 함축된 각자의 책임에 있어서 멘토와 멘티 모두 적극적이어야 한다는 것을 의미한다.

제자훈련 멘토링의 개요

2장에서 제자훈련자 멘토는 그리스도를 따르는 기본적인 제자도의 삶을 위해 능력을 부여하는 사람이라고 설명했다. 이것은 무엇을 의미하는가? 이 장에서는 제자훈련 과정을 확인하기 위해 멘티가 필요한 영적 습관에 대한 능력 부여의 관점에서 제자훈련 멘토링을 설명할 것이다.

제자훈련과 관련된 멘토링 과정을 소개하기 전에 최근 우리가 발견한 새로운 사실을 인식할 필요가 있다. 그 놀라운 사실은 많은 크리스천들이 그리스도를 따른 지 오래되었지만 제자훈련을 받기 원한다는 점이다. 부록 E의 사례 2가 바로 이것을 보여준다. 오랫동안 신앙생활하던 30대 혹은 40대 중반에 있는 사람들이 제자훈련을 원하고 있다. 심지어 풀타임 크리스천 사역자들도 나에게 제자훈련을 요청하곤 한다.

제자훈련이 왜 그렇게 흥미를 끌고 있는가? 몇 가지 견해가 있다. 첫째, 1960, 1970, 1980년대에 살았던 사람들은 대부분 훈련이 부족했다. 둘째, 지난 몇 년 동안 그리스도를 따르는 자들 가운데 1960년대의 혼돈 시대, 1970년대의 자기 중심 시대, 1980년대의 풍요 시대에서 야기된 역기능 가정 출신의 사람들이 많다. 그들은 훈련의 목적이 전인적인 회복을 경험하는 것이라면 엄격한 제자훈련 프로그램일지라도 기꺼이 참여하고자 한다. 셋째, 제자훈련 모델의 핵심은 평생 지속될 수 있는 기본 영성을 길러 주는 것이다. 제자훈련 모델을 통해 배운 훈련은 어떤 사람이 영적 훈련을 완전하게 익힐 때까지 계속 연마할 수 있다. 이러한 영적 훈련을 통해 하나님의 은혜를 묵상하고 성령의 역사를 경험할 수 있다. 따라서 신앙의 연수나 나이에 상관없이 제자훈련 멘토링의 통찰력을 당신 자신에게 혹은 당신에게 제자훈련을 받고 있는 다른 사람들에게 잘 적용할 수 있다.

도심지 문화 형태의 제자훈련

다양한 제자훈련의 모델 가운데 한 가지를 소개한다. 아래의 사례는 문화적 측면에서 미국 중산층이나 상류층 사회에 속한 백인들에게서 볼 수 있는 제자훈련의 모습과는 다르지만 제자훈련의 기본적인 본질을 내포하고 있다.

어느 멘토링 잡지사의 편집인과 미국 남가주 출신인 그리스도의 제자 두 명(로베르토와 후안) 사이에 있었던 대담 상황을 살펴보자. 그 편집인은 멘토링과 제자훈련에 관한 기사를 쓰고자 계획 중이다. 로베르토는 31세이고 12년 동안 그리스도를 따르며 신앙생활을 해왔다. 그는 부업으로 페인트칠하는 일을 하면서 오렌지카운티 지역에서 새로운 교회를 개척하고 있다. 개척교회가 어느 정도 성장하면 전임 사역을 할 계획이다. 후안은 신앙생활을 한 지 일 년도 되지 않는 새신자이다. 그는 맥도날드 햄버거 가게에서 일하고 있으며 이곳은 갱단 생활로부터 벗어나 크리스천이 된 이후 처음으로 갖게 된 직장이다.

편집인   두 사람은 처음에 어떻게 만났나요?

| 후안 | 노방 전도 모임에서 로베르토를 처음 만났습니다. 그는 노방 전도팀의 밴드 멤버였는데 그들이 들려준 음악이 참 좋았어요. 그들은 개인 간증을 나누고, 노래를 부르며, 길거리에서 사람들에게 음식을 대접했습니다. 로베르토가 설교를 했는데 저는 처음 들어보는 말이었습니다. 그것이 복음이었다는 것을 이제야 압니다. 그는 그리스도가 나를 자유롭게 하고 나의 모든 죄악을 용서해 주신다고 말했습니다.

저는 자유롭기를 원했지만 자유가 없음을 알고 있었죠. 나의 배경인 갱단 생활, 온갖 범죄와 마약이 나를 구속하고 있었기 때문이죠. 그때 로베르토는 자유롭게 되기를 원하는 사람은 누구든지 앞으로 나오라고 했어요. 그는 하나님의 능력으로 구원을 받도록 기도해 줄 것이라고 말했어요. 그의 말을 다 이해할 수는 없었지만 이상하게 제 마음이 자꾸 앞으로 나가도록 움직였어요. 결국 앞으로 나갔고, 소리 내어 울며 로베르토가 기도할 때 무릎을 꿇었습니다. 그리고 나를 구원하시고 자유롭게 하신 예수 그리스도를 구세주로 영접했습니다. 그날 이후 제 삶은 완전히 바뀌었습니다. |

| 로베르토 | 저는 구원의 확신을 소개하는 소책자를 전해 주었는데 암송 구절도 들어 있었죠. 저는 주님을 믿기로 결신한 사람들에게 소책자를 읽고 성경 구절을 암송하라고 권했어요. 그리고 그들을 교회로 초청했는데 그곳은 전도 집회 장소 앞에 있는 오래 된 가게 건물이었죠. 노방 전도 집회가 끝난 후에 후안은 계속 그 자리에 머물렀고 나에게 특별한 도움을 요청했죠. 우리의 개인적인 제자훈련 관계가 이렇게 시작된 것입니다. |

| 편집인 | 로베르토, 제자훈련이란 당신에게 무엇을 의미합니까? |

| 로베르토 | 후안이 말하는 것이 제가 할 수 있는 가장 좋은 대답이라고 생각합니다. 만약 새신자를 제자훈련시키는 저의 접근 방법이 효과적이라면 후안도 그것이 무엇인지 분명히 말할 수 있을 것입니다. |

| 후안 | 글쎄요, 제가 잘 알고 있는 한 가지는 새신자와 경험이 앞선 신자가 함께 많은 시간을 보낸다는 것입니다. 우리 두 사람이나 다른 성도들과 더불어 일주일에 약 10-15시간을 함께 보냅니다. 우리는 함께 성경을 열심히 공부하고 같이 기도합니다. 로베르토는 노방 전도 집회에 저를 데리고 갑니다. 저는 다른 사람들에게 복음을 전하는 방법을 배웠어요. 제자훈련이란 신앙 경험이 앞선 사람이 그리스도를 기쁘게 하는 삶을 어떻게 살아야 하는지에 대해 많은 조언을 해 주는 것이라고 생각합니다. 저는 주님이 나를 인도하시고, 그분이 내게 원하시는 것을 알기 위해 매일 하나님의 말씀을 묵상하고 공부하는 방법을 배웠어요. 하나님이 저를 도우시고 놀라운 일을 이루시도록 기도하는 방법도 배웠어요. 저는 하나님이 기도를 구체적으로 응답하시는 것을 경험했습니다.

특히 갱단과의 문제가 해결되고 마약으로부터 해방되었죠. 예수님이 저를 구원해 주셨을 뿐만 아니라 제 모든 삶의 주님이 되신 것을 압니다. 또한 헌신된 성도들과 정기적으로 교제하는 것이 중요함을 배웠습니다. 그들은 나를 격려했고 계속 바른 길을 가도록 도와주었죠. 나는 로베르토의 삶을 가까이에서 볼 수 있습니다. 그가 어떻게 살고, 어떻게 일하고, 어떻게 사람들을 대하는지 지켜봅니다. 그는 어떻게 신앙생활을 해야 하는지 말해 줄 뿐만 아니라 삶으로 보여줍니다. 저는 그 |

를 통해 그리스도를 섬기는 것을 배우는 중입니다. 로베르토는 작은 일에 충성하는 것이 중요하며 그리스도의 말씀에 무엇이든 순종해야 함을 본으로 보여줍니다. 그는 성경 암송, 재활센터 방문, 교회의 도움을 필요로 하는 사람들을 돕는 일, 교회 주변 청소, 청소년 농구팀 지도 등 실제적인 많은 과제를 저에게 부여했습니다.

저는 이런 과제를 통해 많은 것을 배웠고, 로베르토는 제가 잘못한 것이나 잘한 것이 무엇인지 나중에 말해 주었습니다. 그는 성경적인 원리가 삶의 모든 상황에서 어떻게 적절하게 적용되는지 잘 알고 있습니다. 저에게는 의지할 수 있는 지혜로운 친구가 있는 셈이죠. 그리고 그의 말을 내가 믿고 따르는 것이 옳다는 것도 알고 있습니다.

편집인 로베르토, 좀더 말하고 싶은 것이 있습니까?

로베르토 대개 저의 접근 방법은 새신자들이 스스로 하나님의 음성을 듣는 것과 하나님께 기도하는 것을 배우도록 돕는 것입니다. 만일 그들이 하나님의 음성을 듣고 하나님께 기도하는 것을 배우면 그다음은 하나님이 그들을 다루시고 계속적으로 인도하십니다. 그래서 저는 그들에게 기도하는 법을 가르쳐 주고 그들과 함께 기도합니다. 그들이 하나님의 음성을 민감하게 듣기 위해 매일 어떻게 하나님의 말씀을 섭취해야 하는지 가르쳐 줍니다. 다음은 그들에게 몸 된 그리스도의 지체가 되는 것이 중요함을 가르쳐 줍니다. 주님과 홀로 있는 시간과 더불어 다른 사람들과 함께하는 공동체를 통해 배웁니다. 특히 영적 은사의 측면에서 우리가 어떻게 서로 의존해야 하는지도 지적합니다. 저는 대개 새신자들에게 영적 은사에 대해 가르치지 않지만 그들의 은사를 발견하고 경험하도록 합니다. 그리고 사역 현장에서 자신의 은사가 드러나도록 과제를 부여하면 그들은 경험을 통해 잘 배웁니다. 그들이 전도를 하고 배운 것을 다른 사람들 앞에서 서로 나누게 하고, 그들이 도움을 받은 것처럼 다른 사람들을 돕게 합니다. 그리고 매일의 삶 가운데 어떻게 성령의 인도하심을 받을 수 있는지를 강조합니다. 저는 또한 교리적인 용어는 사용하지 않고서 기본 교리를 가르칩니다. 저는 그들의 삶 가운데 십자가의 의미를 시작으로 예수님이 어떻게 그들을 죄에서 구해 주시고 그들이 어떻게 하나님 앞에서 의롭게 되었는지를 가르칩니다. 그다음은 그리스도 중심의 삶, 성령의 능력으로 죄를 이기는 삶, 그리고 능력의 사역에 대해서 가르칩니다. 매우 복잡한 개념이지만 그들이 쉽게 이해하고 그것을 경험하도록 합니다. 그들이 배운 것을 경험적으로 이해하면 그것을 설명할 수 있고 제대로 배우는 셈이죠. 저는 제자훈련을 받는 그들이 순종하는 것을 기대하며 그들에게 책임을 다합니다. 저는 직접 그들을 제자훈련하며 그들은 제가 사랑한다는 것을 압니다. 저는 그들의 삶에서 나쁜 습관을 버리도록 돕기 위해 항상 그들에게 본이 되어야 합니다. 그들에게는 이러한 강한 신앙체계가 필요하며 저 또한 그 열매를 보게 됩니다. 성령님의 능력으로 그들의 삶은 변화되고 있습니다.

편집인 제자훈련 관계는 얼마 동안 지속됩니까?

로베르토	다양합니다. 어떤 사람은 3-6개월 정도 지나고 나면 개인적으로 많은 돌봄이 없어도 스스로 성장할 수 있습니다. 또 다른 사람들은 1년 혹은 1년 반 정도 시간이 걸리기도 합니다. 물론 그들이 성숙해 갈수록 더 적은 시간을 함께 보내고 그들이 또한 다른 사람들과 관계를 유지하도록 합니다. 그러나 제가 직접 제자훈련을 시킨 사람들과는 항상 특별한 관계로 남게 됩니다. 수년이 지난 후 그들이 성장하여 다른 사람들을 제자훈련할 때 그들의 마음속에 제가 존재하며 나의 마음속에도 그들이 특별한 존재인 것이 느껴집니다. 때때로 저는 그들에게 필요한 조언을 해 줄 것입니다.
편집인	로베르토나 후안, 마지막으로 하실 말씀이 있습니까?
후안	로베르토가 저 같은 새신자를 돕기 위해 개인적으로 시간과 삶을 헌신하는 비전을 갖게 된 것을 하나님께 감사드립니다. 로베르토는 하나님이 자신에게 사람들을 보내 주신다면 매년 2명의 신자들을 훈련시키기로 약속한 것으로 압니다. 저는 그 약속과 하나님의 응답하심에 감사드립니다. 저는 지금 맥도날드 가게에서 일하고 있으며 이곳은 제가 3개월 이상 지속적으로 일하게 된 첫 번째 직장입니다. 로베르토와의 제자훈련 관계를 통해 제 삶에 일어난 변화가 없었더라면 이런 일은 도저히 일어날 수 없었을 것입니다. 제가 제자훈련을 통해 배운 모든 것을 맥도날드 가게 일터에서 적용하고자 합니다.
로베르토	새신자들을 위해 사역하면서 저는 계속 새로워집니다. 그들은 저에게 신선한 자극제가 되었고 책임을 다하게 합니다. 만일 어떤 것을 나 자신이 실천하지 않는다면 다른 사람들에게 그것을 강요할 수 없습니다. 그래서 저는 새신자들이 갖고 있는 신선한 이상주의를 좋아합니다.
편집인	나눠 주신 말씀에 감사드립니다. 오늘 대담한 내용을 기사로 쓸 것입니다. 이 기사 내용이 제자훈련 받기를 원하고 또한 다른 사람들을 제자훈련하기를 원하는 많은 사람들에게 영감을 줄 것입니다.

위의 가상적인 대담에서 관찰한 3가지를 주목하라. 첫째, 분명한 사실은 제자훈련 관계에서 멘토와 멘티(제자훈련자 멘토와 멘티)가 함께 많은 시간을 보낸다는 점이다. 매력의 역동성은 실제적이다. 멘티는 어떤 필요를 느끼고 멘토가 도와줄 수 있다는 것을 알아챈다. 멘티의 문제를 해결하는 데 멘토가 현명한 조언을 제공하며 많은 시간을 함께 보낸다. 멘토가 본을 보이며 자신의 과거 경험을 나눔으로써 많은 것을 실제로 보여준다. 둘째, 멘토는 의도적으로 학습 과정을 이끌어 간다. 이것이 매력 역동성의 일부이며 멘티가 기대하는 것이다. 멘티는 자신에게 도움을 줄 수 있는 멘토에게 이끌린다. 셋째, 능력 부여는 변화된 삶으로 즉시 나타난다. 능력 부여는 가장될 수 없다. 책무는 강력한 역동성이다. 멘티는 멘토의 조언, 프로그램, 안내에 따라 반응해야 할 뿐만 아니라 그 결과가 나타나야 한다.

제자훈련을 세부적으로 다룰 때는 내용이 다양하다.[2] 그러나 제자훈련의 본질에 있어서는 공통점이 많다.

제자훈련이란 그리스도를 따르는 일에서 경험이 앞선 사람이 새신자에게 그리스도의 제자로서 살아가는 데 필요한 지식과 기술과 신앙의 기본 원리를 나누어 줌으로써 성품과 행실에 영향을 끼치며 삶의 방식을 전해 주는 과정이다.

요컨대, 우리가 말하고자 하는 것은 새신자가 성장하도록 돕고 그 성장을 평가하는 기본 영성 모델[3]이다.

---

2) 특히 개념이나 이론적으로 다양하다. 제자훈련을 옹호하는 다양한 교단과 대부분의 교회는 현재 자신들의 견해에서 다룬(하나 내지 더) 많은 종류의 제자훈련 자료를 갖고 있다. 그러나 기본적인 제자훈련에 있어서 유사점이 많다. 성경 말씀 훈련, 기도 훈련, 사역 훈련은 모두 존재하지만 각각 다양한 성향을 나타낸다. 다양한 교단과 선교단체에서 다루는 제자훈련의 책들을 이 매뉴얼의 부록(참고 문헌)에서 소개한다.
3) 4장에서 영적 안내자(집중적 멘토링)를 다룰 때 여기서 이 영성 모델의 도식 다이어그램을 소개할 것이다. 나중에 영적 안내 멘토링과 관련하여 일반적인 제자도 모델의 기초를 이루는 영성 모델의 8가지 요소를 논할 것이다. 제자훈련자는 대개 이런 요소에 관한 체계적 이론도 없이 그냥 은연중에 훈련을 한다. 영적 안내자는 영성의 요소를 더욱 의식하면서 영성을 평가하기 위해 사용한다. 제자훈련을 논하는 데 덧붙여 이 모델을 간략하게 언급한다.

제자훈련자 동의어: 제자훈련자 멘토(the Mentor Discipler)

소개 만약 그리스도의 제자로서 성장하기를 원한다면 자신의 삶에서 기본적인 영적 훈련이 필요하다. 제자훈련자들은 그리스도를 따르는 데 필요한 영적 습관을 익힌 사람들이다. 그들에게 영적 습관은 기본적이고 실제적이다. 그들은 영적 습관을 개인적으로 경험했고 삶 가운데 열매를 보았기 때문에 그것을 전해 줄 수 있다.

정의 제자훈련이란 그리스도를 따르는 일에 경험이 앞선 제자훈련자가 새신자에게 그리스도의 제자로서 살아가는 데 필요한 지식과 기술과 신앙의 기본 원리를 나누어 줌으로써 성품과 행실에 영향을 끼치며 삶의 방식을 전해 주는 과정이다.

예 사복음서에 열두 제자와 함께하신 그리스도의 사역이 기록되어 있다. 주님은 제자훈련 사역에 집중하며 제자들과 함께 시간을 보내셨다. 주님은 제자들에게 하나님을 알게 하는 관점을 갖게 하고 그들의 삶에 기대감을 심어 주셨다. 또 하나님의 말씀으로 그들을 가르치셨으며, 하나님의 말씀을 이해하고 적용하는 방법과 기도하는 일에 본을 보여주셨다. 또한 사역의 모델을 보여주시고 사역 과제를 주셨다. 제자훈련의 효과는 제자들의 삶에서 이런 기본적인 영적 습관으로 계속 나타났다. 예수님은 개인적으로나 그룹으로 제자들을 훈련하셨다. 이것은 수습 훈련 모델과 비슷하며 비형식 훈련을 주로 사용했다.

예 네비게이토 선교회의 도슨 트로트맨(Dawson Trotman)은 일대일 제자훈련 모델을 실제적으로 개발하고 완성하였다. 이 모델은 제자훈련자가 훈련을 받는 자와 함께 개인적으로 많은 시간을 갖도록 요구했다. 또한 제자훈련자가 본을 보여주기를 기대했으며 제자들이 배운 것을 실천하도록 했다. 1974년에 베티 리 스키너(Betty Lee Skinner)가 저술한 『도스: 하나님을 신뢰한 사람』(*Daws: A Man Who Trusted God*)을 참고하라.

예 빌 헐(Bill Hull)은 목회자로서 교회 성도들을 위한 제자훈련 방법을 저술했는데 그의 책 『목회자가 제자 삼아야 교회가 산다』(*The Disciple Making Pastor*, 요단)를 참고하라. 빌 헐은 실제적으로 제자훈련 사역을 하는 목회자이다.

해설 제자훈련자는 먼저 제자가 되어야 한다. 이것은 다른 사람들을 제자훈련하기 위한 전제 조건이다. 제자훈련자가 새신자에게 신앙의 기본 원리를 전해 주기 위해서 반드시 성숙한 크리스천이어야 할 필요는 없다. 다만 그/그녀는 제자도의 기본 원리를 익혀서 삶에 적용하는 사람이어야 한다. 물론 제자훈련자가 더 성숙한 사람일수록 제자훈련 멘토링은 더 효과적으로 일어난다.

제자훈련자에 대한 피드백

1. 당신의 '제자훈련자'는 누구였으며 당신에게 무엇을 전수해 주었는가?

2. 제자훈련 관계에서는 멘토링의 5가지 역동성이 모두 존재한다. 당신을 제자훈련했던 그 사람에게 어떤 면에서 매력을 느꼈으며, 그 이유는 무엇인가?

3. 효과적인 '제자훈련자'가 되기 위해 필요한 요구 사항은 무엇인가?

해답
1. 당신의 답을 말하라.
2. 당신의 답을 말하라.
3. 기본적인 요구 사항으로 제자훈련자는 먼저 제자가 되어야 한다. 그는 제자도의 기본 원리를 먼저 알아야 하고 그것을 다른 사람들에게 전해 주고 싶은 열망을 가져야 한다.

제자훈련자의 5가지 역동성 요인

소개 표 3-1은 멘토링의 5가지 역동성 요인를 나열하고 제자훈련 멘토링에서 어떻게 나타나는지를 설명한다.

표 3-1. 제자훈련자의 역동성 요인

역동성 요인	제자훈련 멘토링에서 어떻게 나타나는가?
1. 매력	일반적으로 멘티 쪽에서 멘토에게 매력을 느낀다. 그 매력은 멘티가 그리스도를 따르는 데 도움이 되는 자원을 멘토가 갖고 있음을 직감적으로 인식하는 것일 수 있다. 물론 매력이 존재하지만 멘티는 그러한 그러한 능력을 부여하는 관계의 가능성에 대해 잘 모르기 때문에 대개 멘토가 멘토링 관계를 먼저 시작한다.
2. 관계	대개 멘티는 나이, 경험, 신앙적 성숙에 있어서 멘토보다 하위에 있는 자로 인식된다.
3. 반응	대개 제자훈련자 멘토/제자의 관계에 있어서 멘티로부터 충성, 순응, 순종이 있어야 한다. 이것이 없이는 제자훈련의 많은 부분이 초기에 일어나지 않는다.
4. 책무	멘토는 의도적인 멘토링 과정을 관리하기 위해 책임을 져야 한다. 멘토는 멘티에게 부여한 과제에 대한 피드백을 제공해야 한다.
5. 능력 부여	멘티의 삶에 영적 습관과 관점이 점차 뿌리를 내릴 때 자신이 처한 상황에서 어떻게 그리스도를 따르며 사는지 열매가 나타난다. 궁극적인 능력 부여는 멘티가 이미 영적 성장을 경험한 영역에서 다른 사람들에게 멘토가 될 수 있는 능력으로 나타난다.

5가지 역동성과 제자훈련에 대한 해설

책임감 제자훈련은 본질적으로 5가지 역동성 요인을 결합시키는 관계적 능력을 길러주는 것이다. 역동성 요인의 2가지는 상호적이다. 이를 위해 멘토와 멘티 둘 다 책임감을 갖고 적극적이어야 한다. 멘토는 2가지 요인 모두에 책임이 있고 멘티는 한 가지 요인에 책임이 있다.

상호적 멘토와 멘티 둘 다 관계를 발전시켜야 하는 책임이 있다. 그리고 멘토와 멘티가 서로 흥미를 느껴야 한다. 멘토는 멘티에게 자신감을 심어 주고 매력을 느끼는 삶의 방식과 지식이 뿜어져 나와야 한다. 한편 멘티는 멘토에게 추구할 만한 가치 있는 중요한 것이 있다는 점을 인식해야 한다. 멘티 쪽에서의 매력 역동성의 핵심은 멘토를 향한 존경, 훌륭한 자질에 감사, 멘토와 같이 되고 싶거나 멘토가 하는 것을 하고 싶어하는 열망에 있다.

멘티 반응의 한 가지 항목은 멘티에게 초점을 맞춘다. 만약 멘티가 받은 과제나 조언에 반응하지 않고 순응하는 배움의 자세를 갖지 않으면 능력 부여는 최상으로 일어날 수 없다.

멘토 역동성 요인의 2가지는 주로 멘토의 책임이다. 책무는 궁극적으로 멘토가 책임을 져야 한다. 훌륭한 멘토는 책무를 요구할 것이며 반드시 피드백이 일어나도록 한다. 능력 부여는 본질적으로 멘토가 의도하는 전체 과정의 결과로 일어난다. 멘토는 무엇을 언제 나누어야 할지 알아야 한다. 시기 적절한 나눔은 대체적으로 학습 과정에서 매우 중요하다.

제자훈련 멘토링의 역동성에 대한 피드백

1. 만약 당신에게 제자훈련의 경험이 있다면 멘토링의 역동성이 어떻게 작용했는가? 매력은? 관계는? 반응은? 책무는? 능력 부여는?

2. 오늘날 현 세대의 인간 관계에서 많은 경우 책무를 가치있게 여기지 않는다. 책무는 제자훈련 관계에서 왜 중요하며 누가 시작해야 하는가?

해답
1. 당신의 제자훈련 관계와 경험을 설명하라.
2. 책무는 제자훈련자가 시작하고 멘토링 관계를 통해 계속 확립해 나가야 한다. 책무는 배움을 향상시켜 주며 제자로 하여금 과제를 완수하도록 한다.

제자훈련의 기본 습관 동의어: 기본기

소개 제자훈련은 언제 끝나는가? 앞에서 소개한 로베르토와 후안의 사례를 기억하는가? 로베르토는 "제자훈련은 얼마 동안 지속되는가?"라는 질문을 받았다. 로베르토는 자신의 경험에 비추어 6개월에서 1년 반까지 제안했다. 사실 더 좋은 질문은 '얼마 동안'의 기간보다 새신자가 그리스도의 제자[4]로 성장하면서 '어떤 증거'를 보여주는가 하는 것이다. 즉 새신자가 자신의 기본적인 영적 성장을 위해 멘토로부터 외적인 동기 부여를 받는 의존 단계에서 스스로 성장하고자 하는 내적인 동기 부여를 받는 독립 단계로 옮겨 가는 증거는 무엇인가 하는 것이다. 이러한 질문에 대한 바른 대답은 영적인 기본 습관을 확립하는 데 있다.

정의 습관은 사람의 생각과 외적인 행동을 거의 무의식적으로 규정하는 내면화된 일련의 원리와 패턴이다.

정의 기본 습관은 제자훈련 과정에서 필수적이며 기본기가 되는 것이다.[5]

해설 일반적으로 습관은 지식과 기술, 가치관과 열망을 포함하는 학습 영역이 만나는 교차점을 나타낸다.[6]

기본기 기본기라는 용어는 필수적인 습관을 의미하는 말로 네비게이토 선교회가 오랫동안 사용해 왔다. 수레바퀴 모델을 기초로 하여 구세주 되시는 그리스도에 대한 지식(그리스도의 주권), 말씀의 섭취, 하나님께 순종, 기도, 성도들과의 교제를 제시한다. 이 모든 활동은 매일의 삶 가운데 성령의 능력으로 행한다. 네비게이토 모델을 약간 수정하여 기본적인 영적 습관을 소개하고자 한다.

해설 제자훈련자는 먼저 제자가 되어야 한다. 이것은 다른 사람들을 제자훈련하기 위한 전제 조건이다. 제자훈련자가 새신자에게 신앙의 기본 원리를 전해 주기 위해서 반드시 성숙한 크리스천이어야 할 필요는 없다. 다만 그/그녀는 제자도의 기본 원리를 익혀서 삶에 적용하는 사람이어야 한다. 물론 제자훈련자가 더 성숙한 사람일수록 제자훈련 멘토링은 더 효과적으로 일어날 것이다.
또한 제자도의 4가지 습관을 참조하라.

---

[4] 어떤 면에서 제자훈련은 끝날 수 없다. 우리는 이런 영적 습관을 계속 유지하고 그리스도와 동행하는 삶 가운데 더욱 심도 깊게 넓혀 나갈 것이다. 초점은 기본적인 영적 습관에 있어서 다른 사람에게 의존 혹은 자립하는 것에 따라 구별한다.

[5] 기본 습관이 정확하게 무엇이냐에 대해 제자훈련자마다 견해 차이가 있지만 우리는 최소한의 영적인 습관을 선택하여 다룰 것이다. 어떤 사람은 우리가 제시하는 영적 습관 중에서 다른 것을 추가하거나 혹은 대체해야 할 것이다.

[6] 나는 스티븐 코비(Stephen Covey)의 책 『성공하는 사람들의 7가지 습관』(*The 7 Habits of Highly Effective People*, 김영사)에서 도움을 받았다. 습관은 기술, 지식, 그리고 열망이 교차하는 것이라는 그의 개념이 유익했다. 나는 교육적 목표의 관점에서 그 세트를 수정하여 경험적(기술-어떻게), 인지적(지식-무엇을), 정서적(가치- 왜), 의지적(의지-원하는가)인 4가지 영역으로 발전시켰다.

제자훈련 습관의 4가지 영역 동의어: 기본기

소개   아래의 표 3-2는 기본적인 영적 습관의 4가지 영역을 제시한다.

표 3-2. 제자훈련 습관의 4가지 기본 영역

기본 영역	확립된 습관의 종류
1. 경건의 시간	1) 새신자는 기록된 성경 말씀을 통해 하나님의 음성을 민감하게 들을 수 있어야 한다. 이를 위해서는 매일 규칙적으로 말씀을 묵상하는 것이 생활 습관이 되어야 한다. 2) 새신자가 하나님과 대화하며 친밀하게 기도하는 것이 매일의 습관이 되어야 한다.
2. 말씀 섭취	1) 삶과 사역에 대한 바른 관점을 갖기 위해 하나님의 말씀을 습관적으로 섭취해야 한다. 이 습관을 확립하는 것은 주로 멘티의 은사에 달려 있다. 말씀의 은사가 있는 멘티는 하나님의 말씀을 연구하는 기술을 배우고 말씀을 자신의 삶에 적용하는 것을 중요하게 여긴다. 말씀의 은사가 부족한 멘티는 하나님의 말씀을 가르치고 권면하는 사람과 규칙적으로 상호 의존하는 것을 배워야 한다. 아울러 말씀을 통한 성령의 인도하심에 민감하게 반응하는 기술을 배워야 한다. 2) 말씀을 통해 하나님의 음성을 듣고, 반응하고, 적용해야 한다. 즉 순종하는 습관을 확립해야 한다. 새신자는 하나님의 말씀에 적절하게 반응하는 것이 바로 의지적으로 순종하는 것임을 배워야 한다.
3. 교제	1) 새신자는 공동체의 소중함을 알아야 하며 주님의 계명을 지키고 순종하며 성장해 가는 그리스도의 제자들과 규칙적으로 만나는 습관을 확립해야 한다. 바르게 함, 교훈, 그리고 안내를 받기 위해 교제가 필요하다.
4. 사역	1) 그리스도와의 개인적인 관계에 대해 알고 배우기 원하는 다른 사람들을 위해 관심을 가져야 한다. 2) 새신자가 다른 사람들을 위해 적어도 기본적인 중보기도의 습관을 갖도록 한다. 3) 새신자가 그리스도를 따르는 것에 대해 배운 것을 다른 사람들과 나누는 습관을 갖도록 한다. 4) 새신자는 은사 계발을 촉진하는 활동에 참여해야 한다. 사역에 직접 참여할 때 은사를 계발하고 열매를 맺을 수 있다.

경건 습관

소개   그리스도의 제자로서 성장을 촉진시키는 방법 중에 하나는 규칙적으로 하나님과 홀로 개인적인 시간을 갖는 것이다. 규칙성은 각자 다를 것이며, 어떤 사람은 하루에 몇 번, 어떤 사람은 매일 한 번, 어떤 사람은 며칠에 하루 내지 긴 시간 하나님과 홀로 함께하는 시간을 갖는다. 그러나 가장 중요한 것은 얼마나 자주, 얼마나 오랫동안, 혹은 언제가 아니라 하나님과의 개인적인 깊은 만남이다. 이러한 하나님과의 개인적 만남은 영적 성장에 신선한 자극제가 된다.

정의   경건의 습관은 그리스도의 제자가 하나님과 대화하며 그분의 음성을 듣기 위해 규칙적으로 하나님과 만나는 습관을 말한다.

예   마가복음 1장 35절과 다른 성경 말씀에서 하나님과 홀로 시간을 갖는 예수님을 보라.

예   시편 5편 3절과 시편의 다른 많은 곳에서 다윗을 보라.

해설   하나님과 홀로 개인적인 시간을 갖는 방법은 제각각 다르지만 하나님과의 교제에 생명력을 불어넣는다. 즉 하나님의 음성을 듣고 대화하는 것을 개인적으로 배운다. 그것은 예배, 말씀 읽기, 말씀 연구, 찬양 혹은 묵상을 통해 가능하며 종종 기록된 말씀을 적용하고 순종하는 것이다.

해설   제자들은 대부분 경건의 삶을 시작할 때 2가지를 필요로 한다.
       1) 그들은 시간을 구별하여 경건의 시간을 갖는 훈련이 필요하다. 멘토는 이것이 멘티에게 습관이 될 때까지 책무를 다해야 한다.
       2) 그들은 경건의 시간을 어떻게 갖는지에 대한 매우 실제적인 도움을 필요로 한다. 또한 하나님의 음성을 듣고 하나님과 대화하는 방법을 배워야 한다. 제자훈련자인 멘토가 멘티를 도울 수 있는 가장 강력한 방법은 본을 보여주는 것이다. 멘토가 멘티와 경건의 시간을 함께 갖거나 혹은 경건의 시간에 묵상한 내용을 서로 나눌 수 있다. 이 방법은 때때로 멘티가 경건의 습관을 확립하는 데 필요한 위의 2가지 기본적인 필요를 채워 줄 수 있다. 서구 문화에서는 기록된 성경 말씀을 바르게 이해하는 기술이 매우 중요하다. 그러나 하나님과 교제하기 위해 반드시 읽고 쓰는 능력이 필요한 것은 아니라는 점을 인식해야 한다.

해설   초보자의 관점에서 경건한 삶을 설명한 클린턴의 소책자 『하나님과의 교제』(Fellowship With God)를 참고하라. 제자훈련자는 더 효과적인 경건의 삶을 위해 접근하는 방법이 사람마다 다르다는 것을 인식해야 한다. 그러므로 제자훈련자는 새로운 제자에게 가르쳐 주기 위한 폭넓은 방법을 시도할 필요가 있다. 위의 소책자는 기록된 말씀, 찬양, 묵상과 기타 방법을 다루는 10–15가지 방법을 상세하게 소개한다.

해설   하나님으로부터 듣는 것과 하나님과 대화하는 것 둘 다 중요하다. 제자들은 또한 하나님과 대화하는 방법을 배워야 한다. 이것은 마음의 기도, 묵상 기도, 하나님과의 개인적인 대화를 말한다. 나중에는 다른 사람들을 위한 중보기도에 대해서도 배워야 한다. 그러나 경건의 습관으로서 기도는 개인적인 묵상과 찬양으로 기도하는 것이 기본 원리이다.

말씀 섭취 습관

소개	여러 성경 말씀(예: 벧전 2:2, 롬 12:2, 히 4:12, 골 3:16, 디도서의 여러 구절 등)은 우리가 영적으로 성장하기 위해서 하나님의 계시된 말씀을 이해하고 사용할 것을 권고한다. 이것은 2가지의 실제적인 방법으로 이루어지며 신자의 개인적인 성경 읽기와 성경 공부로 가능하다. 혹은 은사가 있는 신자가 다른 성도들을 격려하고 가르치며 권면하는 상호 작용으로도 가능하다. 어떤 경우든 신앙으로 성장하기 위해서는 반드시 하나님의 말씀을 지속적으로 섭취해야 한다. 말씀 섭취는 삶을 변화시키고, 궁극적으로 그리스도의 형상을 닮게 하며, 자신뿐만 아니라 다른 사람들의 삶에 개인적으로 열매를 맺도록 한다.
정의	말씀 섭취의 습관은 삶에 필요한 하나님의 말씀을 규칙적으로 섭취하는 것을 말하며 삶에 덕을 세우고, 바르게 하며, 변화를 가져오며, 삶과 사역을 온전하게 준비시킨다.
예	사도행전 2장 42절은 성도가 하나님의 계시인 말씀을 공부하는 것이 얼마나 중요한지를 보여준다.
예	골로새서 3장 16절은 주님의 몸 된 지체로서 연합하는 특징으로 성도들이 하나님의 말씀과 진리로 상호 작용하는 것을 보여준다.
해설	로마서 12장 2절에 따르면, 성도들은 계속해서 마음을 새롭게 해야 한다. 마음을 새롭게 하는 주된 수단이 바로 하나님의 말씀이라는 것을 사도 바울은 분명히 말한다. 여기서 강조하는 것은 말씀만 섭취하는 것이 아니라 말씀에 순종함으로 변화된 삶이다.
해설	훈련 받는 제자들은 하나님의 진리를 규칙적으로 가까이해야 한다. 어디에 가든지 스스로 하나님의 말씀을 읽고 공부하는 방법을 익혀야 한다. 그러나 은사는 몸의 지체처럼 서로 덕을 세우며 상호 의존하도록 한다. 결국 모든 성도에게 동일하게 하나님의 말씀을 깊이 연구할 수 있는 능력과 은사가 있는 것은 아니다. 그래서 잘 가르치는 은사를 가진 사람으로부터 하나님의 말씀을 듣고 배워야 한다.
해설	말씀의 은사가 있는 사람은 스스로 하나님의 말씀을 깊이 연구하고 말씀을 연구하는 기본 기술을 익혀야 한다. 말씀을 연구하기 위해 배워야 하는 다양한 종류의 기술은 다음과 같다. 즉 권별 성경 연구, 성경의 전체적 개요, 장별 분석, 주제별 연구, 성경 인물 연구, 성경 낱말 연구 등이다. 새신자는 간단한 성경 읽기 계획표를 사용하여 시작하면 된다. 이것은 성경의 장별 분석과 권별 성경 공부로 계속 이어질 수 있다. 성경 공부의 첫 번째 핵심은 성경을 공부하고 삶에 적용하는 것이며 그다음 단계로 더 분석하고 깊이 연구하는 것이다.
해설	말씀의 은사가 있는 사람들을 통해 주로 영적인 공급을 받는 제자들은 듣는 경청 기술을 배워야 한다. 아울러 적용하는 기술을 배우고 말씀을 규칙적으로 섭취하는 습관을 익혀야 한다.

관계 습관

소개	"지혜로운 자와 동행하면 지혜를 얻고 미련한 자와 사귀면 해를 받느니라." 잠언 13장 20절의 이 경고는 함께하는 사람들로부터 영향을 받는 집단 압력에 대해 지적한다. 히브리서 10장 24-25절 말씀은 서로 돌아보아 사랑과 선행으로 격려하기 위해 규칙적으로 만날 것을 권한다. 때로는 영적 성장을 위해 고립의 시간이 필요한 반면에 때로는 성장을 위한 강력한 방법으로 성장하는 공동체에 규칙적으로 참여해야만 한다. 처음 2가지 영적 습관은 기본적으로 수직적이며 자신과 하나님 사이에 이루어진다. 반면에 수평적인 습관은 기본적으로 자신과 같은 마음을 품은 다른 성도들 간에 이루어진다.
정의	관계의 습관은 성장하는 성도들의 공동체 안에서 책임 있는 구성원으로서 갖는 습관이며, 순종, 성장, 안내, 그리고 사역에 활력을 불어넣기 위해 규칙적으로 상호 작용하는 것을 말한다.
예	고린도 교회, 안디옥 교회
예	예수님이 훈련했던 제자들
예	사도행전 13장 1-3절, 안디옥 교회에서 선택된 그룹의 교회 리더들
해설	다시 말하지만, 얼마나 자주, 얼마나 오랫동안 그리고 언제 만나는가의 문제는 상황에 따라 다르다. 그러나 반드시 규칙적인 만남이 있어야 책무와 반응의 능력 부여가 일어난다. 그리고 그룹 안에서 책무와 반응이 확실하게 일어나기 위해서 서로 관계를 확립하는 데 시간이 걸린다.
해설	관계의 습관이 확립되었는지 테스트하는 방법은 새로운 곳으로 이사를 가면 쉽게 알 수 있다. 새로운 곳에 가서 믿음의 공동체를 찾아 나서고 멤버로서 적극 참여하는가? 만약 이 습관이 확립되어 있다면 상황에 지배를 받지 않을 것이다. 그러나 이 습관이 확립되어 있지 않다면 이전의 제자 훈련자와 같이 자신을 이끌어 주는 사람이 없으면 아마 신앙적으로 점점 퇴보할 것이다.

사역 습관

소개   사역의 습관은 본질적으로 4가지 수평적인 핵심 요소를 갖는다. 하나님과의 수직적인 관계는 영적 생활의 상태를 나타낸다. 말씀 섭취의 습관은 순종과 더불어 관점과 행실의 변화를 가져오는 진리를 제시한다. 관계의 습관은 주로 수평적이지만 성도들 사이에 일어난다. 사역의 습관은 확립된 영적 습관을 밖으로 표출하는 것이다. 제자로서의 영적 성장은 자신이 배운 것으로 주변의 다른 사람들에게 영향력을 발휘할 때 완성된다. 그래서 이 습관의 4가지 핵심 요소는 바깥으로 향한다.

정의   사역의 습관은 그리스도의 제자가 다른 사람들의 삶에 영향을 끼치고자 하는 내적 열망을 갖고 직접 실행에 옮기는 것을 말하며 다음과 같다.
1) 은사를 발견하고 그리스도를 위해 더 쓰임을 받기 위해 봉사 활동을 한다.
2) 다른 사람들에게 그리스도를 알리는 일에 관심을 갖는다.
3) 배운 것을 다른 사람들(믿는 자와 불신자)과 나눔으로써 그들에게 영향을 끼친다.
4) 상황을 변화시키기 위해 중보기도를 한다.

해설   전도의 은사가 있든 없든 상관없이 사람들을 그리스도 앞으로 인도하고 그들을 돌보는 일에 관심을 가져야 한다.

해설   하나님은 신자들에게 은사를 주신다. 그들의 은사는 사역 활동을 통해서 발견할 수 있다. 제자훈련 과정의 일부로 활동 기회를 갖게 되면 새신자는 자신의 독특한 은사를 발견하고 계발할 수 있다.

해설   제자는 불신자와 믿는 자들에 대한 관심을 가져야 한다. 신자와 불신자를 막론하고 누구든지 삶 가운데 그리스도의 사랑을 함께 나누어야 한다. 이러한 나눔과 봉사 활동으로 사역에 동참하면서 은사를 계발할 수 있다.

해설   성도들이 모두 동참해야 하는 사역 가운데 하나는 중보기도이다. 사람들과 상황을 변화시키는 기도의 능력을 배워야 한다. 중보기도의 은사를 받은 사람이 이러한 영적 훈련을 계속 연마하면 중보기도가 나중에 자신의 집중적인 사역이 될 수 있다.

해설   사역의 습관이 확립되어 있는지 테스트하는 방법은 새로운 곳으로 이사를 가거나 혹은 얼마 동안 다른 장소로 옮겨 갈 때 쉽게 알 수 있다. 사역을 위해 다른 사람들의 독려에 관계없이 혹은 사역이 유용한지 상관없이 사역 활동에 참여하는가? 만약 사역의 습관이 확립되어 있다면 사역이 유용한지 아닌지 관계없이 혹은 다른 사람들의 독려가 없어도 적극적으로 사역에 참여할 것이다.

평가서 - 경건 습관 훈련

소개 다음 질문들은 제자훈련의 습관이 형성되어 있는지 아닌지를 확인하는 데 도움이 되는 프로필을 제시한다. 각 질문을 읽고 당신이 가진 영적 습관을 나타내는 항목의 연속선 위에 X로 표시하라. 모든 연속선 위에 X로 표시한 후, 모든 항목을 선으로 연결하라. 이것은 당신의 삶에서 영적 훈련의 기본기를 설명하는 프로필이 된다.

1. 경건 습관(고독 훈련)

1. 당신은 혼자서 하나님과 함께하는 시간을 규칙적으로 갖는가?

2. 하나님은 당신 혼자서 하나님과 함께하는 시간에 종종 말씀하시는가?

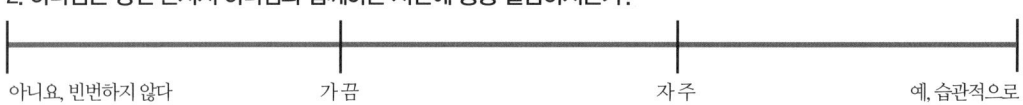

3. 당신은 하나님과의 교제 시간에 개인적인 친밀한 언어를 사용하면서 자연스럽게 기도를 하는가?

4. 당신은 기도하면서 하나님의 음성을 듣는가? 독백뿐만 아니라 하나님과 서로 대화하는 기도를 경험하는가?

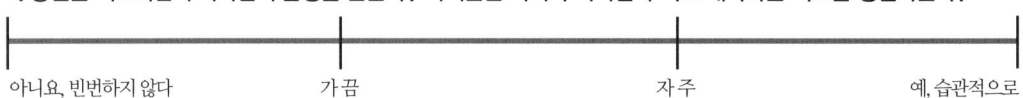

5. 당신은 얼마나 자주 혼자서 하나님과 함께하는 시간을 갖는가?

6. 당신은 하나님과 함께 시간을 보내는 습관으로 주로 어떤 방법을 사용하는가? 해당되는 것에 모두 표시하라.

자연 속에서 산책한다.	설교 말씀을 듣는다.	통성 기도를 한다.	자연 속에서 묵상한다.
경건 서적을 읽는다.	방언 기도를 한다.	찬양/음악을 듣는다.	독서를 한다.
침묵 기도를 한다.	찬양/음악을 연주한다.	성경을 읽는다.	묵상 기도를 한다.
찬양/음악을 쓴다.	성경을 공부한다.	찬양/음악에 집중한다.	책을 읽고 연구한다.
성경 말씀을 듣는다.	말씀을 묵상한다.	기타	

평가서 - 말씀 섭취 습관 훈련

2. 말씀 섭취 습관 (성경 공부 훈련)

7. 나는 규칙적으로 성경을 읽는다.

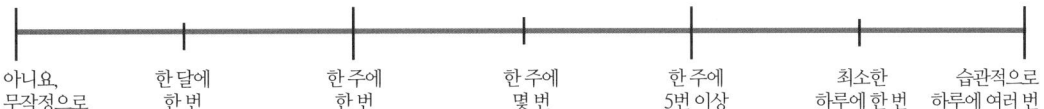

8. 나는 습득한 분석적인 기술을 사용하며 성경을 개인적으로 연구한다.

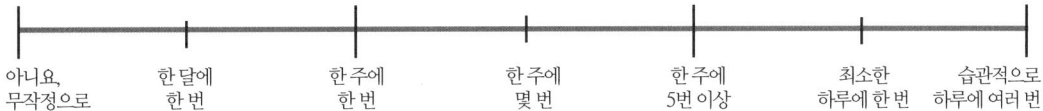

9. 나는 다음과 같은 성경 연구 기술을 습득했다.

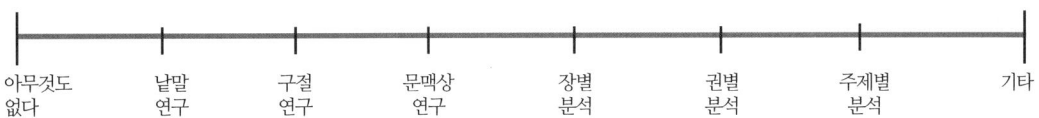

10. 나는 개인적으로 성경을 공부하지 않지만 다음과 같이 다른 사람들로부터 규칙적으로 성경을 배운다.

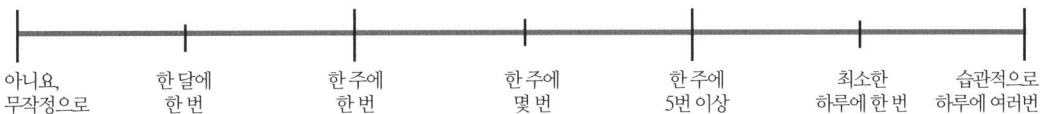

11. 나 자신이 스스로 성경을 공부할 때 혹 다른 사람들과 함께 성경을 공부할 때 진리 가운데 하나님의 음성을 듣고 순종으로 반응한다(그동안 말씀에 순종했던 크고 작은 이슈를 말할 수 있다.). 이런 경험이 나에게 계속적으로 일어난다.

12. 나는 하나님으로부터 혹은 하나님에 관해 배우는 것을 종종 기록한다(혹은 내가 하나님께 순종하며 반응한 것).

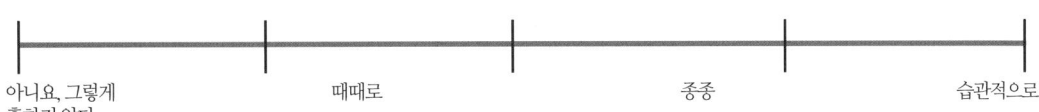

평가서 - 관계 습관 훈련

13. 나는 영적인 성장을 위해 상호 의존하며 직접적으로 서로 영향을 끼칠 수 있는 그룹의 멤버로서 정기적인 활동에 참여해야 한다고 느낀다.

그것이 필요하다고 생각하지 않는다 | 그것이 도움이 된다고 생각한다. | 가능하다면 그것을 찾아나선다. | 그러한 그룹의 적극적인 멤버가 되어야 한다.

14. 나는 그러한 그룹의 멤버로서 다음과 같이 정기적으로 참여한다.

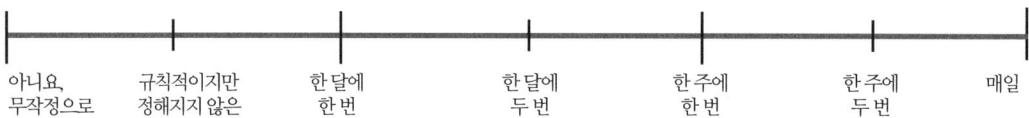

아니요, 무작정으로 | 규칙적이지만 정해지지 않은 | 한 달에 한 번 | 한 달에 두 번 | 한 주에 한 번 | 한 주에 두 번 | 매일

15. 나는 다음과 같은 그룹 활동에 참여하고 있다(현재 당신이 참여하고 있는 그룹에 모두 표시하라.).

　　친교 그룹
　　성경 공부
　　가정 교회
　　책무 그룹
　　성장 그룹
　　기타 (설명하라):

16. 현재 참여하고 있는 그룹 활동 외에 나는 영적 성장을 위해 서로 책무를 다할 수 있는 다른 사람들과 개인적인 관계를 유지하고 있다.

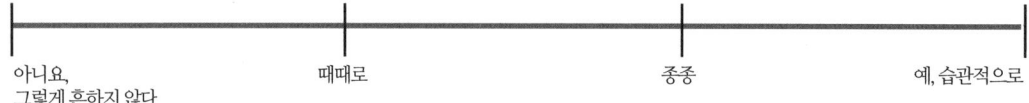

아니요, 그렇게 흔하지 않다 | 때때로 | 종종 | 예, 습관적으로

평가서 - 사역 습관 훈련

17. 나는 그리스도를 모르는 영혼들에게 관심이 있으며 그들이 구원받아야 한다고 믿는다. 나는 사람들에게 복음을 전하는 전도 그룹의 멤버로서(혹은 개인적으로) 정기적으로 활동한다.

18. 나는 그리스도와의 관계와 나의 신앙 성장에 관해 불신자들과 나눈다(복음 전도가 아닐지라도). 이것이 다음과 같이 일어난다.

19. 나는 잃어버린 영혼들을 위해 기도한다(개인을 위해, 혹은 일반적으로, 혹은 특정 그룹의 사람들을 위해). 다음과 같이 규칙적으로 기도한다.

20. 나는 다른 사람들의 필요, 교회의 필요, 세계 정세를 위해 기도하고, 하나님이 기도를 응답하시는 것을 믿으며, 다음과 같이 기도한다.

21. 나는 중보기도를 할 때 다른 성도들보다 특이한 방법으로 기도 응답을 많이 받는다. 이것은 다음과 같이 일어난다.

22. 나는 하나님과의 영적 순례 경험을 평소에 다른 성도들과 함께 나눈다. 이것을 다음과 같이 한다.

23. 나는 사역 활동에 동참하면서 나의 은사를 발견했으며 계속적으로 사역에 봉사하고 있다. 다음과 같이 활동한다.

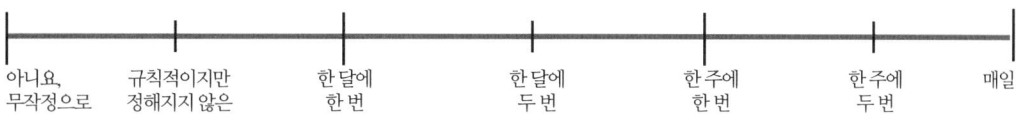

4가지 기본 습관에 대한 피드백

1. 경건의 습관은 하나님의 음성을 듣는 법, 하나님과 대화하는 방법에 관한 것이다. 당신은 하나님의 음성을 어떻게 듣는가? 당신이 하나님의 음성을 들었던 경험을 가능하면 여러 방법으로 열거하라.

2. 당신은 어떻게 하나님의 말씀을 규칙적으로 섭취하는가?

3. 새신자에게 관계의 습관이 왜 그렇게 중요한가?

4. 당신이 속한 공동체나 교회에서 멤버들이 그들의 은사를 발견할 수 있는 사역에 쉽게 참여할 수 있는가? 사역에 참여하기 위해서 누가 시도해야 하는가?

해답
1. 내가 경험한 하나님의 음성을 듣는 몇 가지 방법이 있다. 즉 내면적 암시, 조용한 내적 음성, 다른 사람들을 통한 말씀, 그리고 성경, 비전, 꿈을 통해 하나님을 암시하는 상황적 증거 등이다.
2. 나는 매일 규칙적으로 성경을 읽으며 매년 성경 통독을 시도한다. 한 해 동안 다양한 주제를 정해 집중적으로 연구한다. 지난해에는 성경적 리더십에 초점을 맞추어 연구했다. 다른 사람들이 성경 말씀을 사용하여 설교하고 가르치는 것을 듣는다.
3. 새신자와 관계를 형성하면 제자에게 필요한 책무와 반응을 제공하는 좋은 기회가 된다. 이것은 성장과 계발을 촉진하며 또한 정서적, 심리적, 영적인 후원을 제공하는 관계를 이룬다. 관계의 습관은 소속감을 심어 주며 그리스도 안에서 새로운 사람이 된 의미를 이해하는 데 도움을 줄 수 있다.
4. 당신의 답을 말하라.

4가지 기본 습관에 대한 해설

해설	기본 습관을 주의 깊게 살펴보면 2가지가 뚜렷하게 드러난다. 먼저 기본 습관은 일반적인 것이다. 이 말은 상위적 개념으로 포괄적이지만 구체적인 적용에 있어서는 매우 다르다. 또한 기본 습관은 모든 형태의 교육적 학습 목표를 다룬다. 어떤 습관은 그리스도를 따르는 의미의 인지적, 정보적 내용에 초점을 맞춘다. 가치관과 태도에 대한 정서적 목표에 집중하는 습관도 있고, 기술과 같은 경험적 목표에 초점을 맞추는 것도 있다. 다른 습관은 실행하기를 열망하는 의지적 목표에 초점을 맞춘다. 한 가지 습관을 확립하기 위해서는 이러한 학습 목표를 모두 필요로 한다.
초점	비록 4가지 학습 영역을 모두 다루지만, 제자훈련은 직접적으로는 경험적, 인지적 학습을 강조하며 간접적으로는 의지적, 정서적 학습을 강조함을 주목하라.
균형	이 습관들은 하나님과의 수직적인 관계(습관 영역 I, II)와 사람들과의 수평적 관계 (습관 영역 III, IV)를 포함하는 균형이 필요하다.
경건의 시간	이 습관은 기본적으로 고독의 훈련을 필요로 한다. 그것은 평생에 영적 성장을 위한 주된 촉진제 중 하나가 된다. 고독의 훈련을 갖는 가장 단순하고 본질적인 목적은 하나님과 홀로 함께하는 시간을 갖는 것이다. 그러나 고독의 훈련은 그 이상을 능가한다. 379페이지에 있는 부록 C의 고독 훈련을 참고하라.
독특성	이 습관들 또한 은사의 차이를 인정하고 존중한다. 말씀의 은사(권면, 가르침, 목회, 사도의 직분, 복음 전도, 때때로 지식의 말씀, 지혜의 말씀, 그리고 믿음)를 가진 사람들은 말씀 섭취를 위해 스스로 공부하는 기술을 익힐 필요가 있다. 그러나 모든 사람들이 말씀의 은사를 가진 것은 아니다. 그러한 은사가 없는 사람은 다른 영적 은사를 갖고 있을 것이다. 말씀의 섭취를 위해 말씀의 은사를 가진 사람에게 상호 의존할 필요가 있다. 제자훈련의 모델은 주로 말씀의 은사를 가진 사람들에게 맞춰진 것이 많다. 그래서 그 가르치는 기술과 권고하는 훈련이 말씀의 은사를 가진 사람들에게는 괜찮다. 그러나 말씀의 은사가 없는 다른 지체는 이러한 제자훈련 모델에 실패하고 마치 2등 시민과 같이 느낄 것이다. 모든 은사를 존중해야 효과적인 제자훈련 모델이 될 수 있다.
말씀 섭취	말씀 섭취의 습관에는 2가지 핵심 요소가 있다. 즉 섭취하는 것과 섭취한 것을 사용하는 것이다. 섭취한 말씀을 사용할 때 섭취가 완성된다.
관계적	영적 성장을 위해 상호 의존하는 것이 기본적으로 필수적이다. 한 몸의 지체가 되어 서로 격려하고 교훈하고 권면해야 한다. 다른 성도들이 성숙하도록 돕기 위해서 다양한 은사가 필요하다. 잠언 13장 20절과 히브리서 10장 24-25절을 보라.
사역	영적으로 건강하게 성장하면 자연스럽게 다른 사람들에게 영향을 끼친다.

제자훈련자 멘토를 찾는 4가지 힌트

소개 당신에게 제자훈련자 멘토가 필요한가? 당신은 다른 사람들을 제자훈련하는 멘토가 되어야 하는가? 이런 질문에 긍정적으로 대답할 수 있는 제안을 아래에 제시한다. 제자훈련자인 멘토를 찾는 사람들을 위해 아래와 같은 힌트를 제시한다.

1. 주의 깊게 선택하라.
제자훈련 관계는 시간과 전문성 둘 다 필요로 한다. 제자훈련에서 멘토가 지닌 전문성 못지않게 시간의 유용성도 중요하다. 당신을 제자훈련할 수 있는 사람을 선택할 때 하나님께 기도하라. 당신을 제자훈련할 수 있는 사람을 찾기 위해 그리스도의 제자로서 지혜로운 사람들에게 추천해 주길 부탁하라.

2. 성실한 사람이 되라.
주어진 과제를 잘 이행하라. 당신의 제자훈련자인 멘토에게 잘 반응하고 순응하라. 배우는 자세를 견지할 때 직접적인 능력 부여가 일어난다. 성실성의 성품과 제자훈련은 밀접하게 관련이 있다.

3. 멘토와 시간을 많이 보내라.
되도록이면 다양한 상황에서 당신의 멘토와 시간을 함께 보내도록 하라. 당신은 삶의 본을 통해 상당히 많은 것을 배울 수 있다. 당신의 멘토가 신앙의 원리를 실제 삶에서 어떻게 적용하는지를 보고 배워라.

4. 목표는 그리스도를 따르는 습관을 확립하는 것임을 기억하라.
절대로 이 목표를 놓쳐서는 안 된다. 당신의 멘토는 그 목표를 위해 당신을 이끌고 있다는 사실을 기억하고 적극적으로 반응을 보여라.

멘티를 찾는 6가지 힌트

소개 당신이 제자훈련자인 멘토이거나 혹은 다른 사람들을 제자훈련하는 것을 시작하기 원한다면 다음과 같은 힌트에 유의하면 도움이 될 것이다.

1. **주의 깊게 선택하라.** 제자훈련을 받기 원하는 사람들이 당신이 감당할 수 있는 인원보다 더 많을 수 있다. 제자훈련 멘토링은 집중해야 하며 시간이 많이 드는 일이기 때문에 한 번에 한두 명 정도만 도울 수 있을 것이다. 『지도자 평생 개발론』(*Leadership Emergence Theory*, 하늘기획)에서 은사 개발 패턴에 대해 기본적으로 관찰한 것은 유유상종의 원리이다. 즉 잠재적 리더들은 비록 자신의 은사를 알아채지 못할지라도 비슷한 영적 은사를 가진 리더들에게 직관적으로 끌린다. 당신이 제자훈련 멘토링을 할 때 대개 당신과 비슷한 은사를 가진 사람들에게 더 효과적이다.

2. 먼저 경건의 시간, 말씀 섭취, 관계 및 사역의 영역을 다루는 **기본 습관을 형성시켜 주라.**

3. 기본 습관이 형성되면 **개인적인 독특성과 주된 은사의 영역을 파악하라.**

4. **각 개인의 은사에 따라 제자훈련을 하라.** 기본 습관을 형성하는 것 외에 적절한 과제들을 부여해 새신자가 자신의 은사를 발견하고 계발할 수 있도록 하라.

5. 당신이 계발시켜 줄 수 있는 은사가 아니라면 **그러한 능력이 있는 다른 사람에게 그 멘티를 연결시켜 주라.**

6. **당신이 외적으로 강요하는 훈련이 아니라 자신의 내적 동기로 제자의 삶을 살아가도록 멘티를 놓아 주어야 하는 때를 인식하라.** 당신의 목표는 멘티가 당신을 의존하는 데서 벗어나 독립하도록 이끄는 것이다. 제자훈련을 끝마칠 시기를 정해 놓고 그 제자를 의도적으로 놓아 주어야 한다. 그때부터 당신과 그 제자와의 관계는 제자훈련 멘토링의 관계가 아니다. 아마 그 관계는 필요에 따라 다른 형태의 멘토링으로 바뀌게 될 것이다.

제자훈련 멘토링에 대한 결론

소개 다음 몇 장에서는 다른 종류의 멘토링 관계를 논할 것이다. 사실 다른 멘토 타입으로 이루어지는 멘토링은 종종 신앙생활의 초기 성장 단계에서 놓친 기본적인 제자훈련의 부족한 부분을 채우기 위해 시도하는 경우가 많다는 것을 발견했다. 이러한 제자훈련의 기본기를 익히기 위해 어떤 개인으로부터 특별한 훈련을 받을 필요는 없다. 어느 교회에서든지 누군가로부터 배우는 일은 매우 흔하다. 그러나 제자훈련의 경우는 다르다. 문제는 당신이 누군가로부터 제자훈련을 받아 본 적이 있느냐가 아니라 당신의 삶에 제자훈련의 기본 습관을 갖고 있느냐 하는 것이다.

유용성 나중에 상향 멘토링을 다루는 장에서 제자훈련자의 유용성에 대해 논할 것이다. 그리고 당신이 원하는 제자훈련의 기본 습관을 익힐 수 있는 방법을 제시할 것이다.

결론 그리스도 안에서 계속 성장하고 성숙해 가는 길은 제자훈련의 기본 습관에서 시작된다. 이 습관들이 삶 속에 확립될 때 성장과 섬김을 위한 기초가 세워진다. 만약 당신이 이러한 영적 습관 가운데 하나 혹은 그 이상을 갖고 있지 않다면 그 습관을 익히도록 도와줄 수 있는 누군가를 찾아라.

4장

집중적 멘토링 – 영적 안내 멘토링

서론

집중적 멘토링에는 3가지 형태가 있는데, 제자훈련, 영적 안내, 코칭이 해당되며 멘토링의 5가지 역동성이 모두 존재할 때 최상으로 이루어진다. 집중적 멘토링의 전체 과정은 엄격하게 관리된다. 집중적 멘토링에서 각 역동성은 항상 존재 정도와 유효성에 따라 분석할 수 있다. 3장에서는 집중적 멘토링의 첫 번째 형태인 제자훈련에 대해 살펴보았다. 제자훈련자는 그리스도를 따르는 자에게 영적 훈련의 기본기를 가르쳐 주는 사람이다. 집중적 멘토링의 두 번째 타입인 영적 안내자[1]는 기본적인 영적 훈련 이상으로 영적으로 깊은 성숙에 이르도록 도와주는 멘토이다. 제자훈련자와 영적 안내자는 모두 속사람의 성장에 대한 이슈들을 주로 다룬다. 제자훈련자는 사실상 영적인 기본 습관을 전문적으로 다루는 영성 멘토이기도 하다. 이제 영적 안내자는 어떤 사람이며, 언제, 무엇을 하는지 살펴보기로 하자.

4장의 개요

이 장에서는 집중적 멘토링의 두 번째 형태인 영적 안내 멘토링에 대해 자세히 논한다. 그리고 영적 안내자에 대한 자세한 정의를 내린 후 8가지 요소를 지닌 영성 모델을 소개한다. 이어서 8가지 요소(중심성, 내면성, 외면성, 성령의 민감성, 독특성, 공동체, 열매 맺는 삶, 계발)를 각각 자세히 다룬다. 그다음엔 연속선을 사용한 평가서를 제시하는데 이것은 각 영성 요소를 평가하는 데 도움이 된다. 그리고 영적 안내 멘토링에서 능력 부여를 제공하는 5가지 주된 요인을 제시한다. 마지막으로 일반적 사역 시간선을 사용해 리더가 자신의 리더십 평생 계발을 위해 대개 영적 안내 멘토링이 언제 필요한지를 제시한다. 이 장을 끝마치면 다음과 같이 할 수 있다.

• 영적 안내자에 대한 정의를 내린다.

---

1) 이러한 종류의 멘토링에 대해 명칭을 붙이고 이름을 정하는 것이 쉽지 않다. 이 책에서 정의하는 의미에 가까운 기능으로 영성 지도자(spiritual director)가 있는데 이것은 주로 가톨릭에서 사용하는 명칭이다. 영적 안내자(spiritual guide)의 명칭은 주된 역할을 설명하는 것으로 이 타입의 멘토가 하는 일은 영성의 안내이다. 그러나 때때로 이 용어를 뉴에이지에서 사용하기 때문에 크리스천들에게는 부정적 의미로 비쳐지기도 한다. 영성 멘토(spirituality mentor)라는 명칭은 그 기능적인 측면에서는 괜찮지만 약간 어색하다. 나는 이 책에서 때때로 이 용어를 사용한다.

- 영성 모델의 8가지 각 요소에 대한 핵심을 설명한다.
- 8가지 요소에 대한 정의와 각각 해당하는 정확한 라벨에 짝을 맞춘다.
- 자신이나 다른 사람의 영성 프로필을 작성하기 위한 평가서를 사용한다.
- 영적 안내자가 제공하는 5가지 능력 부여의 요인을 열거한다.
- 사역 시간선에 따라 대개 영적 안내가 언제 필요한지를 확인하고 그 이유를 설명한다.
- 영적 안내 멘토링의 필요를 인식하는 6가지 힌트를 설명한다.

영적 안내 멘토링의 개요

영적 안내자는 영성 계발을 촉진시킨다. 2장에서 영적 안내자의 핵심 취지는 영적 성장과 성숙을 위한 훈련과 책무를 제공하는 것이라고 말했다. 이것은 그리스도를 따르는 기본적인 영적 습관을 형성하도록 돕는 제자훈련자의 핵심 취지와는 다르다. 반면에 3장에서 논한 제자훈련 멘토링과 중복되는 부분도 있다. 이 2가지 멘토링 형태는 모두 영적 훈련을 다루지만 다른 점이 있다. 제자훈련은 그리스도를 따르는 제자로 살아가는 데 필요한 기본적인 이슈를 다루는 것으로, 마치 '첫 시동 걸기'를 도와주는 것과 같다. 대개 제자훈련은 새신자의 신앙 경험의 초기에 집중적인 훈련으로 단기간에 걸쳐 이루어진다. 반면에 영적 안내는 크리스천의 삶에서 어느 단계에서든 이루어진다. 그리스도의 제자로 신앙생활을 시작하면서 제자훈련 멘토링은 일생에 한 번만 필요하지만 영적 안내 멘토링은 그리스도 안에서 성장해 가는 동안 반복적으로 필요하다.

영적 안내자는 영적인 삶을 평가할 줄 아는 전문가이며, 대개 내면화된 영성의 체계나 모델을 갖고 그 역할을 이행한다.[2]

영적 안내자는 멘티의 영적 상태를 확인하고 영성의 발전과 영적 성숙을 위해 가장 필요한 것이 무엇인지 알 수 있다. 그는 영성을 평가하는 영성 모델이나 체계의 개념을 잘 알고 있다. 영적 안내자는 제자훈련자와 같이 해결책을 갖고 권위적으로 공공연하게 접근하지 않는다. 제자훈련자는 영적 성장을 위한 외적인 동기를 부여한다. 반면

---

[2] 기본적인 영성 모델은 8가지의 중요한 요소로 요약할 수 있다. 영성 훈련 모델은 대부분 이 모든 요소를 갖고 있다. 중심성(그리스도의 인격과 사역을 경험적으로 이해하고 그리스도와의 개인적인 경험에 초점을 맞춘다), 내면성(속사람의 계발이며 하나님과의 수직적 관계의 영성이다), 외면성(내면적 삶의 표출이며 영성의 수평적 측면으로 세상에서 상호 작용하는 신자와 불신자의 관계에서 영향력이다), 성령의 민감성(성령의 역사이며 하나님의 목적 가운데 성령을 인식하고 순종하고 함께 일하는 것을 배운다), 독특성(새신자의 은사, 인격, 성별, 영적 성장 과정이 자신의 영성 모델의 일부가 됨을 인식한다), 공동체(외면성, 내면성, 그리고 성령의 민감성 요소가 결합되어 크리스천 공동체를 통해 확인하고 균형을 이루게 하며 신자의 신앙 성장을 촉진한다), 계발(영적 성숙에서 발전을 이루고 그리스도를 닮아가는 궁극적인 목적의 관점에서 모든 것을 평가하고, 확증하고, 피드백을 제공한다), 열매 맺는 삶(신자의 삶에서 하나님의 목적을 성취한다).

에 영적 안내자는 멘티가 계발 과정에서 훨씬 더 자유롭게 해결책과 방법을 찾도록 돕는다. 또한 지속적인 성장을 위해 외적인 동기가 내적인 동기로 대체되어야 한다는 사실을 잘 알고 있다. 이에 2가지 접근 방향이 모두 필요하다. 외적인 동기는 제자훈련자가 계발 과정 초기에 제공해야 하고, 영적 안내자의 느긋한 접근 방법은 신앙 성숙의 여러 단계에서 필요하다.

이 장에서는 다음의 내용을 다룬다.

- 영적 안내자의 개념을 고찰한다.
- 영성을 평가하고, 상담하고, 성장 프로젝트를 부여하는 데 사용할 수 있는 영성 모델의 8가지 요소를 제시한다.
- 영적 안내자가 언제 필요한지를 설명한다.

영적 안내자 동의어: 영성 지도자(spiritual director), 영성 멘토(spirituality mentor)

소개 영적 안내자는 멘티들과 상호 작용하며 그들의 내면의 삶에서 하나님께서 원하시는 일이 무엇인지 알려준다. 이를 통해 멘티가 자신의 영성 계발을 위해 하나님의 방법을 추구하도록 한다.

정의 영적 안내자로서의 멘토링은 경건하고 성숙한 그리스도의 제자가 영성의 성숙에 관한 지식, 기술, 기본 철학을 나눔으로써 신자의 영성에 큰 성장이 일어나고 하나님과의 인격적인 관계에서 자유롭게 성장하도록 돕는 과정이다.

성경적 사례 바울과 디모데. 바울이 디모데에게 보낸 서신인 디모데전·후서는 영적 안내자를 포함한 몇 가지 멘토 타입의 예를 보여준다.

역사적 사례 존 웨슬리(John Wesley)[3]. 특히 그가 29년 동안 앤 볼튼(Ann Bolton)과 서신(93개 편지)으로 서로 왕래한 것을 보라.

역사적 사례 알칸타라의 베드로(Peter of Alcantara)[4]. 그는 아빌라의 테레사(Teresa of Avila)를 도와주었던 여러 사람들 가운데 한 사람이었다.

해설 영적 안내자는 영성의 깊이를 몸소 체험한 사람으로 어떤 사람의 영적 상태를 평가하는 인지적 체계뿐만 아니라 체험적 바탕을 가져야 한다.

---

3) 웨슬리 트레시(Wesley D. Tracy)가 쓴 글을 참고하라("John Wesley, Spiritual Director: Spiritual Guidance in Wesley's Letters," in *The Wesleyan Theological Journal*, Vol 23, No 1,2, Spring, Fall 1988).

4) 알칸타라의 베드로(Friar Peter of Alcantara)와 테레사(Terasa)를 위한 그의 도움을 언급한 내용은 휴스턴(Houston)의 책(1983:24,25)을 참고하라. 또한 Section IV. Companions, Bad, and Good, 7페이지 이하를 보면 몇 명의 영적 조언자들을 소개했으며 어떤 사람들은 도움이 되었고, 어떤 사람들은 그렇지 못했다.

해설	영적 안내자는 대개 명령식보다는 지원하는 방식을 사용한다(제시하고, 설명하고, 자기 발견을 위해 동기를 부여한다). 주로 인지적이고 정서적 학습을 다루고 이차적으로 체험적이며 의지적인 면을 다룬다. 다른 말로 하면 성장하는 행보는 멘티 자신으로부터(경험적이고 의지적으로) 비롯되어야 한다.
과정	1) 신뢰와 진실성을 유도하는 환경을 조성한다. 2) 멘티의 영적인 상태와 더불어 하나님이 역사하심을 인식한다. 3) 영적 성장에 대한 관점과 조언을 제공한다. 4) 여러 성장 목표에 대해 반응하며 성찰한다. 5) 훈련 과정을 통해 하나님께서 행하시는 것을 확증해 주며 피드백을 제공한다. 6) 훈련하여 놓아주고 축복한다.

영적 안내자에 대한 해설

개인적인 사례 내겐 이런 영적 안내자의 역할을 해 준 사람이 두 사람이 있다. 나의 아내 마릴린(Marilyn)은 체계적이고 의도적인 계획은 없지만 지속적으로 일관성 있게 나의 영성에 대한 책무를 다해 왔다. 영적 안내 멘토링 모델의 관점에서 나의 아내는 특별히 외면성, 열매 맺는 삶과 계발을 위해 최선을 다했다. 매일의 실제적 삶에서 내적인 확신과 나 자신이 일관성 있게 사는지 아내가 종종 말해 주고 확인해 주었다. 이것은 비형식적으로 이루어지는 멘토링이라고 볼 수 있지만 장기적으로는 효과적이었다. 이러한 역량에 있어서 데니 렙코(Denny Repco)[5]는 최근에 의도적인 방법으로 나에게 영향을 주었다. 우리는 정기적으로 만나 목표를 평가하고, 영성에 대한 책무를 다했으며, 우리 관계의 하이라이트는 서로를 위해 중보기도하기로 헌신한 것이었다.

시간 영적 안내는 시간이 많이 걸린다. 이상적인 방법으로는 멘토와 멘티가 정기적으로 시간을 함께 보내는 것이다. 이는 영적 안내가 이루어지는 전체 과정에서 멘티의 헌신과 영적 안내자의 유용성에 따라 달라질 것이다.

목표 멘토는 독특한 은사를 가진 멘티가 느끼는 '영성의 필요' 측면에서 항상 영적 성장을 추구하도록 한다. 즉 다루는 영성의 이슈는 멘티의 성숙과 계발에서 여러 독특한 요인에 따라 다를 것이다.

책무 이러한 영적 안내 멘토링 관계에서 책무는 다양하다. 영적 안내자는 대개 멘티가 느끼는 필요와 반응에 대한 중요한 책무를 다한다.

비주기적 필요한 영적 안내 멘토링의 기능이 이어졌다가 끊어지기도 한다. 때때로 이러한 멘토링을 정기적으로 갖게 되면 평생 동안 건강한 계발이 보장될 것이다. 혼란스러운 30대 중반기, 정체 상태가 가장 뚜렷한 중반기 사역 단계에서 가장 많이 필요하다. 그리고 삶을 초라하게 마치는 사람들이 많기 때문에 후반기 사역 단계에 진입하면서 가장 절실히 필요하다. 또한 사역 시간선에 따른 필요한 영적 안내를 참고하라.

---

5) 데니는 네비게이토 선교회 소속으로 타문화권 경험을 포함하여 30년 이상 사역을 해왔다.

영적 안내자에 대한 피드백

1. 만약 당신이 영적 안내자를 만나면 어떻게 알아볼 수 있는가?

2. 당신의 교회에서 어떤 질문을 사용하면 잠재적인 영적 안내자를 찾는 데 도움이 되는가?

3. 영적 안내자가 왜 필요한가? 맞는 이유를 모두 선택하라.
   ___ a. 그들은 하나님이 개인의 영성을 위해 다루시고 행하시는 일을 이해하도록 돕는다.
   ___ b. 그들은 일반 크리스천들이 이해하거나 인식하지 못하는 신비한 경험과 다른 영적 삶의 깊이를 확인해 줄 수 있다.
   ___ c. 그들은 영성 계발을 위한 기대감을 주는 단계(훈련, 활동, 관점)를 취하도록 제안할 수 있다.
   ___ d. 그들은 영성을 평가하기 위해 외부적인(더 객관적인) 책무를 제공한다.
   ___ e. 위의 어느 것도 아니다.

해답

1. 가능하지 않을 수도 있다. 2번 문제의 대답이기도 한 이 피드백은 영적 안내자의 특징을 알아보는 데 도움이 된다. 영적 안내자들은 형식적으로나 비형식적으로 종종 다른 사람들을 개인적으로 상담해 준다. 그들은 대개 조용하고 내성적이며 밀어붙이는 성격이 아니다. 말할 때는 대개 깊은 통찰력을 제시하며 진실한 것을 서로 공감한다. 그들은 신앙생활에서 중요한 것이 무엇인지를 알고 있고 대개 나이가 들고 인생 경험이 많은 사람들이다. 또한 성경을 삶에서 구체적으로 어떻게 사용하고 적용하는지도 잘 알고 있다. 만약 당신이 타고난 재능과 영적 은사에 대해 안다면 경청 기술과 분석적이고 직관적인 지각력의 타고난 재능을 가진 사람을 찾는 것이 좋다. 영적 은사 면에서는 말씀의 은사(목회, 가르침, 권면, 지혜의 말씀)를 갖고 있는 사람을 찾으라.
2. a. 당신의 교회에서 누가 로마서 6-8장을 가르치는가?
   b. 지혜롭고 경험이 많은 성도는 누구인가?
   c. 당신이 알고 있는 나이 든 성도들 가운데 누가 경건한 신앙인으로 인정받는가?
   d. 누가 고독, 침묵, 기도, 금식, 그리고 말씀 섭취와 같은 영적 훈련에 대해 잘 알고 있는가?
   e. 골로새서 1장 27절에 나오는 "너희 안에 계신 영광의 소망이신 그리스도"란 말씀을 잘 설명할 수 있는 사람은 누구인가?
   f. 당신의 교회에서 누가 '깊은 영성'을 소유하고 있는가?
3. a, b, c, d.

영성 모델의 도해

소개 5가지 주요 영성 모델을 비교 연구하여 통합한 8가지 요소를 아래에 소개한다.
이 도해는 네비게이토 선교회가 사용하는 수레바퀴 모델에서 나온 것이다. 이 모델에서 수직 및 수평적 요소들은 제자훈련의 기본 습관보다는 영성의 요소들을 나타내기 위해 수정한 것이다.

정의 영성이란 리더의 삶에서 일어나는 성령의 역사이며 다음과 같이 나타난다.

- 그리스도와의 인격적인 관계로 성장한다(중심성).
- 내면적 삶으로 하나님과 동행한다(내면성).
- 그리스도의 몸 된 지체 안에서 다른 사람들과 서로 교제한다(공동체).
- 성령의 인도와 능력으로 사역한다(독특성).
- 매일 성령에 민감하게 반응하며 순종한다(성령의 민감성, 외면성).
- 그리스도를 닮아가는 성품으로 변화된 삶을 산다(열매 맺는 삶, 계발).

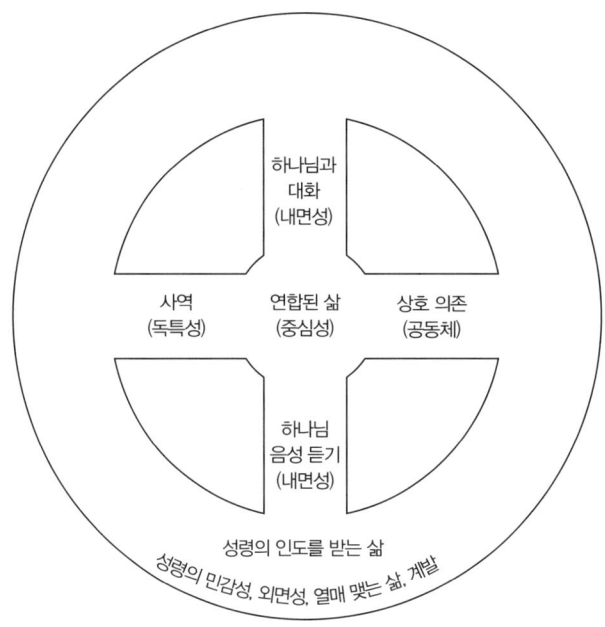

영성 모델의 8가지 요소와 핵심 취지

소개   아래의 표 4-1은 영성 모델의 8가지 요소와 그 핵심 취지를 제시한다.

표 4-1. 영성 모델의 8가지 요소와 핵심 취지

요소	핵심 취지
1. 중심성(Centrality): 그리스도 중심의 삶	그리스도와의 인격적 관계와 경험에 초점을 맞춘다. 그리스도와의 인격적인 경험과 사역적인 경험을 평가한다.
2. 내면성(Interiority): 내면적 삶의 성장	영성의 수직적 측면(침묵, 은둔, 금식, 기도의 경건생활과 훈련)인 내면적 삶의 성장을 살핀다.
3. 외면성(Exteriority): 내면화된 삶의 실천	내면적 삶이 밖으로 표출되는 것이며 영성의 수평적 측면으로 세상에서 상호 작용하는 신자들과 불신자들의 관계에 영향을 끼친다.
4. 성령의 민감성 (Spirit Sensitivity): 매일 성령에 순종함	성령의 영역을 다루며 매일의 삶에서 성령의 인도하심을 경험한다. 본질적으로 성령과 동행하는 신자의 영적 민감성을 평가한다. 중심성, 내면성, 그리고 외면성과 관련된 삶의 통합적인 요소이다.
5. 독특성 (Uniqueness): 은사에 따른 계발	성령으로 각 신자에게 알맞은 영성 모델이 이루어진다. 공통적 요소가 존재하지만 다른 점도 많다. 새신자의 은사, 인격, 성별, 영적 성장 과정은 자신의 영성 모델의 일부가 될 것이다. 각 사람의 영성 모델은 동일하지 않고 서로 다르다.
6. 공동체 (Community): 하나님의 백성을 상호 의존함	외면성, 내면성, 그리고 성령의 민감성 요소가 결합되어 크리스천 공동체를 통해 확인하고 균형을 이루게 하며 다른 사람들을 위해 은사를 사용하고 개발하도록 촉진한다.
7. 열매 맺는 삶 (Fruitfulness): 하나님이 의도하시는 됨됨이와 성취	하나님의 목적을 위해 이룬 각 개인의 성취를 내면적 열매(성품—성령의 열매)와 외면적 열매(외적 열매—은사의 결실과 하나님 나라를 위한 성취)로 평가한다.
8. 계발 (Development): 지속적 성장과 평생 계발	평생에 걸쳐 각 영성 요소가 지속적으로 발전해야 함을 보여주는 통합적 영성 요소이다. 궁극적으로 그리스도의 형상을 닮아가는 데 있어서 각 요소의 발전을 가늠해 보는 평가, 확증, 그리고 피드백을 제공한다.

중심성 동의어: 그리스도 중심의 삶(Christ-centered life)

소개 신자의 모든 성장은 그리스도 안에서 공급받는 자원을 어떻게 활용하느냐에 달려 있다. 이러한 자원을 알게 하고, 경험하며, 진리의 빛 가운데 행하도록 하는 것이 바로 성령님이다. 그리스도가 모든 삶의 중심에 혹은 주변에 계시는가? 중심성의 요소는 신자가 의도적으로 그리스도께 의존하는 정도를 평가한다.

정의 중심성은 살아 계시고 내주하시는 그리스도와의 인격적인 관계를 설명하는 영성 요소이다.

연속선 삶 가운데 그리스도의 실재를 경험하는 것을 보여주는 다음 단계들은 유익하다. 이 연속선은 일반적인 순서대로 나열되어 있다. 그러나 어떤 사람은 여러 단계 가운데 어느 부분에서 주저앉을 것이다. 혹은 왼쪽의 어떤 단계를 경험하지 않고서도 오른쪽의 단계를 경험할 수도 있다. 연속선의 모든 경우에 지배적인 민감성이 어느 시점을 가리킬지라도 동시적으로 다른 요소들을 경험할 수 있다.

중심성 - 그리스도의 충만함을 경험한다

중심성으로 더 나아감 →

구주로서 　　주님으로서 　　능력으로 　　생명으로 　　연합된 삶으로

용어 설명

용어	설명
구주로서	죄를 심판하시는 하나님의 공의를 그리스도께서 충족시켰다는 사실을 신자가 인식하는 시점이다(고후 5:17의 경험).
주님으로서	그리스도께서 자신의 모든 삶을 주권적으로 다스리신다는 것을 신자가 깨닫는 시점이다. 삶에서 그리스도의 관점을 갖고 모든 결정을 내린다.
능력으로	자신이 가진 자원을 초월하여 그리스도 안에서 발견하는 자원이 없이는 삶을 영위할 수 없음을 신자가 깨닫는 시점이다. 신자가 매우 억눌린 환경 가운데 살아 계신 그리스도께서 주시는 위로와 능력을 경험한다(빌 4:13).
생명으로	삶의 능력의 근원은 신자 자신의 자원을 뛰어넘어 내재하는 것이며, 반드시 외부에서 비롯된 것은 아님을 깨닫는 시점이다. 생명은 바로 내재하시는 그리스도이심을 깨닫는다(빌 1:12).
연합된 삶으로	그리스도가 삶의 근원이 될 뿐만 아니라 신자 안에 살아 계시는 그리스도와의 독특한 연합을 인식하는 시점이다. 즉 신자의 삶을 통해 그리스도가 살아 계실 뿐만 아니라 그분과 연합하고 신자로서 독특한 삶을 영위한다(고전 6:19).

중심성에 대한 피드백

1. 중심성은 그리스도 중심의 삶에 초점을 맞춘다. 그리스도와 동행하는 삶의 어느 시점에서 주님의 주권에 대한 이슈가 드러난다. 당신에게 주님의 주권이 이슈가 되었던 어느 시점을 기억할 수 있는가? 당신이 기억하기로 하나님께 의식적으로 순종했던 어떤 영역이나 이슈들을 체크 표시하라.

　　__ a. 재정　　　　　　　　__ f. 자신의 욕구　　　　　　__ k. 잠재력
　　__ b. 직장　　　　　　　　__ g. 악한 행위
　　__ c. 결혼　　　　　　　　__ h. 자신의 혀와 말
　　__ d. 다른 가족 관계　　　　__ i. 주님을 섬기는 마음
　　__ e. 다른 사람에 대한 태도　__ j. 자신의 미래

2. 그리스도에 대한 당신의 견해와 그분이 당신의 삶에 끼치는 영향을 설명하라(당신이 간증할 기회다).

해답
1. 당신의 답을 말하라.
2. 당신의 간증을 나누라.

내면성 동의어:내면의 삶(inner-life), 수직적 영성(vertical spirituality)

소개   내면성[6]의 본질은 하나님과의 관계, 하나님과의 대화, 그리고 하나님에 대한 갈망을 인식하는 것이다. 경건의 시간, 기도, 금식, 은둔, 침묵과 같은 영적 훈련은 내면성에 대한 민감성을 높여준다. 하나님과 홀로 갖는 시간, 묵상적인 성찰, 그리고 하나님과 대화를 나누는 것은 내면성의 성장을 촉진하는 활동이다. 과연 하나님은 어떤 분이시며, 그분에 비해 우리는 어떤 존재인지를 개인적으로 인식해야 한다. 이를 통해 우리는 때로 하나님과 홀로 시간을 갖도록 이끌려지거나 혹은 내면적 성장을 갈망하도록 동기 부여를 받는다.

정의   내면성은 하나님과 계속되는 경험적인 관계와 그 관계를 촉진시키는 활동들을 인식하는 내적인 통찰력을 말한다.

연속선   **내면성 - 하나님과의 내면적인 삶으로 성장한다.**

하나님과 내면적 삶으로 더	성장함 →			
고독의 시간이 필요함을 인식함	경건의 삶을 습관적으로 가짐	긴 시간 동안 고독의 시간을 가짐	습관적으로 고독의 시간을 가짐	습관적으로 성찰의 시간을 가짐

예   아빌라의 테레사를 보라. 테레사에 대한 휴스턴(Houston)의 책『기도의 삶』(A Life of Prayer)은 내면성의 요소를 설명해 준다. 테레사는 내면적 삶을 훌륭하게 계발한 좋은 예를 보여준다.

예   개신교 저자인 토저(A. W. Tozer)가 저술한 책『하나님을 바로 알자』(The Knowledge of the Holy, 생명의 말씀사),『하나님을 추구함』(Pursuit of God, 생명의 말씀사)을 참고하라. 이 책들은 묵상적인 성찰을 통한 내면성에 초점을 맞추고 있다.

해설   진보된 내면성을 소유한 사람들은 대개 고독, 침묵, 금식, 기도와 같은 영적 훈련을 부수적인 것으로 여긴다. 그들은 이 훈련들을 율법적인 의무감보다 은혜의 수단으로 인식하며 하나님과 홀로 갖는 시간을 많이 보낸다.

해설   경건의 삶은 내면성의 한 단면이며, 그것은 기본적이고 가장 근본적인 내면적 활동이다.

해설   독특성과 성령의 민감성은 신자의 내면성에 접근하는 방법에 직접적으로 영향을 끼치는 영성 요소들이다.

---

[6] 내면성은 가톨릭 영성의 주된 초점이다. 물론 영적 성장(특히 십자가의 요한(St. John of the Cross)을 소개하고 나중에 다른 사람들이 수정한 3가지 단계: 1단계-정화, 2단계-성장, 3단계-연합)은 멘티가 영적으로 어느 위치에 있는지를 알려준다. 이 성장 단계에 대한 학술적 연구는 크레이그 그로쉘(Craig Groeschel, 1986)의 책을 참고하라. 가톨릭 영성 지도자가 어떻게 영성을 평가하고 상담을 하는지 그 접근 방법에 대한 설명은 프란시스 네멕과 마리 쿰즈(Francis Nemeck and Marie Coombs, 1985)의 책을 참고하라. 가톨릭에서는 영적 안내자(spiritual guide)를 영성 지도자(spiritual director)라고 부르며, 내면성 활동은 때때로 영적 성장을 위한 예비적 훈련이 되고 있다.

내면성에 대한 피드백

1. 과거 역사상 혹은 동시대 인물들 가운데 내면성의 연속선 오른쪽에 해당하는 사람들을 알고 있는가? 생각나는 사람들을 열거하라.

2. 당신이 열거할 수 있는 영적 훈련의 목록을 말하라.

3. 당신이 규칙적으로 행하고 있는 영적 훈련은 무엇인가? 그 영적 훈련 가운데 어느 것을 당신의 영성에 통합시키고 싶은가?

해답

1. 아빌라의 테레사(Teresa of Avila), 시에나의 캐서린(Catherine of Sienna), 귀용 부인(Madame Guyon), 사무엘 로간 브렝글(Samuel Logan Brengle, 그의 생애 말년에), 레오나드 라벤힐(Leonard Ravenhill).
2. 절제 훈련: 고독, 침묵, 금식, 검소, 순결, 비밀 엄수, 희생
   참여 훈련: 학습, 예배, 찬양, 봉사, 기도, 교제, 고백, 순종
   기타 훈련: 자발적 유배, 시간 엄수, 안식일 엄수, 가난한 자를 위한 구제, 영성 일기, 경청
   주: 더 깊은 연구를 위해 달라스 윌라드(Dallas Willard)가 쓴 책 『영성 훈련: 삶을 변화시키는 하나님의 방법에 대한 이해』(*Spirit of the Disciplines*, 은성출판사)와 부록 C를 참고하라.
3. 당신의 답을 말하라.

외면성   동의어: 외적인 간증(outward testimony), 수평적 영성(horizontal spirituality)

소개 야고보는, 신앙은 신자의 삶에서 행위로 실천해야 한다고 지적한다(약 1:22). 오직 하나님과의 수직적 관계에 초점을 맞추는 내면성에 도전이 되는 영성은 바로 외면성이다. 인격, 행위, 그리고 하나님과의 관계에서 일어난 진정한 변화는 다른 사람들과의 수평적인 관계에서 영향을 끼쳐야 한다.

정의 외면성은 내적인 삶에 대한 외적인 증거이며 신자가 경험한 내적 깊이를 다른 사람들이 알아채고 목격할 수 있는 일치된 삶의 방식이며 영적인 상태를 말한다.

연속선   외면성 – 가치관을 외적으로 표현한다

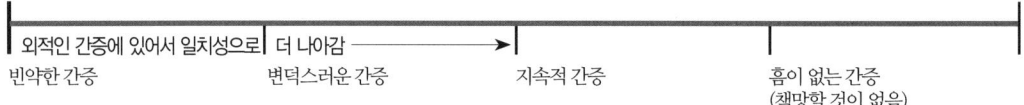

외적인 간증에 있어서 일치성으로	더 나아감 →		
빈약한 간증	변덕스러운 간증	지속적 간증	흠이 없는 간증 (책망할 것이 없음)

예 요한일서 2장 6절 말씀에 그리스도 안에 있다고 주장하는 신자는 그리스도께서 행한 것처럼 행해야 한다고 권면한다. 즉 관찰되는 외적 표현은 참된 내적인 관계(내면성)를 확증한다.

예 오네시보로, 디모데후서 1장 16절

예 도르가, 사도행전 9장 36절

예 바나바, 사도행전 11장 24절

해설 바울 서신 가운데 적용을 다루는 말씀(예: 에베소서 4–6장, 로마서 12–15장)은 크리스천 관계에서 항상 실천을 강조한다. 즉 외면성은 그리스도 안에서 하나님과의 내적 관계에 대한 자연스러운 외적 표현이다.

해설 바울이 리더들에게 요구한 자질로는 "책망할 것이 없으며"(딤전 3:2), "외인에게서도 선한 증거를 얻은 자라야"(딤전 3:7) 하고, "책망할 것이 없고"(딛 1:7)라고 말한다. 여기서 리더들은 기독교 신앙이 무엇인지 그리고 크리스천으로서 일치된 삶과 행동으로 본이 되고 모범을 보여주어야 한다는 점을 강조한다.

외면성에 대한 피드백

1. 이 영성 요소의 본질은 내적 가치관과 외적 행위 사이에 일치된 삶을 사는 것이다. 에베소서 4-6장은 크리스천 삶에서 외향성과 일치성에 대한 권면으로 가득하다. 이 장들을 읽고 외면성을 다루는 모든 성경 구절을 찾으라.

2. 당신에게 가장 눈에 띄는 5개의 성경 구절을 선택하여 적고 열거하라.

해답
1. 당신의 성경에 표시하라.
2. 에베소서 4:2   "모든 겸손과 온유로 하고 오래 참음으로 사랑 가운데서 서로 용납하고."
   에베소서 4:29   "무릇 더러운 말은 너희 입 밖에도 내지 말고 오직 덕을 세우는 데 소용되는 대로 선한 말을 하여 듣는 자들에게 은혜를 끼치게 하라."
   에베소서 5:3   "음행과 온갖 더러운 것과 탐욕은 너희 중에서 그 이름조차도 부르지 말라 이는 성도에게 마땅한 바니라."
   에베소서 5:25   "남편들아 아내 사랑하기를 그리스도께서 교회를 사랑하시고 그 교회를 위하여 자신을 주심 같이 하라."
   에베소서 6:5   "종들아 두려워하고 떨며 성실한 마음으로 육체의 상전에게 순종하기를 그리스도께 하듯 하라."

다른 많은 성경 구절도 선택할 수 있다.

성령의 민감성 동의어: 성령 안에서 행함(Walking in the Spirit)

소개 지금은 성령의 시대이다. 성령님은 신자들 안에 거하신다. 성령님은 삶과 사역의 모든 단계에서 중심성의 확신을 주시고, 죄를 깨닫게 하시며, 안내하시고, 능력을 부여하신다. 성령의 임재와 능력에 대한 인식이 커지지 않으면 성장이 이루어질 수 없다. 성령의 민감성은 신자가 성령에 의존하는 정도를 평가하는 영성 요소를 설명한다.

정의 성령의 민감성은 분석적보다는 더 직관적으로 인식하며 성령님의 임재와 초청, 내적 능력, 묵상적 성찰, 그리고 신자가 수용적이고 순종적으로 반응하도록 돕는 모든 영적 활동에 관한 통찰력을 말한다.

연속선 **성령의 민감성 - 성령의 활동을 이해한다**

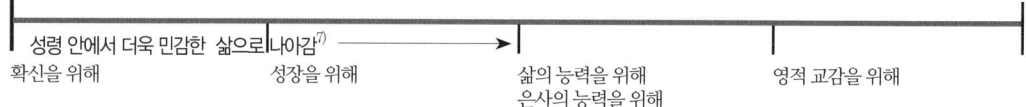

성령 안에서 더욱 민감한 삶으로 나아감[7]
- 확신을 위해
- 성장을 위해
- 삶의 능력을 위해 / 은사의 능력을 위해
- 영적 교감을 위해

예 바울은 갈라디아 교회 성도들(갈 5:16 이하)에게 성령을 따라 살 것을 도전한다. 그는 로마서 8장에서 승리하는 삶은 성령의 민감성에 달려 있다고 설명한다. 로마서 8장 이전에는 성령에 대해 단 두 번 언급했다. 그러나 로마서 8장에서만 바울은 성령을 21회(로마서 전체 35회)나 언급한다. 바울 서신에서 강조하는 것은 성령의 사역이다.

예 예수님의 다락방 강화는 장차 오실 성령의 사역을 말해 준다. 바로 성령이 진리를 깨닫게 하고, 새로운 진리를 가르쳐 주며, 확신시키고, 신자의 삶을 안내하고, 위로하며, 계속 인도하는 것이다.

해설 영성은 본질적으로 성령의 역사이다. 모든 신자에게 독특한 영성이 형성되도록 역사하시는 이는 바로 성령 하나님이시다. 지속적으로 중심성(예수님의 충만함을 보여주심)에 초점을 맞추시는 이는 바로 성령님이시다.

해설 우리가 내적으로나 외적으로 열매 맺는 삶을 살기 위해서 삶의 능력과 은사의 능력이 필요함을 인식하게 하시는 이가 바로 성령님이시다. 이러한 능력의 관문에 들어가기 위해 우리가 필요를 깨닫는 것은 바로 성령의 끈질긴 인도하심 때문이다. 그러한 관문을 통해 인도하시는 분도 성령님이시다. 우리가 진정으로 성부 하나님과 관계를 유지하고 하나님의 인도 과정에 따라 성장하고 계발되는 것을 확증하시는 이도 성령님이시다.

---

7) 이 영성 요소의 성장 프로젝트를 위해 로버트슨 맥퀼킨(Robertson McQuilkin)의 『성령 안에서의 삶』(Life in the Spirit, Broadman & Holman Press)을 통독하기를 권한다.

성령의 민감성에 대한 피드백

1. 성령님이 당신에게 주시는 확신을 처음으로 어떻게 알게 되었는지 기억하는가? 당신은 그것이 성령이었다는 사실을 어떻게 알았는가? 한 가지 상황을 나누라.

2. 성령님의 위로는 오직 하나님만이 주실 수 있다. 당신은 성령님의 '위로하시는 임재'를 경험한 적이 있는가? 성령님은 당신을 어떻게 위로해 주셨는가?

3. 삶과 사역 가운데 효과적이고 참된 열매를 맺기 위해서 우리는 성령의 능력이 필요하다. 성령님은 우리가 이 진리를 인식하도록 한다. 성령님은 우리가 '능력의 관문'으로 인도하시고 통과하게 하신다. 만일 당신이 이러한 관문을 통과한 적이 있다면 당신은 삶과 사역의 어떠한 상황에서 성령의 능력이 필요하다는 것을 인식했는가?

해답
1. 당신의 답을 말하라.
2. 당신의 답을 말하라.
3. 당신의 답을 말하라.

독특성 동의어: 영성 통합(spirituality-mix)

소개 이 영성 요소는 각 사람이 자신의 독특한 영성 모델을 갖는 것을 인식한다. 각자는 내면성, 외면성, 열매 맺는 삶, 공동체, 중심성의 각 요소에서 독특성을 나타내면서 적절하게 통합된다. 각자 다른 사람과 어떤 공통점을 공유하지만 계발에 대한 기준과 영적인 삶에 대한 이해는 각기 다를 것이다. 성별, 인격, 영적 경험에 따라 각자 영성을 다르게 평가하고 이해할 것이다. 타고난 재능, 습득한 기술, 그리고 영적 은사를 포함하는 모든 은사는 각 개인의 영성 모델에 분명히 영향을 끼친다.

정의 독특성은 어떤 사람의 개인적 영성에 영향을 끼치는 인격, 영적 경험, 성별, 그리고 은사가 통합되어 조화를 이루는 것을 의미한다.

연속선 **독특성 - 은사를 인식하고 사용하며 개발한다.**

| 타고난 재능 | 습득한 기술 | 영적 은사 | 은사 통합 | 은사 집단 | 은사 수렴 |

효과적인 은사 계발로 나아감 →

해설 이 연속선은 오직 은사[8]에 대한 독특성과 자신의 은사를 발견하는 단계만을 나타낸다. 은사가 자신의 영성에 실제로 어떻게 영향을 주는지를 분석해야 한다. 그러나 어떤 요소에 영향을 주는 영적 은사[9]는 어느 정도 표시가 난다. 사랑의 은사가 있는 사람은 자연스럽게 공동체, 외면성, 그리고 열매 맺는 삶에 초점을 맞추고, 능력의 은사[10]를 가진 사람은 성령의 민감성과 열매 맺는 삶(특히 외면적으로)에 초점을 맞추며, 말씀의 은사가 있는 사람은 중심성, 공동체, 그리고 열매 맺는 삶(내면적 혹은 외면적으로)에 초점을 맞출 것이다.

---

8) 은사는 타고난 재능, 습득한 기술, 그리고 영적 은사를 포함한다. 타고난 재능은 습득한 기술과 마찬가지로 영성 요소들에 초점을 맞추도록 분명히 영향을 줄 것이다. 그러나 우리는 이러한 관계를 아직 분석하지 않았고 영적 은사에 대한 연구를 더 많이 했다.

9) 바울이 여러 교회에 보낸 서신에서 문안 인사할 때 나타난 확언의 방식(믿음, 사랑, 그리고 소망)과 비슷한 핵심 취지로 은사를 분류할 수 있다. 능력의 은사는 눈에 보이지 않는 하나님에 대한 믿음을 고취시키는 경향이 있고, 사랑의 은사는 현재의 상황에서 하나님의 속성을 나타내며, 말씀의 은사는 하나님이 누구시며, 무엇을 원하시며, 무엇을 행하시는지를 명확하게 설명해 준다. 그와 같은 명확한 설명은 미래에 대한 소망이나 기대를 갖게 한다. 능력의 은사 집단은 믿음, 지식의 말씀, 지혜의 말씀, 영 분별, 방언, 방언 통역, 병 고침, 예언, 능력(기적)을 포함한다. 사랑의 은사 집단은 긍휼, 병 고침, 다스림, 돕는 은사, 주는 은사, 지혜의 말씀, 지식의 말씀(때로는 목회)을 포함한다. 말씀의 은사 집단은 지혜의 말씀, 지식의 말씀, 예언, 믿음, 목회, 전도, 권면, 가르침, 사도, 다스림을 포함한다.

10) 어떤 능력의 은사는 특별히 내면성에 초점을 맞춘다. 즉 지식의 말씀, 지혜의 말씀, 영 분별, 믿음을 포함하며 때로는 하나님으로부터 계속적으로 계시를 받는 특징 때문에 예언의 은사도 해당된다.

해설	직관적 성격을 가진 타입은 내면성에 초점을 맞추는 경향이 있다. 감지 능력을 가진 사람은 외면성에 초점을 맞추는 경향이 있다[11].
해설	다른 요소에 비해 이 통합적 요소에 대한 분석이 적게 이루어졌다. 그러나 다른 영성의 예상된 기준에서 벗어나더라도 사람들을 놓아주는 것이 매우 중요하다. 그렇지 않으면 자신의 독특성을 발견하지 못하고, 특정한 영성의 패러다임에 알맞지 않은 사람들은 좌절감을 느껴 자신들이 영적이지 않다고 여기거나 혹은 영성을 계발하는 것이 불가능하다고 느끼며 더 나빠질 것이다.

---

11) 마이어 브릭스(Myers-Briggs) 성격 유형 프로필에서 N-타입은 직관적이다. 이러한 종류의 성격을 가진 사람은 직관적 방법으로 배운다. S-타입은 감지적이다. 그들은 주로 어떤 것을 관찰하고 결론을 도출하면서 배운다.

독특성에 대한 피드백

1. 당신 자신의 말로 독특성의 영성 요소에 대한 정의를 내리라.

2. 영적 은사와 다양한 은사 집단을 설명하는 각주를 검토하라. 여러 은사들을 크게 3가지 종류인 말씀, 능력, 사랑의 은사 집단으로 분류한다. 각 사람은 대개 이 은사 집단의 한 영역에서 주로 사역한다는 것을 발견했다. 당신은 어느 은사 집단에서 사역한다고 생각하는가? 만일 당신이 사용하는 어떤 영적 은사들을 이미 알고 있다면 그것들을 목록으로 열거하라.

3. 당신에게 해당되는 은사 집단의 영역(말씀, 능력, 사랑)을 고려하면서 당신이 가장 집중하고 있는 영성 요소들을 확인하고 그것들을 열거하라.

4. 어떤 사람이 가진 은사 세트는 3가지 기본적인 요소로 구성되어 있다. 그것이 무엇이며 왜 3가지 모두를 포함해야 한다고 생각하는가?

해답
1. 독특성은 어떤 사람의 인격, 성별, 은사, 배경을 고려하는 영성 요소이며 이러한 다양한 요소가 그 사람의 영성에 어떻게 영향을 끼치는지를 알아보는 것이다.
2. 리처드 클린턴에게는 말씀의 은사, 즉 권면, 지식의 말씀, 예언의 은사가 있다.
3. 로버트 클린턴에게는 중심성, 공동체, 열매 맺는 삶이다.
4. 타고난 재능, 습득한 기술, 영적 은사. 우리 모두는 하나님께서 주시는 모든 것에 대해 청지기가 되어야 한다는 원리에 근거하여 3가지 모두를 포함한다. 이것을 청지기 원리라고 부른다.

공동체 동의어: 몸 된 지체의 삶(body-life), 수평적 책무성(horizontal accountability)

소개 공동체는 개인의 수평적 영성에 대한 피드백을 제공하는 수단이 된다. 다른 신자들 (그들 자신의 삶에서 성장의 다양한 단계에 있는)과의 관계성 속에서 자신의 필요를 발견하며, 옳은 일을 하도록 확인받고, 성장을 위한 책무를 갖도록 한다.

정의 공동체는 통합적 영성 요소이며 신자의 성장에서 공동체와의 관계성과 그 영향력을 평가하는 것이다.

연속선 **공동체 - 개인적인 성장으로 공동체에 영향을 끼친다**

|───────────────────────|───────────────────|─────────────────────|
더 효과적인 상호 의존으로 나아감 ⟶
의존(Dependence)　　　　　독립(Independence)　　　　　상호 의존(Interdependence)

예 잠언 13장 20절 말씀은 그룹이 개인에게 끼치는 영향의 중요성을 강조한다. 우리는 우리가 속한 그룹의 중요한 일부가 되어 다른 사람들의 생각과 행동에 좋게 혹은 나쁘게 영향을 끼친다.

예 히브리서 10장 24-25절 말씀은 믿음과 선행을 촉진하는 신자들의 공동체가 중요함을 알려주며 상호적으로 지켜야 할 계명이다.

해설 공동체 요소는 외면성이 내면성, 열매 맺는 삶의 영역, 독특성의 계발, 그리고 중심성의 실제와 더불어 일관성 있게 성장하는지 평가하는 점에서 통합적이다.

해설 고립이 내면성을 위해서는 좋지만 공동체가 외면성과 열매 맺는 삶을 강조함으로써 균형 잡히게 한다.

공동체에 대한 피드백

1. 영성적 측면의 상황에서 공동체에 대한 정의를 내리라.

2. 공동체 연속선의 다양한 단계를 설명하고 그것을 어떻게 이해하는지 설명하라.

3. 공동체는 왜 개인의 영성을 테스트한다고 말할 수 있는가?

해답
1. 이 상황에서 공동체는 신자가 몸 된 그리스도 안에서 다른 사람들과 갖는 관계적인 네트워크이며 관계의 발전, 책무성, 격려, 또한 그리스도 안에서 격려와 정체성을 확인할 수 있다.
2. 의존은 자신의 성장과 계발을 위해 다른 사람들에게 의존하는 단계에 있는 것을 말한다. 그들에게 무엇을 어떻게 하는지 보여줄 수 있는 사람들이 필요하다. 독립은 자신의 성장과 계발을 위해 책임질 수 있는 단계에 있는 것을 말한다. 그들은 기본기를 배웠고 스스로 잘 할 수 있다. 상호 의존은 비록 스스로 성장하고 계발될 수 있을 지라도 다른 사람들과의 관계를 통해 더 효과적으로 성장할 수 있다는 사실을 인식하는 단계이다. 또한 자신의 영향력으로 인해 다른 사람들이 성장하고 계발되는 데 도전을 받을 수 있음을 인식한다.
3. 공동체에서 관계는 책무성, 확증, 그리고 교정을 위한 환경을 제공할 것이다. 또한 관계는 의견 차이, 도전, 그리고 실망도 생길 수 있는 환경을 제공한다. 이러한 일들은 신자의 외면성, 열매 맺는 삶, 그리고 중심성의 실제와 관련된 영역을 평가할 것이다.

열매 맺는 삶 동의어: 열매 맺음(bearing fruit), 그리스도를 닮아감(Christ-likeness)

소개 신약에서는 두 가지 종류의 열매 맺는 삶을 설명한다. 즉 신자의 성품에 일어나는 변화와 다른 사람들의 삶에 끼치는 신자의 영향력을 말한다. 요한복음 15장 말씀은 외적인 열매에 대하여 말하고 있는 반면에 갈라디아서 5장 22-23절 말씀은 성품에 초점을 맞춘다. 둘 다 영성의 밀접한 부분을 이루며 됨됨이와 행위는 영성의 중요한 측면이다. 궁극적으로 사역은 됨됨이로부터 흘러나온다. 그러나 됨됨이와 사역은 각각 다른 한쪽이 없이는 완전하지 않다.

정의 열매 맺는 삶은 성령의 역사로 인해 그리스도를 닮아가는 성품(내적인 열매 맺음)과 다른 사람들을 위한 사역(외적인 열매 맺음)의 관점에서 성품의 계발을 평가한다.

연속선

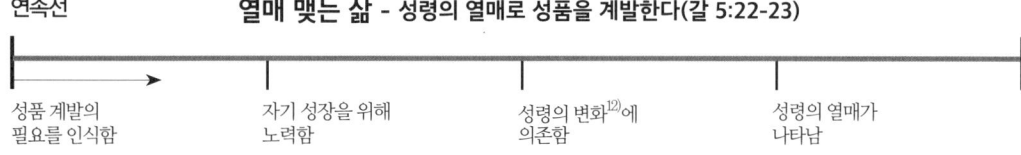

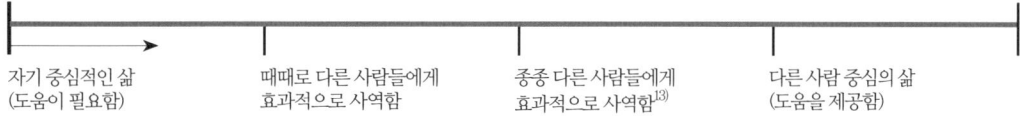

---

12) 지도자 평생 개발론에서는 이 단계를 능력의 삶이라고 부르며 대개 이 단계로 입문하는 특별한 관문을 통과한다. 그 패턴은 십자가상에서 완성된 사역(그리스도의 죽음과 부활로 이중적으로 연합된 삶의 경험), 때로는 성령의 특별한 임재, 믿음으로 성령의 승리(로마서 8장)의 측면에서 철저하게 헌신하는 것을 묘사한다. 어떤 사람은 로마서 6-8장에 대한 분석적/논리적 이해를 거쳐 이 관문에 들어간다. 다른 사람들은 요한복음 15장의 포도나무 비유의 실제를 정서적이고 경험적으로 느끼면서 이 관문에 들어간다. 어느 경우든 삶 가운데 영적인 권위와 하나님의 임재에 대해 새롭게 인식한다.

13) 『지도자 평생 개발론』에서는 이 단계를 은사의 능력이라고 부르며 대개 이 단계로 입문하는 특별한 관문을 통과한다. 그 패턴은 하나님의 임재에 대한 압도적인 경험, 그러한 경험을 통한 헌신, 그리고 성령의 능력과 은사를 믿음으로 경험하는 것을 묘사한다. 사역에 있어서 영적 권위와 하나님의 역사를 기대하며 새롭게 인식한다. 필요할 때 특별한 은사의 능력을 경험하는 대안적인 패턴이 되며 결국 사역의 습관이 된다.

예	예수님은 마지막 다락방 강화(요 15장)에서 제자들에게 열매 맺는 삶을 권고하신다. 열매 맺는 삶의 의미가 분명하지 않을 수 있지만 내적 및 외적인 핵심 취지에 모두 적용할 수 있다.
예	바울은 갈라디아 교회 성도들에게 성령으로 변화를 경험하도록 권고하며 사랑, 희락, 화평, 오래 참음, 자비, 양선, 충성, 온유, 절제와 같은 성품으로 열매 맺는 삶을 묘사한다(갈 5:22-23).
해설	영성은 신자가 하나님과 인격적인 관계에 초점을 맞추는 내면성 그 이상을 포함해야 한다. 적어도 하나님과의 관계(내면성), 그리스도의 형상으로 변화(외면성, 열매 맺는 삶, 계발), 그리고 세상에서 하나님의 목적 성취(독특성, 외면성, 성령의 민감성, 공동체, 열매 맺는 삶, 계발)와 관련된 삶과 하나님의 목적을 이루는 삶으로 충만해야 한다. 열매 맺는 삶의 요소는 단지 내면성만이 영성의 유일한 요소가 아니라는 점을 강조한다.

열매 맺는 삶에 대한 피드백

1. "사역은 궁극적으로 됨됨이(Being)에서 흘러나온다" 라는 말은 무엇을 의미하는가?

2. 열매 맺는 삶은 그리스도를 닮는 성품이나 다른 사람들에게 사역하는 능력의 관점에서 평가한다. 바울이 내적인 성품을 다루는 것으로 갈라디아 교회에 제시한 자질을 열거하라.

3. 영성에서 열매 맺는 삶을 말할 때 핵심적인 개념은 균형을 이루는 것이다. 만일 한쪽 측면에만 초점을 맞추고 다른 측면을 배제하면 위험하다. 어떤 사람이 열매 맺는 삶의 내적인 측면에만 초점을 맞추면 어떤 위험이 있는가? 혹은 열매 맺는 삶의 외적인 측면에만 초점을 맞추면 어떻게 되는가?

해답
1. 궁극적으로 사람은 자신이 누구인가 그 됨됨이로부터 사역한다. 내재한 '참된' 속사람은 시간에 걸쳐 드러날 것이다. 은사, 능력 등 그 사람의 인격이 감추어져 있지만 결국 그 사람의 성품이 드러날 것이다.
2. 갈라디아서 5장 22-23절: 사랑, 희락, 화평, 오래 참음, 자비, 양선, 충성, 온유, 그리고 절제
3. 열매 맺는 삶을 계발할 때 오직 내적인 측면에만 초점을 맞추면 하나님께서 우리에게 의도하시는 것을 성취할 수 없는 위험이 있다. 하나님을 위해 우리가 성취한 것, 즉 생산성의 관점에서 하나님께서 우리를 평가하신다는 것은 예수님의 심판의 비유에서 분명해진다. 반면에 만약 우리가 성품 계발의 내적인 삶을 배제하고 외적인 생산성에만 초점을 맞추면, 죄와 잘못된 태도 등으로 인해 우리 자신의 자격이 상실되는 위험에 처한다. 우리가 사역할 때 그리스도와 닮아가는 모습으로 봉사하는 것이 하나님께 매우 중요하며 균형을 이루는 것이 핵심이다.

계발

소개 계발은 다른 각 요소를 포함하는 상위적인 개념이며 성장의 개념이다. 신학적으로 말하자면 그것은 점진적인 성화라고 부른다. 계발은 신자들이 평생 동안 그리스도의 형상을 닮아가는 과정을 인식한다. 성장의 개념은 어느 영성 요소에서든 나타날 수 있다. 계발은 연속선 위의 다양한 개념과 밀접하게 연결되며 어떤 영성 요소든 평가할 수 있다. 연속선의 오른쪽으로 갈수록 영성에 있어서 더 진전한 것이다.

정의 계발은 다양한 영성 요소를 나타내는 연속선에 따라 진전을 평가하는 개념을 말한다. 신자들은 영성에 있어서 진전을 보여야 함을 분명히 말해 준다.

연속선 계발 - 일반적으로 모든 요소에서 성장하는 개념이다

| 성장이 없음 | 성장의 초기 | 성장의 정체 | 깊은 성장: 성품, 가치관, 기술 | 수렴(본이 되는 삶과 효과적인 사역) |

예 로마서 12장 1-2절 말씀은 계발의 지속적인 성격을 강조한다. 특별히 마음을 새롭게 하라는 개념에 주의하라.

예 로마서 8장 28-29절은 그리스도의 형상으로 닮아가는 지속적인 과정을 지적한다.

해설 이 연속선은 각기 다른 요소에 적용하는 데 사용할 수 있다. 어떤 요소에 대해 간단히 질문할 수 있다. 나는 계발중인 사람으로서 어디에 위치하고 있는가? 나는 성장하고 있는가? 나는 성장의 초기 단계에 있는가? 나의 성품, 가치관, 기술에 영향을 끼치는 깊은 성장이 있었는가? 나는 본이 되는 삶과 효과적인 사역을 향한 성숙으로 진전하고 있는가?

해설 어떤 신학적인 입장은 영성 계발에 대한 이러한 견해를 지지하지 않을 것이다. 그러한 견해는 영성을 이 연속선 위의 요소들이 연속적으로 계발되는 것으로 여기지 않고 이상적인 단계로 즉시 도약하는 것으로 보며 통과하는 관문들을 제시한다.

계발에 대한 피드백

1. 영성에 대한 기본적인 견해는, 사람들은 영성에 있어서 평생을 통해 계발된다는 원리이다. 이런 견해에 동의하지 않는 사람들도 있다. 당신의 신앙적인 전통과 입장에서 볼 때 영성에 대한 공통적인 견해는 무엇인가?

2. 계발의 연속선을 고려하면서 다음 각 단계가 의미하는 것을 설명하라.

   성장이 없음 –

   성장의 초기 –

   성장의 정체 –

   깊은 성장 –

   수렴 –

3. 평가는 왜 중요한가?

해답

1. 당신의 답을 말하라.
2. 성장이 없음 – 영성의 성장이나 계발에는 상관하지 않는다.
   성장의 초기 – 성장의 필요를 인식하고 성장을 향한 단계를 밟기 시작한다.
   성장의 정체 – 정체 상태에서 더 이상 성장하지 않는다. 지속적인 성장을 위해 무엇을 해야 할지 모르거나 자신이 알고 있는 것에 만족하고서 더 이상 성장에는 관심이 없다.
   깊은 성장 – 성품, 가치관, 혹은 기술 면에서 성장하기 위해 노력하고 진전을 향해 도전한다. 이런 사람은 더 배우고 성숙하고자 하는 깊은 열망으로 인해 쉽게 알아볼 수 있다.
   수렴 – 그리스도 안에서 내적 그리고 외적인 측면으로 본이 되는 삶을 산다. 됨됨이와 행위로 둘 다 영향을 끼친다.
3. 평가는 자신이 어떻게 하고 있는지 알 수 있는 기회를 제공한다. 평가는 잘하고 있는 것을 발견하고 배우는 데 초점을 맞추어야 하는 영역을 파악할 수 있는 기회를 제공한다.

평가서 - 영성 프로필

소개   각 연속선 위에 해당하는 것에 X로 표시하고 표시한 것들을 연결하면 당신의 영성의 필요를 파악할 수 있는 프로필을 확인해 줄 것이다.

1. 중심성 - 그리스도의 충만함을 경험한다

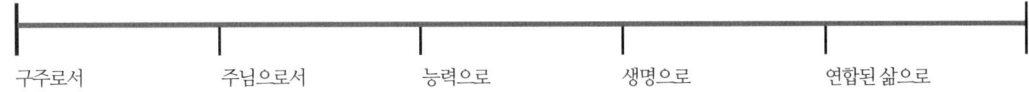

구주로서   주님으로서   능력으로   생명으로   연합된 삶으로

2. 내면성 - 하나님과의 내면적인 삶을 계발한다

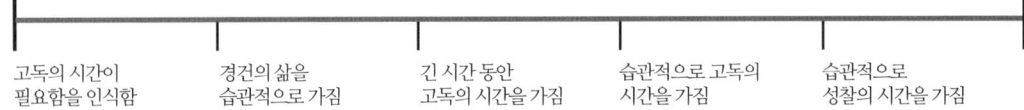

고독의 시간이 필요함을 인식함   경건의 삶을 습관적으로 가짐   긴 시간 동안 고독의 시간을 가짐   습관적으로 고독의 시간을 가짐   습관적으로 성찰의 시간을 가짐

3. 외면성 - 가치관을 외적으로 표현한다

빈약한 간증   변덕스러운 간증   지속적 간증   흠이 없는 간증 (책망할 것이 없음)

4. 성령의 민감성 - 성령의 활동을 이해한다

확신을 위해   성장을 위해   능력의 삶을 위해 은사의 능력을 위해   영적 교감을 위해

5. 독특성 - 은사를 인식하고 사용하며 개발한다

타고난 재능   습득한 기술   영적 은사   은사 통합   은사 집단   은사 수렴

6. 공동체 - 개인의 성장으로 공동체에 영향을 끼친다

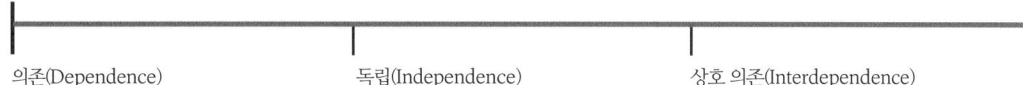

의존(Dependence)   독립(Independence)   상호 의존(Interdependence)

7a. 열매 맺는 삶 - 성령의 열매로 성품을 계발한다(갈 5:22-23)

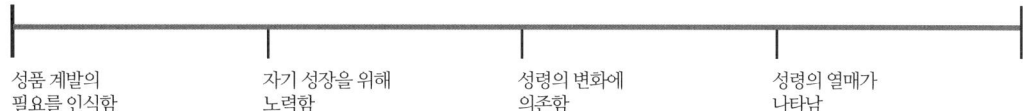

성품 계발의 필요를 인식함 | 자기 성장을 위해 노력함 | 성령의 변화에 의존함 | 성령의 열매가 나타남

7b. 열매 맺는 삶 - 다른 사람들을 위한 사역의 능력으로 성장한다(요 15장)

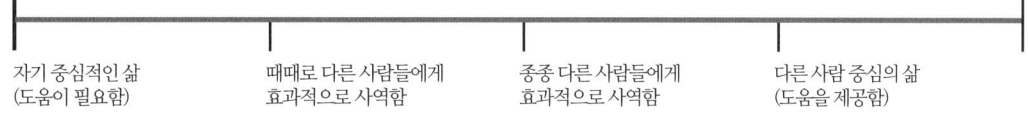

자기 중심적인 삶 (도움이 필요함) | 때때로 다른 사람들에게 효과적으로 사역함 | 종종 다른 사람들에게 효과적으로 사역함 | 다른 사람 중심의 삶 (도움을 제공함)

8. 계발 - 일반적으로 모든 요소에서 성장하는 개념이다

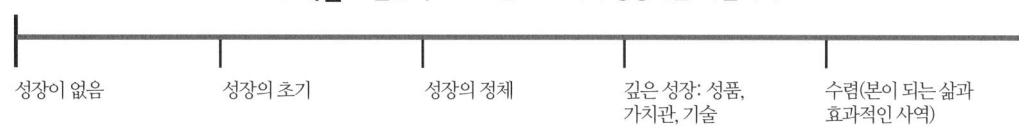

성장이 없음 | 성장의 초기 | 성장의 정체 | 깊은 성장: 성품, 가치관, 기술 | 수렴(본이 되는 삶과 효과적인 사역)

능력 부여의 5가지 주된 요인

소개 영적 안내자들은 독특한 종류의 능력 부여를 제공한다. 그들은 내적인 변화와 계발을 위해 매우 조심스럽게 접근한다. 이 때문에 그들의 능력 부여는 다른 멘토링 형태처럼 눈에 잘 띄지도 않으며 쉽게 확인할 수도 없다. 영적 안내자들이 능력을 부여해 주는 최소한 5가지의 일반적인 방법을 아래에 제시한다.

용어 설명

일반적 카테고리	능력 부여의 구체적인 현상
1. 성품(관점)	영성에 있어서 강점과 약점이 되는 영역을 알려준다.
2. 기술(관점, 자신감)	성장이 어떻게 일어나는지 관점을 제공하고 성장에 대한 기대감을 심어 준다.
3. 가치관(동기 부여)	성장을 위해 주도권을 갖도록 돕는다.
4. 가치관[14](평가적)	자신의 계발을 평가하도록 돕는다.
5. 가치관(관점, 모델, 동기 부여)	영성에 대한 책무를 제공한다.

해설 능력 부여의 기능을 성품, 기술, 가치관의 3가지 일반적인 카테고리로만 분류하기 어렵고 중복되는 부분이 있다는 점을 주목하라. 대부분은 가치관을 다루지만 가치관에 대한 관점을 제시하고 그것을 평가하는 기술을 가르쳐 준다.

---

14) 계발의 필요, 능력, 그리고 관점에 대한 평가적인 기능은 영적 안내자들이 능력 부여를 제공하는 특별한 방법 가운데 하나이다.

사역 시간선과 영적 안내

소개   대부분의 사람들은 영적 안내가 비주기적으로 필요하다. 말하자면 스케줄을 정할 수는 없지만 평생 정기적으로 영적 안내가 필요하다. 나중에 비주기적으로 여섯 번이 필요하다는 점을 제시할 것이다. 그렇지만 때로는 리더가 영적 안내자를 언제 필요로 하는지 기대할 수 있다. 아래에 있는 시간선은 이러한 시기들을 제시하고 설명한다. 또한 부록 B를 참고하라.

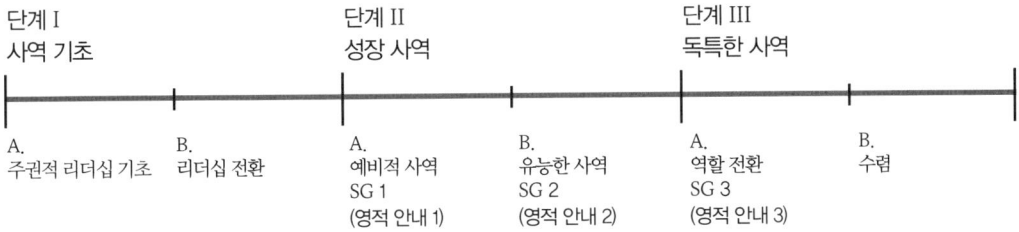

SG1
영적 안내 1

예비적 사역 기간에 영적 안내자들이 비주기적으로 필요할 것이다. 세 번의 특별한 시기를 주목하라.
1) 전임 사역에 들어간 후 3-5년 사이에 많은 크리스천 사역자들이 중도에 이탈한다.[15] 이 시기에 자신, 삶, 하나님과의 관계에 대한 의문이 생긴다. 이 시점에 영적 안내자나 상담자는 리더들을 격려하며 할 수 있는 일이 많다.
2) 만약 리더가 조기 이탈의 진입 패턴의 위기를 잘 극복하고 사역을 능숙하게 하는 기술을 배우고 나면 정체기의 위험이 따른다. 이것은 대개 예비적 사역 후반기 단계에서 일어난다. 일을 잘 처리하는 요령을 아는 사람은 하는 일에 안주하기 쉽다. 결국 정체 상태는 자신의 성품과 가치관과 기술에 영향을 끼친다.
3) 어떤 리더들은 행동주의적이다. 그들은 사역의 길에 빠르게 들어서고 지나치게 행동주의적 성향으로 말미암아 이루고 성취하는 데 필요한 됨됨이를 무시하거나 부족하다. 그러나 얼마 되지 않아 이것은 탈진으로 이어진다. 영적 안내자들은 이러한 리더들에게 속도를 늦추게 하고 됨됨이의 가치(궁극적으로 사역은 됨됨이로부터 흘러나온다)를 깨닫도록 도울 수 있다.

SG 2
영적 안내 2

유능한 리더들은 정체 상태의 위험성에 직면한다. 그들은 대개 모든 일을 잘 처리한다. 그들은 성령님의 능력 없이 그냥 자신의 힘으로 일을 처리하는 함정에 쉽게 빠질 수 있다.

SG 3
영적 안내 3

유능한 리더들은 여기서 일어나는 주요한 패러다임의 전환(행위로부터 흘러나오는 사역에서 됨됨이로부터 흘러나오는 사역으로 옮겨감)의 기회를 놓치고 정체기로 인해 독특한 사역 단계로 옮겨가는 데 실패할 수 있다. 영적 안내자들은 성숙의 과정을 위한 필요와 사역이 됨됨이로부터 흘러나오는 결과라는 사실에 민감하다.

---

[15] 『지도자 평생 개발론』에서 이것을 조기 이탈의 진입 패턴이라고 부른다. 리더들은 사역을 선택하여 뛰어들지만 기대했던 역할의 차이, 요구되는 일을 위한 기술의 미비, 성공적인 사역의 부족, 확신감의 결여, 다른 사역자들의 모델링의 부족으로 낙심한다.

영적 안내 멘토링의 필요를 인식하는 6가지 힌트

소개 당신이 영적 안내자를 필요로 하는지 인식하는 데 도움이 되는 힌트는 다음과 같다.

힌트	설명
정기적 점검	1. 때때로 신체적인 건강 검진이 필요한 것처럼 영적인 점검을 하는 것이 필요하다.
정체 상태	2. 당신의 영적 성장이 멈추었거나 혹은 성장을 가로막는 장애물을 감지할 때 그 장애물을 분명하게 확인할 수 없을지라도 영적 안내자의 관점이 필요하다.
도전을 받음	3. 당신이 영적 성장에 대해 반복적으로 질문을 하거나 혹은 성장을 위한 자원 중에 하나 이상으로부터 도전을 받을 때 당신은 영적 안내자가 필요하다. 종종 자신의 성장이 부족한 점에 대해 다른 사람들이 먼저 감지할 수도 있다.
관점	4. 당신이 패러다임의 전환, 새롭거나 확장된 관점(가령, 현재 자신의 관점으로는 명확하게 설명할 수 없는 영적 경험, 혹은 하나님에 대한 더 깊은 갈망)을 필요로 하는 징후를 경험할 때 당신은 안내자의 도움이 필요하다.
책무	5. 만약 당신이 중요한 영적 영향력과 영적 권위를 가진 지위에 있지만 영적으로 성숙한 다른 사람들이나 그룹과의 긴밀한 책무를 다하지 않는다면 당신은 영적 안내자가 필요하다. 담임 목사, 교단의 카리스마적 리더, 크리스천 단체 혹은 높은 지위에 있는 크리스천 리더들은 종종 참된 영적 책무를 다하지 못하고 있다. 그들 가운데 많은 리더들이 이와 같은 긴밀한 책무의 부족으로 리더십에서 실패한다.
전환기	6. 만약 당신이 사역 시간선의 계발 단계에서 중요한 전환기에 놓여 있다면 코치, 상담자, 혹은 영적 안내자로부터 필요한 도움을 받거나 혹은 3가지 타입의 모든 멘토로부터 도움을 받을 수 있다.

영적 안내 멘토링에 대한 결론

4장의 핵심적인 개념과 내용을 다음과 같이 요약할 수 있다.

1. 영적 안내 멘토링은 제자훈련 멘토링의 기본 습관 이상의 것을 다룬다.
2. 중심성, 내면성, 그리고 성령의 민감성은 멘티를 도울 때 영적 안내자가 초점을 맞추어야 할 주된 요소들이다. 비록 영적 안내자들 대부분이 전통적으로 내면성에 초점을 맞추어 훈련을 시작할지라도 이 3가지 가운데 중심성이 근본적인 요소가 된다. 중심성, 내면성, 독특성, 성령의 민감성은 지극히 개인적인 요소들이다. 이것들에 대한 평가는 매우 주관적이다. 외면성, 공동체, 계발, 그리고 열매 맺는 삶의 요소들은 주로 외면적이고 관계적이며 다른 사람들에 의해 평가된다.
3. 영적 안내자는 많은 신앙 경험을 가진 나이 든 사람이어야 하기 때문에 찾기가 쉽지 않다.
4. 크리스천 리더들은 대부분 평생에 걸쳐 자신의 영성 계발을 위해 몇 차례 도움을 필요로 한다.

오늘날 현대 문화에서 영성은 종종 개인적인 문제로 여긴다. 하나님과 자신 사이에 일어나는 지극히 사적인 일로 생각하는 것이다. 종종 그들은 '하나님 외에는 나의 영성에 관한 어떤 것에 대해 아무도 알 필요가 없어'라는 태도를 갖는다. 그러나 이러한 태도가 잘못된 것임을 4장을 읽고 나면 분명해진다. 누구든지 성장과 계발을 원한다면 자신의 영성에 도움(지도나 안내)이 반드시 필요하다.

영적 안내의 필요에 대한 이러한 태도는 가톨릭에서 흔히 볼 수 있다. 그러나 개신교에서는 인격적이고 개인적인 자유에 기초를 삼아 영성 모델을 확립해 왔다. 개인적인 자유가 중요한 반면에 위에서 언급한 개인주의적 태도를 견지하면 영적인 성장에 장애물이 생길 수 있다. 당신의 영적 성장에서 그러한 장애물을 제거하라! 영적 안내자를 찾고 당신 자신의 영적 성장을 위해 헌신하라.

5장

집중적 멘토링 – 코칭 멘토링

서론

나는 고등학교 시절에 나의 코치였던 사람들에 대한 좋은 기억을 갖고 있다. 그들은 성공한 코치로서 지도하던 운동 종목의 기본기를 잘 알고 있었다. 그들은 선수들이 그 기본기를 배우도록 돕는 훈련 방법을 잘 알았다. 그리고 어떻게 하면 운동 경기에서 이기거나 지는지를 가르쳐 주었다. 코치에 대한 일반적 개념은 모든 사람들이 잘 알고 있다. 집중적 멘토링의 세 번째 형태인 영적 코치를 논하기 위해 그 개념을 확장하여 코치가 어떻게 능력을 부여하는지 보여주고자 한다. 또한 특별한 기술 중심의 관계에 초점을 맞춘 이러한 종류의 멘토링에 포함된 능력 부여의 잠재력을 살펴보기 원한다. 2장에서 코치의 핵심 취지는 동기를 부여하고 기술을 전수하는 것이라고 설명했다. 스포츠에서 어떤 종목이든지 코치들은 기본기를 잘 가르친다. 그들은 기본기를 가르치는 훈련 방법을 잘 알고 동기를 부여한다. 선수들은 코치를 존경하기 때문에 그들을 기쁘게 해 주고 그들의 기대에 부응하기를 원한다.

코칭은 스포츠에서와 마찬가지로 영적인 영역에서도 적용되며 미묘하게 큰 차이점이 있다. 스포츠 코치는 지위상의 권위를 가지고 (팀에 소속하는 한) 명령할 수 있는 반면 영적 코치는 기본적으로 영적 권위만을 갖는다. 영적 코치들이 사역하는 분야에서 하나님이 주신 권위를 인정하기 때문에 우리는 그들을 기쁘게 해 주기를 원한다.

코치들은 기술을 사람들에게 전수해 주고 그것을 잘 사용하도록 동기를 부여한다. 그들은 대부분 자신의 운동 분야에 통달해 있으며 전체적으로 잘 파악한다. 그리고 숙달해야 할 기본 기술을 세분화하여 가르치는 훈련 방법을 잘 알고 있다. 가장 중요한 것은, 좋은 코치는 훈련을 주입시키며 선수가 계발할 필요가 있는 기술을 익히도록 동기 부여하는 방법을 잘 알고 있다는 점이다.

농구, 야구, 미식축구, 그리고 축구와 같은 여러 스포츠 종목의 코치들은 팀 전체와 함께 뛰고 선수들이 개인적으로도 하나의 팀으로도 기량을 잘 발휘할 수 있도록 주의를 기울인다. 그러나 개인적으로 다루는 코치들도 있다. 많은 운동 종목은 특별한 일대일 코칭을 필요로 한다. 아이스 스케이팅, 체조, 그리고 육상 경기의 대부분의 종목은 개별적인 코칭을 필요로 한다. 영적 코치는 대부분 후자와 같다. 영적 코치는 개인들과 관계를 형성하고 그들이 주님을 따르고 다른 사람들과 함께 일하는 데 은사와 재능을 사용하도록 돕는다.

다음 6장에서는 티칭 멘토링에 대하여 논할 것이다. 그때 코치 멘토와 교사 멘토가 약간 중복된다는 점을 알게 될 것이다. 둘 다 가르치지만 강조점이 약간 다르다. 교사 멘토는 지식을 가르치는 데 초점을 맞추지만, 코치 멘토는 어떤 일을 잘하는 방법과 기술을 가르치는 데 초점을 맞춘다. 종종 교사 멘토는 코치 멘토가 되기도 하며 사실 하나의 멘토링 관계로 통합할 수 있다. 다음 페이지에서는 계속 이어서 코치 멘토를 정의하고, 관련된 멘토링의 역동성을 설명하며, 코치들이 전수하는 몇 가지 기술을 제시하고, 코치가 이행하는 능력 부여의 기능에 대해서도 논할 것이다.

5장의 개요

이 장에서는 집중적 멘토링의 세 번째 형태인 코칭을 다룬다. 따라서 여기서는 기본적인 코칭 멘토링의 정의를 내리고 네 단계 과정(시범, 설명, 실습, 파송)을 제시한다. 이 과정은 코치들이 실제로 멘티들에게 어떻게 능력을 부여하는지를 설명한다. 다른 집중적 멘토들(제자훈련자, 영적 안내자)과 마찬가지로 여기에는 멘토링의 역동성 5가지 모두가 존재한다. 그리고 코칭 관계에서 나타나는 역동성에 대해 모두 논할 것이다. 따라서 코치들이 멘티들에게 가르칠 수 있는 7가지 종류의 기술과 더불어 각각의 실례를 제시한다. 또한 코치들이 이행하는 4가지 능력 부여의 기능을 제시한다. 마지막으로 코치들과 멘티들을 위한 힌트를 제안한다. 이 장을 마치면 다음과 같이 할 수 있다.

- 코치 멘토에 대한 정의를 내린다.
- 사례 연구에서 코칭 과정의 4단계의 존재 혹은 부재 여부를 평가한다.
- 사례 연구에서 코칭 멘토링의 역동성 5가지 존재 혹은 부재 여부를 평가한다.
- 사례 연구에서 코치의 기본적인 능력 부여 기능의 존재 혹은 부재 여부를 평가한다.
- 자신이나 다른 사람들에게 필요한 기술을 평가하거나 제시하는 코칭 기술을 분류한 수형도(tree diagram)를 사용한다.

코치 멘토

소개 어떤 일을 처리하는 방법을 잘 알고 그것을 다른 사람들에게 가르쳐 줄 수 있는 사람은 항상 필요하다. 일을 잘 처리하는 방법을 아는 것과 그것을 기본 기술로 세분하여 다른 사람들에게 가르쳐 주는 것은 별개의 일이다.

정의 코칭이란 인간관계의 과정으로 어떤 일을 처리하는 방법을 잘 아는 멘토가 그 기술을 배우고 싶어 하는 멘티에게 전수해 주는 것이다.

예 경건의 시간(Quiet Time)을 갖는 방법을 가르쳐 준다.

예 경건의 시간에 필요한 구체적인 방법을 가르쳐 준다.

예 불신자가 복음을 분명하게 이해하도록 복음을 제시하는 방법을 가르쳐 준다.

예 성경을 연구하는 기본 방법을 가르쳐 준다. 예를 들어, 단어 연구, 인물 연구, 본문 분석, 주제별 연구 등이 될 수 있다.

예 다른 사람들 앞에서 말하는 대중 스피치 기법을 가르쳐 준다.

예 문제의 상황을 파악하고 해결할 수 있는 전략을 세우는 방법을 가르쳐 준다.

해설 코치들은 대개 학습 과정의 일부로 직접 본을 보여준다. 보여주는 모델링은 매력, 관계의 발전, 그리고 반응을 불러일으키는 주된 수단이 된다.

코치 멘토에 대한 피드백

1. 코칭과 관련 있는 부록 E의 2가지 사례를 보라(사례 6 – T 목사, 사례 7 – 헨드릭스 교수). 각 사례에서 볼 수 있는 코치의 특징을 설명하라.

코치의 특징

- T 목사
- 헨드릭스 교수

2. 각 사례에서 실제적으로 일어난 능력 부여는 무엇인가?

- T 목사 사례의 능력 부여
- 헨드릭스 교수 사례의 능력 부여

3. 코칭 개념을 확장하는 데 도움을 주기 위해 다음 문제를 제시한다. 이 장을 공부하면서 48시간 안에 50세가 넘은 그리스도의 성숙한 제자 한 명 혹은 두 명을 찾아라(나이는 상대적이다. 그리스도를 따르는 데 경험이 많은 사람을 찾아라). 그러한 사람은 여러 코치들을 만났거나 아마 코치로 수차례 활동했을 것이다. 당신이 이 장에서 공부한 코치 멘토에 대해 그 사람들과 나누라. 나눔 자체가 좋은 학습 경험이 될 것이며 그들과 나누기 위해서 코칭의 정의와 개념을 재정립해야 할 것이다. 그다음에 경험이 많은 그리스도의 제자로 하여금 당신이 배우고 싶은 것과 비슷한 코치 멘토링의 경험을 나눌 수 있도록 부탁하라. 실제적인 코치 사례가 많을수록 더 좋다. 마지막으로 이 질문에 답하라. 이 연습 문제를 통해 코칭에 대한 당신의 견해는 어떻게 확장되었는가?

해답

1. T 목사의 코치 특징:
   - 현장 실습 훈련자이다.
   - 강단을 공유한다.
   - 사람들을 사역으로 파송한다.
   - 많은 유능한 성경 교사를 소개한다.
   - 기본적인 수업을 보여준다.
   - 교육전도사(preacher boy)가 가르치도록 한다.
   - 수업 후 피드백을 제공한다.
   - 방법론을 갖고 있다 - 요한복음부터 시작한다. 성경 전체를 이해하도록 한다 - 내용별로
   - 성경에 통달해 있다.
   - 유용한 성경 테이프가 있다.
   - 유용한 도서관이 있다.
   - 공적 및 가정 모임을 인도한다.
   - 기회를 제공한다.
   - 더 잘할 수 있는 방법을 알려준다.

   헨드릭스 교수의 코치[1] 특징:
   - 설명-리더십 교훈을 보여준다.
   - 성경으로부터 설명해 준다.
   - 성경에 통달해 있다.
   - 성경 내용을 생동감 있게 설명한다.
   - 교사로서 자신을 계발한다.
     - 그레고리(Gregory)의 『7가지 교육법칙』(7 Laws of Teaching, 생명의 말씀사) 등
   - 매력적인 방식이다.
   - 개인적으로 접근한다.
   - 방법론을 갖고 있다 - 성경 인물 연구를 위한 18가지 질문 등

2. 능력 부여 (T 목사):
   - 성경을 반복적으로 읽으며 공부하는 방법
   - 핵심 구절 표시와 암기법
   - 소그룹 모임에서 가르치는 방법
   - 강단에서 가르치는 방법
   - 다른 사람들을 놓아주는 융통성
   - 경험을 통한 배움의 중요성
   - 다른 사람들과 자원을 공유함

   능력 부여 (헨드릭스 교수):
   - 성경 인물의 연구 방법
   - 매력적인 방식으로 다른 사람들과 함께 연구 결과를 얻고 사용하는 방법

3. 대답할 필요가 없다. 당신이 새롭게 발견한 코칭 개념에 대해 관심 있는 다른 사람과 나누라.

---

[1] 나중에 티칭 멘토링과 동시대 모델을 논할 때 헨드릭스 교수가 동시대 모델, 교사, 그리고 코치로서 일종의 통합된 멘토 역할을 했다는 것이 더 분명해진다. 헨드릭스 교수가 나에게 코칭을 잘 설명해 주기 위해 그레고리의 『7가지 교육법칙』을 소개하고 자신의 18가지 질문 방법을 전수해 주었다. 그는 누구든지 동일하게 따라 배우고 할 수 있도록 돕는 코칭의 추진력(coaching impetus)을 제공해 주었다.

코칭의 4단계 과정

소개 코칭은 일종의 수습 훈련의 형태이며 실습과 피드백이 필수적이다.

단계	설명
1. 시범 (Demonstration)	a. 코치는 추종자를 끌기 위한 방법으로 어떤 기술을 시범적으로 보여준다. b. 코치는 멘티가 그 기술을 관찰하도록 시범을 보여준다.
2. 설명 (Debriefing)	코치는 시범을 보인 후 설명한다. 이 단계에서 멘티가 그 기술을 실제적으로 사용하도록 가르쳐 주고, 감동을 주며, 동기를 부여한다.
3. 실습 (Doing)	a. 코치는 멘티가 위협적이지 않은 상황에서 직접 실습하도록 한다. b. 코치는 실제 상황에서 멘티가 그 기술을 어떻게 사용하는지 자세히 관찰한다.
4. 파송 (Releasing)	a. 코치는 멘티가 배운 기술을 사용하는 것을 확인하고 수정하며 격려하면서 질문과 보고를 받는다. 필요하면 보충 실습을 요구한다. b. 코치는 멘티가 그 기술을 사용할 수 있는 자격이 되는지를 확인하고 파송한다.

해설 코치는 다른 타입의 멘토들에 비해 직관적으로 굿윈의 기대 원리[2](Goodwin's Expectation Principle)를 더 많이 사용한다. 즉 다음과 같은 사회적인 역동성의 원리가 있다. **사람들은 자신이 선망하고 존경하는 사람들이 진정으로 기대하는 수준까지 성장하는 경향이 있다.**

해설 코치는 오랫동안 쌓은 경험으로 인해 실제로 사람들이 할 수 있는 방법을 알려줄 수 있다. 코치는 다른 사람들에게 진정으로 도전하면서 현실적인 기대치를 제시할 수 있다. 만약 매력의 멘토링 역동성이 존재한다면 사람들은 코치의 기대치에 부응하기 위해 노력할 것이다.

---

[2] 베니 굿윈(Bennie Goodwin)은 그의 책 『유능한 리더 – 크리스천 리더십의 기본 안내서』(*The Effective Leader - a Basic Guide to Christian Leadership*)에서 이 원리를 크리스천 리더십에서 중요한 개념으로 제시했다. 이것은 일반 리더십 이론에서도 잘 알려진 사회적 역동성이다.

코칭 단계에 대한 피드백

1. 부록 E(헨드릭스 교수의 사례)의 사례 7을 읽어라. 여기서 진행된 코칭 멘토링의 4단계 과정을 비교하라. 빠진 것은 무엇인가?

    시범(Demonstration)
    ___ a. 코치는 추종자를 끌기 위한 방법으로 어떤 기술을 시범적으로 보여준다.
    ___ b. 코치는 멘티가 그 기술을 관찰하도록 시범을 보여준다.

    설명(Debriefing)
    ___ c. 코치는 시범을 보인 후 설명한다. 이 단계에서 멘티가 그 기술을 실제적으로 사용하도록 가르쳐 주고, 감동을 주며, 동기를 부여한다.

    실습(Doing)
    ___ d. 코치는 멘티가 위협적이지 않은 상황에서 직접 실습하도록 한다.

    ___ e. 코치는 실제 상황에서 멘티가 그 기술을 어떻게 사용하는지 자세히 관찰한다.

    파송(Releasing)
    ___ f. 코치는 멘티가 배운 기술을 사용하는 것을 확인하고 수정하며 격려하면서 질문과 보고를 받는다. 필요하면 보충 실습을 요구한다.

    ___ g. 코치는 멘티가 그 기술을 사용할 수 있는 자격이 되는지를 확인하고 파송한다.

2. 헨드릭스 교수의 이러한 코칭 멘토링을 어떻게 개선할 수 있었을까?

해답
1. a. b. 그리고 약간의 d.
2. 헨드릭스 교수는 질문에 대한 해답의 샘플을 제시할 수 있었고 또한 그가 검토하고 논평할 수 있는 다른 성경 인물 연구를 위한 과제를 요구할 수 있었다.

코칭 멘토링의 역동성

소개	코칭이 효과적으로 일어나기 위해서는 5가지 역동성이 모두 나타나야 한다.

역동성	설명
매력	매력은 효과적인 코칭에 있어서 매우 중요하다. 좋은 코치는 선수들의 재능을 알아채는 안목이 있다. 그리고 재능 있는 선수들을 찾으면 선발하려 한다. 멘토 코치들도 마찬가지이며 그들이 도와줄 수 있는 사람을 알아본다. 따라서 매력은 쌍방향으로 모두 향하는 역동성이다. 즉 멘티는 자신을 도와줄 수 있다고 여기는 코치에게 끌리게 되며 코치는 도와줄 만한 잠재력을 가진 자를 항상 찾는다.
관계	코치들은 멘토링을 할 수 있는 관계를 시도한다. 체조, 아이스 스케이팅, 테니스 종목에서 세계적인 선수들은 어린 나이에 운동을 시작한다. 선수의 가족은 대개 세계적 수준의 유명한 코치가 있는 나라로 옮겨 간다. 우수한 코치의 선수로 선발되기 위해 가능한 모든 것을 시도하며 그 과정에서 재정적으로 엄청난 투자를 한다. 이것은 특히 사역의 역할에서 영적으로 성장하기 원하는 민첩한 사람들에게도 마찬가지이다. 그들은 효과적으로 사역하는 사람들에게 끌린다. 영적 코칭에서는 개인적인 문제를 다루기 때문에 특별히 관계의 역동성이 매우 중요하다.
책무	기술을 배우는 것은 대개 훈련을 필요로 한다. 코치들은 책무에 강하다. 훈련과 실습을 통해 기술을 사용하는 데 자신감을 가질 수 있다. 영적 코치들은 스포츠 코치들 못지않게 이것을 인식한다. 따라서 언제든지 경험적인 훈련을 제공하는 데 도와주려고 한다.
능력 부여	코치들은 동기 부여가 분명히 일어나도록 한다. 그들은 평가할 수 있는 기준을 갖고서 선수들이 기본 기술을 익힐 때까지 계속 훈련을 연마하도록 한다.
반응	스포츠 코치들처럼 영적 코치들은 대개 그들이 감당할 수 있는 인원보다 코칭을 해야 할 사람들이 더 많다. 그래서 그들은 사람들의 반응에 따라 가려낸다. 잘 반응하지 않는 사람은 대부분 코칭 관계에서 물러나고 중도에서 제외된다. 코치들은 반응이 부족한 것을 너그럽게 봐 주지 않는다. 멘티가 적절히 반응할 때까지 격려하거나 아니면 멘티를 제외시킨다.

코칭의 역동성에 대한 피드백

1. 부록 E의 사례 6(T 목사)을 읽어라. 어떤 역동성이 존재했으며 빠진 것은 무엇인가? 그 멘토링을 어떻게 개선할 수 있는가? 각 멘토링의 역동성이 부족했는지의 여부에 대해 어떻게 설명하겠는가?

2. 부록 E의 사례 7(헨드릭스 교수)을 읽어라. 코칭 멘토링의 관점에서 당신이 발견할 수 있는 것을 설명하라. 어떤 멘토링의 역동성이 존재하는가?

3. 매력 역동성의 주된 방법에 있어서 코치는 제자훈련자나 영적 안내자와 비교해 볼 때 어떤 차이점이 있는가?

해답

1. 매력은 쌍방향으로 존재했다. T 목사는 온화하고, 마음을 끌며 성경을 가르치면서 잠재적 교사들을 끌어모았다. 그는 그들을 모집하여 데리고 다녔으며 관계를 확립했다. T 목사는 자신이 가르치는 모임에 종종 교육전도사들(preacher boys)을 초청했다. 그들에게 책을 빌려 주거나 그냥 주기도 했다. 그들의 재능에 대해 T 목사님은 다른 사람들에게 칭찬을 했다. 반응은 대체적으로 멘티들 가운데 좋았다. 나는 T 목사가 제안한 것을 솔선수범하여 실행에 옮겼다. 그러나 책무는 가장 약했다. T 목사는 멘티들에게 요구한 과제를 이행했을 것이라고 짐작했다. 그러나 수업 시간에 전체적인 피드백을 제외하고는 개인적인 책무에 대해서는 평가하지 않았다. 능력 부여가 일어났으며 많은 교육전도사들이 실제로 설교자와 성경교사가 되었다. 나는 그 당시 가정모임에서 성경교사로서 익혔던 기술에 대하여 개인적으로 증명할 수 있다.
2. 매력이 존재했으며 나는 선지자 엘리아에 대한 그의 가르침에 매혹되었다. 코칭의 기술적인 면에서 지속적인 관계는 없었다. 나는 처음부터 적극적으로 반응했다. 지속적인 책무는 없었으며 처음에는 능력 부여가 미약했다. 계속되는 실습 과제물이 없었기 때문에 한참 후에까지 나는 그 기술을 경험적으로 배울 수가 없었다. 그러나 성경 인물을 연구하는 기본 체계를 배웠다.
3. 제자훈련가와 영적 안내자는 둘 다 본질적으로 일방적인 매력의 역동성을 갖는다. 제자훈련자는 대부분 멘티를 모집한다. 반면에 영적 안내자는 멘티가 선택한다. 그러나 코칭 멘토와 멘티는 자유롭게 서로를 선택한다.

코치가 사용하는 7가지 기술

소개 열거할 수 있는 기술이 많지만 멘토링 과정에서 관찰한 편집한 최소한 7가지 주요 사역 기술은 다음과 같다.

코칭 멘토링의 기술

훈련 기술	관계 기술	그룹 기술	조직 기술	말씀 기술	기도 기술	설득 기술
• 자기 절제	• 성찰	• 기도 그룹	• 위원회 조직	• 말씀 연구	• 기도 훈련	• 동기 부여
• 시간 관리	• 동료	• 성장 그룹	• 제안서 작성	• 구두 설명	• 영적 전쟁 기도	• 합의 도출
• 개인 목표 설정	• 부하	• 전도 그룹	• 기획자료, 소책자,	• 묵상적 성경 읽기	• 금식 기도	• 융통성
• 개인 재정 관리	• 갈등 상황	• 성경 공부 그룹	홍보물 목록	• 성경 공부 보조 수단	• 성경적 기도	• 새로운 아이디어 전달
• 경건 생활 습관		• 위원회	• 필요, 업무 평가	사용	• 장시간 기도	• 주인 의식
• 권위에 순복			• 조직의 체계화	• 성경 공부 자료 준비	• 대화 기도	• 전도 기술
			• 우선순위화	• 신학적 연구	• 연구 기도	
					• 능력 기도	

코치의 4가지 기능

소개 코치는 멘티에게 실제로 어떻게 능력을 부여하는가? 물론 코치의 전문성에 따라 다양한 종류의 기술을 전수해 준다. 그러나 코치는 기술 그 이상으로 멘티의 태도와 가치관을 다룬다.

코치가 이행하는 4가지 기능

1. 코치는 **기술을 전수한다**(종종 지식도 포함한다). 그 기술은 목표의 우선순위를 정하는 것과 같이 작고 간단한 것에서부터 성경을 전체적으로 분석하는 것과 같이 크고 복잡한 기술에 이르기까지 다양하다.

2. 코치는 그 기술을 사용하도록 **자신감을 심어 준다**. 코치는 그 기술을 아주 잘 사용할 수 있으며 이에 필요한 기술의 노하우뿐만 아니라 태도를 전수해 준다.

3. 코치는 **동기를 부여하며 최상의 것을 이끌어 낸다**. 멘티 자신이 생각했던 그 이상으로 능력을 발휘하도록 한다. 멘티는 새로운 것을 배울 때 항상 무능함을 느끼며 자신이 알고 있는 수준으로 물러나려는 경향이 있다. 코치는 멘티가 새로운 기술을 배우고 익숙한 수준까지 이르도록 도와준다.

4. 코치는 어떤 일을 처리하는 **기본기를 배우는 것이 중요함을 보여준다**. 이것은 삶에서 모든 일에 중요한 과정이 되는 것을 증명한다. 어떤 기술을 세분화하여 가르치는 학습 과정은 멘티가 단계적으로 기술을 익히는 코칭 패턴이 된다. 시범, 설명, 실습, 그리고 파송의 전 과정은 귀중한 훈련 도구가 된다.

해설 코치는 기술을 기본 단위로 분류하고 그러한 기본기를 가르치는 데 아주 능숙하다. 또한 코칭 훈련은 수습 훈련(시범, 실습, 피드백)과 비슷하기 때문에 코칭을 받은 멘티들은 결국 그들이 익힌 기술을 다른 사람들에게 가르쳐 주는 코치 역할을 할 수 있다.

코치의 기능에 대한 피드백

1. 부록 E(T 목사)의 사례 6을 읽어라. 어떤 능력 부여의 기능이 있었는가? 약간이라도 존재했다고 생각하는 것을 아래에서 체크 표시하라.
   ___ a. 코치는 기술을 전수한다(종종 지식도 포함한다). 어떤 구체적 기술이나 지식인가?
   ___ b. 코치는 그 기술을 사용하도록 자신감을 심어 준다.
   ___ c. 코치는 동기를 부여하며 최상의 것을 이끌어 낸다. 멘티 자신이 생각했던 그 이상으로 능력을 발휘하도록 한다.
   ___ d. 코치는 어떤 일을 하는 기본기를 배우는 것이 중요함을 보여준다. 이것은 삶에서 모든 일에 중요한 과정이 되는 것을 증명한다.

2. 부록 E(헨드릭스 교수의 사례)의 사례 7을 읽어라. 당신의 견해로 어떤 능력 부여의 기능이 있었는가? 존재했다고 생각되는 것을 아래에서 체크 표시하라(약간이라도).
   ___ a. 코치는 기술을 전수한다(종종 지식도 포함된다). 어떤 어떤 구체적 기술이나 지식인가?
   ___ b. 코치는 그러한 기술을 사용하도록 자신감을 심어 준다.
   ___ c. 코치는 동기를 부여하며 최상의 것을 이끌어 낸다. 멘티 자신이 생각했던 그 이상으로 능력을 발휘하도록 한다.
   ___ d. 코치는 어떤 일을 하는 기본기를 배우는 것이 중요함을 보여준다. 이것은 삶에서 모든 일에 중요한 과정이 되는 것을 증명한다.

해답
1. a, b, 그리고 c. d도 약간.
2. a와 d. 약간의 b 그리고 c는 별로 이루어지지 않았다.

코치를 위한 4가지 실제적 제안

소개   영적 안내자가 멘티들을 돕는 데는 오랜 시간이 걸리지만 코치는 그렇지 않다.

영적 안내자는 다른 멘토들에게 흔히 찾을 수 없는 타고난 재능이나 영적 은사를 가지고 있다. 그래서 모두가 영적 안내자가 될 수는 없다. 그러나 어떤 기술을 소유하고 그것의 전수 방법을 아는 사람은 누구든지 그 기술이 필요하고 원하는 사람에게 코치가 될 수 있다. 영적 코치는 아래에서 제안하는 힌트에 유의하면 멘토링의 효과를 높일 수 있다.

4가지 실제적 제안

단계 명칭	설명
1. 기술 세트	효과적인 코치가 되기 위해서 당신은 자신이 가진 중요한 기술 세트를 확인해야 한다. 당신이 무엇을 잘하고 그것을 어떻게 할 수 있는지 당신의 레퍼토리를 파악하라. 그 기술의 각 구성 요소와 그것을 다른 사람들에게 어떻게 가르칠 수 있는지 확인하라.
2. 잠재적 멘티를 확인하라	성격, 타고난 재능, 그리고 영적 은사의 측면에서 유유상종의 원리와 기본 패턴을 인식하고 누가 당신에게 끌리는 사람이며 당신의 기술이 필요한지 눈여겨 살펴보라.
3. 시범	사람들에게 열린 마음으로 당신이 기술을 사용하는 것을 보여주라. 보고 배우는 것이 최고의 경험적 학습이기 때문이다. 어떤 사역 기술을 사용할 때마다 도움 받을 만한 사람을 데려갈 것을 고려하라. 직접적으로 하는 사역 그 자체만 생각하지 말고 다른 사람에게 그 사역을 가르쳐 주는 것이 매우 중요하다는 점을 기억하라.
4. 모델링	좋은 본보기가 되라. 이것은 강력한 동기 부여의 수단이 되기 때문이다. 사람들은 본을 보고 배울 때 잘할 수 있다는 자신감이 생긴다.

코치를 위한 실제적 제안에 대한 피드백

1. 코치를 위한 실제적 제안 1을 자신에게 적용하고 당신이 가진 기술을 평가하라. 어떤 기술을 다른 사람에게 전수해 줄 수 있는가? 브레인스토밍하면서 아래에 적어라.

2. 코치를 위한 실제적 제안 2를 당신 자신에게 적용하고 당신이 도울 수 있는 잠재적 멘티들을 확인하라. 유유상종의 원리에 따라 당신에게 끌리는 잠재적인 멘티들은 누구인가? 브레인스토밍하면서 아래에 적어라.

해답
1. 당신의 답을 말하라. 나의 장점은 사람들에게 다양한 이슈들에 대한 관점을 제시하는 것이다.
2. 당신의 답을 말하라. 나 자신과 나의 코칭에 종종 이끌리는 사람들은 중요한 전환기에 있는 중견 리더들인데 그들은 자신들의 개인적인 리더십 계발을 위해 필요한 관점을 얻기 원한다.

멘티를 위한 4가지 실제적 제안

소개   아래 제안들은 코치를 원하는 멘티들에게 유익할 것이다.

4가지 실제적 제안

단계	명칭	설명
1	초점	구체적으로 어떤 기술이 필요한지 파악해야 한다.
2	자원	다음은 그 기술을 누가 잘 사용하는지 확인해야 한다. 그 기술을 당신에게 전수해 줄 수 있는 사람은 누구인가? 당신의 자원을 찾는 데 다른 사람들의 도움이 필요할 수도 있다.
3	관계	가능성이 있는 코치를 확인하면, 멘토링으로 이어지는 관계를 확립하라. 코치들은 대부분 반응을 잘하는 사람을 원한다는 것을 기억하라. 기꺼이 값을 치르고 적극적으로 반응하라.
4	책무	가능하면 성장 계획을 세우고 배우기 원하는 기술과, 그것을 위해 해야 할 일과, 멘토링 기간 등을 자세히 적어라. 만약 당신의 코치가 더 비형식적인 방식을 원하면 당신 자신이라도 성장 목표를 세워라.

해설   모든 사람은 코치가 필요하다. 그리고 모든 사람은 어떤 일이든 잘 처리하는 기술을 다른 사람에게 가르쳐 줄 수 있는 코치가 되어야 한다.

멘티를 위한 실제적 제안에 대한 피드백

1. 멘티를 위한 실제적 제안 1을 당신 자신에게 적용하라. 당신의 사역을 더욱 향상시키기 위해 지금 어떤 기술이 필요한가? 아마 152페이지에 제시한 기술들의 목록을 참고하면 당신의 생각에 자극제가 될 것이다.

2. 멘티를 위한 실제적 제안 2를 당신 자신에게 적용하라. 누가 당신을 도와줄 수 있는가? 당신이 위에서 열거한 각 기술을 배우는 데 당신을 도와줄 수 있는 한두 사람을 찾아서 이름을 적어라.

해답
1. 당신의 답을 말하라. 내가 필요한 것은 대중 집회 중에 즉흥적인 상황에서 어떤 개념을 명확하고 자연스럽게 설명하는 기술이다. 두 번째로 대중 집회의 포럼이나 패널에서 질문에 대답하는 기술이다. 이 2가지 기술은 서로 관련이 있다.
2. 당신의 답을 말하라. 동료 중 한 사람인 미티스 드챔플레인(Mitties DeChamplain)은 대중 집회에서 즉흥적으로 명확하게 설명을 하는 기술에 대한 조언을 제공해 줄 수 있을 것이다. 리더십 교수 동료인 에디 엘리스턴(Eddie Elliston)은 패널 모임의 상황에 대처하는 기술을 가르쳐 줄 수 있을 것이다.

코칭 멘토링에 대한 결론

다음 장에서는 멘토링의 다른 카테고리에 해당되는 간헐적 멘토링을 다룰 것이다. 간헐적 멘토링은 대개 규칙적이지 않기 때문에 상황에 따라 달라질 수 있다. 코칭도 그러한 면이 있다. 이것은 특별히 5장에서 연습문제로 사용했던 2가지 사례에서 찾아볼 수 있다. 멘토링의 5가지 역동성 모두가 확립된 것은 아니었지만 능력 부여는 일어났다. 그래서 멘토링 연속선에서 코칭은 집중적(엄격한) 멘토링과 간헐적(느슨한) 멘토링 사이의 경계선에 위치한다.

코치는 멘토링 과정에서 볼 때 영적 안내자와 대조가 된다. 영적 안내자는 대개 풍부한 영적 지식과 혜안을 가진 나이가 들고 현명하며 많은 경험을 가진 그리스도인이다. 반면 코치는 제자훈련자와 같이 젊고, 경험이 부족하며, 많은 것에 현명하지 않을 수도 있다. 그러나 코치는 어떤 일에 대해 잘 알며 처리하는 데 능숙하다. 비록 작은 기술이지만 그것을 다른 사람에게 전수해 줄 수 있다. 사실 제자훈련에서도 코칭을 통해 능력 부여가 많이 일어난다.

5장에서 나 자신의 삶에서 경험한 코칭의 2가지 사례를 사용했다. 각 사례에서 나타난 코칭의 통찰력에 대한 해설을 약간 덧붙이고자 한다.

사례 6. T 목사

T 목사는 현장 실습의 효과를 믿었다. 이것은 코치가 갖는 태도이며 당신은 이것을 보고 따라 행함으로써 배운다. T 목사의 훌륭한 점은 사람들을 훈련시켜 파송하는 그의 능력이다. 그의 강단은 다른 사람들에게 열려 있었다. 때때로 그는 설교하는 것을 교육전도사들에게 맡겼다. 성경 공부 모임도 그들에게 맡겼다. 그들은 기회를 살려 시도해야 했고 때로는 그들이 실패한다는 것을 그는 알고 있었다. 그들은 시도하고 실패하는 것이 크리스천 리더로서 성장해 가는 과정의 일부라는 것을 배웠다.

T 목사는 코치로서 기술을 전수해 주었을 뿐만 아니라 동기를 부여했다. 그는 성경 말씀 중심의 리더십을 우선순위로 삼는 사역의 가치를 보여주었다. 과연 그는 성공적이었는가? 그가 가르쳤던 교육전도사들은 모두 지금까지 성경 말씀을 그들의 삶과 사역에서 핵심 가치로 중요하게 여기고 있음을 나는 안다. 그는 정말 성공적이었고 좋은 코치였다. 그가 코칭에 대한 정식 개념을 알았더라면 더 훌륭한 코치가 될 수 있었을 것이다.

사례 7. 헨드릭스 교수

코치는 어떤 일을 잘 처리하는 방법을 안다. 또한 그 기술을 다른 사람들에게 가르쳐 주는 방법을 안다. 헨드릭스 코치가 제공해 준 전기의 인터뷰 양식(biographical interview sheet)은 결국 나로 하여금 성경 리더들을 연구하도록 하나님이 인도해 주셨다. 헨드릭스 교수는 처음 그 방법의 가치를 설명했고 그와 같은 능력을 나 자신이 열망하도록 했다. 그리고 말하기를 "이것이 내가 하는 방법이다. 이 방법대로 성경 말씀을 찾아 질문지에 답을 적어라" 고 했다. 그는 간단한 방법으로 시간을 내어 나의 편지에 답장을 해 주었다. 그러나 코치들이 주로 하는 방식은 사람들이 어떤 기술을 익히도록 도우면서 필요한 부분을 제공하는 것이다.

능력 부여가 있었지만 헨드릭스 코치가 필요한 과제를 부여하면서 그것에 대한 피드백을 제공해 주었더라면 짧은 기간에 이루어진 코칭의 경험이 더욱 좋았을 것이다.

5장의 하이라이트

1. 코치는 선수들을 모집한다. 그리고 잠재력이 있는 자들을 찾아내고 끌어들여 계발시킨다.
2. 코치는 성격상 매우 실용적인 멘토이다. 코치는 멘티들에게 어떤 일을 하는 방법을 보여주고 그 기술을 가르쳐 준다.
3. 코칭의 기본 과정은 시범, 설명, 실습, 파송의 단계를 더 폭넓게 적용한다. 이 과정을 사용하여 다른 모든 멘토링 형태에서도 능력 부여를 효과적으로 향상시킬 수 있다.
4. 교사 멘토는 멘티들을 그룹으로 모집하려는 반면에 코치 멘토는 개인적인 멘토링으로 접근한다.
5. 코칭 멘토와 멘티로서 도움을 주고받는 중요한 단계는 먼저 자신이 가진 기술을 확인해야 한다. 당신이 필요한 특정한 기술을 확인할 때 당신을 도울 수 있는 코치를 찾을 수 있다. 또한 당신이 가진 기술이나 장점을 파악하면 당신이 도울 수 있는 다른 사람들을 찾을 수 있기 마련이다.
6. 모든 멘토링 형태 가운데 코치들은 굿윈의 기대 원리(Goodwin's expectation principle)를 가장 강력하게 사용한다. **사람들은 자신이 선망하고 존경하는 사람들이 진정으로 기대하는 수준까지 성장하는 경향이 있다.**

추가 연구

5장에서 배운 내용 가운데 당신이 실제로 사용할 가장 중요한 개념을 확인하라. 그것을 구체적으로 어떻게 사용할 것인지 계획을 세워라. 당신과 책무를 서로 다할 수 있는 사람과 나누라.

3부 간헐적 멘토링

6장
간헐적 멘토링 – 상담 멘토링

서론

하나님은 때때로 우리의 인생 여정 가운데 짧은 기간에 특별한 방법으로 도와주는 사람들을 보내주신다. 이런 형태의 멘토링을 간헐적 멘토링(Occasional Mentoring)이라고 부르며 상담, 티칭, 그리고 후원이 여기에 속한다. 간헐적 멘토링에는 멘토링의 5가지 역동성이 다 존재하는 것은 아닐지라도 능력 부여가 일어난다. 이런 점에서 멘토링의 5가지 역동성이 모두 나타나는 집중적 멘토링과는 다르다. 간헐적 멘토링에서는 매력, 반응, 그리고 능력 부여의 역동성이 항상 나타나는 반면에 관계와 책무는 존재할 수도 있고 그렇지 않을 수도 있다.

간헐적 멘토링은 3가지 종류로 분류하며 그 중에서 상담자가 가장 많이 활동한다. 상담 멘토링은 대개 기독교계에서 비공식적으로 이루어진다. 그 이유는 상담 멘토링과 관련된 영적 은사는 교회에서 매우 흔하게 볼 수 있는 권면의 은사이기 때문이다. 상담 멘토링의 두 번째 카테고리는 준전문가 혹은 전문 상담사가 해당된다. 미국에서 전문적인 상담 멘토링이 갑자기 늘어나는 이유를 2가지로 말할 수 있다. 첫째는 상담자(심리학, 결혼, 가정 상담 등)를 위한 교육 훈련 프로그램이 많이 생겼기 때문이다. 둘째는 역기능 가정의 사람들을 돕는 상담의 필요와 사회적 관심이 커졌기 때문이다. 티칭 멘토링은 그다음으로 가장 흔하게 볼 수 있는 간헐적 멘토링이다. 이것 역시 비공식적 그리고 공식적으로 모두 일어난다. 마지막으로, 후원 멘토링은 제도화된 시스템과 아주 엄격한 리더십 선발과 계발 체계를 갖춘 조직이나 교단에서 덜 이루어진다. 이 3가지 간헐적 멘토링에 대해서는 각 장에서 논할 것이다.

6장의 개요

6장은 상담자 멘토에 초점을 맞춘다. 상담자 멘토는 멘티의 중요한 상황에서 성장을 위해 전문적인 조언으로 돕는다. 이는 비공식적 또는 공식적인 상황에서 이루어질 수 있으며 적시에 필요한 간단한 조언이 될 수도 있다. 시기 적절한 조언은 항상 중요하다. 조언은 매우 복잡할 수 있고 전문적 상담자의 도움이 필요할 수도 있다. 상담은 멘토가 멘티의 과거 성장 과정과 관련된 문제나 이슈들을 심도 깊게 다루는 매우 전문적이고 지속적인 관계로 이어질 수 있다.

먼저 상담자 멘토를 2가지 형태로 정의한다. 즉 공식적으로 훈련받은 상담자로서 전문직으로 사역하는 사람과 비공식적으로 훈련받은 상담자로서 자신의 은사를 사용하여 비전문직으로 사역하는 사람이다. 다음은 상담자의 8가지 능력 부여의 기능을 설명한다. 상담 멘토링 상황에 초점을 맞추어 8가지 능력 부여의 기능을 사용하는 평가서를 제시한다. 마지막으로 상담자 멘토와 상담 멘토링을 원하는 사람들을 위한 힌트를 제시하면서 6장을 마무리한다.

이 장을 마치면 다음과 같이 할 수 있다.

- 공식 및 비공식 상담자에 대한 정의를 내린다.
- 능력 부여가 일어나게 하는 요인을 설명한다.
- 능력 부여의 요인을 확인할 수 있는 기록 자료나 동시대 사례 연구를 분석하는 평가서를 사용한다.
- 상담이 필요한 상황에서 능력 부여를 평가하도록 추정할 수 있는 기간/능력 부여 연속선을 사용한다.

상담자 멘토는 크리스천 리더십 계발에 있어서 평생 동안 필요하다. 그들은 잘못된 의사 결정을 내리지 않도록 사전에 도와주며 계획을 수정할 수 있는 피드백을 제공할 수 있다. 요컨대, 그들은 리더들을 계발하기 위한 하나님의 안전 장치로서뿐만 아니라 그들의 잠재력을 발견하고 실현시키기 위해 격려하고 도전하는 하나님의 도구가 된다.

모든 크리스천 리더는 필요할 때 언제든지 조언을 제공해 줄 수 있는 여러 상담자 멘토가 필요하다. 상담 멘토링 관계가 계속적으로 발전하면 특별한 종류의 능력 부여가 일어난다.

상담자 멘토의 2가지 형태

소개 하나님은 그리스도의 몸 된 지체 가운데 은사가 있고, 현명하고, 다른 사람들의 상황을 이해하면서 의사 결정을 도와줄 수 있는 사람들을 두셨다. 이런 사람들이 매우 필요하며 리더들은 이런 사람들을 매우 고맙게 여긴다. 상담자의 도움으로 리더가 더 현명한 의사 결정을 내릴 수 있는 직접적인 정보와 안목을 갖게 하는 하는 능력 부여가 일어난다. 상담자 멘토들 가운데 많은 사람들은 이 역할을 위한 공식적 훈련을 받지 않았다. 그러나 그들이 가진 은사와 경험으로 상담자 역할이 가능하다. 게다가 최근 사회적으로 역기능 가정 환경을 가진 사람들이 많기 때문에 이러한 배경과 상황을 다루는 상담 심리와 영적 이슈들을 통합하는 전문 상담자들이 더욱 필요하다.

현장 실습을 통해 비공식적 훈련을 받는 사람들도 있지만 전문 상담자들은 대개 정식 교육 훈련을 받는다. 그들은 일반적으로 상담을 전문적으로 하는 공식적 역할을 맡는다. 이러한 두 종류의 상담자 멘토가 필요하다. 즉 바람직한 관점과 정보를 제공해 줄 수 있는 비공식적 상담자뿐만 아니라 공식적 상담자가 필요하다.

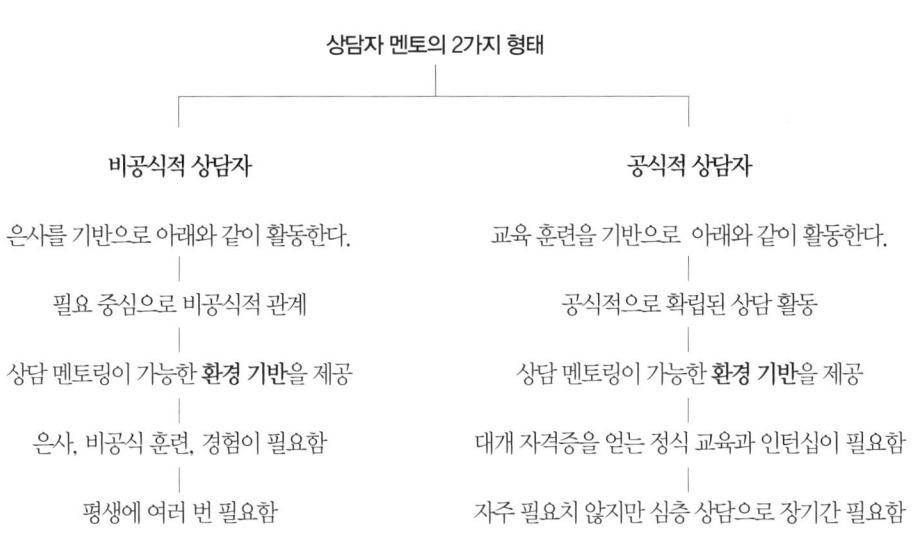

비공식적 상담자 멘토

소개   멘티의 리더십 계발을 위한 중요한 상황에서 상담자 멘토는 종종 전문적인 조언을 제공할 수 있다. 상담은 필요한 때에 간단한 조언도 될 수 있지만 시기적절한 조언은 항상 유익하다.

정의   비공식적 상담자 멘토는 어떤 사람과 때때로 만나는 관계를 유지하면서 중요한 상황과 시기에 혹은 지속적인 만남을 통해 자유롭게 조언을 제공해 주는 사람에게 붙여진 멘토 타입의 명칭이다. 상담자 멘토의 조언은 멘티의 의사 결정 과정에 지대한 영향을 끼친다.

예   상황적 상담자인 이드로는 모세가 직면하고 있던 중요한 리더십 문제에 대한 관점을 제공하는 도움을 주었다. 출애굽기 18장을 보라. 격려, 경청, 관점, 구체적 조언의 능력 부여가 일어났다.

예   부록 E의 사례 8을 보라. 상황적 상담자였던 아지엘(Aziel)과 메리안 존스(Marriane Jones)는 오랫동안 장기적 안목으로 조언을 제공하면서 도움을 주었다. 이에 관점, 구체적 조언, 연결의 능력 부여가 일어났다.

해설   비공식적 상담 멘토링은 많은 경우 멘토링으로 인식되지 않은 채 이루어진다. 경건하고, 현명하며, 경험이 많은 사람들은 조언을 부탁받거나 제공해야 하는 상황에 처하게 된다. 그러나 이러한 상황을 반복적으로 경험하는 사람들은 비공식적 상담 멘토링에서 일어나는 능력 부여의 가능성에 민감해야 한다. 상담자 멘토로서 언제 개입할지를 파악하고 감지하고 주도적이 될 수 있다.

해설   멘토와 멘티 사이에 소요되는 시간은 멘티가 느끼는 필요 혹은 멘티의 필요를 인식하는 멘토의 능력에 달려 있다. 만약 멘토가 그 필요를 인식하고 상담 관계를 조절할 수 있으면 의도적으로 개입할 수 있다. 그렇지 않으면 필요에 따라 비주기적으로 불규칙하게 상담이 이루어지도록 멘티가 조절할 수 있다. 이 특별한 상담 관계에서는 시간의 양이 아니라 조언이 적절한지 그리고 시기적으로 맞는지에 초점을 맞추어야 한다. 주된 능력 부여는 조언을 적용할 수 있다는 점에 있다. 상담에서는 집중적 멘토링 관계보다는 책무에 초점을 덜 맞추지만 앞으로 설명할 간접적 멘토링보다는 책무가 더 많이 존재한다.

비공식적 상담자 멘토에 대한 피드백

1. 부록 E의 사례 8을 읽어라. 존스(Jones)부부는 상담을 위해 어떤 교육 훈련을 받았는가?

2. 이드로가 모세에게 상담해준 사건을 읽어보라. 특히 출애굽기 18장 18-23절의 내용에 주목하라. 이드로가 모세에게 적시에 제공한 조언의 하이라이트를 요약하라.

3. 비공식적 상담자 멘토에 대한 다음의 해설을 다시 읽어라.
   비공식적 상담 멘토링은 많은 경우 멘토링으로 인식되지 않은 채 이루어진다. 경건하고, 현명하며, 경험이 많은 사람들은 조언을 부탁받거나 제공해야 하는 상황에 처하게 된다. 그러나 이러한 상황을 반복적으로 경험하는 사람들은 비공식적 상담 멘토링에서 일어나는 능력 부여의 가능성에 민감해야 한다. 상담자 멘토로서 언제 개입할지를 파악하고 감지하며 주도적이 될 수 있다.
   당신의 교회나 혹은 크리스천 단체에서 그들의 조언을 듣기 위해 종종 부탁을 받는 경건하고, 현명하며, 경험이 많은 사람들은 누구인지 즉시 확인할 수 있는가?

4. 당신 자신의 인생 여정을 되돌아보라. 상담자 멘토로서 당신을 도와준 사람들은 누구인가? 이름을 적어보라. 당신이 중요한 결정을 내려야 했던 상황은 어떠했는가? 그들의 조언은 무엇이었으며 어떤 효과가 있었나?

해답
1. 없음. 그들은 공식 교육 훈련이 아니라 은사나 경험을 기반으로 우리를 도왔던 비공식적 상담자 멘토의 예가 된다. 20년이 넘는 선교 경험을 바탕으로 그들은 우리가 갖지 못했던 관점을 제공해 주었다.
2. 『The Equipper』(1991년 11월호) 지에서 론 새니(Lorne Sanny)는 3가지 조언과 대안으로 요약했다. 기도하든지 아니면 망하든지(19절), 가르치든지 아니면 지치든지(20절), 위임하든지 아니면 실패하든지(21절). 이 구절은 상담자의 관점에서 깊이 공부해 볼 만한 가치가 있다. 조언은 시기적절했고, 하나님을 영화롭게 하고, 그 상황에 맞는 구체적인 조언이 있었다.
3. 당신의 답을 말하라.
4. 당신의 답을 말하라.

공식적 상담자 멘토

소개	미국에서 증가하고 있는 사역은 공식적 전문 상담이다. 따라서 결혼과 가정 상담에 교육 훈련을 받은 기독 심리학자들과 초심리학자들(para-psychologists)의 숫자가 더욱 늘어나는 추세이며 평신도 상담 사역도 결실을 거두고 있다. 미국 사회의 가족 붕괴는 이러한 필요를 증가시켰다. 역기능(dysfunctionality)이라는 단어는 오늘날 현대 사회에서 중요한 말이 되었다. 우리 사회가 더 부패해지면서 그 단어의 의미는 매우 대중화되었으며 많은 사람들이 공식적 상담의 필요성을 인식하게 되었다. 이러한 공식적 상담 관계에서 일어나는 능력 부여는 멘토링의 기본적인 정의에 적합하다. 그렇지만 이것은 멘토링에서 일반적으로 일어나는 경우가 아니며 매우 체계적이고 공식적 의미로 이루어진다.
정의	공식적 상담자 멘토는 전문적으로 훈련받은 상담자가 어떤 사람의 심리적 혹은 영적 건강을 방해하는 근본적인 내적 문제들을 해결하기 위해 그 사람에게 능력을 부여하며 돕는 과정을 말한다.
예	미국 풀러신학교의 상담 심리 대학원에 개설된 결혼과 가정 상담 프로그램은 학생들과 지역사회에서 필요한 가족들을 위한 상담 서비스를 제공한다.
예	다수의 교역자들이 사역하는 몇개의 대형교회에 상담 심리학 분야의 교육 훈련을 받은 전문가들이 있는 경우 교회 멤버들을 위해 필요한 상담을 제공한다.
예	예전에 비해 더 많은 목회자들이 목회 사역의 주요 기능으로 이러한 형태의 공식적 상담 사역을 한다.
예	어떤 최첨단 교회들은 평신도 상담자 훈련 프로그램들을 진행하고 있으며 일반 사람들의 수준에 맞추어 멤버들을 훈련시켜 기본적인 공식적 상담을 제공한다.
해설	공식적 상담을 위해 멘토와 멘티 간에 소요되는 시간은 느끼는 상담 효과, 관련 비용(전문 상담자를 위한), 혹은 상담자의 유용성과 같은 여러 가지 복잡한 요인에 달려 있다.
해설	공식적 상담 멘토링과 비공식적 상담 멘토링의 주요한 차이점은 재정적인 문제다. 공식적 상담에서는 대개 멘티들이 비용을 지불해야 한다. 그러나 비공식적 상담 멘토링은 거의 대부분 비용을 지불하지 않고 자원 봉사 형태로 진행된다.

공식적 상담자 멘토에 대한 피드백

1. 비공식적 상담 멘토링과 공식적 상담 멘토링의 큰 차이점(예: 재정, 상담료 지불)이 내포하는 의미는 무엇인가?

2. 비공식적 상담 기반과 공식적 상담 기반을 어떻게 비교 혹은 대조할 수 있는가? 165페이지에 있는 상담자 멘토의 2가지 형태에 대해 참조하라.

3. 당신이 알고 있는 공식적 상담을 위한 자원은 무엇인가?

4. 당신 자신의 인생 여정을 되돌아보라. 당신을 위해 공식적 상담자 멘토로 도와준 사람은 누구인가? 이름을 적어보라. 다루어야 할 문제 영역은 무엇이었나? 최종적인 능력 부여는 무엇이었나? 그 상담은 얼마 동안 지속되었는가?

해답
1. 부정적인 측면이다. 공식적 상담자들은 이 기능으로 생계를 유지하기 때문에 비용을 비싸게 지불해야 한다(교회 사역자로서 다른 재정으로 지원받는 경우는 제외하고). 공식적인 상담이 필요하지만 어떤 사람들은 그것을 활용하지 못할 수 있다. 그러나 알코올 중독자의 회복을 위한 12단계와 같은 다양한 프로그램이 많이 생겨났으며 때로는 이러한 이슈들을 그룹 형태로 진행된다. 어떤 공식적 상담자들은 그 관계를 연장하거나 필요 이상으로 시간을 끄는 경향이 있다. 긍정적 측면이라고 할 수 있는 것은 비용을 지불하지 않고서는 조언을 받을 수 없다는 점이다. 비용을 지불할 때 지불한 것에 대해 더욱 주의하거나 조언대로 실행할 것이다.
2. 공식적 및 비공식적 상담은 모두 훈련을 필요로 하지만 근본적으로 다르다. 비공식적 상담은 인생 경험 혹은 흔히 수습 훈련의 성격인 현장 실습 훈련을 활용한다. 반면에 공식적 상담 훈련은 일반적으로 체계적이고 제도적인 커리큘럼을 통해 이루어진다. 또한 엄격하고 학문적이며 대개 상담 상황에 접근하는 체계와 모델을 제공한다. 2가지 상담 형태는 모두 은사를 필요로 하며 특히 비공식적 상담은 종종 은사와 결합된다. 즉 은사 표류 패턴(giftedness drift pattern)[1] 과 유유상종 패턴(like-attracts-like pattern)[2]이 매우 분명해진다. 비록 공식적 상담 훈련이 은사에 초점을 맞추는 것은 아니지만 은사가 없는 사람들은 결국 구분될 것이다. 습득한 기술만으로는 영적인 효력에 있어서 충분하지 않다. 상담 훈련 과정을 마친 사람들일지라도 상담의 효과가 없고 상담을 원하는 수요가 없으면 은사가 부족한 것으로 구분될 것이다.
3. 당신의 답을 말하라.
4. 당신의 답을 말하라.

---

[1] 역자 주 – 클린턴 박사의 리더십 이론에 의하면, 리더들은 자신의 사전 경험이나 습득한 기술 혹은 인식한 타고난 재능이나 직관적으로 영적 은사에 따라 적합한 사역 과제나 도전에 자연스럽게 반응한다.

[2] 역자 주 – 클린턴 박사의 리더십 이론에 의하면, 잠재적 리더들은 자신의 은사와 비슷한 종류와 성향을 가진 리더들에게 직관적으로 이끌린다.

상담자 멘토의 8가지 능력 부여 기능

소개   상담자 멘토가 능력을 부여하는 카테고리는 다음과 같다.

형태	능력 부여의 종류
1. 격려	상담자는 멘티가 더 나은 성장에 대한 희망과 기대감을 갖도록 한다. 어떤 상황에서 하나님이 어떻게 일하시는지 그리고 하나님이 다루시는 관점과 성품에서 일어나는 긍정적인 면을 보여줄 수 있다.
2. 경청	상담자는 경청을 잘한다. 경청은 집중하여 적극적으로 듣는 것이며 표면적으로 나타나는 것 이상으로 항상 문제의 근원적인 뿌리를 알아내는 것이다. 그는 내담자의 아이디어에 대한 객관적인 피드백을 제공해 줄 수 있다.
3. 주요 평가	상담자는 생각이나 견해에 있어서 모순된 것을 쉽게 파악하며 그것이 건전한지의 여부를 확인한다.
4. 관점	상담자는 멘티의 삶에서 필요할 때 관점을 제시한다. 그는 현재 일어나는 사건을 큰 그림으로 보게 하며 부정적인 상황일지라도 긍정적인 가능성을 찾도록 한다.
5. 구체적 조언	상담자는 특별한 상황에 맞는 구체적 조언을 제공할 수 있다. 종종 선택 가능한 대안들과 더불어 일어날 수 있는 결과를 알려준다. 그러나 최종 결정은 멘티가 내리도록 한다.
6. 주요 안내	멘티들은 많은 경우 그들의 삶 가운데 전환기에 있으며 중요한 결정을 내리기 위한 관점이 필요하다. 상담자는 전환기의 단계를 인식한다. 즉 시작 단계로 회고적 사고, 현재 과정에 대한 혼란과 규명 단계, 그리고 미래적 사고 단계이다. 이 단계들은 일반적인 안내뿐만 아니라 중요한 결정을 위한 하나님의 관점을 갖는 틀을 제공한다. 하나님은 종종 우리의 중요한 선택을 위해 상담자들의 안내를 사용하시며 그들을 통해 우리의 남은 삶과 사역에 모두 영향을 끼치신다.
7. 연결	상담자는 멘티에게 필요한 자원을 연결시켜 준다. 종종 문헌 자료, 사람, 재정, 아이디어, 혹은 멘티가 느끼는 문제를 해결하는 데 필요한 것이면 무엇이든 연결해 준다. 종종 하나님은 우리가 당면한 필요를 채워 줄 수 있는 적절한 사람이나 자원을 보내 주신다.
8. 내적 치유	어떤 사람들은 특별한 은사를 받았거나 훈련을 받은 준전문 내지 전문 상담자들이다. 그들은 역기능 가정 환경에서 비롯되어 성장을 가로막는 근원적 문제를 다룰 수 있다.

해설	상담자는 좋은 경청가(1,2), 평가하는 사색가(3,4), 신중한 조언자(5,6), 자원의 연결자(7)이다. 어떤 상담자는 내적 치유 전문가로서 주로 어린 시절에 생긴 문제에서 비롯되어 현재 상태에 영향을 끼치는 것을 해결해 주는 일에 초점을 맞춘다.
해설	능력 부여 기능 1-7 가운데 어떤 것은 필요할 때 적시의 도움으로 단기간에 일어날 수 있다. 상담 멘토링은 일반적인 상황에서 관점을 제시하는 최소한의 도움일지라도 능력 부여가 일어날 수 있다.
추천	비즈니스맨들은 사용 여부에 관계 없이 활용할 수 있는 서비스를 위해 흔히 변호사나 비즈니스 컨설턴트들에게 의뢰 비용을 지불한다. 마찬가지로 모든 사람은 도움이 필요할때 언제든지 찾아갈 수 있는 한 명 혹은 그 이상의 친숙한 상담자 멘토들이 필요하다. 미리 그러한 관계를 확립해 놓으면 때때로 상담의 상담의 도움을 받을 수 있는 기회의 가능성을 보장해 준다.
함축적 의미	1. 교회 지도자들은 상담자의 형태와 전문 분야를 확인하고 사람들이 필요한 도움에 따라 손쉽게 안내해 주어야 한다. 도움을 제공해 줄 수 있는 상담 요원들을 확보하라. 2. 교회 멤버들에게 여러 가지 의사 결정을 내릴 때 현명한 조언을 찾는 것은 지극히 정상임을 가르쳐야 한다. 이것은 약점이 아니라 그리스도의 몸 된 지체로서 상호 의존하는 것으로 여겨야 한다. 3. 교회 멤버들에게 상담의 중요한 이슈들을 가르쳐야 한다. 4. 상담자 멘토들이 상담으로 사역할 수 있도록 그들을 놓아주어야 한다.

상담자 멘토의 능력 부여에 대한 피드백

1. 167페이지의 연습 문제 4번과 169페이지의 연습 문제 4번에 대한 대답을 생각하라. 두 문제 모두 상담 멘토링에 대한 당신의 개인적인 경험을 다루었다. 당신의 경험을 되돌아보고 능력 부여를 확인하는 데 도움이 되는 아래 평가서를 사용하라. 그 상담 상황에서 당신이 인식한 능력 부여에 해당되는 칸에 체크 표시하라.

	전혀 경험하지 않았다	불확실하다	약간 인식했다	확실히 경험했다
1. 격려				
2. 경청				
3. 주요 평가				
4. 관점				
5. 구체적 조언				
6. 주요 안내				
7. 연결				
8. 내적 치유				

상담자 멘토의 능력 부여 평가서

아래 평가서는 멘토 혹은 멘티로서 자신의 상담 멘토링 경험을 평가하는 데 도움이 될 것이다. 상담 시간 후 이 평가서를 바로 사용하라. 각 카테고리를 고려하면서 적절한 칸에 체크 표시하라. 실제로 능력 부여가 어떻게 나타났는지 세부 사항을 적어라(태도, 대화, 정보, 기타).

이 평가서는 상담자 멘토로서 더 의도적이 되며 강점과 약점을 인식하고 멘토링을 향상시키는 데 도움이 될 수 있다. 놓쳐버린 능력 부여가 그 상황에서 적절했는지 자신에게 질문해 보아야 한다. 만약 그렇다면, 어떻게 개선할 수 있는가?

이 평가서는 멘티로서 상담에 대해 평가하며 하나님이 행하신 일을 찬양함으로써 하나님과의 관계가 더욱 깊어지도록 하는 데 도움이 될 것이다.

	전혀 경험하지 않았다	불확실하다	약간 인식했다	확실히 경험했다
1. 격려				
2. 경청				
3. 주요 평가				
4. 관점				
5. 구체적 조언				
6. 주요 안내				
7. 연결				
8. 내적 치유				

멘티를 위한 5가지 제안

소개 그리스도의 몸 된 지체 안에는 지혜로운 자들이 많다. 앞서 다룬 상담자의 기능 가운데 하나 혹은 그 이상이 필요할 수 있다. 그 필요를 파악할 때 몸 된 지체 안에서 은사가 있는 자들을 인식하고 상호 의존을 위해 나아갈 수 있다. 만약 당신이 상담자 멘토의 기능 중에서 하나 혹은 그 이상의 필요를 느낀다면 그런 도움을 얻기 위한 힌트를 아래와 같이 제시한다.

1. 필요한 능력 부여에 초점을 맞추라.
상담자 멘토에 대한 필요에 따라 일반적인 성격을 파악하라. 당신의 필요에 따라 상담 멘토링의 능력 부여 기능 중에서 하나 혹은 그 이상에 구체적으로 자신을 관련시켜라.

2. 이용 가능한 자원을 찾으라.
가능성 있는 상담자 멘토를 확인하라. 즉 당신이 속한 크리스천 공동체 안에서 현명하고 경건한 사람들을 찾으라. 열거한 은사의 특징 외에 상담자는 일대일 관계 능력이나 기술을 갖고 있어야 한다. 지혜 그 자체만으로는 충분하지 않다. 직언을 할 때도 위축시키지 않고 권면하며 그 지혜를 적시에 제공하는 기술을 알아야 한다. 상담자 멘토는 흔히 다음과 같은 은사와 기술을 갖고 있다.
a. 타고난 능력 – 분석적, 관계적, 경청, 감정 이입 등의 능력
b. 습득한 기술/지식 – 상담 기술 혹은 관점 혹은 방법론, 분석 및 통합 능력, 개념화, 리더십 계발론의 활용과 관점, 계발적 안목
c. 영적 은사 – 가르침, 권면, 목회, 영 분별, 지식의 말씀, 지혜의 말씀

3. 첫 단계를 밟으라.
비공식적으로 관계를 시도하면서 상황을 주시하라. 즉 당신이 그 상담자를 신뢰할 수 있고 관계를 유지해 나갈 수 있는지, 그 상담자가 기꺼이 당신을 도와줄 수 있고 또한 도울 수 있는 능력을 갖추고 있는지 확인하라.
a. 아마 당신이 찾고 있는 능력 부여 기능이 해당될 수 있다.
b. 상담 관계가 진행되는 동안 기대치를 평가해야 한다. 예를 들어, 한 번의 조언이면 충분한지, 분명한 관점을 갖기 위해 상담이 계속 필요한지, 혹은 역기능의 가정 상황을 다루기 위해 상담이 장기간 필요한지 확인해야 한다.

4. 신뢰감을 쌓으라.
만약 상담 과정에서 하나님의 확증을 인식하면 그 상담자 멘토를 신뢰하도록 노력하고 상담에 적극적으로 반응을 보이라.

5. 결정을 내리는 사람은 당신이다.
좋은 상담자 멘토는 의사 결정 과정에서 당신이 의존하는 상태에서 상호 의존하는 방향으로 나아가도록 돕는다는 점을 기억하라. 어떤 조언, 관점, 선택, 혹은 주어진 과제 등 무엇이든지 간에 그것을 수용해야 하고 만약 마음이 불편하다면 거절해야 한다. 왜냐하면 당신이 궁극적으로 자신의 선택과 결정에 책임을 져야 하며 하나님 앞에서도 당신이 책임을 져야 한다. 상담자 멘토에게 책임을 전가해서는 안 된다. 당신 자신을 위한 하나님의 뜻을 결정하는 일에 다른 사람이 책임질 수 없다.

상담자 멘토를 위한 4가지 제안

소개   잠언 9장 8절 말씀은 모든 사람들이 교훈적 진리를 받아들이는 것은 아니라고 경고한다. 현명한 상담자 멘토들은 이 사실을 잘 알고 있다. 그들이 도와주어야 할 사람들은 항상 많다. 그러므로 누구를 얼마 동안 도울 것인지, 돕기 위해 오랜 시간이 걸릴 수 있는지 유의해야 한다. 이러한 지침은 경험이 많은 상담자에게는 구조화된 혹은 매우 간단한 것처럼 보일 수 있다. 여기서 비공식적 상담으로 돕는 상담자들에게 힌트를 제시하지만 멘토링 기능으로써 더욱 의도적으로 사용할 수 있기 바란다.

1. 멘티들을 신중하게 선택하라.
   a. 멘티가 필요한 멘토 타입의 기능을 확인하고 당신에게 적합하지 않다면 도울 수 있는 다른 사람에게 부탁하라. 상담자 멘토로서 역할을 다 할 수 있는 남녀를 포함한 네트워크를 확인하라. 당신은 8가지 능력 부여 기능의 관점에서 그들의 강점과 약점을 파악하라.
   b. 진정한 매력과 반응이 존재하는지 그리고 책무를 확립할 수 있는지를 확인하라. 이러한 멘토링 역동성은 상담과 같은 간헐적 멘토링에서도 필요하다.

2. 필요와 기간의 측면에서 잠재적 멘티의 기대치를 확인하라.
   a. 필요와 기간은 기본적으로 확인해야 한다. 멘토링 관계를 확립하기 전에 대략 조사해 보면 당신이 도와줄 수 없는 사람들이 누구인지를 가려 낼 수 있다.
   b. 기간의 문제에 대해 176페이지에 있는 기간/능력 부여의 연속선이 때때로 도움이 될 것이다.

3. 해결책을 미리 정하지 말라.
   상담자 멘토들은 흔히 자신의 지론을 가지고 마치 컴퓨터 프로그램을 사용하는 것처럼 문제를 해결하려고 한다. 그들은 멘티가 말하는 것을 잘 경청해야 한다. 그리고 각 사람의 개인적인 상황과 필요에 대해 하나님이 무엇을 말씀하시는지 귀를 기울이라. 당신이 과거에 몰랐던 새로운 아이디어를 보여주실 때 그것을 놓치지 말라.

4. 상호 의존하는 방향으로 종결을 염두에 두라.
   멘티가 의존적인 관계에서 벗어나 독립적인 관계 혹은 상호 의존 관계를 형성하는 방향으로 나아가도록 상담 멘토링을 종료하라.

기간/능력 부여의 연속선

소개   아래의 연속선은 시간적 헌신에 있어서 세 번의 상담자 상황을 나타낸다.
1. 일시적 만남 – 규칙적이지 않은 적은 횟수의 만남
2. 긴 시간의 일시적 만남 – 규칙적이지 않은 몇 번의 만남
3. 지속적 만남 – 장기간 여러 번 반복적인 만남

만남의 기간은 시간적인 측면에서 왼쪽의 더 적은 개입에서부터 오른쪽으로 갈수록 더 많은 개입을 나타낸다. 아래 수평적 시간선은 다양한 능력 부여의 기능을 제시하며 능력 부여의 정도를 보여준다.

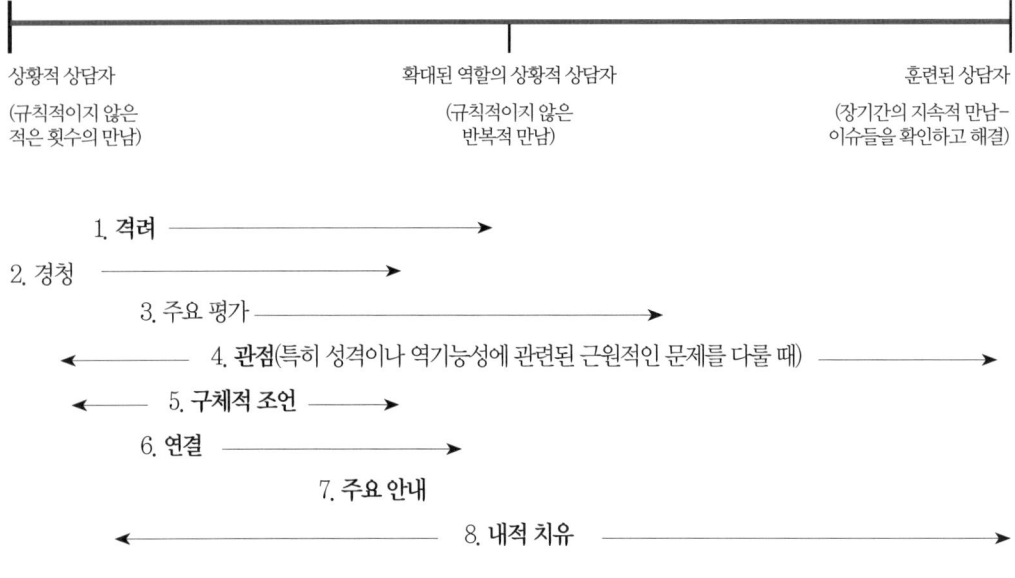

도표 6-1. 기간/능력 부여의 연속선

6장의 하이라이트

1. 비공식적 상담 멘토링은 그리스도의 몸 된 지체 가운데 은사(특히 지혜의 말씀, 권면, 가르침, 목회)가 있는 성도들이 상호 의존적으로 활동할 때마다 일어난다.
2. 목회자들이 상담자의 기능을 인식하고 그 기능을 이행할 수 있는 사람들을 확인하고 교회 멤버들이 기회를 활용하도록 격려할 때 비공식적 상담 멘토링을 더 의도적으로 사용할 수 있다.
3. 공식적 상담은 전문적 상담 사역자의 확보와 평신도 상담 훈련을 통해 교회 사역의 한 부분으로 포함시킬 필요가 있다.
4. 상담자 멘토의 기능은 격려하고, 경청하며, 생각에 대한 평가를 내리고, 전체적 관점을 제시하며, 대안적인 구체적 조언을 제공하고, 모든 자원에 시기적절하게 연결시켜 주며, 중요한 안내를 위한 결정으로 이어지는 아이디어를 제공하며, 사람들을 자유케 하는 내적 치유를 촉진하는 것이다.
5. 상담 멘토링은 리더십 계발을 위한 일종의 보호장치로써 널리 권장되고 사용되어야 한다.

추가 연구

1. 상담 멘토링의 개념에 대해 다른 동료와 나누라. 그 동료로 하여금 자신의 경험을 나누게 하고 173페이지에 있는 평가서를 함께 사용하라. 이를 통해 그 사람에게 상담자의 능력 부여가 일어난 것을 더 잘 이해하는 데 도움이 될 것이다. 또한 당신이 상담에 대해 알고 있는 것이나 모르고 있는 것을 확인하는 데 도움이 된다.

2. 6장에서 당신이 발견한 것 가운데 가장 중요한 통찰력은 무엇인가? 그것을 간결하게 요약하라. 6장을 마치고 48시간 안에 다른 누군가와 그것을 나누도록 하라. 이것은 당신의 학습을 더욱 깊게 하는 방법이 된다. 말로 표현할 때 더 인상 깊게 배울 수 있기 때문이다.

7장

간헐적 멘토링 – 티칭 멘토링

서론

　6장의 서론에서 간헐적 멘토링의 3가지 형태에 대해 간략하게 살펴보았다. 상담, 티칭, 그리고 후원이 간헐적 멘토링에 속하며 6장에서는 상담 멘토링을 자세하게 다루었다. 이제 7장에서는 티칭 멘토링에 초점을 맞춘다. 간헐적 멘토링에서는 5가지 역동성이 모두 나타나는 것이 아니라는 점에서 집중적 멘토링(제자훈련, 영적 안내, 코칭)과 차이가 있다는 점을 이미 언급했다. 티칭 멘토링에서는 매력, 반응, 능력 부여의 역동성이 일어난다. 책무는 있을 수도 혹은 없을 수도 있으며 일반적으로 깊은 관계는 형성되지 않는다.

7장의 개요

　7장은 먼저 교사 멘토에 대한 정의를 내린다. 일반 정식 교사들과 비정식 교사들 모두 멘토링을 제공할 수 있다. 이 장의 피드백 부분에서 멘토링의 범위(일대일, 소그룹, 대규모 수업)를 다루는 여러 사례 연구를 사용한다. 피드백에서는 티칭 멘토링의 관점으로 멘토링의 역동성과 능력 부여를 검토한다. 다음은 8가지 능력 부여 기능을 제시한다. 마지막으로 교사 멘토들과 교사 멘토가 되기를 원하는 사람들을 위해 실제적인 힌트를 제시하면서 7장을 마친다. 이 장에서는 모든 멘토링의 역동성이 나타나지는 않을지라도 더 많은 리더들이 유익을 얻는 데 민감하도록 티칭 멘토링의 인식을 높이고자 한다. 이 장을 마치면 다음과 같이 할 수 있다.

- 교사 멘토에 대한 정의를 내린다.
- 티칭 멘토링의 역동성에 대한 기록 자료나 동시대 사례 연구들을 분석한다.
- 능력 부여 요인들의 존재 유무에 대한 기록 자료나 동시대 사례 연구들을 분석한다.
- 8가지 능력 부여 기능의 각 명칭과 역할에 대해 설명하고 논한다.
- 개인의 특별한 필요에 따라 교사 멘토를 원하는 사람들에게 후속 조치를 할 수 있는 9가지 제안을 사용한다.

멘토 타입 5. 교사 멘토

　만약 좋은 교사들이 없었더라면 우리는 어떻게 되었을까? 우리는 대부분 좋지 않은 교사들과 평범한 교사들을 경험했을 것이고, 소수만이 좋은 교사들을 경험했을 것이다. 대부분 좋은 교사들만이 주목을 받는다. 일반적으로 교사들은 무엇을 하는가? 우리가 배우는 개념을 강의실에서 중점으로 다루지 않는 영적인 교훈으로 어떻게 전환시킬 수 있는가? 77페이지의 표 2-2에서 교사 멘토의 핵심 취지는 지식을 가르치고 학습자가 그 지식을 배우길 원하고 사용하도록 동기 부여하는 것이라고 설명했다. 이 장에서는 지식을 전하고 학습자가 그 지식을 사용하도록 동기 부여하는 관계의 의미를 확장시켜 줄 것이다.

교사 멘토

소개	교사는 특별한 종류의 멘토로서 어떤 필요한 주제 분야에 대한 지식과 더불어 그 지식을 체계화하는 능력을 갖고 있다. 그리고 멘티에게 지식을 전수해 주며 삶에 영향을 끼치기를 원한다. 자신의 강의 노트에서 다른 사람의 강의 노트로 정보를 옮기는 따분한 방식이 아니라 그 자료를 삶에 관련하여 호소력을 갖고 생동감 있게 가르친다.
정의	티칭 멘토링은 지식과 가르치는 능력을 가진 멘토가 그 지식을 멘티에게 전수하는 일종의 멘토링 과정이다. 이를 통해 멘티가 그 지식을 사용하는 동기를 부여받아 성품이나 사역에 영향을 끼치는 관점을 갖도록 한다.
예	사도행전 18장에서 바울이 브리스길라와 아굴라에게 행한 사역은 일종의 티칭 멘토링이다. 그들은 매우 비형식적 관계였다. 그러나 매력, 관계, 반응 그리고 능력 부여가 분명히 일어났으며 책무도 있었을 것이다.
예	사도행전 18장 24-26절에서 브리스길라와 아굴라는 아볼로와 티칭 멘토링의 관계였던 것을 보여 준다. 이것은 또한 매우 비형식적 상황이었다. 그러나 매력, 관계, 반응, 그리고 능력 부여가 분명히 일어났다.
예	에베소에서 바울의 사역, 특히 두란노 서원에서 2년 동안 날마다 강론하고 토론했던 사역은 티칭을 통한 보다 체계적 상황에서 이루어진 멘토링의 좋은 예가 된다. 당시 존재했던 멘토링의 역동성에 대해서는 확신할 수 없다. 그러나 그 결과와 효과에 대해서는 골로새서를 읽어보면 분명히 알 수 있다.
예	부록 E의 사례 14를 보라. 셀즈(Sells) 교수는 신학교에서 가르쳤다. 멘토링이 그냥 자연스럽게 일어났다. 매력, 반응, 책무, 그리고 능력 부여가 존재했다. 그러나 개인적인 관계는 전혀 형성되지 않았다. 또한 부록 E의 사례 15에서 해치(Hatch) 교수의 경우를 읽어보라. 둘 다 형식적 상황이었다.
예	부록 E의 사례 16을 보라. 스탠리(Stanley) 부부와 클린턴 사이에 일어난 상호적인 티칭 멘토링이다. 매우 비형식적 상황이었지만 모든 멘토링의 역동성이 일어났다.
예	매우 비형식적 상황이었던 부록 E의 사례 17을 보라. 원거리 멘토링은 티칭 멘토링이 일어나는 수단이 된다. 매력, 관계, 책무, 반응, 그리고 능력 부여의 역동성이 모두 일어났다.

해설	티칭 멘토링 관계에서 역동성은 다양하다. 만약 상황이 사례 14의 셀즈 교수와 사례 15의 해치 교수처럼 비교적 형식적 상황이라면 매력은 존재하지만 관계는 느슨하거나 심지어 존재하지 않을 수도 있다. 반응과 책무는 멘티에 의해 자발적으로 일어난다. 능력 부여는 역동성이 일어나는 정도에 따라 나타난다. 만약 사례 16의 폴(Paul), 로버트(Robert) 그리고 필리스(Phyllis)의 경우처럼 비형식적 상황에서 멘토링이 이루어지는 데 있어서 관계는 매우 중요하다. 반응과 책무는 대개 상호적인 기능이다. 이러한 개별적 맞춤형 학습에서 능력 부여는 매우 효과적으로 일어난다.
해설	모든 사례가 보여주는 한 가지 공통점은 바로 티칭 멘토링의 기회가 항상 유용하다는 점이다. 이제 그런 기회를 찾기만 하면 된다. 그것을 찾기 위한 전제 조건은 먼저 구체적인 필요를 인식해야 한다는 점이다.

교사 멘토에 대한 피드백

1. 부록 E의 사례 15에 나오는 해치 교수에 대해 읽어라. 여기서 관찰하고 배울 수 있는 교훈을 나누라.

2. 부록 E의 사례 13에 나오는 가정 성경 교사 T 목사에 대해 읽어라. T 목사는 교사 멘토 그 이상을 보여준다. 여기서 어떤 사람은 흔히 여러 멘토 타입을 결합하는 것을 보여주는 실제적인 사례가 된다. 그러나 이번 피드백의 목적은 교사 멘토에 초점을 맞춘다. 이 사례에서 관찰하고 배울 수 있는 교훈을 나누라.

3. 부록 E의 사례 16에 나오는 비형식적 상호 멘토링에 대해 읽어라. 여기서 관찰하고 배울 수 있는 교훈을 나누라.

4. 부록 E의 사례 17에 나오는 구체적인 필요 중심의 멘토링에 대해 읽어라. 여기서 관찰하고 배울 수 있는 교훈을 나누라.

5. 위의 연습 문제 1, 2, 3, 4번의 4가지 다른 사례들을 전체적으로 비교해 볼 때 교사 멘토링에 대해 배운 것은 무엇인가?

해답
1. 부록 E, 사례 15(해치 교수)에 대한 통찰력

이 사례는 만약 멘티가 필요한 멘토링의 역동성, 즉 반응, 책무, 능력 부여를 위해 자기 주도적으로 노력하면 형식적 훈련 방식에서 멘토링이 일어날 수 있음을 다시 보여준다. 셀즈 교수와 해치 교수의 사례에서 주된 차이점은 능력 부여에 있다. 셀즈 교수의 주된 능력 부여는 티칭의 내용에 있었다. 반면 해치 교수의 주된 공헌은 가르친 모든 과목에서 성품, 교수 방법(체계화와 프레젠테이션), 그리고 성실함의 기본기를 전수해 준 것이었다. 3가지 사례가 보여주는 것은, 교사 멘토들은 서로 다르다는 점이다. 어떤 멘토는 지식을 전수해 주고, 다른 멘토는 지식을 체계화해 주고, 또 어떤 멘토는 동기를 부여해 준다. 그러나 티칭 멘토링의 기본 원리는 사역 경험으로 축적한 관련된 지식을 가르쳐 주는 데 있다.

2. 부록 E, 사례 13(T 목사)에 대한 통찰력

이 사례는 어느 지역 교회에서 진행하는 무형식과 비형식 훈련 방식의 가치를 보여준다. 비록 교사들이 멘토로서 훈련받지 못했을지라도 교사들을 통한 멘토링은 유용하다. T 목사의 경우가 좋은 예가 된다. 그는 멘토로서 필요한 특징을 지니고 있었다. T 목사는 관점을 갖고서 성경 중심의 사역을 믿고 있었다. 그는 자신이 가르쳐 준 방식대로 교육 전도사들에게 성경을 사용하도록 열망을 불어넣었다. 게다가 성경 전체를 마스터하는 방법을 가르쳐 주었다. 그 방식의 핵심은 매년 성경 전체를 통독하거나 더 자주 읽고 배우기 원하는 성경을 권별로 반복해서 통독하는 것이었다. 그는 또한 성경적 진리, 교리, 사역 원리를 포함하여 성경 내용을 심도 깊게 가르쳤다. 교사 멘토는 많은 지식을 알고 있을 뿐만 아니라 그 지식을 체계화하고, 사람들을 동기 부여하고 가르치는 방법을 알아야 한다. T 목사는 바로 그렇게 했다. 그러나 그에게는 지식 이상의 것을 가르쳐 주는 능력이 있었고 그 지식을 얻는 방법을 전수해 주는 능력이 있었다.

3. 부록 E, 사례 16 상호 멘토링에 대한 통찰력

이 사례는 티칭이 개인적으로 이루어질 수 있음을 시사한다. 따라서 강의실 안에서 이루어지는 어떤 형식을 따를 필요가 없다. 그러면 무엇이 필요한가? 단지 3가지가 필요하다. 가르칠 만한 가치가 있는 어떤 지식을 알고 있는 사람이 필요하며, 그것을 기꺼이 가르치려는 사람이 필요하고, 그것을 배우기 원하고 기꺼이 시간을 투자하는 사람이 필요하다. 그리고 당신은 그 학습 경험을 함께 추구하기 위해 신중하게 결정해야 한다. 시간이 짧을 수도 있고, 배울 주제가 크거나 작을 수도 있다. 이 사례는 상호 멘토링의 좋은 예를 보여준다. 폴과 로버트는 둘 다 서로에게 멘토와 멘티가 될 수 있었다.

4. 부록 E, 사례 17 – 구체적 필요 중심의 멘토링에 대한 통찰력

이 경우에 멘티가 주도적이라는 점을 주목하라. 그는 자신이 필요한 것을 알았고 그 필요를 구체화할 수 있었다. 그는 자신을 도와줄 수 있는 어떤 사람이 다가오기를 기다리지 않았다. 오히려 자신의 구체적 필요를 채워줄 수 있는 사람이라고 생각되는 사람을 찾아가 요청했다. 그 도움을 부탁하는 것을 가능하게 했던 관계가 이미 형성되어 있었다는 점을 주목하라. '기대 속도'(up to speed)라는 말은 교사 멘토에게 중요한 기능을 하는 열쇠가 된다. 교사 멘토는 지식을 체계화하고 다루는 내용을 멘티가 신속하게 이해하도록 설명할 수 있다. 그래서 그 기간에 많은 것을 이룰 수 있었음을 보여준다. 이 멘토링 관계의 기간은 6개월이었다. 교사는 정말 최소한의 역할만 했다. 학습을 체계화하고 멘티를 학습 자원에 연결하고 가끔 보고를 들었다. 이러한 종류의 멘토링은 중견과 고위급 리더들에게 언제나 계속 이루어져야 한다. 다음의 패턴에 주목하라. 먼저 도전적 과제가 주어지고, 그것을 이행하는 데 부족함을 인식하고, 필요로 하는 교사 멘토의 기능을 구체화하며, 그 필요를 채워 줄 수 있는 멘토를 찾고, 최종적으로 멘토링 과정을 통해 능력 부여가 일어난다.

5. **이 4가지 사례는 티칭 멘토링이 폭넓게 일어나는 것을 보여준다.** 티칭 멘토링은 정식 수업(그룹), 비형식적 모임의 교회 성경 공부(그룹), 개인적인 수업(대면적인), 그리고 개인적인 상황(원거리)에서 일어날 수 있다. 각 상황에서 일어나는 멘토링의 역동성은 다양하다. 그룹 상황에서 개인적인 관계는 형성되지 않지만 개인적인 상황에서 관계는 이루어진다. 매력과 반응은 대개 멘티에게 부담감으로 작용하는 핵심적인 역동성이다. 책무는 이 모든 멘토링 형태에서 나타난다. 그룹 상황에서 일어나는 사례들을 택한 이유는 관계 중심이 아닌 교사들이 멘토링을 시도할 때 적극적이 되도록 격려하기 위함이다. 멘토링의 열쇠가 되는 것은 필요와 자원이다. 교사가 멘토링 관계를 추구하지 않더라도 멘티의 구체적인 필요를 채워 줄 수 있는 자원을 그 교사가 갖고 있는가? 멘티들과 개인적으로 상호 작용하는 상황에서는 교사들이 개인적으로 멘토링을 주도할 수 있는 가능성을 보여준다. 이 모든 사례에서 우리가 증명하고자 하는 이론적인 개념을 보여준다. 즉 **의도적인 사역 운영 시스템에서 계발을 위한 비형식적 수단이 많을수록 삶을 변화시키는 사역이 더 효과적으로 이루어진다**. 티칭 멘토링의 그룹 상황에서는 비형식적으로 관계를 형성하기 어렵기 때문에 멘티들에게 능력 부여가 분명히 일어날 수 있도록 추가적인 수단들을 강구해야 한다. 개별적인 사례들은 이러한 이론적인 개념의 논지를 지지해 준다.

교사 멘토의 8가지 능력 부여 기능

소개   모든 멘토링 관계에서 멘토는 멘티에게 어떤 자원을 전수해 줌으로써 능력을 부여한다. 교사의 능력 부여는 대개 지식 형태를 중심으로 일어난다. 교사 멘토는 다음과 같은 방법으로 멘티에게 능력을 부여한다.

형태	능력 부여의 종류
1. 지식 자원	교사 멘토는 유용한 지식 자원이 무엇인지 알고 있으며 혹은 필요한 자원을 알아 내기 위해 누구로부터 찾을 수 있는지 알고 있다.
2. 연결자	멘티에게 정보를 제공해 주는 것뿐만 아니라 필요한 자원에 연결해 준다.
3. 체계화	멘티가 배우는 개념을 쉽게 이해하도록 체계적으로 가르쳐 준다.
4. 전수	교사의 주된 능력 부여는 멘티가 지식을 이해하도록 돕고 그 지식을 전수해 주는 것이다.
5. 관련성	배우는 지식이 멘티의 상황이나 일반 상황에서 어떻게 관련되는지를 보여준다.
6. 관점	상담자 멘토가 상황을 파악하는 관점을 제시해 주는 것처럼 교사 멘토는 지식을 평가하는 관점을 갖는 것이 중요함을 보여준다. 종종 티칭은 어떤 개념이 더 큰 그림과 어떻게 연결되는지 개념적인 체계를 펼쳐 보여준다.
7. 평가	교사 멘토는 상황을 평가하기 위한 관점을 사용하는 방법을 보여준다. 이것은 결국 배우는 지식과 관련성의 의미를 더해 준다.
8. 동기 부여	교사 멘토는 멘티가 배우도록 동기를 부여한다. 배우는 과정은 배우는 그 내용 만큼 중요하다.

해설   대부분 교사를 지식을 가르쳐주는 사람으로 생각하지만 교사 멘토는 훨씬 더 많은 영향을 끼친다. 그리고 이 티칭의 기능이 개인적 관계를 통해 개별적으로 이루어질 때 엄청난 능력과 효과가 나타난다.

교사 멘토의 능력 부여에 대한 피드백

1. 부록 E의 사례 14에서 성경 교사였던 셀즈 교수에 대해 읽으라. 이 사례 연구에서 나타난 능력 부여의 요인들을 체크하라.

	전혀 나타나지 않음	확실하지 않음	약간 나타남	분명하게 나타남
1. 지식 자원				
2. 연결자				
3. 체계화				
4. 전수				
5. 관련성				
6. 관점				
7. 평가				
8. 동기 부여				

2. 당신이 최근에 경험한 티칭 멘토링을 이러한 능력 부여의 관점에서 평가하라. 당신이 경험한 것을 간략하게 설명하라. 아래 평가서를 사용하여 능력 부여의 어느 요인들이 나타났는지 확인하라. 각각의 능력 부여가 어떻게 일어났는지를 설명하는 내용을 간략하게 적어 보라.

	전혀 나타나지 않음	확실하지 않음	약간 나타남	분명하게 나타남
1. 지식 자원				
2. 연결자				
3. 체계화				
4. 전수				
5. 관련성				
6. 관점				
7. 평가				
8. 동기 부여				

해답

1. 사례 14 – 셀즈 교수에 대한 통찰력을 먼저 말하고 평가서에 대한 나의 답을 제시할 것이다.

우리가 적극적으로 기회를 찾으면 교사 멘토가 제공해 줄 수 있는 형식 훈련 방식이 매우 중요하다는 점을 이 사례가 보여준다. 셀즈 교수의 강의 시간에 종종 학교 주위에 사는 사람들이 와서 '청강' 했다. 그들은 학위를 위한 학점 취득이 목적이 아니라 삶을 위한 진리를 배우기 원했기 때문이다. 셀즈 교수는 또한 동일한 과목들을 교회에서 가르쳤으며 지역 교회에서 티칭하기를 원하는 목회자들을 위해서도 가르쳤다.

이 예는 또한 관계가 의도적인 것은 아닐지라도 멘티는 멘토로부터 배울 수 있다는 점을 보여준다. 역동성의 측면에서 매력이 존재했고 나는 2가지 이유에서 셀즈 교수에게 끌렸다. 나는 하나님의 진리를 배우고자 하는 간절한 열망을 품고 있었고, 교사로서 성장하기를 원했다. 그 2가지를 위해 셀즈 교수는 나를 도와줄 수 있다고 느꼈다. 그러나 사역에 대한 존경심을 갖는 것 외에 셀즈 교수와 개인적인 관계는 형성되지 않았다. 반응이 있었지만 그것은 내가 자기 주도적으로 시작한 것이었다. 그것은 내가 느낀 필요와 내적인 동기에서 비롯되었으며, 셀즈 교수는 전혀 인식하지 못했다. 수업의 과제물과 더불어 보통의 책무는 있었지만 멘토링의 특별한 책무는 없었다. 그렇지만 능력 부여는 존재했다. 나는 매주 3~4시간 동안 집중적인 수업을 통해 나 자신의 삶에 영향을 받은 것을 지금도 증언할 수 있다. 능력 부여는 적용 영역에서 가장 강하게 일어났으며 그것은 나의 가르침의 은사와 권면의 은사가 결합하여 중요한 개발에 역점을 두는 것이었다.

이 예는 또한 은사의 측면에서 종종 나타나는 유유상종의 패턴을 보여준다. 셀즈 교수는 지배적으로 권면의 은사로 가르쳤다. 비록 나는 3~4년 후에야 이 권면의 은사를 확인하였지만 나중에 나 또한 셀즈 교수와 동일한 은사로 가르치게 되었다.

	전혀 나타나지 않음	확실하지 않음	약간 나타남	분명하게 나타남
1. 지식 자원			X	
2. 연결자				
3. 체계화				X
4. 전수				X
5. 관련성		X		
6. 관점				X
7. 평가		X		
8. 동기 부여				X

2. 당신의 답을 말하라. 이 연습 문제의 목적은 티칭에서 능력 부여가 어떻게 일어났는지 확인하고 평가해 보기 위한 것이다.

멘티를 위한 5가지 실제적 제안

소개 우리는 대부분 교사 멘토를 필요로 하지만 그 사실을 인식하지 못한다. 또한 배움을 교실과 정식 수업과 관련시키기 때문에 우리의 필요를 채워 주는 개인적인 가르침을 받는 것에 대해서는 생각하지 않는다. 그리고 교사는 교실에서만 가르치는 것으로 고정관념을 갖고 있다. 당신이 어떤 필요를 느끼고 그것과 관련된 것을 배울 필요가 있다면 당신은 어떻게 할 것인가?

1. 필요를 구체화하라.
첫째, 필요로 하는 지식 분야를 확인해야 한다. 예를 들어, 자녀 양육에 대한 지식, 대인관계, 리더십 관점의 성경적 지식, 사역 철학에 대한 성경적 지식, 가정의 훈계, 교회의 징계, 성경 지식과 현대인의 삶과 관련성 등이 될 수 있다.

2. 그 필요를 채우기 위한 자원을 찾으라.
그다음에는 누가 당신을 도와줄 수 있는지 확인하라. 필요한 자원에 접근하기 위해 더 많은 네트워크를 가진 나이가 든 그리스도의 성숙한 제자들로부터 조언이 필요할 수도 있다.

3. 그룹 혹은 개인적으로 배워야 하는가?
이 질문을 당신 자신에게 하라. 자원을 찾는 것을 보통 수업과 같이 그룹으로 배울 수 있는가? 학교 강의나 교회 프로그램 혹은 소그룹이나 교회에서 진행되는 프로그램에서 배울 수 있는가? 혹은 다른 특별한 방법을 찾아야 하는가? 나를 개인적으로 도울 수 있는 어떤 사람을 찾아야 하는가?

4. 그룹이나 개별적으로 후속 조치를 취하라.
만약 강의와 같은 그룹으로 배울 수 있는 것이라면 바로 시도하라. 특별한 방식으로만 배울 수 있는 것이라면 당신을 개인적으로 도울 수 있는 사람과 관계를 형성하기 시작하라.
그 관계가 확립되면 당신이 필요한 것을 부탁하라.

5. 구체적으로 초점을 맞추는 것이 열쇠다.
당신의 구체적인 필요에 초점을 맞출수록 멘토가 그 필요를 채워 줄 수 있는 자원에 당신을 연결시켜 주기가 더 쉬워진다. 예를 들어, 성장 계획(growth contract)에 따라 측정 가능한 방법으로 당신이 이행할 것을 멘토와 동의하면 도움이 된다. 이 책의 뒷부분에서 하향 멘토링을 논할 때 성장 계획에 대한 내용을 좀더 자세히 다룰 것이다.

교사 멘토를 위한 9가지 제안

소개   학습자들이 티칭의 역할에 대한 고정관념을 갖고 있듯이 교사들과 잠재적 교사들도 마찬가지이다. 교사들은 기본적으로 티칭을 대중적인 형태와 프레젠테이션 방식으로 생각한다. 그러나 교사들은 학습자들 개개인이 프레젠테이션 방식 이상의 다른 많은 방법으로 배울 수 있다는 점을 고려해야 한다. 당신은 교사일지도 모른다. 그러나 당신의 은사나 재능을 사용하여 교사 멘토로서 다른 사람을 가르치는 것에 대해 생각해 본 적이 없을 것이다. 이제 교사 멘토로서 더 효과적으로 가르칠 수 있도록 아래와 같이 제안한다.

1. 당신의 전문 분야를 구체화하라.
티칭 요청에 바로 응할 수 있도록 당신이 가르칠 수 있는 과목이나 주제들의 목록을 작성하라.

2. 전문 분야를 학습자들에게 맞추어 준비하라.
당신이 가르칠 내용이 학습자들에게 개인적으로 적합하도록 준비하라.

3. 유용하도록 하라.
전문 분야의 지식으로 도울 수 있는 유용한 자원을 갖고 있다는 점을 다른 사람들에게 알려라.

4. 개인적인 접근이 가능하도록 하라.
당신이 학습자들에게 개인적으로 접근하며 더 효과적인 교사가 되는 것을 도와주는 그레고리의 교사 및 학습자 법칙[1]을 사용하라.

5. 학습 과정에 초점을 맞추라.
당신은 지식을 전수해 줌으로써 교수/학습 과정의 역동성도 보여준다. 이것은 학습자들에게 동기를 부여하고 그들이 다른 사람들에게도 그 지식을 사용할 수 있는 방법과 이유를 제시한다.

6. 필수적인 기본 내용으로 축소하라.
항상 멘티의 상황에 맞추어 지식 기반을 수정하라. 한꺼번에 너무 많지 않도록 필요한 것만 가르쳐라.

7. 적용에 초점을 맞추고 관련성을 강조하라.
항상 멘티에게 배운 지식을 사용하도록 도전하라. 이것을 가장 잘할 수 있는 방법은 당신 자신의 삶에서 그 지식이 유익함을 설명하고 멘티의 상황과 어떻게 관련되는지 보여주는 것이다.

8. 더 빨리 배우는 개인을 선발하라.
당신이 그룹으로 가르친다면 개인적으로 멘토가 되어 줄 수 있는 사람들이 있는지 눈여겨보라. 반응을 잘 보이는 학습자들은 빠르게 배울 수 있는 특별한 관계로 초청할 수 있다. 그러한 사람들과 개인적으로 관계를 확립하고 멘토링 관계로 발전시켜라.

9. 티칭의 융통성을 가져라.
필요에 따라 특별한 티칭 기회에 열린 마음을 가져라. 당신의 평소 티칭 패턴에 맞지 않는 요청이 생길 수 있다. 그때마다 관심 있는 각 개인들에게 능력을 부여할 수 있는 가능성을 생각하라. 즉 티칭을 통해 개인적으로 가능한 멘토링 기회에 열린 마음을 가져라.

---

[1] 역자 주 - 존 밀턴 그레고리(John Milton Gregory)가 저술한 책인 『7가지 교육법칙』(The Seven Laws of Teaching, 생명의 말씀사)은 이러한 교수법 원리를 제시한다.

7장의 하이라이트

1. 멘토링은 개인적인 관계에서 의도적이지 않게 짧은 기간에 일어날 수 있다.
2. 교사 멘토들은 자신이 배운 진리를 다른 다른 사람들에게 가르쳐 주고자 하는 열정을 가진 자들이다.
3. 교사 멘토들은 그룹으로 혹은 개인적으로 가르칠 수 있다.
4. 교사 멘토들은 멘티들의 눈높이에 맞추어 멘티들의 상황에 알맞게 가르치며 티칭을 조절해 나갈 수 있다.
5. 교사 멘토들은 개인적인 접근보다 주로 전체 그룹을 고려하는 편이다. 그리고 멘티들이 필요로 하는 내용보다는 그들이 가르치는 주제를 더욱 고려하는 편이다.
6. 교사 멘토들은 의도적인 멘토링에 열려 있다. 즉 티칭으로 사람들에게 능력을 부여하기 위해서는 관계를 확립하는 것이 먼저 필요하다. 하나님은 이 중요한 티칭 멘토링을 위해 바로 당신을 도전하고 계신다.

추가 연구

1. 당신이 7장을 마친 후 48시간 안에 50세가 넘은 그리스도의 성숙한 제자를 찾으라. (나이에 상관없이 신앙생활에 경험이 많은 사람을 찾으라. 그런 사람은 아마 크리스천 삶의 여정 가운데 티칭 멘토링을 여러 번 경험했을 것이다.) 그 사람과 교사 멘토의 개념에 대해 나누라. 나눔 그 자체가 좋은 학습 경험이 될 것이며 그 사람과 나누기 위해 개념들을 재정립해야 할 것이다. 그리고 당신이 설명한 개념과 비슷한 티칭 멘토링에 관해 그 사람이 경험한 것이 있다면, 나누어 달라고 부탁하라. 그 사람의 사례가 많을수록 더 좋다. 티칭의 능력 부여가 그 사람의 삶에 어떤 변화를 일으켰는지 구체적으로 질문하라. 그 사람의 사례 가운데 중복되는 멘토링 형태를 발견할 수 있을 것이다. 마지막으로 이 질문에 대한 답을 찾으라. 이 연습 문제를 통해 티칭 멘토링에 대한 당신의 견해가 어떻게 확장되었는가?

2. 7장에서 당신이 실제적으로 사용할 가장 중요한 개념은 무엇인가? 당신이 그것을 어떻게 사용할 계획인지를 말하라. 당신에게 책무를 다할 수 있는 누군가와 그것에 대해 이야기를 나누라.

8장

간헐적 멘토링 – 후원 멘토링

서론

6장과 7장에서 간헐적 멘토링의 2가지 형태인 상담과 티칭을 다루었다. 이러한 간헐적 멘토링은 단기간에 집중적인 개입으로 리더의 계발에 지대한 영향을 끼칠 수 있다. 이 2가지 멘토링 형태는 자신이 속한 조직이나 사역 밖에서 일어날 수 있는 개인적인 인간관계를 포함한다. 그러나 8장의 주제인 후원 멘토링은 그렇지 않다. 후원자 멘토들은 어떤 조직이나 교회 혹은 사역 안에서 영향력을 발휘하는 사람들이다. 그들은 조직이나 교회, 혹은 사역 안에서 경험, 지혜, 존경심을 갖고 있기 때문에 다음세대 리더들의 계발에 영향력을 발휘할 수 있다. 후원자 멘토들은 그들의 상황 가운데 잠재적 리더들을 위한 발전적 행보와 더불어 최상의 진로 개발을 위해 사용할 수 있는 자원들을 인식한다. 조직 안에서 종종 좋은 잠재적인 리더들은 위에 있는 리더들에 의해 발견되기를 기다리고 있다. 잠재적 리더들이 발견되지 못하면 그들은 자신들의 잠재력을 실현시킬 수 없고 그 조직을 위해 공헌할 수도 없다. 그들은 성장이 둔화되거나 혹은 더 나은 곳을 찾아 그 조직을 떠날 수도 있다. 후원자 멘토들은 이런 뒷문을 닫고 잠재력 있는 사람들을 위해 리더십 역할(leadership gap)로서 서로 연결시킬 수 있다. 이 장은 후원자 멘토의 역할에 대해 논한다. 당신이 조직 안에서 영향력 있는 사람이라면 잠재력 있는 멘티들을 후원해 주는 것이 얼마나 중요한 일인지를 알게 될 것이다.

8장의 개요

이 장은 후원 멘토링을 설명해 주는 간단한 사례들의 시리즈로 시작한다. 그리고 중요한 개념인 후원자 역할(sponsor gap)을 소개한다. 이 개념은 조직 안에서 잠재력 있는 젊은 리더들이 자신들의 계발을 위해 또한 조직 안에 머물 수 있도록 그들을 발굴하는 후원자들이 필요함을 지적한다. 그다음은 후원자 멘토에 대한 정의를 내리고 6가지 후원자 기능과 능력 부여를 제시한다. 마지막으로 후원자들을 원하는 사람들과 또한 후원자들을 위한 힌트를 제공한다. 8장을 마치면 다음과 같이 할 수 있다.

- 후원자 역할을 논하고 그 역할이 왜 중요한지를 설명한다.
- 후원자 멘토에 대한 정의를 내린다.
- 후원자 멘토의 6가지 기능과 능력 부여를 논한다.
- 후원자 멘토의 기능과 능력 부여에 관한 기록된 자료나 동시대 사례 연구들을 분석한다.
- 후원자 멘토를 찾기 위해 개인적인 전략을 세우는 힌트를 사용한다.

멘토 타입 4. 후원자 멘토

아마 실제적인 사례들을 통해 간헐적 멘토링을 가장 이해할 수 있을 것이다. 여기서 후원자 멘토를 설명하기 위해 간단한 사례들을 먼저 소개하고자 한다. 그다음에 후원자 멘토에 대한 정의와 본질적 요소에 대해 설명할 것이다.

후원자의 특별한 보호 관계에 내재된 잠재적 능력 부여에 대해 살펴보자. 77페이지의 표 2-2에서 후원자의 핵심 취지는 조직 안에서 어떤 리더가 성장해 나갈 때 진로지도와 보호를 제공해 주는 것이라고 설명했다. 아래에 소개하는 간단한 사례들을 읽으면서 그 개념을 기억하라. 각 사례는 이 기본 아이디어에 새로운 정보를 더해 줄 것이다. 사례들을 살펴본 후에 후원자의 정의에 더하여 핵심 취지를 확장할 것이다.

미니 사례 1. AT&T의 무명의 후원자

로버트 그린리프(Robert Greenleaf)의 소책자 『경건한 지도자로서의 종』(The Servant as Religious Leader)의 내용 가운데 후원자에 대한 흥미로운 사례가 있다. 나는 잠재적 후원자 멘토들을 도전하기 위해서 그 사례를 종종 사용하곤 한다. 간단히 요약하면 다음과 같다. 그린리프는 리더십 계발과 진로지도를 담당하는 미국 AT&T 회사의 관리자였다. 그는 업무상 고위층 리더들에 대한 연구를 실시했다. 한번은 그 회사의 최고 경영진을 구성하는 12명의 임원진을 연구하였다. 조사 결과 그들은 유능했지만 아주 특출난 사람들이 아닌 것을 알았다. 그래서 그들이 어떻게 승진할 수 있었는지 알아내기로 했다. 연구 결과 회사생활 초기에 그들이 매니저로서 빨리 성장할 수 있도록 도와준 상사들이 있었다는 것을 발견했다.

그런데 가장 놀라운 것은 12명 중에서 4명은 초기에 한 중견 관리자 밑에서 기본 자질이 형성되었다는 사실이다. 그와 같은 중간 관리자들은 900명 정도 있었다. 그 중간 관리자는 다른 사람들에 비해 위아래에 있는 리더들과 더 많은 접촉 기회를 갖는 것도 아니었다. 그러나 그가 그 회사에서 일하는 동안 최고 경영진의 1/3이나 되는 사람들뿐만 아니라 중견과 상위층에 있는 상당수의 사람들이 초기부터 그를 거쳐간 것이었다. 그는 그 회사의 가장 영향력 있는 매니저로서 사람들을 계발해 주며 AT&T 회사의 진로에 지대한 영향을 끼친 것이다.

그린리프는 무명의 이 관리자가 좋은 멘토가 될 수 있었던 몇 가지 자질을 언급했다. 그는 젊은 사람들이 성장하는 것을 지켜보며 지대한 관심을 갖고 있었고, 그 회사에 재직하는 동안 줄곧 이 열정을 유지했다. 그는 잠재력 있는 사람을 알아보는 직관력이 뛰어났다. 그는 자신이 멘토가 되어 줄 사람들을 주의 깊게 선택했으며, 시간을 낭비하지 않고 반응을 잘 보이는 사람들에게만 집중했다. 그는 그의 멘티들에게 도전적인 업무들을 반드시 이행하도록 했다. 그는 부정적인 상황에서 많은 것을 배울 수 있다고 믿었으며, 부정적인 상황을 오히려 성장의 기회로 활용하였으며, 이정표적 사건(marker events)이 되도록 일부러 특별한 상황을 만들기도 했다. 그는 젊은 사람들의 자질을 계발하는 데 있어 경험을 갖는 것이 중요함을 알았다. 그래서 초기부터 이정표적 사건들을 통해 평생에 안내가 될 만한 중요한 가치관을 심어 줄 수 있었다. 그는 그들의 보고와 질문을 받고 상호 작용하며, 관점을 제공하고 언제든지 도와주었다. 또한 그는 그의 멘티들이 성장하는 것에 큰 관심을 보였고 그들에게 개인적으로 관심을 표현했다.

아마 그는 그것을 몰랐을 것이다. 그러나 동기 부여의 수단으로 그는 굿윈의 기대 원리(Goodwin's expectation principle)를 직관적으로 사용한 것이 분명하다. 즉 **잠재력 있는 리더들은 자신이 존경하는 리더들이 진정으로 기대하는 수준까지 성장하는 경향이 있다**. 그는 특별한 종류의 후원자였다. 즉 그는 아래서부터 후원자가 되었으며 그것은 그가 새롭게 부상하는 리더들을 일찍부터 포착했기 때문이다. 그러나 그와 같은 지위에 있는 다른 리더들도 동일한 기회를 갖고 있었지만 이와 같은 중요한 일을 하지 않았다.

미니 사례 1에 대한 통찰력

AT&T 후원자에 대한 중요한 사실은 그가 그 조직 안에서 중요한 권력적 지위를 가졌다는 점이다. 후원자들은 대부분 권력적 역할을 가졌거나 혹은 고위급 의사 결정자들로부터 얻은 신뢰로 널리 알려져 있다. 이 후원자는 그다지 권력을 가진 사람은 아니었다. 그렇지만 그는 그 조직 안에서 잠재력 있는 리더들이 창의적으로 계발되고 승진하게 함으로써 결과적으로 권력적 지위를 가진 것과 마찬가지였다.

그는 또한 후원자들에게 공통적으로 흔히 일어나는 역멘토링의 역동성(reverse mentoring dynamics)의 예를 보여준다. 다른 멘토 타입에서는 주로 멘티가 멘토에게 느끼는 매력이 존재한다. 그러나 후원자에게는 대개 멘티의 잠재력 때문에 멘토가 먼저 매력을 느낀다. 잠재력 있는 사람들을 계발시켜 주고자 하는 강한 내적 열망을 갖는 것이다.

AT&T 회사에서 그 멘토는 후원자의 10가지 공통적인 기능 가운데 놀랍게도 7가지를 보여준다. 4가지 기능과 직접 관련 있는 권력의 지위에 있지 않았음에도 말이다. 나중에 이 기능들을 자세히 살펴보겠지만 그가 실행한 것을 우선 고려해 보자.

그는 자신이 계발할 수 있고, 멘토링 관계에 좋은 반응을 보일 만한 사람들을 선택했다. 그는 그들을 격려했고, 그들과 함께 일하기로 선택하는 것만으로도 그들이 자신감을 갖도록 했다. 그는 기술도 전수해 주었다. 그는 유능한 매니저였고, 감독 기술을 잘 알았고, 성장하는 젊은 리더들에게 가르쳐 주었다. 비록 그가 가진 자원은 제한되어 있었지만, 그는 자신이 가진 모든 것을 동원하여 멘티들을 계발시켜 주려고 노력했다. 그는 조직 사회와 생활에 대한 관점을 제공했다. 그는 조직의 생리를 잘 알았고, 인맥의 네트워크를 갖고 있었으며, 어떤 커리어를 쌓아야 할지도 이해하고 있었다. 그는 함께 일하는 멘티들에게 영감을 불어넣었다. 후원자의 이런 기능은 반드시 권력의 지위를 필요로 하지 않는다.

그는 권력을 적절히 사용하는 어떤 역할을 했을 것이다. 아마 멘티들에게 어떤 기회를 제공하거나 커리어에 도움이 되는 길을 위해 그의 상관들에게 제안했을 것이라고 추측한다. 분명히 그들이 승진하는 것을 돕기 위해 최선을 다했을 것이다. 놀라운 사실은, 그는 자신에게 꼭 맞는 일을 찾았다는 것이다. 그는 승진하려고 애쓸 필요가 없었다. 그는 자신의 지위에 만족했으며, 독특한 역할을 이행할 수 있다는 점을 이해했다.

미니 사례 2. 멘토링 – 권력 네트워크(Power Networks)

최근에 나(로버트)는 차를 운전하면서 데이비드 이멘하이저(David L. Emenhiser)의 세미나 테이프를 들었다. 지역 사회에서 권력으로 영향을 끼친 사람들에 대한 내용이었다. 그는 크리스천 리더들이 아닌 일반 리더들에 대해 말하고 있었다. 그는 미국 중서부에 있는 어느 도시의 예를 들면서 설명했다. 그는 권력 네트워크를 확인하는 방법을 사용하여 연구했다. 나에게 인상 깊었던 것은 권력 네트워크가 존재한다는 사실이다. 그리고 사람들은 그 네트워크에 소속된 사람과 소속되지 않은 사람을 알고 있었다.

나는 그 도시에서 권력을 가진 사람들의 특징에 대해 들으면서 또 다른 중요한 사실을 발견했다. 인상적인 것은 권력을 행사하는 사람들일지라도 거의 대부분은 그들이 권력이 네트워크 안에서 영향력을 갖는 위치에 도달하도록 도와준 한 명 이상의 후원자 멘토가 있었다는 사실이다. 후원 멘토링은 어떤 조직 안에서만 일어나는 것은 아니다.

미니 사례 2에 대한 통찰력

후원자는 조직 안에서만 국한되지 않는다. 조직의 한계를 뛰어넘어 능력 부여를 확장한다. 사람들 사이에 형성된 인맥 네트워크는 권력을 제공하는 주요 자원이 된다. 후원자 멘토는 멘티들이 그 네트워크 안으로 들어오도록 길을 열어 준다. 어떤 조직 안에서 멘티들에게 주어지는 기회가 제한되는 경우가 많다. 현명한 후원자는 이 사실을 염두에 두고서 멘티들에게 더 유익한 커리어로 연결시켜 주는 다리 역할을 한다. 후원자들은 대개 '안' 에 있는 사람들이며, 멘티들은 '밖' 에 있는 사람들이다. 조직 안에서 혹은 조직 밖에서 멘티들을 '안' 으로 연결해 주는 것이 바로 후원자의 주된 기능이다.

미니 사례 3. 나의 동료 – 찰스 크래프트 교수

1980년에 나(로버트)는 중요한 전환기에 있었다. 그때 나는 하나님께서 나를 이전의 선교 사역으로부터 새로운 역할로 인도하신다는 것을 알았다. 그러나 그것이 무엇인지 몰랐다. 그런데 찰스 크래프트 교수가 연결자가 되어 주었다. 당시 나는 풀러신학교 선교 대학원에서 선교학 박사 학위 과정을 공부하고 있었다. 그는 나의 멘토가 되어 주었다. 그는 내 잠재력을 보았고 교수로서 강의할 수 있도록 나를 추천했다. 그는 새로운 학장과 교수진 그리고 탐탁지 않게 생각하고 있던 부총장에게도 가서 나를 위해 변호해 주었다. 사도행전 9장 27절에 나오는 바나바처럼 그는 다른 교수인 피터 와그너(Peter Wagner)와 함께 나를 적극적으로 옹호해 주었다. 결국 나는 교수로 초빙되어 3년간 임시 교수직을 거친 후에 정식 교수로 채용되었다. 이것은 하나님께서 나를 위해 문을 열어 준 것이었다.

그후에도 크래프트 교수는 계속해서 나를 지켜봐주고 그 학교 환경에 잘 적응해 나가도록 나를 계속 옹호하며 도와주었다. 나중에 크래프트 교수가 나를 위해 했듯이 다른 몇 사람을 위해서도 그렇게 한 사실을 알게 되었다. 그는 가능성을 알아차리고 잠재력 있는 리더와 적임자가 필요한 교수진을 납득시킬 수 있었다. 그는 조직의 필요에 맞게 개인의 계발을 돕고 그러한 필요를 채워 준 특별한 종류의 후원자 멘토였다.

미니 사례 3에 대한 통찰력

후원자는 멘토의 역할에 있어서 자기 중심적이 아니다. 그는 개인의 유익과 그 조직의 유익이 균형을 이루도록 한다. 크래프트 교수는 학교 상황과 관련된 사람들을 직관적으로 파악할 수 있었으며 서로 연결시킬 수 있었다. 그는 동료 교수들과 학교 리더들 사이에서 그의 혁신적인 아이디어를 받아줄 정도로 신뢰감을 얻고 있었다. 그는 문을 열었지만 사실상 문을 만든 것이다.

후원자 역할

소개 크리스천 조직들, 특히 선교단체들은 큰 뒷문을 갖고 있다. 즉 그 조직의 리더들과 가장 훌륭한 잠재력을 가진 리더들 가운데 많은 사람들이 여러 이유로 떠난다. 문제 해결의 핵심은 조직 안의 영향력 있는 사람들이 이 문제점을 알고서 잠재력 있는 리더들을 유지하기 위한 조치를 취해야 한다. 거의 모든 대규모 조직에서는 잠재력을 가진 리더들을 보호하고 후원하며, 그 조직의 변화와 발전 그리고 중요한 공헌을 할 수 있는 후원자들이 절실히 필요하다.

정의 후원자 역할(sponsor gap)은 위에 있는 리더들이 밑에 있는 잠재력 있는 리더들을 격려하고, 보호하고, 능력을 부여하며, 자원에 연결시켜 주거나 그 조직 안에서 그들을 계발하고 유지하기 위해 멘토링 관계로 개입하는 것을 말한다.

해설 잠재력 있는 리더들이 흔히 떠나는 이유는 다음과 같다.
- 조직 패턴에 맞지 않는다.
- 조직의 현재 비전을 능가하는 아이디어를 갖고 있다.
- 훌륭한 리더십 자질과 잠재력이 감추어져 있고 모난 면이 있다.
- 지나치게 이용당하거나 계발되지 않는 것을 원치 않는다.
- 도전 없는 역할만 맡고 있다.
- 조직의 의사 결정권자들과 긴밀한 관계가 형성되어 있지 않다.

해설 조직을 떠나는 사람들은 아마
- 모든 사역을 그만둔다.
- 그들이 원하는 것을 하기 위해 새로운 조직을 만든다.
- 유능한 리더가 되어 다른 조직에 기여한다.
- 혹은 자기 계발에 실패한다.

해설 어떤 경우든 그들이 떠난 조직에는 전혀 유익이 되지 않는다. 잠재력 있는 사람들이 이렇게 뒷문으로 빠져 나가는 것을 어떻게 막을 수 있는가?

후원자 역할에 대한 피드백

1. 후원자 역할이 존재하는 어떤 조직이나 교회를 알고 있는가? 위에 있는 리더들이 후원자 역할을 하지 않거나 혹은 기꺼이 후원자가 되지 못하는 이유는 무엇인가?

2. 잠재력 있는 리더들이 왜 그들의 그룹, 교회, 혹은 조직을 떠나는지 그 이유를 생각해 보라. 당신이 속한 단체나 교회에서 가장 흔하게 발견할 수 있는 한 가지 이유를 말해 보라. 그 상황을 어떻게 개선할 수 있는가?

해답
1. 예. 교회들 대부분은 이와 비슷하다. 사람들이 후원자가 되지 못하는 이유는 많지만 다음과 같을 수 있다.
    - 자기 중심의 의제(agenda)에 초점을 맞춘다. 다른 사람들을 계발시키는 관점으로 바라보지 않는다.
    - 리더십 계발을 중요하게 여기는 철학이 없다. 프로그램을 운영하는 데 초점을 맞춘다.
    - 사람들을 후원하고 계발시키는 것이 그들의 책임이라고 느끼지 않는다.
    - 다른 사람들을 후원하는 일은 관계, 수고, 희생, 그리고 믿음을 요구한다.
2. 당신의 답을 말하라.

후원자 멘토/후원

소개	후원자 역할의 문제는 리더들을 잃는 것을 막기 위해 조직 안에서 후원자 멘토들이 절실히 필요하다는 것을 이해하도록 돕는다. 조직 안에서 후원자들은 전략적 위치에 있는 사람들이다. 그들은 젊은 리더들에게 뿐만 아니라 조직에도 유익을 주는 사람들이다. 후원자 역할을 잘하는 멘토들에 대하여 조직에서 그들을 인정하고, 보상하고, 놓아주는 것이 필요하다. 그러나 대부분 이러한 형태의 멘토링은 드러나지 않고 비공식적으로 일어나며, 조직 안에서 거의 알려지지 않는데 이렇게 되어서는 안 된다.
정의	후원자 멘토는 조직 안에서 영향력 있는 사람으로서 잠재력 있는 리더들을 조기에 발견하여 그들의 유익한 진로지도를 위해 도와주고, 멘티에게 그리고 조직에 유익이 되도록 한다.
정의	후원(sponsorship)이란 어떤 조직 안에서 신뢰성, 지위적 권위, 혹은 영적 권위를 가진 멘토가 그러한 권력 자원이 없는 멘티와 관계를 형성하며, 멘티의 계발과 조직 안에서 멘티의 영향력이 향상되도록 도와주는 관계적인 과정이다.
예	미니 사례 1 – 그린리프의 예는 사람들을 개인적으로 반복해서 계발하고 후원하는 영향력 있는 리더의 좋은 본보기가 된다.
예	모세는 후원자 멘토로서 여호수아를 도왔다. 그는 광야에서 40년 동안 여호수아를 영적 권위를 가진 리더로 계발시켜 주기 위한 단계를 차근차근 밟았다.
예	역사적 사례로는 제2차 세계대전 중에 마샬(Marshall) 장군이 아이젠하워(Eisenhower)를 후원한 것을 소개할 수 있다.
해설	미국 군대에서는 군인들을 위해 후원 멘토링을 실험해 보고 있다. 장성급 장교들은 군 복무하는 동안 영관급과 위관급 장교들과 특별한 방법으로 멘토링 관계를 유지하고 있다.

후원자 멘토에 대한 피드백

1. 만일 유능한 후원자가 되길 원하면 어떤 자질이 필요한가?

2. 성경에 나오는 후원자 멘토에 대한 예를 하나 살펴보았다. 다른 성경적 예를 생각해 볼 수 있는가? 성경적인 예들을 찾아 적어보라.

해답
1. 유능한 후원자는 조직이나 교회에서 신뢰성, 지위적 권위 혹은 영적 권위를 가져야 한다. 또한 리더들의 잠재력을 일찍이 알아볼 수 있는 능력이 있어야 한다. 그리고 그들을 조직 안에서 계발해 주고 보호하며 성장해 나가도록 돕는 방법을 알아야 한다.
2. 예수님과 사도들, 바나바와 바울, 바울과 디모데, 바울과 디도, 바나바와 마가 요한 등이 있다.

후원자 멘토의 역동성에 대한 해설

소개 78페이지 도표 2-1의 멘토링 연속선에서 간헐적 멘토링이 성공적으로 일어나는 데 있어 5가지 역동성이 모두 나타날 필요는 없다고 말했다.

해설 후원 멘토링에서는 5가지 역동성 중에서 대개 4가지가 나타나는데 매력, 반응, 관계, 그리고 능력 부여가 일어난다. 책무는 이행해야 할 기능에 따라 일어날 수도 있고 일어나지 않을 수도 있다. 그러나 이러한 역동성들이 일어날지라도 집중적 멘토링 형태들에 비해 다르게 작용한다. 여기서 매력은 보통 아래로 향한다. 즉 멘토는 잠재력 있는 젊은 리더에게 끌린다. 그리고 멘토와 멘티 사이에 존경심과 적절한 권력거리(power distance)가 존재하지만 관계가 이루어진다. 멘토는 호의적이고 더욱 가부장적이며 권력거리에 유념한다. 멘티는 존경심을 표하며 권력과 그 효력을 인식한다. 능력 부여는 결과적으로 멘티가 영향력을 확장하고, 더 능력 있는 역할, 새로운 커리어, 평판, 신뢰 혹은 멘토의 권위를 얻도록 한다. 따라서 역동성이 효과적으로 일어나기 위해서 멘토는 반드시 지위적 권력, 훌륭한 신뢰성, 영향력의 네트워크, 그리고 크리스천 조직 안에서 영적 권위를 가져야 한다. 멘티를 발굴할 때는 몇 가지 요소를 고려하며 균형을 유지해야 한다. 즉 조직의 필요를 인식해야 하지만 멘티는 자신을 스스로 증명해야 한다. 멘티가 권력자의 환심을 사려고 할 때 인격적 결함이 생긴다. 이기적 목적으로 관계를 정치적으로 조종하는 유혹에 넘어갈 때 조직의 유익에 손상을 입힌다.

후원자 멘토의 6가지 기능과 능력 부여

소개   후원자가 수행하는 기능들을 아래 표 8-1과 같이 요약할 수 있다.

표 8-1. 후원자 멘토의 기능과 능력 부여

기능	능력 부여	설명
1. 선발 (Selection)	자신감, 기대감, 엘리트 의식을 심어 줌	잠재력 있는 리더들을 발굴하여 자신감을 갖게 하고 조직에 큰 공헌을 할 수 있다는 엘리트 의식을 심어 준다.
2. 격려 (Encouragement)	인내심	멘티를 믿어 주고 그가 성공적으로 일을 완수할 것을 확신하도록 격려한다.
3. 기술 전수 (Impart skills)	리더십, 권력적 기술	대인 관계 기술, 네트워킹 사용법, 적절한 권력 사용 등 리더십의 기술을 직접 전수해 준다.
4. 자원 연결 (Linking to resources)	자원	교육, 훈련, 재정, 사람을 포함하는 권력적 자원을 멘티에게 연결해 준다.
5. 관점 (Perspective)	분석적 기술	후원자는 조직 전체, 조직 구조, 권력적 네트워크, 장기적 목표 등에 대한 큰 그림을 갖고 있다. 따라서 낮은 지위에 있는 리더들이 의사 결정에 참여할 수 있는 관점과 체계를 제공한다.
6. 영감 (Inspiration)	목적 의식	후원자는 대개 끝을 염두에 두고 시작한다. 멘티가 장차 어떤 사람이 될 수 있고 무엇을 성취할 수 있는지를 내다보고 그런 사람이 되도록 영감을 준다.

후원자 멘토의 기능과 능력 부여에 대한 피드백

1. 후원자의 여러 기능이 어떻게 능력 부여를 하는지 설명하라.

    선발(Selection):

    격려(Encouragement):

    기술 전수(Impart Skills):

    자원 연결(Linking to resources):

    관점(Perspective):

    영감(Inspiration):

2. 당신의 상황을 고려해 볼때, 위의 기능들 중에서 어느 것이 자신에게 가장 큰 도움이 되겠는가? 그 이유는 무엇인가?

3. 당신의 과거 사역 경험에서 이 기능들 가운데 하나 내지 그 이상을 실행한 사람이 누군지 확인하라. 기억할 수 있는 한 그 사건에 대해 나누라.

해답
1. 당신의 답을 말하라.
2. 당신의 답을 말하라.
3. 당신의 이야기를 나누라.

멘티들을 위한 5가지 제안

소개 후원 멘토링은 일종의 간헐적 멘토링이다. 멘티가 언제든지 이용할 수 있는 것이 아니며, 그런 관계를 쉽게 형성할 수 있는 것도 아니다. 왜냐하면 대개 멘토에 의해 시작되기 때문이다. 따라서 자신이 발탁되기를 기대하는 잠재적 리더는 실망할 수도 있다. 그러나 후원 멘토링을 원하는 사람들을 위해 다음과 같이 제안한다.

제안	설명
1. 조직 문화를 확인하라.	커리어를 위한 의사 결정을 할 때 멘토링의 중요성을 인식하고 멘토링을 이해하고 실행하는 조직을 가능한 선택하라.
2. 자신을 계발하라.	자신의 잠재력을 계발하는 데 집중하라. 자신을 믿는 것과 성취할 수 있는 것에 대한 자신감을 절대로 잃지 말라. 진전이 없는 상황에서는 자기 계발과 기술을 넓혀가는 기회로 삼아라. 나중에 큰 도움으로 작용할 것이다.
3. 충성심을 보여라.	조직과 위에 있는 리더들에 대한 충성심을 보여라. 충성심은 멘토들이 찾고 있는 자질이다. 주의해야 할 점은 반대자나 변절자로 알려지지 않도록 주의하라. 후원자들에게 외면당하고 궁극적인 공헌을 할 수 있는 일에서 배제될 수 있다. 자신이 옳다고 생각하지만 요령이 부족하면 비싼 대가를 치러야 할 것이다.
4. 하나님 중심이 되라.	승진은 목표가 아니라 결과물이라는 것을 기억하라. 영향력 있는 위치로 옮기는 것은 결국 하나님이 하시는 일이다. 하나님을 기쁘시게 하는 일에 초점을 맞추고, 그분이 주신 것을 그분의 목적을 위해 사용하라.
5. 구체적으로 기도하라.	자신을 최대한 계발시켜 줄 수 있는 사람들과 관계를 형성할 수 있도록 하나님께 기도하라. 문을 열어 주시고, 새로운 커리어를 보여주시며, 하나님의 계획을 성취하는 삶으로 인도하시도록 기도하라. 궁극적으로 사람의 후원이 아니라 하나님의 인도하심을 신뢰해야 한다.

해설 위의 5가지 제안의 요점은 이것이다. 태도, 배움과 계발에 대한 열정은 당신에게 달려 있다. 그러나 위에 있는 리더들이 하는 일에 대해 당신이 직접적으로 개입할 수는 없다. 그래서 당신이 할 수 있는 것을 실행하라. 마음으로 최선을 다해 하나님을 기쁘시게 하라. 하나님이 당신을 승진시켜 주실 것을 신뢰하라. 하나님이 후원자 멘토를 보내 주시도록 기도하라.

후원자 멘토를 위한 10가지 제안

소개 조직 안에서 영향력 있는 지위에 있는 사람들은 후원자 멘토의 역할을 하는 것이 매우 중요함을 알아야 한다. 후원자 멘토가 되어야 할 사람들을 위해 아래와 같이 제안한다.

1. 신뢰감이 절대적으로 중요하다. 진실성과 능력이 있어야 신뢰를 받을 수 있다. 경건한 삶의 간증을 일관성 있게 보이며 다른 사람들에게 본이 되라.

2. 지위적 권력을 사용하라. 당신이 권력적 지위에 있다면 그 권력을 사용하는 데 특별한 책임이 따른다. 그 지위를 책임 있게 사용하는 방법도 하나의 멘토링이다.

3. 네트워크를 구축하라. 네트워크는 중요하다. 당신에게 없는 자원에 접근할 수 있는 길을 열어 주기 때문이다. 멘티가 다양한 훈련을 받으며, 다른 사람들의 사역 철학을 접할 수 있도록 해 준다. 멘티가 균형 있게 성장하려면 이러한 상호 교류가 매우 중요하고 효과적이다.

4. 가장 좋은 계발 기회는 그 조직의 외부에 있을 수 있다. 만약 그렇다면 멘티가 적극적으로 찾고 시도하도록 도와주라. 이를 위해 네트워킹을 사용하라.

5. 후원 멘토링은 리더가 책임감을 갖고 하는 하향 멘토링이다. 자신이 관리하는 사람들 중에서도 자신이 특별히 도울 수 있는 잠재력 있는 사람들이 분명히 있다. 그런 사람들이 있는지 주의 깊게 살피고 찾아야 한다. 먼저 하나님이 자신에게 잠재력 있는 리더들을 보내 주시도록 기도하고 지켜보라. 잠재적 리더들을 발굴하고 계발하는 일은 유능한 리더들이 하는 중요한 기능 가운데 하나이다.

6. 조직 안에서 리더십이 있는 사람들이 성장을 멈추고 정체하는 경우가 종종 있다. 바로 이런 리더에게 후원 멘토링이 필요하다. 후원자들은 그들에게 다가가서 격려하고, 필요를 채워 줄 수 있는 훈련을 통해 업그레이드해 주며, 새로운 업무 기회를 제공함으로써 리더십에 새로운 열정을 불어넣을 수 있다. 정체하고 있는 리더들에게 새로운 기회와 도전적 업무를 부여하면서 그들을 새롭게 할 수 있다. 후원자들은 정체기에 접어든 리더들에게 다시 활력을 불어넣을 수 있는 자원을 갖고 있다. 정체 상태에 있는 리더들은 자신들이 얼마나 가치 있는 존재가 될 수 있는지에 대한 관점, 자신의 상태를 진단할 수 있는 분별력, 필요한 것을 파악하는 평가 기술이 부족하다. 따라서 이러한 리더들을 회복시킬 수 있는 동기 부여가 필요하다.

7. 족벌주의(nepotism)의 함정을 피하라. 족벌주의는 어떤 사람에게 특혜를 주는 것으로 그럴 만한 정당한 자격 때문이 아니라 특별한 관계로 인한 것이다. 후원이란 하나님이 계발하시고자 하는 사람에게 특별한 관심을 갖고서 리더로 계발해 가는 과정이다.

8. 바나바의 리더 교체 원리(leader-switch principle)를 기억하라. 당신이 후원하는 리더들이 당신 이상으로 계발될 수 있는 잠재력을 갖고 있을 수 있다. 그들의 잠재력을 키워 주기 위해 당신의 지위 이상이 필요하다면 그들을 당신 자신보다 더 높게 승진시킬 준비를 하라.

9. 조직 전체를 염두에 두라. 후원이란 개인의 필요를 위해 개인을 계발하는 것이 아니라 조직과 더불어 개인의 유익을 위해 하는 것이다.

10. 마지막으로, 크리스천 조직이 사람들을 계발하는 것이 아니라 그들을 이용하려는 경향이 있다는 점을 기억하라. 후원자 멘토들은 이러한 실용주의적 상황에 대항해야 한다.

간헐적 멘토링에 대한 결론

상담자, 교사, 후원자와 같은 간헐적 멘토링은 제자훈련자, 영적 안내자, 그리고 코치와 같은 집중적 멘토링과 대조가 된다. 집중적 멘토링은 멘토링 연속선 위의 왼쪽에서 일어나며, 매우 의도적인 노력이 필요하고, 멘토링의 5가지 역동성이 모두 나타난다. 반면에 간헐적 멘토링에서는 의도적 노력이 덜 필요하며 멘토링의 역동성 가운데 3가지 기능이 실제로 나타난다.

우리는 이 대조에 함축된 두가지 의미를 파악해야 한다. 집중적 멘토링은 시간이 많이 걸리며 계획적이어야 하기 때문에 간헐적 멘토링에 비해 멘토들을 찾기가 더 어렵다.

간헐적 멘토링에서는 역동성 요인과 의도성이 비교적 느슨하기 때문에 멘토들을 폭넓게 찾을 수 있다. 더 많은 멘토들을 찾을 수 있다는 것은 장점이지만 단점도 있다. 간헐적 멘토링에서는 개인적 관계와 책무가 약하기 때문에 능력 부여가 약화될 수 있기 때문이다.

8장의 하이라이트

1. 멘토링은 짧은 기간에 일어날 수 있으며 의도적이지 않은 상태에서 개인적으로 일어날 수 있다.
2. 후원자 멘토들은 잠재력 있는 리더들을 일찍이 발견해야 함을 인식한다. 그들은 멘티들의 잠재력 개발을 도와줄 뿐만 아니라 조직의 발전에 공헌하도록 지원한다.
3. 후원자들은 대개 어떤 조직 안에서 영향력 있는 지위에 있거나 혹은 그 조직의 의사 결정자들로부터 많은 신뢰를 얻고 있다.
4. 잠재력 있는 리더들이 빠져 나가는 큰 뒷문을 가진 조직들이 많다. 그들이 계발되기 전에 조직을 떠나는 이유 중 하나는 조직의 융통성이 부족하기 때문이다.
5. 조직 안에서 후원자 멘토들을 확인하고 그들의 역할을 책임 있게 감당하도록 놓아주고 의도적으로 노력할 때 대부분의 크리스천 조직에 있는 큰 뒷문을 막을 수 있다.
6. 후원자 멘토들이 하는 능력 부여의 중요한 역할 가운데 하나는 멘티들을 자원에 연결시켜 주는 것이다.
7. 코치들과 더불어 후원자들은 굿윈의 기대 원리(Goodwin's expectation principle)를 가장 강력하게 사용할 수 있다. **사람들은 자신이 선망하고 존경하는 사람들이 진정으로 기대하는 수준까지 성장하는 경향이 있다.**

추가 연구

1. 당신이 8장을 마친 후 48시간 안에 크리스천 단체나 교단에서 몇 년간 일한 경험이 있는 그리스도의 성숙한 제자를 찾으라. 후원 멘토링에 대해 배운 것을 그 사람과 나누라. 또한 그 사람과 후원자 역할(sponsor gap)에 대한 견해를 나누라. 그다음엔 자신의 후원 멘토링의 경험을 나누도록 부탁하라.
2. 8장에서 배운 내용 가운데 당신이 실제로 사용할 가장 중요한 개념을 확인하라. 그것을 어떻게 사용할 계획인지 기록하고 당신에게 서로 책무를 다할 수 있는 사람과 나누라.

4부 간접적 멘토링

9장

간접적 멘토링 – 동시대 모델

서론

9장에서는 간접적 혹은 느슨한 형태의 멘토링을 다루며 4부를 시작한다. 이것은 멘토링의 전체적 개념의 중요한 한 부분이 된다. 지금까지 설명한 6가지 멘토링 모델에는 다음과 같은 3가지 주된 문제점이 있기 때문이다.

1. 6가지 멘토 타입을 쉽게 찾지 못할 수가 있다. 당신이 필요한 타입의 유능한 멘토들을 찾을 수 없거나 혹은 찾더라도 그들에게 접근하기 어려울 수 있다.
2. 멘토가 될 만한 사람을 찾더라도 멘토링과 능력 부여가 될 수 있는 관계를 확립하지 못할 수 있다.
3. 유능한 사람들이 주위에 있더라도 멘토가 되어 줄 의향이나 기술이 없을 수 있다.

이러한 문제가 있을 때 어떻게 해야 하는가? 멘토를 찾을 수 없는 상황에서 멘토링이 필요하다는 확신을 주고 멘토를 찾게 한다면 좌절감을 넘어 가혹하기까지 할 것이다! 사실 그런 경우 도움이 되기보다는 더 해가 될 수도 있으며, 멘토를 찾는 노력조차 못하게 할 수 있다. 이런 부정적인 상황을 어떻게 해결할 수 있을까? 이런 경우 지금까지 다룬 멘토링 형태와 다르게 간접적인 방법으로 가능하다.

우리는 여의치 않은 멘토들과의 간접적 관계를 통해 멘토링의 유익을 얻을 수 있다. 9장과 10장에서는 두 종류의 멘토링 모델을 논할 것이다. 하나는 의도적인 노력이 없더라도 멘토링을 해 줄 수 있는 동시대(현존하는) 인물이다. 다른 하나는 자서전 혹은 전기를 통해 모델이 될 수 있는 역사적(고인이 된) 인물이다.

이런 타입의 멘토들은 언제든지 찾을 수 있다. 그러나 그들을 찾으려고 노력해야 한다. 여기서 그들을 찾기 위한 접근 방법을 제시할 것이다. 또한 역사적 모델을 찾는 데 도움이 되는 참고 도서들을 이 책의 부록에 소개할 것이다.

11장에서는 멘토링의 마지막 형태인 섭리적 만남을 논할 것이며, 하나님이 놀라운 방법으로 멘토들을 보내주시는 것에 민감하도록 배운다. 하나님은 때때로 우리가 원하든 원하지 않든 특별한 방법으로 섭리적 만남을 갖게 하신다. 우리는 그들을 알아볼 수 있어야 하고 그들을 통해 하나님이 허락하시는 능력 부여에 반응해야 한다. 마찬가지로 하나님이 우리를 종종 섭리적 만남의 도구로 사용하신다는 점을 알아야 한다. 이러한 일이 생길 때 우리는 잠재적으로 일어날 수 있는 능력 부여뿐만 아니라 다른 멘토링 관계로 더 발전되는 것에 마음을 열어야 한다.

이 3가지 형태, 즉 동시대 모델, 역사적 모델, 그리고 섭리적 만남은 느슨한 멘토링이라고 부르는 카테고리에 속한다. 78페이지에 있는 멘토링 연속선을 보면 왜 이들이 느슨한 멘토링 카테고리에 속하는지를 알 수 있다. 이러한 멘토링은 의도적이지 않은 방향으로 연속선의 가장 오른쪽에서 일어난다. 이것은 근본적으로 다음 2가지를 의미한다.

1. 멘토링의 5가지 역동성이 모두 나타나는 것은 아니다.
2. 멘토링을 강화하고 부족한 역동성을 제공하기 위해 멘티가 노력해야 한다.

9장의 개요

9장은 동시대 모델에 초점을 맞춘다. 동시대 모델은 롤 모델이 되어 주면서 다음세대 리더들에게 능력을 부여해 줄 수 있는 사람이며, 영감을 주고, 도전하며, 멘티가 실제 삶에 필요한 리더십의 다양한 측면에서 본을 보여준다. 이 장은 모델링이 성경적 개념인 것을 보여주고 이러한 종류의 능력 부여가 유효함을 분명히 밝혀 준다. 또한 동시대 인물에 대한 사례 연구를 통해 이 개념을 오늘날 사용할 수 있음을 증명한다. 다음에는 동시대 모델에 대한 공식적 정의를 내린다. 이러한 유사 멘토링(pseudo-mentoring) 형태에서는 역동성이 모두 나타나는 것이 아니기 때문에 멘티는 능력 부여를 향상시키기 위해 부족한 부분을 채워야 한다. 여기서는 멘토링에서 동시대 모델이 무엇을 하는지 또한 빠진 역동성을 만회하기 위해 멘티가 무엇을 해야 하는지에 대한 차트를 제시한다. 동시대 모델을 특히 모방 모델과 관련하여 비형식 훈련 모델의 개념을 확장하여 설명한다. 비슷한 유사 멘토링 형태에서 생기는 문제점은 다음의 2가지이다.

1. 동시대 모델을 어떻게 의도적으로 활용할 것인가에 대한 이슈
2. 동시대 모델이 진정한 멘토링 경험이 되도록 부족한 역동성을 제공하는 것에 대한 이슈

이 장을 마치면 다음과 같이 할 수 있다.

- 주위에서 가능한 동시대 모델들을 인식함으로써 더 많은 멘토링을 경험한다.
- 동시대 모델 멘토에 대한 정의를 내린다.
- 동시대 모델에서 부족한 역동성을 인식한다.
- 동시대 모델의 주된 능력 부여 3가지 기능을 확인한다.
- 동시대 모델의 효과를 확인하기 위해 동시대에 기록된 사례 연구를 분석한다.
- 이러한 멘토링 형태와 관련된 2가지 문제를 논하고 그것을 해결한다.

멘토 타입 7. 동시대 모델

모델링은 성경에 분명히 알려져 있는 개념이다. 바울, 베드로 그리고 그리스도는 모델로서 증명해 주거나 혹은 다른 사람의 능력을 부여하는 수단으로 모델링을 권장한다[1] 아마 바울은 신약 성경에서 의도적 모델링을 가장 강력하게 지지하는 사람일 것이다. 디모데에게 능력을 부여하는 수단으로 바울이 사용한 모델링을 고려하라. 고린도

---

[1] 베드로전서 5장 3절에서 베드로는 목회자들이 그들의 교회에 영향력을 발휘하는 주된 리더십 스타일로 모델링을 지지한다. 베드로(벧전 2:21), 그리고 요한(요일 2:6)은 히브리서의 저자(히 12:1-3)와 마찬가지로 그리스도를 따르는 모든 자들을 위한 모델로서 그리스도의 역할을 강조한다.

전서 4장 16-17절에서 바울은 고린도 성도들을 도전하면서 모델링에 대해 이렇게 말한다.

"…내가 너희에게 권하노니 너희는 나를 본받는 자가 되라 이로 말미암아 내가 주 안에서 내 사랑하고 신실한 아들 디모데를 너희에게 보내었으니 그가 너희로 하여금 그리스도 예수 안에서 나의 행사 곧 내가 각처 각 교회에서 가르치는 것을 생각나게 하리라." 이 얼마나 놀라운 말인가! "디모데와 나를 본받아라. 너희에게 본을 보이겠다. 나는 완전하지 않다. 그러나 내가 가르치는 모든 진리대로 살기 위해 노력한다. 내가 가르쳤던 각 교회에 간다면, 그들은 내가 어떻게 가르치고 어떻게 살았는지 말해 줄 것이다." 디모데후서 3장 10-11절을 보면, 바울이 디모데에게 본을 보이는 삶을 살면서 얼마나 투명하고 정직했는지를 알 수 있다.

"나의 교훈과 행실과 의향과 믿음과 오래 참음과 사랑과 인내와 박해를 받음과 고난과 또한 안디옥과 이고니온과 루스드라에서 당한 일과 어떠한 박해를 받은 것을 네가 과연 보고 알았거니와 주께서 이 모든 것 가운데서 나를 건지셨느니라"(딤후 3:10-11).

그러나 바울이 본을 보이는 것을 통해 능력을 부여한 것은 디모데에게만 국한된 것이 아니었다. 그것은 바울의 일반적인 사역 방식이었다. 빌립보서 4장 9절에서 바울은 빌립보에 있는 교회 성도들에게 다음과 같이 권면한다.

"너희는 내게 배우고 받고 듣고 본 바를 행하라 그리하면 평강의 하나님이 너희와 함께 계시리라"(빌 4:9).

히브리서의 저자는 리더십 강령(leadership mandate)으로 모델링과 능력 부여에 대한 개념을 확장한다.

"하나님의 말씀을 너희에게 일러 주던 이전 지도자들을 기억하라. 그들의 삶의 방식의 결말을 주의하여 보고 그들의 믿음을 본받으라. 그들의 리더십 자원이 되는 예수 그리스도는 오늘날 너희에게도 동일하게 유용하다"(의역적 해석, 히 13:7-8).

이 강령은 우리보다 앞서 신앙의 본이 되는 삶을 살았던 사람들을 본받으라고 권면한다. 그리고 예수님이 그들의 삶에 자원이 되셨고, 지금도 살아 계셔서 그와 동일한 자질을 오늘날 우리도 갖게 해 주신다는 약속으로 우리를 격려하신다.

그러나 완벽한 모델을 찾으려고 곁길로 빠지지 말라. 예수 그리스도 외에 완벽한 모델은 찾을 수 없다. 그러나 당신이 계발하기를 원하는 특정한 영역에서 따를 만한 본이 되는 사람들을 주의 깊게 찾아보라. 바로 그것이 핵심이다.

잠재적 멘토링으로 동시대 모델을 소개하기 위해 긴 사례를 하나 소개하고 그것에 대한 통찰력을 얻어 보기로 하자. 그다음에는 동시대 모델을 정의하고 멘토링 과정을 강화할 수 있는 '강구책'과 더불어 능력 부여의 특징을 제시할 것이다.

워렌 위어스비(Warren Wiersbe) 목사 - 배우는 자세의 모델

1970년 9월, 미국 오하이오 주의 시더빌(Cedarville) 대학에서 있었던 일이다. "독서하는 목회자를 보내 주소서"라는 흥미로운 제목으로 1주일 동안 열린 세미나에 참가했다. 100여 명의 침례교 목회자들이 주로 참석했다. 세미나의 주강사는 미국 오하이오 주와 켄터키 주 경계 지역에 위치한 침례교회에서 성공적으로 사역하는 목회자였다. 바로 켄터키 주 쿠빙턴에 있는 갈보리 침례교회(Calvary Baptist Church)에서 사역하고 있던 워렌 위어스비 목사였다.

그때 그 경험은 나에게 이정표적 사건(maker event)이 되었다. 우리 인생 전체를 되돌아보면 특별히 부각되는 여러 중요한 사람과 시기 그리고 소중한 기억이 있다. 많은 일들 가운데 더 뚜렷하게 오래 기억에 남는 일은 대부분 마음속 깊이 느낀 경험이다. 그렇기 때문에 그것을 기억한다. 예를 들어, 생애의 전환점(turning point), 중요한 사역 가치가 된 개념, 정체성이나 신념에 대한 확증, 성취할 비전, 하나님과의 특별한 경험, 영향을 끼친 사람 등이 될 수 있다. 그때 나는 이정표적 사건을 통해 이 모든 것을 경험했다.

이정표적 사건은 매우 인상적인 사건으로 중요한 경험이 되기 때문에 우리 삶을 영원히 바꿀 수 있다. 다메섹 도상에서 바울이 경험한 것도 바로 그 사건이었다. 사마리아 여인이 우물가에서 예수님을 만난 것도 바로 그런 경험이었다. 이정표적 사건은 수년간에 걸쳐 우리에게 계속 일어난다. 그러나 그것의 참된 가치는 시간이 흐른 후에야 알게 되는 경우가 많다. 비록 우리가 그 사건이 중요하다는 것을 감지할지라도 그것에 대한 깊은 성찰이 없이는 그 의미를 알 수 없다. 그러한 이정표적 사건이 바로 나에게 있었다. 그 배운 것을 즉각적으로 적용할 수 있었기 때문에 그것은 겉으로 봐서도 나에게 중요했다. 그러나 그 경험은 더 오랜 시간 동안 나에게 소중한 가치로 부각되었다.

위어스비 목사는 말했다. "목회자는 독서가가 되어야 한다. 교회 강단의 설교자를 찾을 때 성도들은 말한다. '독서하는 목회자를 보내 주소서.'" 그는 며칠 동안 그 아이디어의 모델을 보여주었다. 그는 독서하는 목회자인 것이 분명했다. 더 분명한 사실은 그가 독서를 통해 많은 것을 배웠다는 점이다. 중요한 사실은 그가 읽고 배운 것으로 그의 모든 사역을 풍요롭게 만들었다는 것이다. 얼마 후 그는 무디 기념 교회(Moody Memorial Church)의 담임 목사로 청빙을 받았으며, 이후에 〈한밤중에 노래〉(Songs in Night)라는 라디오 주간 프로그램을 인수하면서 그의 사역은 전 세계로 확장되었다.

그는 목회자 서재에 반드시 있어야 할 다양한 카테고리의 도서들을 소개했다. 성경 주석, 성경 연구 자료, 경건 서적, 설교 자료, 전기, 그리고 특정한 카테고리에 속하지 않은 여러 종류의 책들이었다. 그는 책들을 각각 세부적으로 분류하여 소개했고 추천 도서들을 소개하면서 그 책들이 왜 중요한지 설명했다. 특정한 책에서 배운 것과 각 책이 그의 사고와 자신의 사역에 어떻게 영향을 주었는지 구체적으로 실례를 들어 설명했는데 나는 정말 깊은 인상을 받았다.

내가 결코 잊을 수 없는 도전을 받은 것이 있다. 그가 말했다. "여러분은 항상 다른 사람들에게 설교를 한다. 다른 사람들을 위해서 설교한다. 그럼 여러분에게 설교하는 사람은 누구인가? 나는 수년 동안 나 자신의 영적 건강을 위해 매일 한 편의 설교를 읽으려고 노력해 왔다[2]. 나는 또한 하나님의 말씀을 더 잘 선포하는 것을 배우기 위해 다른 사람들의 설교를 연구했다." 그리고 그는 자신이 좋아하는 설교자들 중 한 사람이라는 조지 모리슨(George H. Morrison)을 소개했다.

그때 이후 모리슨은 내가 가장 좋아하는 설교자들 중 한 사람이 되었다. 나는 당장 그 자리에서 모리슨의 책 『아침의 날개』(The Wings of the Morning)를 구입하여 읽기 시작했다. 그후 중고서점에서 한 권씩 그의 책들을 계속 구입하면서 그의 설교집 가운데 많은 책들을 수집했다. 약 6년이 지난 후 나의 삶의 결정적인 순간에 매일 나를 새롭게 회복시켜 준 것은 바로 모리슨의 설교집이었다.

두 번째로 도전이 된 것은 위어스비 목사님의 전기(biography)에 대해 나눈 것과 사역자 계발에 있어서 그것의 중요성이었다. 그는 "영적 거인들과 동행하라"(Walk with Giants)고 도전하였다. 잠언 13장 20절 말씀을 사역적 계발에 적용하라는 것이었다. 나는 역사적 리더들과 성경적 인물들로부터 내가 연구하는 일에 대해 재차 확인을 받게 되었다. 위어스비 목사님은 내게 지대한 영향을 주었다. 나는 전기를 읽고 유익을 얻고 싶은 새로운 열망을 갖게 되었다. 5년 후 나는 장년부 주일학교 반에서 "영적 거인들과 동행하라"는 제목으로 가르치기도 했는데, 바로 이 원리를 중요한 크리스천 리더십 연구에 체계적으로 적용한 것이었다. 지금까지도 나는 전기를 계속 읽으면서 성경

---

[2] 1977년, 위어스비는 『세계의 가장 위대한 설교집』(Treasury of the World's Great Sermons)이라는 중요한 설교집을 편집 출판하였는데 그것을 구입하여 나의 서재에 보유하고 있다.

인물들을 연구하고 그들을 통해 나 자신의 삶을 위한 교훈을 배우고 있다.

그 당시 나는 전임 사역자로서 첫 해를 보내고 있었기 때문에 나 자신에게 적극 적용했다. 내가 사역을 시작한 후 일찍이 워렌 위어스비를 알게 된 것이 정말 기쁘다. 그는 자신이 가르치는 것에 대해 확실히 알고 있는 사람이었다. 그는 내가 따를 만한 본을 보여주었다.

그는 자신의 학습을 위해 철저히 훈련된 사람이었다. 나는 그가 보여준 모델링의 능력을 강하게 느꼈다. 나는 그가 추천한 책들 가운데 몇 권을 즉시 구입했고 그 책들을 사용하기 시작했다. 나머지 다른 책들은 '구입할' 목록으로 나의 머릿속에 기억했다.

그러나 책들을 구하고 구할 책들의 정보를 얻는 피상적인 적용 이상으로 2가지 주된 가치관을 배우고 확인할 수 있었다. 그것은 또한 나의 장기적 사역 철학의 모델이 되었고 하나의 이정표적 사건이 되었다. 위어스비 목사는 배우는 자세를 보여주는 훌륭한 모델이 되었다. 그는 나중에 나의 리더십 비교 연구에서 확인할 수 있었던 유능한 리더들의 원리를 실례로 보여주었다. "유능한 리더들은 평생 배우는 자세를 견지한다." 또한 그는 대리 학습(vicarious learning)의 개념을 나에게 확인해 주었다. 즉 다른 사람들이 이미 배운 교훈을 우리가 배우기 위해 직접 경험하지 않더라도 우리 자신의 것으로 만들 수 있는 것이다.

히브리서 13장 7-8절의 개념이 나에게 확대되는 것을 보았다. 달러(Dollar) 교수는 나에게 역사적 전기를 소개해 주었다. 헨드릭스 교수는 성경적 인물을 기록한 전기의 중요성을 가르쳐 주었다. 이제 위어스비 목사는 다른 사람들로부터 배우는 것의 중요성뿐만 아니라 그런 기회를 찾고 배우는 방법에 대한 나의 생각을 확인해 주고 확장시켜 주었다.

지난 몇 년 동안 나는 위어스비 목사의 사역을 멀리서나마 지켜보았다. 그는 계속 저술 작업을 했고, 설교하고, 방송 사역을 하며, 컨퍼런스와 세미나 사역도 지속적으로 인도했다. 그는 몇 년 전 〈리더십〉(*Leadership*) 잡지에 실린 "원리"라는 제목으로 글을 썼다. 그것은 수년 전 가을, 시더빌 대학에서 본이 되는 그의 삶을 통해 내가 경험한 것이었고, 그의 사역 철학에 근간이 되는 깊은 가치를 재확인하는 계기가 되었다. 나는 눈앞에서 직접 모델을 목격했기 때문에 평생 학습자가 되고 싶은 강한 열망을 품고서 그 주간 세미나를 마치고 떠났다. 그리고 그의 본보기로부터 영감을 받은 것을 직접 실행에 옮기려고 수년 동안 노력했다. 그를 직접 만난 이후 오랫동안 그의 가르침의 영향으로 그는 계속적으로 나의 멘토가 되어 준 것이다.

위어스비 목사에 대한 성찰 - 동시대 모델

나 자신과 위어스비 목사 사이에 개인적인 관계가 형성되지는 못했지만 능력 부여는 분명히 일어났다. 리더십 연구를 위해 과거 역사적 인물에 대한 전기를 사용하고 연구하는 것에 대한 타당성과 확신을 갖게 된 것이다. 다른 사람들의 삶을 연구하고 교훈을 얻는 것이 좋다고 어느 존경받는 목회자가 말씀하기도 하셨다. 다음세대 리더들이 여러 아이디어와 방법론에 관심을 갖고 발을 들여 놓을 때 확신이 서지 않을 때가 많다. 이런 경우 존경받는 리더로부터 지지를 받으면 큰 힘을 얻는다.

두 번째로 특별한 능력 부여는 조지 모리슨과의 연결이었다. 바로 그 한 사람의 설교자 조지 모리슨은 나중에 내 생애의 중요한 순간에 진리의 말씀을 위한 자원이 되었다. 즉 모리슨은 그의 설교집을 통해 그 당시 갈급했던 나에게 대리 목사 역할을 한 셈이다. 나를 그 자원에 연결해 준 사람은 바로 위어스비 목사였다[3].

세 번째로 중요한 능력 부여는 위어스비 목사가 보여준 대리 학습(vicarious learning)의 모델이었다. 그는 수많은 믿음의 영웅과 여걸에 관한 책들을 읽었고, 그들에 대해 설교를 했으며, 그들의 삶에 대해 가르쳤다. 그래서 그들이 과거에 경험한 것을 자신이 직접 경험하지 않고서도 그들의 삶으로부터 귀중한 교훈을 수없이 많이 배울 수 있었던 것이다. 자신이 직접 배우는 데 걸리는 수많은 시간의 일부만 투자함으로써 그것이 가능했던 것이다. 이것은 내가 나중에 선교사들과 목회자들의 삶을 계속 연구하도록 확신을 심어 주었고 도전을 주는 계기가 되었다.

그러나 가장 중요한 능력 부여는 가치관의 구현이다. 중요한 가치는 배우는 자세를 견지하는 것과 함축적으로(implicitly) 배운 후에 인지적으로(cognitively) 배우는 학습법이었다. 이것은 흔히 깊은 가치관을 배우는 중요한 패턴이 된다. 즉 정서적(affective), 의지적(conative), 그리고 경험적(experiential) 학습이 선행되고 나중에 분명한 인지적(cognitive) 학습이 뒤따르는 패턴이다.

동시대 모델의 멘토링 형태에 대해 정의를 내릴 수 있는 일반적인 패턴은 없다. 왜냐하면 동시대 모델의 멘토링 관계가 정해져 있거나 의도적으로 일어나는 것이 아니기 때문이다.

---

3) 모리슨과 연결되는 이런 특별한 경우는 나중에 다루게 될 아홉 번째 멘토링 형태인 섭리적 만남의 예가 된다. 위 어스비 목사는 하나님이 적시에 연결해 준 자원이 되었으며, 나중에 나의 삶에 지대한 영향을 끼쳤다.

동시대 모델

소개	우리가 보고 따라 배울 수 있는 모델은 주위에서 얼마든지 찾을 수 있다. 기독교 신앙에 대한 것도 우리가 선망하는 어떤 모델을 무의식적으로 따라 모방함으로써 많이 배운다. 이를 통해 능력 부여가 간접적으로 일어난다. 동시대 모델을 정의하면서 그것을 더욱 의도적으로 사용하도록 이러한 능력 부여에 대한 인식을 불러일으키고자 한다.
정의	동시대 모델이란 현존 인물로서 삶과 사역의 본을 통해 다른 사람들에게 기술이나 삶의 교훈, 가치관을 간접적으로 전해 주며 능력을 부여해 주는 사람을 부르는 전문적 용어이다.
예	사도 바울은 디모데, 디도, 오네시모, 빌레몬 그리고 다른 많은 사람들에게 동시대 모델이었다.
예	베드로전서 5장 1-3절에서 베드로가 권면하는 내용에 주목하라.
예	요한이서와 요한삼서에서 요한이 사용한 단어 '장로'는 리더로서 본을 보이는 성숙한 사람을 의미한다.
가치관	간접적 방법으로 이루어지는 이런 멘토링에서 능력 부여의 핵심은 가치관을 삶에 구현하는 것이다. 그리하여 멘티가 그 가치관을 본받도록 도전한다.
관계	간접적인 멘토링에서는 멘토와 멘티가 관계를 의도적으로 발전시키는 데 시간을 매우 적게 보내는 셈이다. 멘티는 멘토가 하는 것을 직접 관찰하고 아이디어, 가치관, 콘텐츠, 기술을 받아들이거나 적어도 이런 것을 개인적으로 본받고자 열망해야 한다.
동기 부여	멘토는 중요한 가치관을 구현해 줄 뿐 아니라 다른 사람들에게 삶의 본을 보이고 그 가치관대로 살도록 동기를 부여하며 도전한다. 굿윈의 기대 원리(Goodwin's expectation principle)는 능력 부여를 향상시키는 중요한 영향력의 수단이 된다. 이 원리는 사회적 역학 관계를 설명한 것으로 "잠재력 있는 리더는 자신이 존경하는 리더가 진심으로 기대하는 수준까지 성장하는 경향이 있다"는 것이다.
의도적	이와 같은 간접적 관계를 통한 멘토링은 멘티가 그 관계에서 주로 사용되는 영향력의 통로를 잘 이해한다면 능력 부여가 향상될 수 있다. 동시대 모델은 기본적으로 3가지 역할을 하며 멘티의 자기 주도적인 반응이 필요하다. 221페이지에 있는 표 9-1을 보라.

동시대 모델에 대한 피드백

1. 당신이 지금 동시대 모델이 필요하다고 가정하라. 당신에게 동시대 모델이 될 수 있는 사람들은 누구인가? 이러한 모델들로부터 어떤 유익을 얻을 수 있는가?

2. 당신 자신의 인생 여정을 되돌아볼 때 당신에게 가장 큰 영향을 끼친 동시대 모델은 누구인지 확인하라.

    누가   어떻게

3. 이러한 동시대 모델들 가운데 (2번 문제의 응답에서) 당신에게 다른 타입의 멘토(제자훈련자, 영적 안내자, 코치, 상담자, 교사)로서 관계를 발전시킨 사람들이 있는가? 이러한 사람들과 개인적으로 관계와 책무의 측면에서 어떻게 발전시켰는가?

    누가   멘토의 종류

해답
1. 당신의 답을 말하라. 나는 지금 나 자신의 나이를 고려하며 유종의 미를 거둔 삶을 살았던 리더들을 찾고 있다. 나는 그런 사람들로부터 영감과 동기 부여가 필요하다.
2. 당신의 답을 말하라. 나에게는 T 목사, 해치 교수, 셀즈 교수가 (부록 E의 사례 6, 13, 14, 15를 보라) 코치와 교사로서 중요한 모델이었다. 그들이 나에게 어떤 영향을 끼쳤는지 그 사례를 통해 이미 설명했다.
3. 당신의 답을 말하라. 종종 우리 주위에 있는 사람들의 삶, 믿음, 성숙 혹은 사역을 본받고 싶다. 그리고 우리는 알게 모르게 그들을 본받는다. 만약 그들에게 접근 가능하다면 우리는 집중적인 혹은 간헐적인 멘토링 형태로 계속 이어지도록 관계를 시도할 수 있다. 다른 말로 하면, 동시대 모델은 종종 다른 멘토링 관계로 발전하기 위한 '다리나 진입점' 역할을 한다.

동시대 모델에 대한 해설

포괄적 모델
(inclusive model)

기억해야 할 중요한 사실은 크리스천 리더십의 위치에 있는 우리는 원하든 원하지 않든 다른 사람들에게 모두 모델이 되고 있다. 사람들이 우리를 지켜보고 있는 것이다. 그들은 우리의 강점과 약점에 주목한다. 그들이 우리를 모델로서 관찰하는 것을 우리가 원하든 원하지 않든 그들은 우리를 보고 배운다. 만약 우리가 크리스천 사역을 하고 있다면 "내가 아니라 그리스도를 본받으라"고 말할 수 있다. 그러나 사람들은 인간적 본성에 따라 여전히 리더들을 보고 따라 배운다. 이제 괜찮다. 그것은 분명히 사도 바울의 가치관이기 때문이다. 그러나 그것은 리더들에게 책임감을 부여하는 것이다. 그래서 우리는 속상하게 생각하지 말고 그 사실을 반드시 알고, 삶에서 일관성을 유지하며, 의도적으로 본을 보이며 살도록 노력해야 한다(항상 복음의 능력을 보여주라. 우리가 실패하더라도 복음의 능력을 경험할 수 있다). 재차 강조하기를 원한다. 다른 사람들에게 영향을 끼치는 리더들은 모두 비형식, 모방 모델 훈련이 항상 일어나고 있다는 점을 알아야 한다. 그러므로 하나님 앞에서 리더들은 항상 본받을 만한 가치가 있는 성령의 인도함을 받는 삶(됨됨이와 행위로)을 살도록 노력해야 한다.

수평적 모델
(lateral model)

나중에 균형 잡힌 멘토링 관계를 위한 별자리 모델을 설명할 때 수평 멘토링에 대해 논할 것이다. 이것은 자신과 거의 비슷한 경험과 성숙함을 가진 동료들 간에 이루어지는 멘토링이다. 동시대 모델은 단지 나이가 더 많은 사람, 더 앞서가는 사람, 경험이 더 많은 사람들에게만 국한되지 않는다. 동료들도 우리에게 모델이 될 수 있다. 특히 하나님이 그들의 삶을 다루시고 그들에게 가르쳐 주신 영역에서는 얼마든지 가능하다.

훈련 모델
(training model)

모방 모델링(Imitation modeling)은 동시대 모델 개념의 핵심을 이루는 비형식 훈련 모델의 이름이다. 모방 모델은 지역 교회 수준에서의 자가 훈련을 가리킨다. 이때 훈련을 받는 자는 교회 안의 역할 모델을 학습 자원으로 활용함으로써 자발적인 현장 실습으로 훈련을 받는다.

대개 학습은 매우 비형식적이며 수습 훈련이나 인턴십과는 다르다. 역할 모델은 대개 자신에 대해 모방 모델이 진행 중이라는 점을 인식하지 못한다. 모방 모델의 필수 요인은 다음과 같다.

1. 현장 실습 사역에서 자기 주도적 참여가 가능하다.
2. 동일한 모델의 사역을 이행하며 관찰과 모방을 할 수 있는 역할 모델이 존재한다.
3. 비형식적으로 관찰하고 학습한 것을 실습하기 위해 자유롭게 사역에 참여할 수 있다.

이 모델의 강점은 다음과 같다.
1. 모방 모델링은 경험적이고 정서적 학습에서 학습자에게 영향력을 끼치는 가장 강력한 방법 중 하나이다. 내적으로 동기 부여를 받아 사역을 경험하기 때문이다.
2. 훈련은 어떤 사람의 삶과 사역으로부터 자연스럽게 일어나는 결과물이다.
3. 무형식 내지 형식적 상황에서는 평소에 학습할 수 없는 것을 배울 수 있다.

이 모델의 약점은 다음과 같다.
1. 역할 모델들은 태도, 습관, 방법에 대한 좋은 점과 나쁜 점의 양 측면에서 멘티들이 어느 정도 본받고 배우는지 인식하지 못하는 경우가 많다.
2. 모방 모델들은 인지적 학습에서 대부분 약하다. 낮은 리더십 단계에서는 사역을 잘할지라도 자신이 하는 일의 핵심을 다른 사람들에게 제대로 설명하지 못하는 사람들이 많다.

은사 『지도자 평생 개발론』에서 공통적으로 발견되는 은사 패턴을 확인했다. '같은 은사를 가진 사람들끼리 서로 끌린다'. 예를 들어, 가르침의 은사가 있는 사람은 잠재적인 가르침의 은사를 가진 다른 사람에게 끌리게 마련이다. 전도의 은사를 가진 사람은 전도의 은사를 가진 사람에게 끌린다. 이런 이유로 사람들이 종종 비형식적 상황에서 관찰하고 훈련받으며 자신의 은사를 계발하는 것은 모방 모델링에서 일어나는 자연스러운 결과이다.

성경적 근거 야고보서 3장 1절과 누가복음 6장 40절에서 크리스천 리더들은 사실 삶의 본으로 다른 사람들을 가르쳐야 하며, 자신이 끼치는 영향력에 대한 책임감을 가져야 함을 지적한다. 우리는 히브리서 13장 7-8절 말씀을 주목해야 한다. 이 말씀은 학습자들과 리더들 모두에게 모방 모델링의 전체적 개념에 대해 강력하게 권면하고 있다. 특별히 이 모델을 뒷받침해 주는 능력의 근원이 되시는 살아 계신 그리스도를 주목하라.

능력 부여 향상을 위한 3가지 제안

소개   우리는 우리의 삶에서 동시대 모델들의 능력 부여를 놓치기가 쉽다. 그러나 각 능력 부여의 역할을 이해하고 얼마든지 그 유익을 얻을 수 있다. 표 9-1은 능력 부여를 향상시키기 위한 제안들이다.

표 9-1. 동시대 모델을 통해 능력 부여 향상을 위한 제안

멘토의 역할	멘티의 역할
1. 가치관을 구현한다.	1. 모델링을 통해 가치관의 영향력을 느낀다. 2. 가치관을 실제 확인하고 명확히 하며, 본받을 만한 가치관을 적는다. 3. 가능하면, 어떻게, 어떤 과정, 어떤 경험 때문에 그러한 가치관을 따라 살게 되었는지 알아본다. 4. 하나님 앞에서 그러한 가치관을 갖도록 결심하라. 그렇게 살기 위해 하나님을 의뢰한다.
2. 가치관대로 살 수 있는 가능성과 실제를 삶으로 보여준다.	1. 개인적으로 순종하고 본받아야 할 히브리서 13장 7-8절 말씀을 리더십 강령으로 받아들인다. 2. 히브리서 13장 7-8절의 리더십 강령의 약속을 믿는다. 예수 그리스도는 오늘도 동일하게 당신으로 하여금 같은 리더십 자질을 갖게 한다는 것을 믿는다. 3. 하나님이 이 과정에 함께하시며 이 모델을 당신에게 개인적으로 사용하신다는 것을 믿는다.
3. 본을 보이며 동기를 부여한다.	1. 다양한 사역과 상황을 통해 멘토의 삶을 관찰하기 위해 가능한 많은 시간을 함께 보낸다. 2. 당신이 할 일은 긍정적 가치관을 확인하고 그것을 본받는 것임을 기억하라. 완벽한 동시대 모델은 없다. 모델에 단점이 있다고 해서 장점을 배우는 것을 놓치지 말라. 흔히 다음세대 리더들은 자신이 존경하는 리더들의 단점을 보게 될 때 실망한다.

동시대 모델링의 향상에 대한 피드백

이번 연습문제 3가지는 모두 218페이지에 있는 문제 2번에서 당신이 답한 것을 다룬다.

1. 218페이지 문제 2번에서 당신이 답한 내용, 즉 당신의 삶에서 동시대 모델이라고 기록한 사람들을 생각하라. 이 름을 적은 사람들 중에서 한 사람을 택하라. 가치관의 구현을 다루는 제1단계를 보라. 그 모델과 관련하여 주된 가치관은 무엇이었나?

2. 제2단계를 보라. 이 모델로부터 실제로 당신 자신의 삶에서 실행에 옮긴 가치관은 무엇인가?

3. 제3단계를 보라. 경고하는 것은 무엇인가? 당신이 그것을 실제로 적용했는가? 당신은 그 모델로부터 배우기 위 해 어떤 노력을 했는가?

해답
1. 당신의 답을 말하라. 나는 T 목사의 실례를 사용할 것이다. 부록 E의 사례 6과 13을 보라. 이는 2가지 주요 가치 관이다. (1) T 목사는 매년 성경 말씀을 지속적으로 섭취해야 한다고 믿었다. 그는 매년 성경 말씀을 새롭게 통독 했다. 종종 한해 걸러 그는 성경을 새로 구입하여 그 성경에 새로운 통찰력을 기록하기도 했다. (2) T 목사는 성 경을 누구에게나, 어디서나, 언제든지 가르치는 것을 즐겼다. 그의 심방 시간은 종종 성경을 가르치는 시간이 되 었다. 그래서 가정 성경 공부 모임으로 발전되기도 했다. 그는 매주 5-10개 그룹의 성경 공부반을 가르쳤다(주간 과 야간반을 포함하여). 참여하는 사람들의 숫자가 적게는 2명에서 많게는 15-20명까지 다양했다.
2. 당신의 답을 말하라. 2가지 가치관 모두 나에게 중요했다. 나 역시 매년 성경을 통독하며 새롭게 말씀을 섭취한 다. 나는 성경을 공부하면서 표시하고 기록해 온 약 8권의 성경을 갖고 있다. 나는 성경을 가르치지만 좀 다른 방 식을 사용한다. 나는 지금 가정 성경 공부 모임을 덜 빈번하게 인도한다. 그러나 내가 학교에서 가르치는 수업의 취지가 성경을 가르치는 것은 아니지만 나는 수업 시간에 종종 성경에 대해 가르친다.
3. 경고는 이것이다. 동시대 모델들은 완전하지 않다. 때때로 당신이 그들의 단점을 발견할 때 그들의 장점조차도 거절할 수 있다. 이것은 T 목사에게도 사실이었다. 그는 완전하지 않았다. 내가 그의 몇 가지 단점을 처음 발견 했을 때 나는 그로부터 배우는 것을 모두 포기하고 싶었다. 그러나 그가 불완전한 모델임에도 불구하고 그가 지 닌 긍정적 가치관이 중요하다는 점을 깨달았다.

동시대 모델의 2가지 문제점

서론 흔히 동시대 모델을 활용하는 것이 생각보다 그렇게 쉬운 것은 아니다. 우리는 살아가면서 특별한 종류의 멘토가 필요할 때가 많다. 예를 들어, 제자훈련자가 필요할 경우 주위에서 찾을 수 있는 동시대 모델은 공적인 사역자뿐이고 개인적인 도움을 받지 못할 수도 있다. 그때 우리는 필요를 분명히 채워 주느냐 아니냐에 상관없이 가능한 동시대 모델들을 찾아야 한다. 어쨌든 우리 삶 가운데 하나님의 주권을 인정해야 한다. 우리는 삶에서 특별한 가치관이 필요없다고 생각할 수 있지만 하나님이 우리 상황 가운데 동시대 모델을 보내 주신다. 우리의 필요가 채워질 수 있는 것을 모르거나 원하는 것이 아닐지라도 하나님이 허락하시는 기회를 활용해야 한다. 동시대 모델은 완전하지 않기 때문에 활용하는 데 또 다른 어려움이 따른다고 이미 언급했다. 동시대 모델에 대한 신뢰를 약화시키는 부정적 경험 때문에 좋은 가치관에 대해서도 쉽게 마음을 닫아버릴 수 있다. 마지막으로, 동시대 모델들을 의도적으로 활용하지 못하는 주된 이유는 모델링이 멘토링 관계와 책무 역동성에서 이상적 기대치에 미치지 못하기 때문이다. 멘토가 제공해야 할 역동성이 부족할 때 멘티가 그것을 제공해야 한다. 동시대 모델은 대부분 자신이 멘토라는 사실조차도 모른다. 이 때문에 멘티는 동시대 모델이 갖고 있는 다음과 같은 2가지 문제점을 인식해야 한다.

문제점 1 동시대 모델을 어떻게 의도적으로 활용할 것인가?

약화시키는 요인:
1. 모델링의 개념과 그 중요성을 잘 모른다.
2. 활용 가능한 모델들을 찾아내는 능력이 없다.
3. 활용 가능한 모델들로부터 멘토링의 필요를 채울 수 없다.
4. 동시대 모델들의 가치와 중요한 능력 부여를 알아내는 능력이 없다.

문제점 2 동시대 모델들이 실제적인 멘토링 경험이 되도록 부족한 역동성을 어떻게 제공할 것인가?

약화시키는 요인:
1. 일반적으로 개인적인 관계가 이루어지지 않는다.
2. 책무가 존재하지 않는다. 이것은 멘티가 제공해야 한다.
3. 중요한 가치관을 파악할 수 있는 멘티의 인식 능력에 따라 능력 부여(가치적 측면에서)가 일어난다.

2가지 문제점에 대한 피드백

1. 문제점 1을 극복하는 데 도움이 되는 제안은 무엇인가?

2. 문제점 2를 극복하는 데 도움이 되는 제안은 무엇인가?

해답
1. 동시대 모델에 대한 개념을 소개한다. 그것이 무엇이며 어떻게 작용하는지 그리고 장점과 단점을 알려주면 문제점 1을 기본적으로 해결할 수 있다. 그러나 당신이 동시대 모델 이론을 잘 알지 못하더라도 당신의 경험을 되돌아볼 수 있고, 그들과 개인적인 관계를 형성하지 못했을지라도 당신에게 지대한 영향을 끼친 사람들을 확인할 수 있다. 누가, 어떻게 당신의 삶에 영향을 끼쳤는지 확인하고 성찰함으로써 동시대 모델을 이해하고 그 효과를 알아가기 시작할 것이다. 그러한 인식을 불러일으키는 것이 주된 아이디어이다. 우리의 과거 동시대 모델들을 인식하면 현재 우리 주위에 있는 그들을 쉽게 찾을 수 있다.
2. 가능하면 관계를 확립하도록 노력하고 그 동시대 모델을 더욱 개인적인 멘토링으로 경험할 수 있도록 전환하라. 그 동시대 모델이 다른 멘토링 형태로 발전되는 다리 역할을 할 수도 있다. 그러나 동시대 모델과 개인적으로 관계를 확립할 수 없을지라도 학습을 위한 자기 책무성과 능력 부여를 평가하는 것이 가능하다. 이를 위한 한 가지 방법은 동시대 모델의 개념을 비슷한 상황에 있는 다른 동료에게 알려주는 것이다. 그런 다음 두 사람이 함께 관찰하고, 분석하고, 함께 배우며 학습하기 위해 서로 책무를 다할 수 있다.

9장의 하이라이트

1. 우리에게 직접적으로 멘토가 되어 줄 수 있는 사람이나 유능한 멘토를 찾을 수 없을지라도 실망할 필요가 없다.
2. 우리 주위에서 성숙한 크리스천으로서 존경받는 동시대 모델을 보고 배움으로써 간접적으로 멘토링을 받을 수 있다.
3. 동시대 모델들은 대부분 먼저 그 가치관대로 따라 살면서 그다음에 그것을 보고 배울 수 있다. 즉 우리는 먼저 그것을 관찰하면서 본받고, 의지적으로 배우고, 그다음에 인지적으로 이해할 수 있다.
4. 동시대 모델들은 대부분 우리에게 본을 보여줌으로써 도전하고 동기를 부여한다.
5. 동시대 모델들은 이상적인 가치관이 실제로 실현될 수 있다는 기대감을 심어 준다.

추가 연구

1. 느슨한 멘토링 형태가 유효함을 확인하기 위해 이런 타입의 멘토들이 그리스도를 따르는 성숙한 사람들에게 어떻게 영향을 끼쳤는지를 알아보라. 그리스도를 따르는 성숙한 두 사람을 찾으라. 그들에게 동시대 모델에 대한 정의를 소개하고 그들의 삶에서 하나님이 어떻게 이러한 멘토들을 사용하셨는지에 대해 나누도록 부탁하라. 그들이 답하는 것을 적어라.

동시대 모델	어떻게 중요한 영향을 끼쳤는가?
a.	
b.	
c.	

2. 9장에서 배운 내용 가운데 당신이 실제로 사용할 가장 중요한 개념을 확인하라. 당신이 그것을 어떻게 사용할 계획인지를 기록하라. 당신에게 책무를 다할 수 있는 사람과 그 내용을 나누라.

10장

간접적 멘토링 – 역사적 모델

서론

9장에서 간접적 멘토링의 개념을 소개했다. 이 개념은 일반적인 멘토링 경우처럼 직접적인 방법이 아니라 간접적인 관계를 통해 다른 사람으로부터 도움을 받은 것을 말한다. 먼저 간접적 멘토링으로 제한된 자원을 제공하는 종류의 동시대 모델을 다루었다. 그러나 간접적 멘토링의 자원과 관련된 주된 문제가 2가지 있다. 하나는 당신의 삶에서 만나는 사람들이 한정되어 있기 때문에 어떻게 동시대 모델을 의도적으로 활용하느냐 하는 것이다. 당신이 필요한 멘토를 항상 찾을 수는 없다. 그러나 찾을 수 있는 멘토로부터 배워야 한다. 10장에서 소개하는 간접적 멘토링의 역사적 모델은 바로 그러한 문제를 해결해 준다. 이는 여러 역사적 모델로부터 유익을 얻고자 하면 언제든지 활용 가능하다. 두 번째 문제는 역사적 모델이 실제로 멘토링 경험이 되도록 부족한 멘토링의 역동성을 어떻게 제공할 수 있는가 하는 것이다.

3가지 멘토 타입, 즉 동시대 모델, 역사적 모델, 섭리적 만남은 느슨하고 간접적 멘토링의 카테고리에 속한다. 78페이지의 도표 2-1을 다시 보면 이 멘토 타입을 느슨한 멘토링으로 분류하는 이유를 알 수 있다. 멘토링이 덜 의도적인 방향인 연속선의 가장 오른쪽에서 일어나기 때문이다. 이것은 근본적으로 다음 2가지를 의미한다.

1. 멘토링의 5가지 역동성이 모두 존재하는 것은 아니다.
2. 멘티는 그 멘토링을 '향상'시키기 위해 부족한 역동성을 제공해야 한다.

동시대 모델에서 멘토링의 역동성을 확립할 필요가 없더라도 그것이 가능하다. 동시대 모델이 지리적으로 접근 가능하면 관계와 책무를 확립할 수 있다. 그러나 역사적 모델과의 관계에서는 그런 역동성이 불가능하다. 왜냐하면 생존해 있는 사람들이 아니라 과거에 살았던 사람들의 기록을 다루기 때문이다.

우리가 기술, 태도, 가치관, 비전 등을 본받기 위해 기대하는 측면에서 역사적 모델은 동시대 모델과 비슷한 점이 많다. 그러나 역사적 인물은 더 이상 이 세상에 생존해 있지 않다. 관계를 형성할 수도 없고, 책무가 있을 수도 없다. 그러나 긍정적 측면은 우리가 필요한 모든 타입의 멘토를 역사적 문헌에서 찾을 수 있다는 점이다. 다만 우리가 필요한 멘토 타입을 적극적으로 찾으면 된다.

10장의 개요

모델링과 관련된 다른 형태의 비슷한 유사 멘토링(pseudo-mentoring)은 바로 역사적 모델이다. 히브리서 11장은 역사를 되돌아보고 믿음의 영웅들과 여걸들이 중요함을 기억하게 한다. 그것이 바로 10장의 목표이기도 하다. 과거에 앞서 살았던 리더들이 오늘날 우리에게 필요한 멘토가 될 수 있다는 점이 중요하다. 역사적 멘토들이 어떻게 나에게 능력 부여를 해 주었는지 개인적인 사례를 보여줄 것이다. 9명의 역사적 멘토와 그들을 통해 나에게 일어난 능력 부여를 소개한다. 다음에 역사적 모델 멘토에 대한 공식적인 정의를 내린다. 그리고 5가지 형태의 전기(biography)를 설명한다. 이 모든 형태를 강조하는 이유는 올바른 자세로 접근하면 학습 자원으로 모두 활용할 수 있기 때문이다. 전기를 유익하게 읽도록 도와주는 3가지 일반적 제안(분석, 묵상적 독서, 적용)을 한다. 그리고 동시대 모델과 역사적 모델 간에 유사점과 차이점을 살펴본다. 이를 통해 이 2가지 모델을 더 잘 이해할 수 있다. 그리고 역사적 멘토들을 찾는 데 도움이 되는 힌트를 제시한다. 10장을 마치면 다음과 같이 할 수 있다.

- 역사적 모델로부터 배울 수 있는 가치관을 열거한다.
- 역사적 멘토에 대한 정의를 내린다.
- 선택한 어떤 전기에 대한 형태(일화, 직설적 일화, 비평적 일화, 연대순, 주제별)를 확인한다.
- 3가지(분석, 묵상적 독서, 적용) 주된 강조점 중에 하나를 사용하여 전기를 읽는다.
- 미래에 당신이 유익을 얻기 원하는 역사적 멘토 3-5명을 확인한다.

멘토 타입 8. 역사적 모델

나 자신의 개인적인 간증을 나누면서 역사적 모델을 통한 멘토링을 간략하게 설명하고자 한다. 나는 많은 전기를 읽어 왔다. 그 책들 가운데는 내가 비주기적으로 반복해서 읽은 책들도 있다.

9명의 역사적 멘토

나의 제자훈련자인 해럴드로부터 전기의 중요성을 알게 된 이후 나는 많은 책들을 폭넓게 읽어 왔고 100여 명이 넘는 사람들의 생애에 대한 이야기를 읽었다. 그 책들 가운데 많은 책들이 나의 삶에 매우 유익했다. 특별히 나의 삶에 계속적으로 영향을 끼친 9명의 역사적 멘토가 있다. 유종의 미를 거두는 리더들이 드물지만 이 9명은 모두 삶을 끝까지 잘 마쳤다.

나는 그들의 생애에 대한 책들을 주의 깊게 읽고 또 반복해서 읽었다. 그리고 반복해서 읽을 때 가능하면 그들의 생애에 관해 다른 저자들이 쓴 책들을 읽는다. 또한 읽는 모든 책에는 기록을 한다. 밑줄을 긋고, 책 여백에 쓰고 책의 앞과 뒤표지, 목차, 또한 기록할 수 있는 책의 다른 여백에 참고가 될 만한 내용을 적는다.

몇 가지 이유로 내가 두세 번째 읽을 때 새로운 통찰력이 떠오른다. 한 권의 전기를 다시 읽을 때마다 나이가 들면서 삶과 사역의 경험이 많아지기 때문에 이전에 비해 더 많은 것을 볼 수 있다. 쌓은 경험 때문에 역사적 멘토들을 더 넓은 관점으로 바라볼 수 있는 것이다. 그리고 나의 현재 상황을 종종 새로운 관점으로 보게 된다. 왜냐하면 상황에 필요한 통찰력을 얻기 위한 목적으로 책을 읽었기 때문이다. 마지막으로, 내가 과거에 적어 놓은 내용을 다시 주목하면 그것이 신선하게 와 닿는다. 그래서 내가 필요한 깨달음을 새롭게 얻는다.

내가 찾은 9명의 역사적 멘토들을 순서대로(대략적인 시기에 따라) 나열하고 그 책들을 처음 읽었을 때 경험한 능력 부여를 표 10-1에 제시한다.

표 10-1. 9명의 역사적 멘토 – J. 로버트 클린턴

연도	멘토	가장 중요한 가치관
1964	허드슨 테일러 (Hudson Taylor)	하나님께 전적인 신뢰와 선교 사역의 비전
1965	J.O. 프레이저 (J.O. Fraser)	리더의 사역에 변화를 가져오는 능력 있는 기도의 삶
1966	조나단 고포스 (Jonathan Goforth)	평생 하나님의 말씀을 연구하고 통달함
1966	짐 엘리엇 (Jim Elliot)	하나님과의 관계에 대한 열정, 마음의 순결, 하나님을 위해 살고자 하는 열망
1967	에이미 카마이클 (Amy Carmichael)	하나님과 친밀한 동행, 깊은 내면적인 삶의 패러다임
1969	아도니람 저드슨 (Adoniram Judson)	선교 과업을 완성하는 불굴의 끈기
1975	워치만 니 (Watchman Nee)	하나님의 말씀으로 충만, 영적 권위에 관한 교훈
1989	사무엘 브렝글 (Samuel Brengle)	유종의 미를 거두는 삶, 깊은 영성, 대중적 설교
1991	A. J. 고든 (A. J. Gordon)	성경 말씀 중심의 사역, 선교 중심의 사역, 주님의 재림에 대한 신앙, 궁극적인 공헌, 효과적 사역 모델

위의 책들을 반복적으로 읽으면서 배운 많은 가치관이 나 자신의 것이 되었다. 허드슨 테일러는 그리스도와 연합된 삶으로 들어가는 경험을 "변화된 삶"(The Exchanged Life)이라고 불렀다. 이것은 나에게 연합된 삶의 본질에 대한 통찰력뿐만 아니라 나 자신을 위한 가치관으로 그 경험이 필요함을 보여주었다. J. O. 프레이저는 기도하는 삶을 통해 기도 사이클(거룩한 결단력, 간구, 응답, 찬양)의 모델을 보여주었다. 특히 하나님이 어떻게 믿음의 위기를 통해 일하시는지(믿음에서 응답까지) 보았다. 또한 나의 사역 배후에 중보기도자들이 필요함을 보여주었다. 에이미 카마이클과 워치만 니는 하나님께서 고립을 통해 우리 내면의 삶을 어떻게 성숙시키는지 보여주었다. 그들은 역경을 통해 하나님께 더 가까이 나아가고 더 깊은 영성을 경험하면서 사역에서 영적 권위를 갖게 되었다. 짐 엘리엇이 쓴 일기를 통해서는 하나님과의 내면의 삶에서 투명함이 중요함을 새롭게 깨달았다. 조나단 고포스와 사무엘 브렝글은 3가지 측면에서 유종의 미를 거두는 삶에 대한 훌륭한 예가 된다. 즉 배우는 자세의 견지, 하나님과 역동적인 개인적 관계의 유지, 그리고 영적 유산이다. A. J. 고든은 가치 중심의 사역을 하는 리더로서 효과적인 수렴 사역(convergent ministry)의 모델을 아름답게 보여준다. 그리스도께서 교회로 찾아오셨던 그의 간증은 리더로

만들어져 가는 사명의 계시적 경험(destiny revelation experience)을 보여주는 훌륭한 예가 된다.

나는 계속해서 설명할 수 있다. 이 멘토들은 지금까지 나와 함께 계속 머물고 있으며, 그들이 생각나는 상황에 처할 때 그들이 보여준 원리를 적용하는 나를 어깨너머로 지켜보며 내 귀에 속삭인다. 그들의 생애를 연대순으로 기록하기 위해 많은 시간을 들여 수고를 한 저자들에게 너무나 감사할 뿐이다.

구름같이 둘러싼 허다한 증인들

앞에서는 반복적으로 읽었던 책들만 소개했다. 그 외에 수많은 역사적 모델들이 있지만 어느 한 시점에서만 영향을 주었거나 반복해서 읽지 않은 책들이 많다. 그러나 이 역사적 모델들이 나에게 계속 잊을 수 없는 영향을 끼쳤고 대부분 5년이란 기간에 집중되어 나타난 것을 주목하라. 이 시기에 나는 리더십 전환기에 있었고, 학습 동기와 감수성이 강한 시기였다. 그 이후에는 필요에 맞추어 멘토들을 엄밀히 선정했다. 나는 영적 권위에 대해 배워 가던 중요한 위기의 순간에 워치만 니의 책을 통해 큰 도움을 받았다. 브렝글은 내가 리더십 계발 후반기에 유종의 미를 거두는 삶(finishing well)에 대한 배움의 열망으로 고조되었을 때 매우 유익했다. 고든은 나의 역사적 멘토들을 재검토할 때 선정했는데 내가 새로운 역사적 멘토들을 찾을 때 의도적이지는 않았다는 점을 알게 되었다. 지금 나는 매년 혹은 2년마다 새로운 역사적 멘토를 선택한다.

위의 예에서 보여주는 능력 부여는 최소한 15가지 정도의 주요 가치관을 보여준다. 이것은 삶의 계발, 사역 기술, 말씀과 기도 훈련, 인내의 동기 부여, 열정, 장기적 목표, 하나님의 다루심에 대한 리더십 통찰력, 효과적 사역 등을 포함하며 다양하고 폭넓은 계발에 초점을 맞추고 있다.

역사적 모델

소개	역사적 모델은 그야말로 무한한 멘토링 자원[1]이 되는 미개발된 금광이나 마찬가지다. 본래 역사적 모델은 동시대 모델과 같은 역할을 하지만 살아 있는 본보기보다는 책에 기록된 내용들을 통해 이루어진다. 아래 예들은 나에게 개인적으로 역사적 멘토가 되었던 많은 사람들 가운데 중요한 9명이다.
정의	역사적 모델은 지금은 생존하지 않지만, 그 사람의 삶이나 사역이 부분적으로 전기나 자서전 형태로 기록되어 다른 사람들에게 능력을 부여하는 기술, 삶과 사역의 교훈, 그리고 가치관을 간접적으로 전수하는 본보기로 사용되는 인물을 말한다.
예	허드슨 테일러, 『허드슨 테일러의 생애』(*Hudson Taylor's Spiritual Secret*, 생명의 말씀사)
예	J. O. 프레이저, 『산비』(*Mountain Rain*, 로뎀)
예	조나단 고포스, 『중국의 고포스』(*Goforth of China*)
예	짐 엘리엇, 『전능자의 그늘』(*Under the Shadow of the Almighty*, 복있는 사람)
예	에이미 카마이클, 『도나버의 에이미 카마이클』(*Amy Carmichael of Dohnavur*)
예	아도니람 저드슨, 『아도니람 저드슨의 생애』(*To The Golden Shore: The Life of Adoniram Judson*, 좋은씨앗)
예	워치만 니, 『워치만 니의 생애』(*Against the Tide: The Storg of Watchman Nee*)
예	사무엘 로간 브렝글, 『사무엘 로간 브렝글: 선지자의 초상』(*Samuel Logan Brengle: Portrait of a Prophet*)
예	아도니람 저드슨 고든, 『아도니람 저드슨 고든의 전기』(*Adoniram Judson Gordon, A Biography*)
해설	그리스도를 위해 가치 있게 살았던 과거 인물들로부터 배울 때 우리는 견고한 반석 위에 서는 것이다. 왜냐하면 히브리서 13장 7-8절의 리더십 강령을 적용하는 것과 마찬가지이기 때문이다.

---

[1] 나(로버트)는 지난 7년 동안 가르쳤던 수업 시간에 리더들이 몇 권의 전기를 읽었는지 설문 조사를 실시했다. 리더들이 읽은 전체 책의 수, 그들의 삶에 영향을 끼친 책의 수, 그리고 반복해서 읽은 책의 수를 조사했다. 리더들은 대부분 다섯 권 내외의 전기들을 읽었다. 모든 사람들은 최소한 한 권의 전기로부터 어떻게 해서든 도움을 받았다. 그러나 대부분 그 책을 그들의 삶을 지속적으로 계발시키는 수단으로 여기지 않았다. 리더들 대부분은 한 권의 전기도 반복해서 읽지 않는다는 것이다.

역사적 모델에 대한 피드백

1. 흥미있는 전기물을 찾는 방법 중에 하나는 많은 사람들의 생애를 요약한 책들을 훑어보는 것이다. 아래에 있는 책들 가운데 한 권을 택해 훑어보고 당신이 더 읽어보고 싶은 5명의 인물의 이름을 적어라. 각 인물에 대해 아래 네 권의 다른 책에는 어떻게 기록되었는지 비교하면 흥미로울 것이다. 1, 2, 3, 4번째 책에 모두 기록된 인물은 누구인가?
『그들이 발견한 비밀』(*They Found the Secret*), V. 레이먼드 에드먼(V. Raymond Edman)
『선교사 열전』(*From Jerusalem To Irian Jaya*, 크리스찬다이제스트사), 루스 터커(Ruth Tucker)
『능력의 동력선』(*Powerlines*), L. 찬 (L. Chan)
『위대한 발자취를 남긴 사람들』(*Walking With the Giants*, 엠마오), W. 위어스비(W. Wiersbe)

2. 크리스천 리더가 역사적 모델의 유익을 얻지 못할 때 어떤 일이 생기는가? 역사적 멘토들로부터 도움을 받지 못할 경우 어떤 결과를 예상할 수 있는가?

3. 당신 자신이 역사적 모델들을 활용해 온 것을 어떻게 평가하겠는가? 당신이 그동안 몇 권의 전기물(혹은 자서전)을 읽었는지 아래 해당 사항에 체크 표시하라.

a. 나는 대략 아래 권 수 만큼 전기물을 읽었다.
___ 0-5 ___ 6-10 ___ 11-20 ___ 21-40 ___ 41-100 ___ 100+

b. 나는 다음과 같이 말할 수 있다.
___ (1) 읽은 전기물이 나 자신의 리더십 계발에 조금 혹은 전혀 영향을 주지 않았다.
___ (2) 읽은 전기물이 나에게 어느 정도 도움을 주었다.
___ (3) 읽은 전기물이 나 자신의 계발에 중요했다.
___ (4) 읽은 전기물이 나 자신의 계발에 매우 중요했다.

c. 나는 대략 아래 권 수 만큼 전기물을 반복해서 읽었다.
___ 0-2 ___ 3-4 ___ 5-6 ___ 7-8 ___ 9+

• 당신에게 가장 중요한 책 세 권의 이름을 적으라.

해답
1. 당신의 답을 말하라.
2. 다른 사람들의 생애로부터 배우는 대리 학습(그들의 경험을 통해 대리적인 방법으로 배우는)에 실패할 경우 오직 자신의 직접적인 경험으로부터 배워야 할 것이다. 그리고 크리스천 리더로서 당신이 알아야 할 모든 것을 직접 경험하고 배울 수 있는 충분한 시간이나 상황이 주어지지 않는다. 관점(Perspectives)은 우리가 폭넓은 리더십 경험을 갖게 될 때 생긴다. 이것의 많은 부분은 우리가 직접적으로 체험하지 않더라도 배울 수 있다.
3. 당신의 답을 말하라.

장르에 따른 5가지 종류의 전기물

소개 전기물(Biography)은 질적, 기본 철학, 그리고 표현 방법론에서 차이가 난다. 어떤 전기물은 매우 대중적이지만 상당히 학술적인 것도 있다. 그리고 많은 책들이 그 중간에 있다. 당신은 모든 종류의 전기물로부터 배울 수 있다. 작가들이 어떻게 선택하여 쓰느냐, 얼마나 해석을 추구하느냐, 그리고 어떤 목적과 결과를 위해 쓰느냐에 따라 차이가 있다. 항상 실물보다 '더 좋은 그림'으로 묘사하고 싶거나, 다른 방식으로 표현하거나, 어떤 사람의 좋은 면만 부각시키고 나쁜 면은 배제시키고 싶은 유혹이 따른다. 1960년대 후반기에 전기물의 일반적 가치관이 바뀌었다. 이 시기와 이후부터 작가들은 인물에 대해 '나쁜 점들까지도' 모두 묘사하려 한다. 그러한 프레젠테이션은 더 강력한 신뢰성을 가져온다는 생각 때문이다. 그 사실에 나 자신도 동의한다. 작가들은 자료를 프레젠테이션하기 위해 여러 가지 방법을 사용한다. 나는 전기물을 선택할 때 유익한 몇 가지 프레젠테이션 포맷(presentation formats)을 발견했다. 아래 표 10-2와 같이 장르에 따라 기본적으로 전기물[2]을 5가지 종류로 분류할 수 있다.

표 10-2. 전기물의 종류 – 프레젠테이션 장르

종류(Type)	설명
1. 일화 (Vignettes)	이 종류는 단순하게 어떤 인물의 생애에 대해 흥미롭게 묘사하는 것이다. 식별할 수 있는 선택 기준이나 연대순의 흐름이나 순서나 해설도 없다.
2. 직설적 일화 (Linear Vignettes)	이 종류는 그 인물의 어떤 성장 단계를 보여주는 많은 일화를 특별히 선택하여 묘사한다. 이러한 일화들을 연대순으로 정리할 수 있으며, 해설은 매우 적고, 선택한 일화들 사이에 틈을 채우기 위해 설명을 한다.
3. 비평적 일화 (Critical Vignettes)	이 종류는 일화들을 비평적으로 선택하여 연대순으로 나열한다. 그 인물의 성장 과정에서 일어난 일화의 의미와 더불어 삶의 의미와 그 영향에 대해 설명과 최소한의 해설을 한다.

---

[2] 노먼 K. 덴진(Norman K. Denzin)의 전기물에 대한 기술적인 리포트를 참고하라(Norman K. Denzin's *Interpretive Biography* in the qualitative Research Methods Series, Sage, Newbury Park, California).

4. 연대순 (Chronological)	이 종류는 무엇보다도 어떤 인물의 생애를 연대기 순서에 따라 서술하고 해석하면서 결합한다. 서술적 흐름 가운데 군데군데 해석을 한다. 일화와 사례들은 둘 다 이야기의 흐름과 해석의 예를 보여주기 위해 설명한다. 기본적으로 이러한 서술적 흐름을 따르면 그 인물의 생애에서 나온 중요한 주제들이 등장하며 대개 각 주제에 따라 주요 단원별로 나눌 수 있다. 각 단원은 매우 해석적으로 묘사하며 그 인물의 생애에 의미와 영향을 끼친 것을 찾는다. 대개 그 생애의 궁극적 공헌을 설명해 주는 어떤 부문/단원들이 있다.
5. 일생의 주제 (Themes of a Life)	어떤 전기 작가들은 그 인물의 생애에 대한 중요한 주제들을 중심으로 업적을 정리하는 것을 선호한다. 필요하면 서술, 일화, 실례 등 무엇이든지 그 주제를 설명하는 데 포함시킨다.

해설 나는 개인적으로 네 번째 종류인 연대순의 전기물을 선호한다. 나의 역사적 멘토들 가운데 한 사람인 사무엘 브렝글의 생애에 대하여 홀 (Hall)이 저술한 책은 바로 이런 종류에 속한다.

해설 그렇지만 작가의 선택이나 사상, 혹은 자료의 해석이나 표현 방법 때문에 어떤 역사적 모델로부터 유익을 얻는 것을 놓치지 않도록 하라. 당신이 역사적 모델로부터 간접적인 방법으로 멘토링을 받기 원할 때, 답을 얻기 위한 질문은 '이것이 절대적으로 사실인가?' 가 아니다. 어느 작가도 그러한 자료를 제공해 줄 수 없다. 당신이 질문하고 대답해야 할 것은 바로 이것이다. '만약 이것이 사실이라면, 혹 그렇지 않더라도 하나님이 이것을 통해 나에게 가르쳐 주시기를 원하는 것은 무엇인가?'

역사적 멘토로부터 유익을 얻는 방법

소개 전기물은 다른 종류의 문헌처럼 대충 여기저기 훑어볼 수 있는 것이 아니다. 전기물은 내용을 전체적으로 읽어 보아야 한다. 전기물을 훑어보는 두 가지 과정을 추천한다. 한 가지 방법은 단순히 책 내용에 대한 감을 잡기 위해 전체적으로 빠르게 읽어보는 것이다. 물론 그 책을 읽어가면서 책 여백에 메모해야 한다. 이러한 방법으로 통독하면 그 전기물이 1–5타입 가운데 어떤 종류인지 확인하는 데 도움이 된다. 두 번째 방법은 분석, 묵상적 독서, 적용의 강조를 포함하는 느린 숙독으로 하는 독서법이다. 전기물을 전체적으로 훑어보는 독서법을 아래와 같이 소개한다.

I. 분석의 강조(Analysis Emphasis)

책을 전체적으로 훑어보고 목차, 서문, 권두언, 그리고 책 표지 정보를 주의 깊게 분석하면 그 전기물의 형태에 대해 잠정적으로 파악할 수 있다. 이런 방법으로 책을 분석하기 위해서는 훈련된 학습 시간이 필요하다. 때때로 그것은 II단계에서 제안한 것처럼 경건의 시간과 병행하여 실행할 수 있다. 때때로 강도 높은 집중과 시간이 필요하다.

타입(Type) 1의 경우
1. 교훈, 가치관, 자료 분류를 위해 개인적인 일화들을 연구하라. 일화 전체에 걸쳐 메모하라. 전체적으로 보는 관점과 관계없이 해야 한다.
2. 가장 중요하게 생각하는 통찰력을 1~3페이지로 요약하라. 그리고 그 메모지를 접어서 언제든지 사용할 수 있도록 클립을 사용해 책 표지 안에 넣어 두라.

타입(Type) 2 혹은 3의 경우
1. 목차나 각 장의 첫 몇 문장부터 시간선을 그려라.
2. 각 장의 첫 페이지 상단에 각 장의 시기를 나타내는 시간선을 그려라. 이것은 그 장에 대한 전체적인 관점을 갖는 데 도움이 된다.
3. 교훈과 가치관을 확인하고 자료를 분류하기 위해 일화들을 연구하라. 추가적으로 있음직한 패턴에 유의하라. 반복되는 자료, 교훈, 혹은 가치관은 대개 어떤 패턴을 나타낸다.
4. 가장 중요한 통찰력을 1~3페이지로 요약하고 그 메모지를 접어서 언제든지 사용 가능하도록 책 커버 안에 클립을 사용해 넣어 두라.

타입(Type) 4의 경우
1. 시간선, 해석적 주제, 궁극적 공헌 등 책의 주요 부문들을 확인하라.
2. 시간선의 장들을 훑어보고서 시간선을 그려라. 각 장의 상단에 그 장까지 해당되는 시간선의 일부를 연필로 표시하라.
3. 시간선에서 분류, 교훈, 가치관에 대한 각 단계를 연구하라.
4. 여러 단계에 걸쳐 나타나는 패턴을 찾으라.

5. 주제 부문을 읽으라. 각 장에서 강조하는 사역 철학과 가치관을 확인하라. 그것을 나타내는 어떤 과정이 있었는지 주목하라.
6. 궁극적 공헌을 확인해 주는 책의 요약 부문을 주의 깊게 연구하라.

타입(Type) 5의 경우

타입(Type) 4의 4~6단계를 반복하라. 당신은 시간선 관점에서 주제와 관련된 강조점을 정확히 밝혀낼 수 없을 것이다.

II. 묵상적 독서의 강조(Devotional Emphasis) - 역사적 멘토, 일기 기록법(Journal Technique)

당신의 경건 시간에 역사적 모델에 대해 다음과 같이 실행하기를 제안한다. 어떤 전기물을 일기 형식으로 기록하기에 적절한지 확인하기 위해 먼저 책을 훑어 읽어보라.

1. 일기를 계속 쓰라. 읽은 날짜를 기록하고 읽은 페이지를 확인하라.
2. 책을 전체적 단위를 구성하는 작은 부분으로 나누어 읽고 그 내용을 정독하고 묵상하라.
3. 책을 읽을 때 그 역사적 멘토가 듣고 있다고 상상하라. 다음 질문에 그 역사적 멘토가 대답하도록 하라. 내가 읽은 내용을 아시고, 나 자신에 대해 잘 아시니 지금까지 읽은 내용 가운데 나에게 가장 중요한 것은 무엇입니까? 방금 읽은 것에 대해 어떤 조언을 해 주시겠습니까? 다음에는 상상력을 발휘하여 개인적으로 반응을 보이며 기록하라. 그것을 당신 자신에게 적용하라. 당신의 삶의 필요를 확인하고, 그것을 해결하기 위한 정보, 가치관, 관점을 그 책에서 찾으라.
4. 그 역사적 멘토로부터 배운 교훈들을 자신에게 적용하고 있는 것을 때때로 돌이켜보며 당신 자신을 스스로 평가하라.

III. 적용의 강조(Applicational Emphasis)

당신 자신의 삶에 필요한 태도, 기술, 교훈, 그리고 가치관을 배울 수 있는 멘토링 상황을 언급하고 있다는 점을 기억하라. 이를 통해 실제로 배우는 것에 대한 책임은 오직 당신에게 있다.

1. 당신이 적용한 것을 기록하라. 당신이 읽고, 분석하고, 발견한 것을 어떻게 사용할 계획인지 적어라.
2. 당신의 일기에 기록한 것과 그것을 적용한 내용을 나눌 수 있는 어떤 사람을 찾으라. 이것을 정기적으로 하라. 일주일에 한 번이 이상적이지만 한 달에 한 번은 전혀 하지 않는 것보다는 낫다.
3. 가능하면 전기물을 읽고 있는 어떤 파트너를 찾아 함께 연구하라. 두 사람 모두 학습을 위해 서로 책무를 다할 수 있다.

동시대 모델과 역사적 모델의 비교

소개   동시대 모델과 역사적 모델을 비교해 볼 때 둘 다 동일하게 능력을 부여해 주는 핵심 취지가 있다. 즉 그들은 가치관을 구현하고, 삶에서 가치관의 실현 가능성과 실제를 보여주며, 본을 통해 동기를 부여한다. 그러나 적어도 5가지 측면에서는 서로 차이점이 있다. 아래 표 10-3은 그것을 보여준다.

표 10-3. 동시대 모델과 역사적 모델의 차이점

차이점	동시대 모델	역사적 모델
1. 멘티의 학습 스타일	모델링의 출처는 생존하는 인물이다. 학습은 멘티가 그것을 관찰할 수 있는 능력에 달려 있다. 어떤 멘티들은 삶과 활동을 통해 가장 잘 배운다.	모델링의 출처는 기록된 문헌이다. 학습은 독서와 개념을 파악할 수 있는 능력에 달려 있다. 어떤 멘티들은 기록된 문헌을 통해 가장 잘 배운다.
2. 모델링의 유용성	동시대의 삶에서 하나의 사건은 일시적이다. 그것은 한번 일어나고 없어지며 다시 반복되지 않는다. 멘티는 대개 단번에 배워야 한다.	기록된 자료이기 때문에 학습을 위해 여러 번 반복해서 배울 수 있다.
3. 모델링의 해석	멘티가 가치관, 원리, 교훈을 확인하고 해석해야 한다. 또한 멘티 자신이 중대한 사건들을 선택하고 사용한다.	전기 작가가 가치관, 원리, 그리고 교훈을 확인하고 때때로 해석한다. 멘티는 중대한 사건들을 선택한다.
4. 멘토의 궁극적 신뢰성	동시대 모델들은 아직 생애를 마치지 않았다. 그들이 유종의 미를 거두는 삶을 살지 못할 수도 있다. 나중에 실패할 경우 멘티가 그들의 가치관을 사용하는 데 영향을 줄 수 있다.	역사적 모델은 대개 유종의 미를 거두며 살았던 사람들이다. 그렇기 때문에 본이 되는 삶이 기록되었고 그것에 대해 신뢰할 수 있다.
5. 멘토와 대화 가능성	대개 멘티는 동시대 모델에게 접근하여 대화할 수 있거나 최소한 확인하기 위해 질문할 수 있다.	이미 고인이 되었기 때문에 역사적 모델에게 전혀 접근할 수 없으며 질문할 수가 없다.

역사적 모델을 찾는 5가지 힌트

소개	당신이 필요한 역사적 모델을 찾고자 결심했다면 무엇을 하겠는가? 역사적 모델을 찾는 데 도움이 되는 힌트를 다음과 같이 제시한다.
1. 일반적 접근: 성숙한 크리스천	5명의 성숙한 그리스도를 따르는 자들에게 질문하여 그들이 읽은 전기물이나 자서전들 가운데 가장 중요한 책 5권의 목록을 적으라. 또한 그들이 읽은 각 책에서 자신의 삶에 도움이 되었던 중요한 교훈들에 대해 질문하라. 이를 통해 당신이 시작할 수 있는 도서 목록을 구할 수 있을 뿐만 아니라 당신 자신의 삶에 유익한 교훈을 얻을 수 있는 동기 부여를 받을 것이다. 그렇지만 어떤 전기가 다른 사람에게 중요하다고 해도 당신에게는 반드시 그렇지 않을 수 있다는 점을 기억하라. 다른 사람에게는 매우 감동적인 책이 당신에게는 그렇지 않더라도 실망하지 말라. 그 책이 누군가에게 흥미를 불러일으키는 이유는 여러 가지 역동성이 존재하기 때문이다.
2. 일반적 접근: 서점	잘 알려진 기독교 서점에서 일하는 식견 있는 직원에게 어떤 전기물이나 자서전들이 가장 잘 팔리는지 그리고 그 이유를 물어 보라. 혹은 그 서점에서 어떤 전기물을 추천하는지 그리고 그 이유를 물어 보라.
3. 일반적 접근: 도서관 사서	좋은 기독 도서관에서 일하는 도서관 사서에게 중요한 전기를 선택하는 데 도움을 요청하라. 도서관 사서는 전기물을 다루는 책들이나 크리스천 리더들의 인명 사전을 알고 있어서 중요한 사람을 선택하도록 도와줄 수 있다. 또한 전기물에 관심을 갖고서 구체적으로 도와줄 수 있다. 그리고 도서관에서 전기물을 보관하는 장소를 알아보면 그곳에서 좋은 책들을 찾을 수 있다.
4. 일반적 접근: 교회사 연구가 혹은 전문가	신학대나 대학원에서 교회사를 연구하는 학자들과 관계를 형성하라. 그들은 대개 역사적으로 중요한 리더들을 알고 있으며 그들에 대해 연구할 수 있는 자료의 출처를 알고 있다.
5. 구체적 접근: 원하는 타입의 멘토를 확인하라.	제자훈련, 영적 안내, 상담, 티칭, 혹은 코칭 등 당신이 필요한 멘토링을 확인하라. 그다음은 필요한 종류의 멘토링을 위해 도움이 되는 전기물을 찾으라. 즉 원하는 종류의 멘토링과 관련된 전기물을 찾기 위해 특히 성숙한 크리스천 친구들, 기독교 서점의 식견 있는 직원, 도서관 사서, 혹은 교회사 연구가에게 여쭈어 보고 도움을 요청하라.

역사적 모델을 찾는 힌트에 대한 피드백

1. 당신이 패러다임의 전환을 위해 필요한 징후를 경험하기 때문에 영적 안내자가 필요함을 느낀다고 가정하라(영적 안내 멘토링의 필요를 인식하는 힌트 4, 140페이지를 참고하라.). 즉 당신이 현재 영적으로 경험하는 것에 대하여 설명할 수 있는 관점이 부족하다고 생각하라. 영적 안내 멘토링의 필요를 인식하는 힌트 가운데 어느 것이 해당되며, 당신은 어떻게 할 것인가?

2. 힌트 1을 적용하라. 5명의 성숙한 그리스도를 따르는 자들에게 질문하여 그들이 읽은 전기물이나 자서전들 가운데 가장 중요한 책 5권의 목록을 적으라. 또한 그들이 읽은 각 책에서 자신들의 삶에 유익했던 중요한 교훈들에 대해 질문하라. 이를 통해 당신이 시작할 수 있는 도서 목록을 구할 수 있을 뿐만 아니라 당신 자신의 삶에 교훈을 얻도록 동기를 부여받을 것이다. 이 목록들을 비교하라. 어떤 책들이 반복적으로 나타나는지 주목하라.

3. 잠재적인 역사적 멘토들을 찾을 수 있는 전기물 자료를 구할 뿐만 아니라 선의를 베풀 수 있는 실습을 할 수 있다. 전기물을 찾기 위한 훌륭한 자원은 믿음의 영웅들이다. 각 교단이나 선교 기관에는 믿음의 영웅들이 존재한다. 특별히 그 단체의 역사가 오래 된 경우, 대개 단체의 설립자가 그러한 영웅적인 인물이다. 당신 주위에 대표적인 교단과 선교단체들의 이름을 목록으로 적어라. 그러한 교회와 기관에서 일하는 식견 있는 사람들에게 연락하여 그들의 영웅에 대해 문의하라. 구할 수 있는 전기물이 있는지 요청하라. 가령 당신이 구세군(Salvation Army)에 대해 알아본다면 그들은 윌리엄 부스(William Booth)와 사무엘 브렝글(Samuel Brengle)과 같은 사람들을 소개할 것이다. 당신이 발견한 중요한 사실들을 기록하라.

해답
1. 힌트 5, 4, 그리고 1을 결합하여 적용하라. 당신의 필요에 대해 구체적으로 질문하라. "나에게 어떤 중요한 영성의 예를 보여주는 인물의 전기가 필요하다. 나는 그것에 관해 알고 싶다. 그리고 당신의 필요에 대해 서술하라, 당신은 이런 종류의 필요와 영성을 다룬 인물의 전기를 알고 있는가?" 아마 나는 교회사 연구가(힌트 4)이거나 성숙한 그리스도를 따르는 자들(힌트 1)을 찾아갈 것이다. 서점의 직원이나 도서관 사서가 영성에 대해 특별한 관심을 가진 사람이 아니라면 아마 그러한 구체적 정보에 대해서는 모를 것이다.
2. 당신의 답을 말하라.
3. 당신의 답을 말하라.

결론

사람들은 종종 말하기를 나에게 멘토가 되어 준 사람이 아무도 없었다고 한다. 이것은 결국 그들이 동시대 모델과 역사적 모델의 기회를 활용할 수 있는 자기 주도적 학습을 하지 않았다는 점을 말해 주는 것이다. 사실 그들은 대리적 학습(vicarious learning)을 통해 많은 것을 배울 수 있다. 여기서 성경에 나오는 역사적 모델들을 통해 멘토링을 경험하는 것을 배웠던 어떤 인물을 소개한다. 그로부터 권면의 말씀을 들으며 모델링 멘토링을 마무리하고자 한다. 아래 인용문은 사무엘 브렝글이 자신의 생애 후반에 기록했던 내용이다. 그는 52세에 아내와 사별한 후 21년 동안 독신으로 살았다. 브렝글의 말을 들어보라. 이것이 바로 역사적 모델을 통한 멘토링의 핵심이다.

나는 외로운 사람이다. 그렇지만 나는 결코 외롭지 않다. 내가 성경을 펴면 수많은 선지자, 제사장, 그리고 왕들과 함께 살아가기 때문이다. 나는 수많은 사도, 성인, 순교자, 그리고 예수님과 함께 동행하며 교제한다. 그리고 나의 시선은 영광 가운데 계신 하나님을 보며 저 멀리 뵈는 하늘나라를 바라본다…나는 매일 성경을 읽으며 이사야, 예레미야, 에스겔, 호세아, 미가, 말라기 그리고 그 외에 수많은 위대한 선지자들의 삶 속으로 들어가 그들과 동행한다. 나는 그들과 함께 옛날 예루살렘과 사마리아, 애굽, 그리고 바벨론으로 돌아가 감동과 격동을 느끼며 북적거리는 삶을 다시 경험한다. 이 선지자들은 나의 오랜 친구들이다…그들은 나를 수천 번 축복해 주었고, 의를 추구하는 불타는 열정을 보여주었으며, 비열함, 이중성, 교만과 세속성에 대해 경고했다. 그들은 살아 계신 하나님을 위해 열심을 다했으며, 하나님의 존재와 하나님을 망각하는 사람들을 염려했으며, 무지한 자, 죄인, 회개하는 사람들을 불쌍히 여겼다. 그리고 사람들의 장래를 걱정하고 죄를 물리치면서 이전에 걸었던 의로운 길로 돌아오도록 호소하는 그들의 용기에 내 마음이 깊이 감동되었다(Hall 1933: 182, 183).

10장의 하이라이트

1. 우리를 멘토링해 줄 수 있는 현존하는 멘토들을 찾을 수 없다고 실망할 필요는 없다.
2. 역사적 모델은 생존하고 있는 인물이 아닌 것 외에는 동시대 모델과 거의 동일한 기능을 한다. 역사적 모델은 기록된 전기물을 통해 모델링이 되는 자료를 제공한다.
3. 다양한 종류의 전기물이 존재한다. 멘티의 학습 스타일에 따라 각자 적합한 독서법을 선택할 수 있다.
4. 다양한 종류의 전기물들은 여러 종류의 일화들을(삶에 일어난 일/사건/서술적 자료) 묘사하며, 연대순 해석과 주제별 해석 등이 있다.
5. 어떤 종류의 전기물일지라도 만약 주제가 어떤 개념에 대한 학습이고, 그 개념을 소개하는 인물의 생애를 평가하는 것이 아니라면, 그 정확성과 관계없이 학습 효과를 가져올 수 있다.
6. 동시대 모델과 역사적 모델은 둘 다 동일하게 능력을 부여하는 핵심 취지를 갖고 있다. 그들은 가치관을 구현하고, 이러한 가치관을 따라 살 수 있는 가능성과 그것을 삶에서 본으로 보여주며 동기를 부여한다.
7. 동시대 모델과 역사적 모델은 멘티의 학습 스타일, 모델링의 유용성, 모델링의 해석, 멘토의 궁극적 신뢰성, 멘토의 유용성의 5가지 측면에서 서로 다르다.

추가 연구

1. 느슨한 멘토링이 효력이 있는지 확인하기 위해 이런 타입의 멘토가 그리스도의 성숙한 제자들에게 어떻게 영향을 끼쳤는지를 알아볼 수 있다. 그리스도를 따르는 성숙한 두 사람을 찾아라. 그들에게 역사적 모델의 개념을 소개하고 나누라. 하나님이 그들의 삶 가운데 이러한 종류의 멘토들을 어떻게 사용하셨는지 알려 주도록 부탁하라. 그들이 대답하는 것을 적으라.

　　　　　　역사적 모델　　　　　　어떻게 영향을 끼쳤는가?
   a.
   b.
   c.

2. 10장에서 배운 내용 가운데 당신이 실제로 사용하고자 하는 가장 중요한 개념을 확인하라. 그것을 어떻게 사용할 계획인지를 말하라. 당신과 책무를 다할 수 있는 사람과 서로 나누라.

3. 역사적 모델을 선택하기 위해 구체적인 접근 방법을 사용할 때 당신이 원하는 멘토링을 아래 6가지 멘토링 형태 중에서 확인할 수 있다. 이 책의 부록에 있는 멘토링 관련 도서 목록은 6가지 멘토링 형태의 유용한 자료를 제공한다.

a. 당신 자신의 삶에서 일어나기 원하는 멘토링 형태를 확인하고 그것에 동그라미하라.
b. 그 멘토링에서 당신이 원하는 특정한 이슈들에 대해 구체적으로 생각하라.
c. 다음은 전기물에서 찾아보고 사용 가능한 자료가 있는지 확인하라. 나중에 사용할 때 기억할 수 있도록 메모하라.
d. 당신이 원하는 멘토 타입에 동그라미하라.

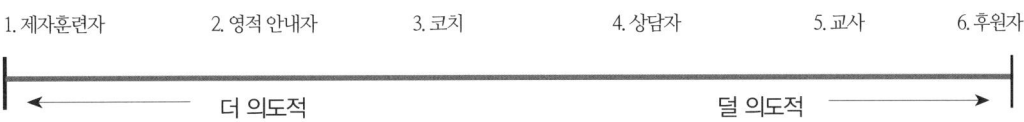

e. 당신이 동그라미한 멘토 타입에 초점을 맞추기 원하는 내용을 구체적으로 기록하라.

f. 잠재적인 역사적 모델들을 소개하는 멘토링 관련 도서 목록 중에서 찾고 확인하라.

11장

간접적 멘토링 – 섭리적 만남

서론

어떤 리더의 생애를 연구할 때 종종 그 리더의 삶 가운데 적시에 개입하며 깊은 영향을 끼친 중요한 사람들을 발견한다. 그 사람들은 리더가 일상적으로 활동하는 지역에 있을 수도 있고, 그렇지 않을 수도 있다. 사실 많은 사람들은 잠시 스쳐 지나간다. 그래서 관계를 확립할 수 없거나 더 이상 만남이 계속되지 않는다. 그러나 지나간 과거를 회상해 보면 어떤 특별한 만남은 그 사람의 생애 전체에 영향을 끼친 것을 알 수 있다. 바로 그 순간을 위해 하나님이 그 만남을 계획하신 것을 인식할 수 있고, 그렇게 개입하는 사람을 섭리적 만남(divine contact)이라고 부른다.

11장은 멘토링의 마지막 형태인 섭리적 만남을 논하며, 하나님이 놀라운 방법으로 인도하시는 멘토링에 우리가 민감하게 대응하는 법을 알려 준다. 하나님은 우리가 원하든 원하지 않든 때때로 멘토들을 섭리적으로 만나도록 인도하신다. 우리는 그들을 인식할 수 있어야 하며, 그들을 통한 하나님의 능력 부여에 따라 반응해야 한다. 마찬가지로 리더들은 종종 하나님의 섭리적 만남의 도구로 쓰임 받는다는 사실을 인식해야 한다. 이런 만남을 통해 우리는 잠재적 능력 부여와 더불어 다른 멘토링 관계로 더 발전하는 것에 대해 마음을 열어야 한다. 이 섭리적 만남을 우리가 주도할 수는 없지만 그것을 인식할 때 우리가 더 적극적으로 반응할 수 있으며 하나님이 기회를 주실 때마다 멘토링의 유익을 얻을 수 있다.

다른 모든 멘토 타입에 비해 우리가 섭리적 만남을 통제할 수 있는 여지는 가장 적다. 그래서 섭리적 만남은 멘토링 연속선(78페이지) 위의 가장 오른쪽에서 일어난다.

11장의 개요

11장은 섭리적 만남의 3가지 사례(아나니아, 랄프 헤링, 맥킨타이어)를 소개한다. 이를 통해 섭리적 만남을 정의하고 실제 상황에서 능력 부여가 어떻게 일어나는지 보여준다. 그리고 멘토로서 섭리적 만남에 대한 정의를 내린다. 그다음에는 이 특별한 종류의 멘토링(가장 통제하기 어려운 멘토링)을 이해해야 하는 이유를 제시한다. 11장을 마치면 다음과 같이 할 수 있다.

- 자신의 영적 순례에서 섭리적 만남을 확인한다.
- 섭리적 만남의 사례로부터 능력 부여의 종류를 설명한다.
- 섭리적 만남의 멘토링(그것은 통제하기 매우 힘들지라도)을 아는 것이 왜 중요한지 4가지 이유를 말한다.
- 섭리적 만남의 멘토링에 관하여 어떤 사람과 인터뷰하여 능력 부여를 확인한다.

멘토 타입 9. 섭리적 만남

하나님은 뜻밖의 놀라움으로 가득한 분이시다. 가장 강력한 멘토링 모델 가운데 하나는 때때로 하나님이 주권적으로 통제하시는 가운데 일어난다. 하나님은 우리 삶의 여정 가운데 필요로 하는 자원을 공급해 주시기 위해 바로 정확한 순간에 어떤 사람을 우리에게 보내주신다. 우리는 그 사람과의 만남을 계획할 수가 없다. 다음 상황을 고려해 보라.

사울의 이중 확인 경험

도대체 어떻게 된 건지 그는 알 수가 없었다. 그는 눈이 먼 채로 무슨 일이 있었는지 영문도 모른 채 직가에 있는 유다의 집으로 이끌려 갔다. '내가 왜 여기 있지!' 그는 궁금했다. 그렇지만 분명한 것은 눈이 부신 경험으로 한순간에 그의 세상이 완전히 바뀌었다. 그는 모세가 불타는 떨기나무를 통해 경험한 것을 연상케 하는 신비하고 놀라운 만남으로 부활하신 예수님을 만났다. 그러나 그가 실성한 것이었을까? 어떤 망상이었을까? 다음에는 무엇을 해야 하나? 만약 이 경험이 정말 사실이라면 그리스도를 따르는 사람들을 핍박하는 그의 불타는 열정은 더 이상 정당화될 수 없었다. 사흘 동안 금식을 한지라 그의 몸은 매우 허약해져 있었다. 환상 가운데 어떤 사람이 와서 상징적으로 그리고 실제로 그의 눈을 뜨게 해 주는 것을 보았다. 하나님이 인도하시는 다음 단계를 위해 그는 준비되어 있었다.

한편 다메섹의 다른 한 곳에서는 특별한 목적을 위해 또 다른 사람이 준비되고 있었다. 그는 구속사 드라마에서 그 맡은 역할로 인해 잠시 등장한다. 그의 대본은 환상으로 임했다. 처음에는 그가 들은 것을 믿지 않았다. 절대로 그럴 리가 없어! 사울이 회심했다고? 바로 그 핍박자가? 그리스도를 따르는 자들을 색출하고 투옥시키는 권한을 대제사장으로부터 받은 서한을 가진 그가 어떻게? 그러나 하나님은 그에게 두려움을 잠재우고 사울이 받은 사명을 알게 해 주셨다. 하나님은 말씀하셨다. "이 사람은 내 이름을 이방인과 임금들과 이스라엘 자손들 앞에 전하기 위하여 택한 나의 그릇이라. 그가 내 이름을 위하여 해를 얼마나 받아야 할 것을 내가 그에게 보이리라."

이 말씀은 아나니아에게 매우 놀라운 것이었음에 틀림없다. 몇 가지 이유 때문이다. 열성적인 핍박자인 사울이 한순간에 원수에서 형제로 돌아섰기 때문이다. 하나님은 히브리인 중에 히브리인인 사울을 이방인들과 고위 정치 지도자들을 구원하기 위해 사용하실 것이다. 그리고 많은 사람들을 부당하게 핍박했던 사울 자신이 그의 사명을 이루어 갈 때 동일한 종류의 고난을 당할 것이기 때문이다.

그래서 아나니아는 두려운 마음으로 직가에 있는 그 작은 집으로 갔다. 아나니아는 사울에게 사명을 받은 그 신기한 경험을 통해 무슨 일이 있었는지 말해 주고 확인해 주었다. "형제 사울아 주 곧 네가 오는 길에서 나타나시던 예수님께서 나를 보내어 너로 다시 보게 하시고 성령으로 충만하게 하신다." 이것은 사역을 위한 사무엘의 기름 부음과 같은 것이었다.

이 사건은 섭리적 만남의 전형적인 예가 된다[1]. 하나님은 준비된 사람의 삶의 여정 가운데 누군가를 보내시며 그를 통해 하나님의 메시지를 전달하시고 하나님으로부터 부여받은 권위를 인식하도록 일하신다. 사울과 아나니

---

[1] 이것은 삶 가운데 중요한 안내(major guidance)를 경험하는 데 사용되는 이중 확인이라 부르는 특별한 안내 과정을 전형적으로 잘 보여준다. 그 패턴은 하나님이 어떤 사람을 개인적으로 직접 안내하고, 그다음은 그것에 전혀 영향을 받지 않는 외부 상황에 있는 다른 사람에게 그 안내를 확인해 주시는 것이다. 그런 후에 하나님은 두 사람이 서로 만나게 하심으로써 그들이 외부적으로도 확인하며 하나님의 분명한 안내를 인식하게 하신다.

아의 만남은 결정적인 섭리적 만남이었다. 그는 외부적으로 사울이 경험한 것을 확인해 주었고, 하나님이 주시는 소명의 메시지를 전해 주었으며, 사울이 개인적으로 성령의 기름 부음을 경험할 수 있도록 했다.

대개 섭리적 만남은 의도적인 멘토링이 아니다. 아나니아와는 달리, 섭리적 만남은 하나님이 어떤 특별한 메시지를 누구에게 보내시는지 혹은 하나님이 무엇을 하시고자 하는지 항상 알 수 있는 것이 아니다. 그러나 종종 어떤 상황 가운데 하나님이 특별히 일하신다는 것은 감지할 수 있다.

사실 이러한 종류의 멘토링은 전혀 의도하지 않은 가운데 일어난다. 78페이지에 있는 도표 2-1의 멘토링 연속선을 살펴보면 이 타입의 멘토는 멘토링 연속선의 가장 오른쪽에서(연속선 끝에서 가장 의도적이지 않은) 일어나는 것을 보여준다. 이것은 대개 어느 한순간에 일어나며, 오랫동안 지속되는 만남이 아니다. 사실 우리는 하나님이 어떤 사람의 생애 가운데 특별한 순간을 위해 섭리적 만남을 사용하신다는 것을 인식하지 못할 때가 많다. 종종 사역 중에 다른 사람으로부터 받은 어떤 '권면' 혹은 '메시지'가 바로 그 순간에 결정적 열쇠가 되기도 한다. 수년이 지난 후 그것은 하나님이 적절한 순간에 섭리적 만남의 역할을 위해 '사용하신 특별한 사람'으로 어떻게 사용하셨는지 밝혀질 것이다.

여기에 섭리적 만남으로 인식하지 못했던 또 하나의 사례를 소개한다.

헤링(Herring), 더 깊은 삶의 안목을 위한 만남

주일 아침 7시였다. 장소는 오하이오 주 콜럼버스의 화이트홀 침례교회였다. 주일 아침 일찍 남성 기도 모임이 있었다. 나는 그 모임을 위해 커피와 도넛을 준비하고 있었다. 보통 6-7명이 참석하는 모임이었다. 1964년이었던 그때 나는 갓 제자훈련을 받고 있었다. 나는 순수한 열정으로 성경 말씀과 기도 훈련에 대해 새롭게 배운 것을 누구에게나 나누고 있었다. 나는 윌라드 자르비스(Willard Jarvis) 목사에게 만약 사람들이 구원받고 그리스도를 따르는 자로 성장하기를 원한다면 우리가 진지하게 기도에 힘써야 한다고 말했다. 그 주일 아침에 어떤 낯선 사람이 교회에 들어왔다. 대략 6명 정도 정규 멤버들만 모이는 곳이었기 때문에 그가 들어오는 것을 금방 알아차릴 수 있었다. 윌라드 목사가 그를 랄프 헤링(Ralph Herring)이라고 소개했다. 그의 나이는 60대 중반으로 보였다. 그는 간편한 옷차림으로 격자 무늬 천으로 된 오래 된 셔츠와 꽤 낡은 바지를 입고 있었다. 옷차림새를 봐서는 그가 제법 알려진 사람이라는 것을 전혀 눈치챌 수 없었다.

우리는 커피와 도넛을 먹으면서 잠시 교제 시간을 가진 후, 몇 가지 기도 제목을 나눈 후에 짝을 정해 주일학교 교실로 가서 기도하는 시간을 갖곤 했다. 그날 나는 정말 우연히 랄프 헤링과 짝이 되었다. 우리가 들어간 교실에서 그는 즉시 의자를 돌려서 무릎을 꿇고서 그 의자 위에 꼭 쥔 두 손을 지탱하는 자세로 기도를 시작했다. 그는 정말 기도에 집중했다. 기도를 처음 시작할 때부터 그가 특별한 사람이라는 것을 알 수 있었다. 그는 하나님과 대화하는 것처럼 기도했다. 마치 내가 그 자리에 전혀 없는 것 같았다. 그의 기도 언어와 잔잔한 열정이 나에게 깊은 인상을 주었을 뿐만 아니라, 나는 그의 마음 깊은 곳에서 우러나오는 기도 내용에 매우 깊은 감동을 받았다. 그는 하나님 앞에 아무런 가식이 없는 사람이었다. 기도 시간을 가진 후에야 그가 그 주간에 초청된 강사인 것을 알게 되었다.

그 당시 벨 전화 연구소(Bell Telephone Laboratories)의 콜럼버스 지사에서 엔지니어로 일하고 있던 나에게 그가 도전해 준 것을 결코 잊을 수 없다. 그 도전이 나를 사로잡았다. 도전을 받고 난 후 나는 이 사람을 통해 하나님의 일을 위해 준비되어 있었다. 주일 아침 예배 시간에 그는 설교하기 전에 광고를 했다. "담임 목사님이 친절하게도 다음 주 아침 성경 공부를 인도할 특권을 제게 주셨습니다. 저는 매일 아침 10시에서 12시까지 로마서 5, 6, 7장 그리고 8장을 가르칠 것입니다. 여러분 모두를 초대하기를 원합니다."

나는 바로 생각했다. '글쎄 나는 안 되겠네. 그 시간에 나는 일을 해야 하니까'. 하지만 그는 계속했다. "자 들어보세요! 만약 여러분이 매일 아침 성경 공부 모임에 오면 제가 100달러를 드린다고 하면 여러분은 오시겠습니까?" 나는 순간적으로 생각했다. '당연하지, 내가 근무 시간에 모두 빠져도 괜찮겠네.'

물론 그 당시 엔지니어들은 시간을 엄격하게 지키며 하루 종일 일했고, 하루 일당을 위해 하루 일거리를 찾던 때였다. 그래서 어떤 종교적인 이유 때문에 근무 시간에 일하지 않는다는 것에 대해서는 생각해 본 적이 없었다.

그가 다음에 한 말은 올바른 관점을 갖게 하는 도전이 되었다. "글쎄요, 저는 여러분에게 100달러를 드리지는 않을 것입니다. 그러나 제가 여러분에게 드릴 것은 훨씬 더 가치 있는 것입니다. 그것은 돈으로 살 수 없습니다. 저는 여러분에게 크리스천으로서 승리하는 삶을 위한 핵심을 가르칠 것입니다." 그 말은 과장된 것이 아니라 매우 겸손하게 들렸다. 그가 자신이 말하는 것에 대해 책임질 수 있는 사람인 것을 나는 직감했다. 즉시 나는 순종 점검(obedience check)에 직면했다. 그리고 하나님이 내가 그 모임에 참석하기를 원하신다는 것을 알았다.

월요일 아침에 나는 출근하자마자 먼저 직장 상사를 찾아갔다. 내가 꼭 참석해야 할 모임 때문에 그 주간에 매일 2시간 반 동안 일할 수 없으며 나중에 그것을 보충하겠노라고 말했다. 놀랍게도 그는 내가 그렇게 해도 좋다고 말했다. 그 모임에 참석하는 동안 처음으로 나는 그리스도와 연합된 삶(Union Life)에 대한 성경적 근거를 배웠다. 모든 것이 내게는 새로웠다. 모든 내용을 완전히 이해할 수는 없었지만 나는 그리스도와 연합된 삶을 살기를 갈망하게 되었다. 나는 아직도 그가 설명한 예화들을 생생하게 기억한다. 그는 성경의 영적 진리를 설명하기 위해 일상적인 경험을 사용하는 전문가였다. 그가 위대한 진리를 가르치는 것을 들을 때 마치 내가 예수님을 면전에서 보는 것 같았다. 그때 나는 처음으로 영적 권위를 지닌 사람을 진정으로 인식하게 되었다. 이것은 2년 동안 계속 연합된 삶에 대해 여섯 번이나 경험했던 일들 가운데 하나가 되었다. 하나님은 그후 수년에 걸쳐 나 자신의 사역에서 주된 주제가 될 어떤 것에 주의를 끌려고 하셨다.

랄프 헤링은 이 중요한 주제의 토대가 되는 가르침을 나에게 주었을 뿐 아니라 그가 쓴 2권의 중요한 참고 서적을 소개해 주었다. 하나는 『기도의 사이클』(The Cycle of Prayer) 인데 그 책은 나의 중보기도의 기본 패러다임이 되었다. 다른 하나는 『나의 도움이 되신 하나님』(God Being My Helper)이었는데, 이 책은 로마서 8장에 나오는 성령의 역사에 대한 영안을 열어 주었다. 이러한 경험을 하고 수년이 지난 후에 나는 어느 기독교 서점에서 그 책들을 발견하고서 바로 구입했다. 왜냐하면 나는 그 저자를 알고 있었고, 그가 믿는 대로 살고 있다는 것을 알았고, 나의 삶을 위해 하나님이 그를 사용하신 것을 알고 있었기 때문이다. 그 책들은 랄프 헤링 그 자신과 같이 믿을 만했고 유익한 내용이었다. 나는 그 짧은 한 주간 이후로는 그를 다시 만나지 못했다. 그러나 하나님은 나의 삶의 적절한 순간에 등장했던 바로 그 사람을 통해 나를 그리스도와 연합되고 승리하는 삶으로 이끌어 주셨다.

랄프 헤링은 이제 이 세상을 떠나 주님과 함께 있으며, 아마 그 사건을 결코 기억하지 못할 것이다. 그러나 그것은 바로 섭리적 만남이었다. 그는 나에게 성경 말씀의 견고한 기반으로 승리하는 삶을 위한 자원을 제공해 준 사람이다.

섭리적 만남은 하나님이 어떤 사람을 무엇인가 새로운 길로 움직여 나가실 때, 즉 삶의 전환기에 흔히 일어난다. 그 사람은 이 전환기가 의미하는 것을 알 수도 있고 모를 수도 있다. 그러나 섭리적 만남과 더불어 새로운 관점이 열리고, 적시의 개입에 대한 권위가 부여되고, 그 가운데 행하시는 하나님을 인식할 수 있다. 그러한 경험은 사명적 경험(destiny experience)으로 더 확장될 수 있다. 다음 사례가 바로 그런 경우이다.

나의 역사적 멘토 중 한 사람인 사무엘 브렝글은 하나님이 구세군에서 그를 맞춤형 역할(이전에 존재하지 않았던)로 움직여 가신 중요한 순간에 대해 말한다. 이를 통해 그는 이상적인 역할을 맡게 되었고, 그 역할을 통해 하나님의 나라를 위해 궁극적인 공헌을 할 수 있었다. 이 상황에서 섭리적 만남으로 맥킨타이어(McIntyre)가 끼친 영향에 주목하라. 맥킨타이어는 브렝글과 대화를 시작하는 중이다.

맥킨타이어, 이상적 역할로 연결

"참령님(Major), 제가 당신을 캘리포니아로 와 달라고 부탁한 것은 제 마음속에 2가지 목적이 있기 때문입니다. 당신이 트레슬 글렌(the Trestle Glen) 캠프 집회를 위해 오시길 원했습니다. 그렇지만 사실 저 자신을 위해서도 오시길 원했습니다. 저는 당신의 글을 읽고 당신의 신앙을 알게 되었고, 당신이 저를 도울 수 있으리라 믿습니다. 제 영혼은 메말라 있고 갈급합니다. 저는 여기 사무실에서 당신과 이야기를 나누게 될 줄 기대하지 않았고, 캠프 집회에서 참회의 결단을 위한 초청으로 이끌어 주기를 기다렸습니다. 그러나 저는 더 이상 기다릴 수가 없습니다." 갈급한 심령으로 이 솔직한 고백을 나눈 후에 두 사람은 그 자리에서 무릎을 꿇고 기도하기 시작했다.

그렇게 시작된 것이 놀라운 부흥의 역사를 예비하였으며, 캘리포니아 산호세의 『머큐리』(Mercury) 신문에 의하면, "그동안 미국 서해안 지역에서 열렸던 부흥 집회들 가운데 가장 큰 놀라운 역사가 일어났다"고 그 캠프 집회에 대해 보도했다. 뜨거운 부흥의 불길로 시작된 캠프 집회는 두 주간 동안 계속되었고, 4백 명이 넘는 사람들이 더 깊은 영적 체험을 갈망하기 위한 참회의 대열로 나왔다. 그 캠프 집회가 끝난 후, 브렝글은 태평양 연안의 다른 여러 곳에서 4주간을 더 보내면서 집회를 계속 인도했다.

브렝글은 자신이 개인적으로 오랫동안 생각하며 품어 왔던 마음의 소원이 바로 이 집회 동안에 다시 종소리처럼 울리는 것을 들었다.

맥킨타이어는 그날 아침 트레슬 글렌 집회 이후 자신과 마샬(Marshall) 그리고 던햄(Dunham)이 함께 기도로 헌신하였고, 놀랍게도 브렝글이 영적인 사역에 집중할 수 있도록 기도하는 중이라고 그에게 말했다. 그리고 맥킨타이어는 히긴스 정령(Higgins Colonel)에게 편지를 보내 브렝글이 이 사역을 위해 전적으로 쓰임을 받을 수 있도록 강력하게 추천했다.

이 기도 약속에 대해 알고 난 이후 브렝글은 수개월 만에 처음으로 수년간 자신이 품어 왔던 야심을 깊이 성찰했다. 지위에 대한 이기적인 야망과 열심을 가진 어떤 사람들처럼 회개한 자신의 마음 깊은 곳에 그런 야심이 있는 것은 아닌지 생각해 보았다. 주님은 결국 그를 복음 전도 사역으로 인도하실 것인가?

브렝글이 시카고와 뉴욕에 머무는 동안 주님은 그에게 그 길을 닫으시고, 행정직 리더십 외에 영적, 인격적 리더십을 발휘할 수 있는 다른 문을 여시는 것 같았다.

그렇지만 지금 중대한 질문들이 제기되었다. 미국 전역에 걸쳐 이렇게 굶주린 심령들에게 영의 양식을 먹일 수 있도록 브렝글이 받은 사명은 어떻게 될 것인가? 이 사역 방향을 위한 그의 헌신과 사역 위에 하나님이 크게 축복해 주실 것인가? 그가 복음 전도 사역에 전적으로 헌신하도록 기도로 서로 작정한 사람들은 도대체 어떻게 된 것인가? 그가 스스로 선택하여 10여 년 전에 가려고 했던 그 사역의 길로 마침내 하나님이 인도해 주시는 것인가?

며칠 후 미국 서해안 지역에서 마지막 집회를 인도하는 동안 뉴욕으로부터 메시지를 받았다. 그것은 그의 마음을 기쁘게 해주었고 탄성이 터져 나왔다. 그는 중부지역의 총무 직위에서 고별 인사를 하기 위해 즉시 그 도시로 돌아오라는 것이었다. 이것은 그가 바로 구세군 본부에서 영성 전문 사역자로서 새롭게 사역을 시작하기 위해서였다. 새롭게 사역을 시작하기 위해서였다.

마침내 그는 전문적인 영성 훈련 사역에 꼭 맞았으며, 그가 그토록 갈망하고 소원했던 사역에 임명된 것이다. 그가 구세군에 가입한 지 3개월이 지난 후 사관 훈련을 받고 있었을 때 가끔 '하나님이 나를 구세군에서 성결 운동의 전도자가 되기를 원하시는 것이 아닐까'라고 일기에 기록했었다. 그러한 궁금증이 지난 수년간 지금까지 계속 되풀이되었는데, 마침내 그 임명장을 받고서 그는 더 이상 궁금해하지 않았다.

영성 전문 사역자, 이 명칭에서 그는 또 하나의 임명장이 아니라 그의 사명(destiny)을 발견하였다. 자신이 지나온 길을 되돌아볼 때, 브렝글은 하나님이 인도하신 잇따른 발자국과 훈련을 분명하게 알 수 있었다. 그는 가난하게 태어났기 때문에 가난한 사람들과 함께할 수 있었다. 그는 어릴 때부터 노동을 시작했기 때문에 항상 노동자들을 이해할 수 있었고 그들의 언어로 소통할 수 있었다. 하나님이 그로 하여금 여러 학교 교육을 통해 학문을 쌓게 했기 때문에 그는 지식인들의 사고와 고민 속으로 깊이 들어갈 수 있었다. 또한 하나님이 그를 성직자의 높은 지위까지 올려 주셨기 때문에 그는 함께 일했던 모든 사람들의 사역에 익숙할 수 있었다. 하나님이 그를 겸허하게 낮은 곳으로 이끄셨고, 작은 구세군 교회의 고난과 핍박을 경험하도록 했기 때문에 그는 동료들이 겪는 어려움에 깊이 공감할 수 있었다. 하나님이 그에게 리더십 지위를 주시고, 양떼들을 다스리는 목자로 만드셨기 때문에 그는 과중한 업무에 시달리던 스태프 사관들을 위로하며 교제할 수 있었다. 그의 모든 행로와 더불어 각 발걸음은 참으로 그의 계발에 기여했고, 그의 이해심을 깊어지게 했으며, 그의 지식을 확장시켰고, 그의 긍휼함을 넓혀 주었다. 그는 아무쪼록 사람들을 구원하기 위해 모든 곳에서 모든 사람들 가운데 '모든 것'이 되었다"(Hall 1933: 102-105).

이 과정에서 맥킨타이어가 차지한 역할에 주목하라. 그는 브렝글의 사역으로부터 혜택을 입은 사람이었으며 브렝글의 잠재력이 발휘되어야 함을 알아챘다. 그는 브렝글이 구세군 안에서 높은 지위의 일상적 업무에서 해방되어 전국적으로 전임 사역을 하도록 추천하는 편지를 써서 구세군 본부에 보냈다. 그리고 그는 하나님이 그 일을 이루시는 것을 보기 위해 다른 신실한 동료 사관들과 함께 기도로 작정하고 헌신했다.

멘토링 역동성과 관련해 볼 때 2가지만 적극적이다. 첫 번째는 멘티가 적극적으로 반응했다. 멘티는 하나님이 바로 그때를 위해 보내 주신 그 사람을 인식했고 제공되는 자원에 적극적으로 반응했다. 두 번째로 적극적으로 일어난 역동성은 능력 부여이다. 멘티는 그 자원에 반응함으로써 하나님이 의도하신 목적을 위해 능력을 부여받는다. 하나님의 섭리 가운데 이루어진 우연의 일치를 인식할 때 이러한 멘토링의 효력이 더해진다. 브렝글의 사례에서는 이 멘토링의 역동성 2가지가 분명하게 나타났다.

섭리적 만남

소개 이 특별한 종류의 멘토링에서 가장 중요한 것은 하나님께서 허락하신 만남을 통해 적시에 개입한다는 점이다. 섭리적 만남은 적시에 개입하여 능력을 부여하는 첫 만남 이상으로 더 발전할 수도 있고 그렇지 않을 수도 있다.

정의 섭리적 만남이란 하나님이 어떤 사람의 삶의 결정적 순간에 그/그녀의 계발에 능력을 부여하기 위해 보내 주시는 멘토이며 다음과 같이 능력 부여가 일어난다.

1. 그 사람이나 어떤 아이디어에 대한 정당함과 하나님의 승인을 확인해 준다.
2. 리더십의 잠재력에 용기를 북돋아 준다.
3. 어떤 중요한 결정을 위한 안내를 제공한다.
4. 어떤 상황을 명확하게 하는 관점을 제공한다.
5. 어떤 사람이나, 재정, 혹은 정보와 같은 특정한 자원을 그 사람에게 연결해 준다.
6. 사역, 훈련, 개인적 성장을 위한 어떤 기회를 그 사람에게 연결해 준다.

예 사도 바울을 위한 아나니아

예 아볼로를 위한 브리스길라와 아굴라

예 예레미야를 위한 느부사라단

해설 섭리적 만남은 대개 계속되지 않지만 초기에 능력 부여의 결과로 관계가 지속될 수도 있다. 그 지속되는 관계는 다른 종류의 멘토 타입으로 발전될 수 있다.

해설 하나님은 때때로 생존하는 사람을 사용하지 않고서도 섭리적 만남의 기능을 행하신다. 종종 하나님은 기록된 책들을 통해서도 이 '섭리적 만남'의 기능 가운데 한 가지 혹은 그 이상을 행하신다. 사실상 그것은 일종의 비슷한 유사 멘토링(pseudo-mentoring) 형태이다. 어떤 사람이 기록한 문헌을 읽을 때 비록 당신이 그 사람에 대해 개인적으로는 알지 못하더라도 유익을 얻을 수 있다. 결과적으로 동일하게 하나님이 시기적절한 개입으로 비롯된 자원으로 인식할 수 있다. 적시의 순간에 하나님이 주신 자원을 인식하며 이에 대한 적절한 반응을 보일 때 능력 부여가 훨씬 더 효과적으로 일어난다.

섭리적 만남에 대한 피드백

1. 당신 자신의 삶의 여정에서 섭리적 만남을 경험한 적이 있는가? 섭리적 만남의 핵심인 적시의 개입, 이를 통한 하나님에 대한 인식, 그리고 구체적인 능력 부여를 기억하라. 당신에게 섭리적 만남이라고 믿어지거나 생각되는 사람의 이름을 적어라. 각 능력 부여를 확인하고 그것을 설명하라.
a. 이름:
b. 능력 부여의 종류를 확인하라(한 가지 이상 일어날 수 있다.)
___ (1) 그 사람이나 어떤 아이디어에 대한 정당함과 하나님의 승인을 확인해 준다.
___ (2) 리더십의 잠재력에 용기를 북돋아 준다.
___ (3) 어떤 중요한 결정을 위한 안내를 제공한다.
___ (4) 어떤 상황을 명확하게 하는 관점을 제공한다.
___ (5) 어떤 사람이나 재정, 혹은 정보와 같은 특정한 자원을 그 사람에게 연결해 준다.
___ (6) 사역, 훈련, 개인적인 성장을 위한 어떤 기회를 그 사람에게 연결해 준다.
___ (7) 기타 – 설명하라:
c. 그 능력 부여를 설명하라.

2. 244-245페이지에 있는 아나니아와 사울의 예를 다시 읽고 능력 부여를 확인하라 (한 가지 이상 일어날 수 있다.).
___ (1) 그 사람이나 어떤 아이디어에 대한 정당함과 하나님의 승인을 확인해 준다.
___ (2) 리더십의 잠재력에 용기를 북돋아 준다.
___ (3) 어떤 중요한 결정을 위한 안내를 제공한다.
___ (4) 어떤 상황을 명확하게 하는 관점을 제공한다.
___ (5) 어떤 사람이나 재정, 혹은 정보와 같은 특정한 자원을 그 사람에게 연결해 준다.
___ (6) 사역, 훈련, 개인적인 성장을 위한 어떤 기회를 그 사람에게 연결해 준다.
___ (7) 기타 – 설명하라:

3. 247-248페이지에서 브렝글의 섭리적 만남인 맥킨타이어의 예를 다시 읽고 능력 부여를 확인하라.
___ (1) 그 사람이나 어떤 아이디어에 대한 정당함과 하나님의 승인을 확인해 준다.
___ (2) 리더십의 잠재력에 용기를 북돋아 준다.
___ (3) 어떤 중요한 결정을 위한 안내를 제공한다.
___ (4) 어떤 상황을 명확하게 하는 관점을 제공한다.
___ (5) 어떤 사람이나 재정, 혹은 정보와 같은 특정한 자원을 그 사람에게 연결해 준다.
___ (6) 사역, 훈련, 개인적인 성장을 위한 어떤 기회를 그 사람에게 연결해 준다.
___ (7) 기타 – 설명하라:

해답
1. 당신의 답을 말하라.
2. 첫 번째 4가지
3. 1, 2, 5, 6(다른 것도 해당될 것이다.)

섭리적 만남에 대한 추가 해설

통합된 멘토링 다른 타입의 멘토도 종종 섭리적 만남의 역할을 한다. 부록 E의 사례 1에서 해럴드와 로버트, 사례 7에서 헨드릭스 교수, 그리고 9장에서 워렌 위어스비 목사는 모두 섭리적 만남의 예가 되며, 이미 설명한 여러 멘토 타입에 해당된다. 사실 다른 타입의 멘토는 섭리적 만남으로 적시에 개입하면서 앞에서 열거한 6가지 기능 가운데 한 가지 혹은 그 이상으로 이루어진다. 부록 E의 사례 1을 보면, 그 상황 가운데 해럴드가 등장한 것은 시기적절했다. 로버트는 하나님과 진지한 관계를 확립하기 위해 매우 중요한 때를 맞이하고 있었다. 해럴드는 로버트에게 영적 성장을 가져오는 제자도의 관점을 갖도록 연결해 주었다.

사례 7에서 헨드릭스 교수는 로버트에게 성경 인물을 연구하는 방법의 자원을 연결해 주었다. 그는 또한 로버트가 티칭의 은사를 계발하는 데 도움이 되는 그레고리의 『7가지 교육법칙』(*The 7 Laws of Teaching*)이라는 책을 소개해 주었다. 워렌 위어스비 목사의 사례에서 로버트는 조지 모리슨과 연결되었다. 모리슨의 설교집은 나중에 로버트가 우울증과 낙심된 시간으로부터 구출되도록 도와주었고, 결국 그가 영적으로 성장하고 계발되도록 이끌어 주었다.

독특성 모든 멘토들은 어떤 의미에서 섭리적 만남이라고 말할 수 있다. 그러나 섭리적 만남이 독특한 근본적인 이유는 적시에 개입하시는 하나님의 임재를 인식하기 때문이다. 그러한 상황에서 경험으로 준비된 멘티는 멘토가 나타났을 때 섭리적 만남을 바로 인식한다.

민감성 이러한 멘토링의 열쇠가 되는 것은 우리 삶에서 개입하시는 하나님의 타이밍에 대한 민감성이다. 우리 모두는 이 점을 잘 알고 계발할 필요가 있다. 하나님이 어떤 일에 개입하신다는 것을 분명히 알 때 우리는 그것에 대한 확증이 필요하다. 섭리적 만남은 우리를 위해 바로 그 일을 행한다.

섭리적 만남이 중요한 이유 4가지

소개 섭리적 만남이 그토록 의도적이지 않고 섭리적인 것이라면, 그것을 왜 알아야 하는가? 섭리적 만남은 절대로 인위적으로 만들 수 없다. 하나님은 이 특별한 종류의 멘토링을 위해 개입하신다. 섭리적 만남이 중요한 이유가 몇 가지 있다.

이유	설명
1. 준비하며 반응할 수 있다.	섭리적 만남을 통해 멘토링이 일어난다는 사실을 알고 그것이 가져다주는 능력 부여의 종류를 인식한다면 그런 일이 생길 때 우리는 하나님의 목적을 위해 더 온전히 준비하고 반응을 잘할 수 있다.
2. 준비하며 기대할 수 있다.	섭리적 만남은 혼란한 상황이나 문제를 명확하게 해결할 수 있는 관점이 필요한 환경이나 중요한 결정을 위한 안내가 필요한 상황을 동반하는 경우가 많다. 그런 때에 그것을 인식하고, 하나님이 보내 주시는 섭리적 만남을 '기대' 하고 찾을 수 있다. 이를 위해 하나님을 조정할 수는 없을지라도 그분을 신뢰하고 이러한 도움을 위해 기도하고 그분의 응답을 민감하게 지켜볼 수는 있다. 섭리적 만남에서는 필요와 기대가 열쇠가 된다. 섭리적 만남은 사전에 계획이 없는 가운데 일어나지만 그것을 인식하면 더 잘 활용할 수 있다. 우리가 처한 상황에서 섭리적 만남을 통해 하나님이 우리의 필요를 채워 주실 수 있다는 사실에 민첩하게 대응해야 한다.
3. 능력을 부여하는 사역을 할 수 있다.	리더들은 다음세대 리더들의 삶 가운데 한 번 혹은 그 이상으로 섭리적 만남의 역할을 한다는 점을 인식해야 한다. 이 역할을 위해 하나님이 당신을 사용하신다는 사실에 민감해야 한다. 당신이 이런 역할과 이런 종류의 멘토링을 인식하면 다른 사람과의 대화에 더욱 경청할 수 있고, 자원에 연결해 주는 일이나 아이디어를 공유하거나 혹은 명확한 정보나 중요한 안내를 제공할 때 하나님께 사용되는 일에 더욱 민첩하게 대응할 수 있다.
4. 다른 멘토링 형태로 발전할 수 있다.	섭리적 만남은 종종 다른 형태의 멘토링 관계로 발전할 수 있고 계속 관계를 (거리가 멀어도) 유지할 수도 있다. 또한 어떤 멘토링 관계는 종종 결합된 여러 멘토링 형태로 이루어진다. 우리가 다른 사람들을 멘토링할 때 주님의 계획 가운데 섭리적 만남과 다양한 방법으로 사용될 수 있는 가능성에 민감해야 한다.

11장의 하이라이트

1. 섭리적 만남은 가장 느슨한 형태로 이루어지는 멘토링이다. 즉 가장 의도적이지 않은 상태에서 일어나는 멘토링이다.
2. 섭리적 만남을 통한 멘토링의 핵심은 우리의 필요를 채워 주시는 능력 부여를 위해 하나님이 적시에 개입하는 것이다.
3. 섭리적 만남에서 적극적으로 일어나는 멘토링의 역동성은 5가지 중에서 반응과 능력 부여 이 2가지이다.
4. 섭리적 만남을 통한 6가지 능력 부여는 확인, 격려, 안내, 관점, 자원 연결 혹은 기회 연결이다.
5. 섭리적 만남이 중요한 이유를 인식할 때 멘토와 멘티 쌍방 모두에게 능력 부여가 더욱 효과적으로 일어날 수 있다.
6. 섭리적 만남은 다른 형태의 멘토링과 결합되어 이루어질 수 있다. 멘토링의 필요와 더불어 섭리적 개입을 인식함으로써 독특한 멘토링 형태가 두드러지게 나타난다.

추가 연구

1. 사도행전 18장 24-28절 말씀을 읽고 섭리적 만남의 멘토링을 확인하라.

   멘토(들)   멘티   능력 부여

2. 사도행전 18장의 경우 능력 부여가 어떻게 일어났는가? 여기서 일어난 능력 부여의 기능을 확인하라.
   ___ a. 그 사람이나 어떤 아이디어에 대한 정당함과 하나님의 승인을 확인해 준다.
   ___ b. 리더십의 잠재력에 용기를 북돋아 준다.
   ___ c. 어떤 중요한 결정을 위한 안내를 제공한다.
   ___ d. 어떤 상황을 명확하게 하는 관점을 제공한다.
   ___ e. 어떤 사람이나, 재정, 혹은 정보와 같은 특정한 자원을 그 사람에게 연결해 준다.
   ___ f. 사역, 훈련, 개인적인 성장을 위한 어떤 기회를 그 사람에게 연결해 준다.
   ___ g. 기타

4. 어떤 성숙한 크리스천에게 질문해 보라. 그 혹은 그녀의 삶에서 아니면 다른 친구의 삶에서 섭리적 만남을 경험했는지 물어 보라. 만약 그렇다면 섭리적 만남의 이름과 경험한 능력 부여의 기능을 확인하고 그 내용을 구체적으로 설명하도록 부탁하라.
   ___ a. 그 사람이나 어떤 아이디어에 대한 정당함과 하나님의 승인을 확인해 준다. 설명하라.
   ___ b. 리더십의 잠재력에 용기를 북돋아 준다. 설명하라.
   ___ c. 어떤 중요한 결정을 위한 안내를 제공한다. 설명하라.

___ d. 어떤 상황을 명확하게 하는 관점을 제공한다. 설명하라.

___ e. 어떤 사람이나, 재정, 혹은 정보와 같은 특정한 자원을 그 사람에게 연결해 준다. 설명하라.

___ f. 사역, 훈련, 개인적인 성장을 위한 어떤 기회를 그 사람에게 연결해 준다. 설명하라.

5부 멘토링 네트워크

12장

균형 잡힌 멘토링 관계

서론

12장부터 이 책의 5부가 시작되고 여기서는 새로운 주제를 다룬다. 이 책의 1-4부에서는 인간관계를 통해 일어나는 능력 부여의 멘토링 개념을 논했다. 5부의 첫 장인 12장에서는 리더에게 멘토링이 선택적이 아니라 필수적임을 강조한다. 멘토링은 모든 리더들에게 평생 필요한 것이다. 사실 멘토링 관계를 유지하지 않는 리더는 자신을 위험에 처하게 만드는 것이다.

지난 수년간 저명한 크리스천 리더들이 그들의 리더십 실패로 인해 크리스천으로서 받은 소명에 불명예를 자초했다. 여기에는 도덕적 실패, 재정 문제, 인간 관계 문제와 관련된 다른 여러 이슈들이 있었다. 그래서 모든 미국인들은 정치 지도자든 크리스천 리더든 상관없이 리더들을 경계의 눈으로 바라보게 되었다. 거기에는 그럴 만한 이유가 있었다. 오리겐 주 포틀랜드에 있는 보수적인 침례신학대학원의 로널드 앨런(Ronald B. Allen) 박사는 이러한 리더십 실패에 관한 기사를 신랄하게 썼다[1]. 그는 리더십의 주요 함정인 섹스, 돈, 권력의 문제를 다루고 자선, 청빈, 순종의 삶을 위한 결단을 촉구하며, 과거 역사로부터 배운 교훈들을 호소한 후 책무성이 필요하다고 강력하게 피력했다. 리더들이 자기 아랫사람들에게 책무를 다하는 것처럼 그들에게도 책무를 다할 수 있는 사람이 반드시 필요하다는 것이다. 이에 그는 상호적으로 책임을 다하는 책무성 서클(circle of accountability)을 갖도록 제안했다.

나는 그가 강조하는 것에 전적으로 동의한다. 사실 내 동료 중 한 사람인 폴 스탠리(Paul Stanley)는 지난 수년 동안 바로 이 점을 강조하며 가르쳐 왔다. 그는 우리가 생각하는 것을 하나의 논제로 요약 정리했다. 그 논제는 책무성 서클에 대한 우리의 견해를 잘 대변해 준다.

> 스탠리의 멘토링 논제: 크리스천 사역자는 삶과 사역에서 균형 잡힌 건강한 관점을 갖기 위해 멘토들, 동료들, 그리고 멘티들을 포함하는 관계적 네트워크가 필요하다.

5부의 12, 13, 14, 15장에서 자세히 다루겠지만, 크리스천 사역자는 상향(upward) 멘토링, 수평(lateral) 멘토링, 하향(downward) 멘토링을 포함하는 관계적 네트워크가 필요하다. 리더들은 멘토링 네트워크를 인식하고 의도적으로 발전시키는 것에 흔히 실패하기 때문에 외로운 사람들이다. 그들은 대부분 업무에 빠져 자신들이 외롭다는

---

[1] 앨런 박사가 쓴 논설은 1988년 『워십 타임즈』(Worship Times) 지에 실렸다. 그 글은 리더십 스캔들에 연루된 사람들의 이름을 언급하면서 실패한 영역들을 구체적으로 지적했다. 그것은 돈, 섹스, 표절 등 고위층 리더들이 연루된 비윤리적 행위에 대한 내용이었다. 이러한 공개적인 폭로는 빙산의 일각에 불과하다. 그렇게 유명한 사람들은 아닐지라도, 더 많은 리더들이 지금 그러한 위험에 처해 있다.

사실조차 깨닫지 못한다. 그래서 외로움을 느낄 때 바로 위기가 찾아온다. 그들은 정체(plateau)하거나 앨런이 지적한 대로 리더십 실패를 경험한다. 이에 리더십 실패를 부분적으로 막을 수 있는 해결책으로 책무성을 제공하며 성장을 위한 자극제가 될 수 있는 것이 바로 멘토링 네트워크라고 믿는다.

이 멘토링 논제를 책의 전체적인 내용과 함께 살펴보자. 1부에서 4부까지 어떤 사람에게 능력을 부여할 수 있는, 즉 중요한 계발을 가능케 하는 9가지 멘토링 관계에 대해 정의하였다. 그러나 지금까지 멘토링은 거의 들쑥날쑥하게 일어난다는 것을 명제로 설명했다. 멘토링을 의도적으로 찾는 것이 가능한가? 리더십 실패에 대비해 안정성을 제공할 수 있는가? 물론 그것을 보장할 수는 없지만, 리더가 멘토링 관계를 갖는 것이 그렇지 않은 것보다 훨씬 낫다고는 분명히 말할 수 있다. 나는 멘토링이 더욱 의도적인 방법으로 이루어질 수 있다고 믿는다. 바로 그것을 5부에서 다룬다. 5부에서는 평생 필요한 여러 멘토링 관계를 어떻게 확립할 수 있는지 그 모델을 제시한다. 이 멘토링 관계의 영역은 상향 멘토링(upward mentoring)을 포함하며, 이것은 1부에서 설명한 것처럼 당신보다 성숙한 그리스도의 제자들과의 멘토링 관계를 확립하는 것이다. 이 모델은 동료들과 상호 멘토링의 형태인 수평 멘토링(lateral mentoring)을 포함한다. 그리고 하향 멘토링(downward mentoring)은 그리스도를 따르는 다음세대 제자들의 성장을 돕기 위해 다양한 멘토링 기능을 하는 것이다

12장의 개요

12장은 스탠리의 논제를 설명한 후에 멘토링의 별자리 모델(the Constellation Model)을 소개한다. 그리고 균형 잡힌 관계를 유지하기 위해 필요한 상향 멘토링, 수평 멘토링, 그리고 하향 멘토링에 대해 각각 개괄적으로 다룬다. 또한 성장하는 크리스천 리더를 위한 시간선을 제시하며 평생 필요한 상향 멘토들의 종류를 설명한다. 그리고 리더가 하향 멘토링 관계에서 다양한 멘토링으로 언제 도울 수 있는지를 보여주는 시간선을 제시한다. 마지막으로 4가지 종류의 멘토링 관계에서 리더의 성숙과 크리스천 리더십의 발전 단계를 나타내는 도표를 제시한다. 12장을 끝마치면 다음과 같이 할 수 있다.

- 스탠리의 멘토링 논제를 설명한다.
- 도표 12-1의 별자리 모델의 도표를 그린다.
- 상향 멘토링 관계의 9가지 멘토 타입 중에서 어떤 것이 필요한지 평가하는 도표 12-2를 사용한다.
- 성장하는 리더가 언제 하향 멘토링을 할 수 있는지 평가하는 도표 12-3을 사용한다.
- 도표 12-4에 제시된 멘토링 관계의 4가지 사분면의 관점에서 성장하는 리더의 자기 상황(ego situation)을 설명한다.
- 도표 12-5에 묘사된 가족과 같은 관계의 관점에서 별자리 모델을 설명한다.
- 도표 12-6에서 묘사된 형성적 측면(formational aspects)에서 별자리 모델을 설명한다.
- 비이상적(non-ideal) 멘토링 영역에서 4가지 프로필(독불장군, 권위주의자, 엘리트주의자, 정치가)을 인식하고 각각에 대해 설명한다.

별자리 모델(The Constellation Model)

소개   아래 도표 12-1은 스탠리의 멘토링 논제를 별자리 모델로 묘사한다. 별자리는 미지의 세계를 여행할 때 우리를 안내할 수 있는 별들의 배열이다. 마찬가지로 우리를 인도하고 나아가는 방향을 위해 책무를 다할 수 있고, 그 여정을 끝까지 잘 마치도록 격려해 주는 관계들의 별자리가 필요하다. 상향, 하향, 수평 관계를 강조하기 위해 약간 기울어진 사분면의 모델을 보여준다. 각 측면은 일종의 책무성과 각 능력 부여를 나타낸다. 각 멘토링 관계는 서로 다른 독특한 기능을 하는 것을 보여준다.

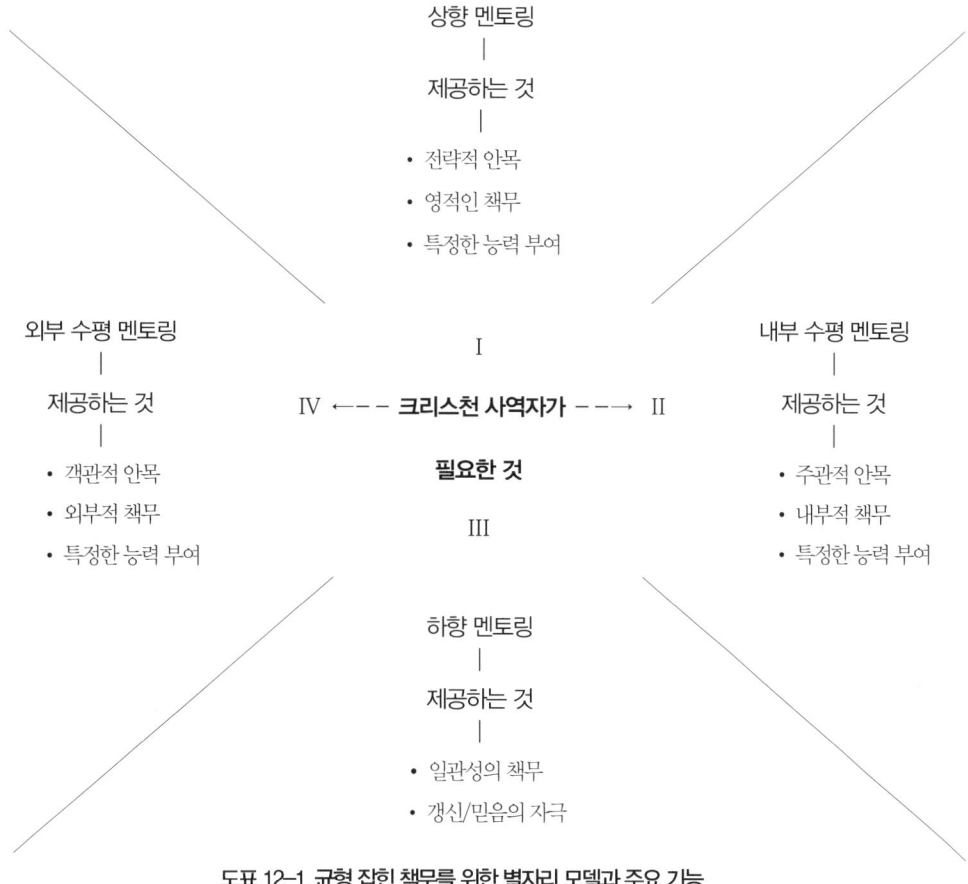

도표 12-1. 균형 잡힌 책무를 위한 별자리 모델과 주요 기능

해설   '수평적 멘토링'이라는 용어는 본 매뉴얼 전체에 걸쳐 '상호 멘토링'과 동일한 개념으로 그리고 '동료 멘토'와 '상호 멘토'의 개념도 동일하게 사용한다.

별자리 모델에 대한 피드백

1. 각 멘토 타입은 무엇을 제공하는가?

    상향 멘토-

    하향 멘토-

    외부 수평(상호) 멘토-

    내부 수평(상호) 멘토-

2. 왜 크리스천 사역자에게 별자리 모델이 보여주는 관계적 네트워크가 필요한가?

해답
1. 상향 멘토 – 전략적 안목, 영적인 책무, 특정한 능력 부여를 제공한다.
   하향 멘토 – 일관성의 책무, 갱신 혹은 믿음의 자극을 제공한다.
   외부 수평(상호) 멘토 – 객관적 안목, 외부적 책무, 특정한 능력 부여를 제공한다.
   내부 수평(상호) 멘토 – 주관적 안목, 내부적 책무, 특정한 능력 부여를 제공한다.
2. 그것은 삶과 사역에 있어서 '균형 잡힌' 건강한 관점을 갖도록 한다. 리더에게 다양한 종류의 관점과 책무성이 평생 필요하다.

상향 멘토링에 대한 해설

사분면 I은 크리스천 사역자가 상향 멘토링이 필요한 것을 나타낸다. 이전에 설명한 9가지 멘토 타입 가운데 어느 것이든 해당될 수 있다. 다양한 멘토 타입은 크리스천 사역자의 계발 단계와 필요에 따라 바뀔 수 있다. 리더들은 일반 계발 단계를 거치면서 성장하며, 다음 페이지에 있는 도표 12-2는 리더들이 거치는 3가지 일반 계발 단계를 보여준다[2].

이 단계들은 하나님이 다음세대 리더를 준비시키시고 리더십으로 옮겨 가시는 하나님의 주권적 역사를 나타낸다. 리더는 경험을 쌓는 시간과 함께 은사를 계발하고 영향력을 발휘하며 리더십으로 성장하는 시간을 갖는다. 경험, 성숙, 리더십 기술과 더불어 리더는 성장 국면에서 유능한 단계(competent stage)로 나아간다. 다음으로 독특한 사역 국면인 세 번째 계발 단계로 이동한다. 이 단계는 자신의 은사에 적합하고 그 리더를 위한 하나님의 사명을 마침내 성취하는 역할로 전환하는 과정이다.

3가지 계발 국면의 단계가 6가지 하위 국면으로 나뉘는 것을 주목하라. 각 단계에서 관련된 상향 멘토링 모델의 종류를 제시한다. 시간선 아래의 각 멘토 타입 옆에는 수평적으로 소문자 x로 표시되어 있다. 이것은 이상적인 계발이 가능하도록 하기 위해 필요한 타입의 상향 멘토를 나타낸다.

---

2) 이것은 사역 시간선(the ministry time-line)이라고 부르며 클린턴의 『지도자 평생 개발론』에서 나온 용어다. 이 시간선이 모든 리더들에게 절대적으로 맞는 것은 아니지만, 리더십 계발을 평가하는 데 사용할 수 있는 전체적 관점을 제공한다. 이어지는 장들에서 이 시간선에 대해 계속 언급할 것이며, 부록 B에 추가적으로 설명한다.

이상적인 계발을 위한 상향 멘토링

소개   아래 도표는 상향 멘토링(사분면 I)을 위해 멘토링이 필요한 측면에서 이상적인 계발을 도표로 보여준다.

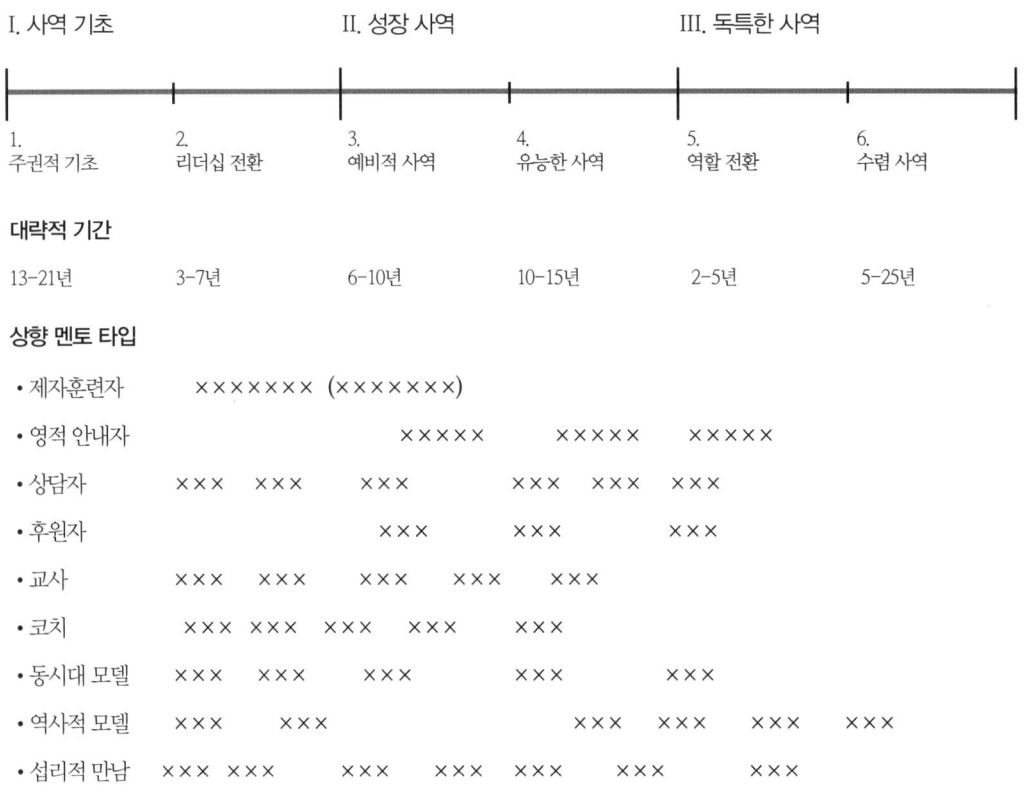

도표 12-2. 필요한 상향 멘토링과 사역 시간선

해설:
제자훈련자

제자훈련자는 주로 1단계, 주권적 기초의 후반기 혹은 2단계, 리더십 전환 단계의 초기에 필요하다. 특별히 제자훈련의 중요한 영적 습관을 놓쳤을 때는 가끔 3단계, 예비적 사역 단계에서 제자훈련이 필요하다.

해설:
영적 안내자

영적 안내자는 예비적 사역 기간 동안 비주기적으로 필요하다. 그 특별히 예비적 사역의 후반부에서 일어나는 정체기에 그리고 드물게 유능한 사역 단계에 필요하다. 그 또한 리더가 됨됨이와 영적 권위에 초점을 맞추는 성숙한 사역으로 전환하는 유능한 사역 단계 후반기에 특별히 필요하다.

해설: 상담자	상담자는 리더십 전환기, 예비적 사역 단계, 유능한 사역 단계에 걸쳐 계속적으로 필요한 멘토들이다. 그들은 위기 상황, 안내 상황, 그리고 어느 단계에서 다른 단계로 옮겨 가는 전환기에 특별히 필요하다.
해설: 후원자	후원자는 리더가 조직 구조 안으로 진입하는 예비적 사역 단계, 유능한 사역으로 나아가는 과도기, 수렴 사역으로 이끄는 역할 전환 단계에 필요하다.
해설: 교사	교사는 2, 3, 4단계에서 필요하다. 3단계에서 멘티가 높은 학습 성취도를 보여주는 예비적 사역 단계에서 가장 효과적이다.
해설: 코치	코치는 예비적 단계에서 뿐만 아니라 리더십 전환기에도 필요하다. 또한 새로운 기술이 필요할 때마다 성장 사역 단계 전반에 걸쳐 비주기적으로 필요하다.
해설: 동시대 모델	동시대 모델은 흔히 리더십 헌신이 일어나는 초기에 필요하다. 예비적 사역 단계에서 그들은 모범적인 사역의 모델을 보여준다. 수렴기로 이동하는 전환기에는 인내할 수 있도록 영감을 주며 돕는다.
해설: 역사적 모델	역사적 모델은 모든 단계에서 활용할 수 있다. 그러나 멘티를 위해 어떤 사명 의식의 준비를 경험하는 주권적 기초 단계, 리더십 전환기, 유능한 사역의 후반기, 독특한 사역 단계 전반에 걸쳐 필요하다. 리더들이 수렴 단계로 옮겨 갈 때 유종의 미를 거두며 삶을 잘 마치고자 하는 열망을 갖게 되며 앞서간 역사적 모델들로부터 배워야 하는 필요성을 더욱 인식한다.
해설: 섭리적 만남	섭리적 만남은 모든 계발 단계에 걸쳐 일어나지만 흔히 전환기 혹은 특별한 안내가 필요한 시기에 일어난다.
해설	사분면 I은 멘토 타입에 따라 전략적 관점, 영적 책무성, 인내심 등 특정한 능력 부여를 제공하는 기능을 한다. 이러한 능력 부여는 사역에서 좌절감을 극복하고, 사역을 강화하여, 유종의 미를 거두는 삶을 위해 가장 필요한 요소들이다.
해설	상향 멘토링에서 기억해야 할 중요한 것은 건강하고 이상적인 계발을 위해서는 평생 어떤 종류든 멘토링이 필요하다는 점이다. 만약 당신이 시간선에서 어디에 있는지를 확인하고 수직선 아래로 선을 그리면 지금 어떤 종류의 상향 멘토링이 필요한지 알 수 있다.

상향 멘토링에 대한 피드백

1. 다양한 멘토 타입은 모두 리더들에게 필요한 상향 멘토가 될 수 있다. 도표 12-2는 특정한 멘토 타입이 주로 언제 필요한지를 보여준다(각 리더의 계발 단계는 독특하며, 이 도표는 멘토링의 필요를 분류하기 위해 일반화시킨 것이다.). 다양한 멘토 타입이 언제 필요한지 확인하라.

   제자훈련자:

   영적 안내자:

   상담자:

   후원자:

   교사:

   코치:

   동시대 모델:

   역사적 모델:

   섭리적 만남:

2. 시간선 위에서 당신 자신의 위치를 대략적으로 확인하라. 그다음엔 아래로 수직선을 그려라. 선이 만나는 멘토 타입은 무엇인가?

해답
1. 제자훈련자 – 주권적 기초 단계의 후반기 혹은 리더십 전환기의 초기
   영적 안내자 – 예비적 사역 단계, 유능한 사역 단계의 끝, 역할 전환기
   상담자 – 모든 단계, 특히 전환기 시점
   후원자 – 예비적 사역 단계, 유능한 사역 단계, 역할 전환기
   교사 – 리더십 전환기, 예비적 사역 단계와 유능한 사역 단계
   코치 – 리더십 전환기, 예비적 사역 단계와 유능한 사역 단계
   동시대 모델 – 수렴 단계를 제외한 모든 단계
   역사적 모델 – 모든 단계, 특히 마지막 후반부로 향할 때
   섭리적 만남 – 모든 단계, 당신이 필요할 때 하나님께서 섭리적 만남을 보내 주신다.
2. 당신의 답을 말하라.

내부 수평 멘토링에 대한 해설

사분면 II와 IV는 동료 관계의 필요성을 나타낸다. 사분면 II는 크리스천 사역자들에게 같은 영적 성숙 단계의 비슷한 환경에 있는 내부 동료가 필요하다는 것을 보여준다. 이 관계는 크리스천 사역자와 다른 동료가 성숙의 계발 단계에서 거의 비슷한 수준에 있기 때문에 상호 멘토링이라고 부르기도 한다. 양쪽은 서로 도울 수 있으며 서로에게 적절한 멘토링 기능을 할 수 있다.

내부 동료 멘토는 크리스천 사역자를 견고하도록 돕는 관점과 책무성의 2가지 기능을 제공할 수 있다. 유능함, 영성, 리더십 계발의 비슷한 수준에 있는 동료 사역자들은 그들의 독특한 은사와 계발의 경험으로 인해 서로 다른 관점을 갖고 있다. 사역 방법, 리더십 가치관, 사역 체계에 대한 다른 관점은 서로의 성장을 원숙하도록 돕는 데 유익하다. 그러나 내부 동료가 제공하는 가장 중요한 기능은 책무성일 것이다. 그것은 개인적 책무와 조직적 책무와 관련된 특별한 종류의 책무성이다. 당신과 그 조직을 위해 이러한 종류의 책무가 가장 바람직하다. 동료 멘토가 되기 위한 가장 이상적인 후보는 당신의 안팎 상황과 조직의 필요를 잘 아는 사람이다. 당신의 상황과 조직의 상태를 알고 당신에게 직언하며 책무를 다할 수 있는 사람은 당신의 리더십 계발을 위해 매우 소중한 자산이 된다. 내부 동료는 상향 멘토나 외부 동료들과 나눌 수 없는 비밀스런 내용도 나눌 수 있다. 기밀성과 책무성은 내부 동료 멘토로부터 얻을 수 있는 주된 플러스 요인이 된다.

내부 동료는 능력 부여보다는 관계에 초점을 두는 경향이 있다. 멘토링 관계는 상호 호혜적이고, 상호 간에 멘토링이 일어난다는 점을 기억하라. 서로 간에 멘토 각자가 특정한 멘토링 기능을 하기보다는 다른 동료에게 상담자, 코치, 교사의 역할을 느슨하게 결합한 방식으로 돕는다.

하향 멘토링에 대한 해설

모든 리더들은 항상 다음세대 리더들을 계발하는 데 관심을 가져야 한다. 하나님 나라를 위해 항상 많은 리더들이 필요하기 때문이다. 우리는 하향 멘토링을 통해 훌륭한 자질을 갖춘 리더들을 계발할 수 있다. 사분면 III은 바로 이러한 하향 멘토링에 관심을 갖도록 한다.

크리스천 사역자들은 다른 사람들을 멘토링해야 한다. 이것은 다음세대 사역자들의 계발뿐만 아니라 크리스천 사역자 자신의 계발을 위해서도 필요하다. 보통 경험이 더 많은 사역자가 어린 사역자를 도와주지만, 어린 사역자 역시 선임 사역자에게 도전을 주고 능력을 부여할 수 있다. 그들은 그 사역자의 일관성을 확인하는 특별한 종류의 책무성을 강화할 것이다. 당신이 다른 사람들을 멘토링할 때 그 멘티들을 돕는 같은 영역에서 종종 당신 스스로를 평가할 수 있다. 멘토에게 일관성이 없고 멘토 자신에게 진실성이 없으면 멘티는 금방 알아차린다.

멘토 자신에게 책임성과 일관성에 도전이 되는 것 외에 하향 멘토링에서 얻는 다른 중요한 플러스 요인은 이상적인 것에 대해 자극을 받는다는 점이다. 다음세대 리더들은 대개 활력이 넘치고 이상을 추구한다. 그들은 경험은 부족하지만 이상적인 것을 추구하는 일에 냉소적이지 않다. 이를 통해 크리스천 사역자의 삶에 활력을 불어 넣고 종종 갱신, 이상적인 것에 대한 도전, 그리고 오래된 문제와 상황에 대한 신선한 통찰력을 갖게 한다. 나이 든 크리스천 사역자들이 나이 어린 크리스천 사역자들을 통해 신선한 도전을 받는 것이 필요하다.

하향 멘토링의 계발 시간선

소개 일반적으로 크리스천 사역자에게 다양한 멘토링 기능이 어떻게 나타나는가? 물론 은사가 주된 요인이 된다. 어떤 은사는 멘토링 기능을 계발하는 데 적합하고 보통 경우보다 더 **빠르게** 계발이 이루어진다. 그러나 멘토들은 대개 그들의 경험으로부터 멘토링을 한다. 일반적인 경험에 기초한 도표 12-3은 리더가 언제 이상적으로 다양한 하향 멘토링 기능을 할 수 있는지 보여주는 시간선이다. 다이어그램의 왼쪽 아래에 다양한 멘토 타입이 열거되어 있다. 위쪽에는 여러 계발 단계를 제시한다. 각 멘토 타입의 오른쪽에 xxxxx 표시는 다음세대 리더가 대개 그 멘토 기능을 언제 하는지 나타낸다. 예를 들어, 빠른 경우 대개 리더십 전환기에 다른 사람들을 위해 제자훈련 멘토링을 시작할 수 있다.

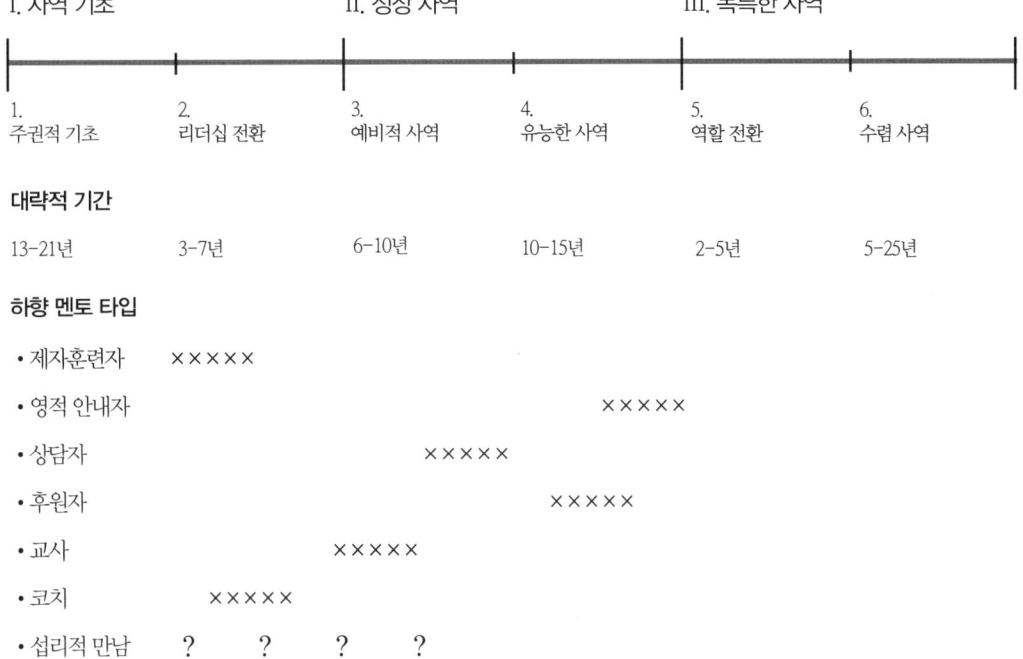

도표 12-3. 리더가 하향 멘토링을 시작하는 시기

해설 하향 멘토링은 대부분 2단계의 리더십 전환기, 3단계의 예비적 사역 단계에 있는 멘티들에게 이루어진다. 이 단계에 있는 리더들은 대개 제자훈련, 코칭, 상담, 그리고 영적 안내가 필요하다.

외부 수평 멘토링에 대한 해설

사분면 IV는 수평 멘토링에서 자신의 그룹 외부에 있는 다른 동료들을 가리킨다. 교회와 선교단체에서 크리스천 사역자들은 그들이 직면한 상황 외부에 있는 사역자들과의 관계가 필요하다. 관점과 책무성은 외부 수평 멘토링 관계에서 주된 장점이 된다. 그것은 또한 당신이 속한 그룹의 멤버들이 흔히 갖는 주관적인 추정과는 다르게 객관적인 책무를 제공한다. 외부 동료들은 "매사에 왜 그렇게 하는가?" 라는 질문을 할 것이다. 이는 당신이 항상 당연하게 여겨 왔던 어떤 일에 대해 갑자기 스스로 질문하도록 만든다. 흔히 내향적인 성향으로 정체기에 머물고 편견을 갖고서 스스로를 평가할 수 있다. 따라서 외부 동료들은 다른 시각에서 바라볼 수 있는 신선한 견해를 제시하고 이런 내향적인 성향에 도전을 준다.

외부 동료들은 내부 동료들과 마찬가지로 먼저 관계에 집중하고 그다음 능력 부여에 집중한다. 코칭, 상담, 그리고 티칭의 멘토링 기능이 서로 결합되어 외부 수평 멘토링에서 가장 많이 사용된다.

별자리 모델의 4가지 주요 개념

소개	별자리 모델에는 4가지 주요 개념이 있으며, 각 개념은 모델의 주된 요소를 평가하는 데 도움이 된다.
설명	균형은 네 곳의 모든 방향으로 멘토링 관계가 필요함을 강조한다.
설명	자기 위치(Ego Position)는 리더가 성숙한 단계로 계발될 때 그/그녀는 사분면 III의 낮은 위치에서 다양한 멘토 역할을 할 수 있는 사분면 I의 높은 위치로 이동하는 사실을 설명한다.
설명	관계적 초점은 다른 사분면에 존재하는 각각 다른 성격의 관계를 나타낸다.
설명	형성적 능력 부여(Formational Empowerment)는 다른 사분면의 각 멘토링 관계에서 결과적으로 이루어지는 리더십 형성의 종류를 나타낸다.
해설: 균형	리더가 평생 계발될 때 균형을 갖도록 돕는 다양한 관계들이 필요하다. 상향 멘토링은 영적 권위에 대한 존경을 기반으로 삶을 변화시키는 책무성을 보장한다. 성장하는 리더는 존경하는 성숙한 멘토의 말을 듣고 동료나 밑에 있는 리더에게 대하는 것과는 다르게 반응한다. 내부 수평 멘토링은 다른 관계들이 제공해 주지 않는 방식으로 심도 깊은 기밀성을 제공한다. 외부 수평 멘토링은 엘리트주의적인 조직의 멤버들이 갖기 쉬운 내향적 성향으로부터 균형을 갖도록 돕는다. 리더들은 정체 상태에 머물며 일관성이 없어지는 성향을 갖고 경험이 쌓이면서 냉소적이 되기 때문에 균형을 갖기 위해 하향 멘토링이 필요하다.
해설: 자기 위치	도표 12-1에서 크리스천 사역자는 이상적으로 도표의 중심에 위치해 있다. 이것은 정태적 모델(static model)이다. 중심의 위치에서 4가지 사분면의 모든 관계로 연결되어야 한다. 실제로 삶에서 자기 위치, 즉 크리스천 사역자의 위치는 멘토링 관계의 범위에서 자신의 나이, 경험, 은사, 그리고 계발에 따라 차이가 난다.
해설: 관계적	다른 사분면들에 대한 관계성은 성격상 서로 차이가 있다. 관계적 초점은 이러한 각 관계적 양상을 일종의 가족 관계의 비유로 설명할 수 있다.
해설: 능력 부여	『지도자 평생 계발론』의 관점에서 3가지 종류의 형성, 즉 영적 형성, 사역적 형성, 그리고 전략적 형성의 능력 부여가 일어난다.

멘토링 범위의 자기 위치

소개 도표 12-4는 일반적인 리더십 계발 단계와 관련하여 가능한 멘토링 관계에서 크리스천 사역자의 위치, 즉 자기 위치를 보여준다. 각기 다른 자기 위치를 인식할 때 한 가지 정태적 모델에서 역동적 모델로 조절하는 데 도움이 된다. 자기 위치, 즉 가능한 멘토링 관계에서 크리스천 사역자의 위치는 'O'로 표시하고 화살표는 기본적인 멘토링 관계를 나타낸다.

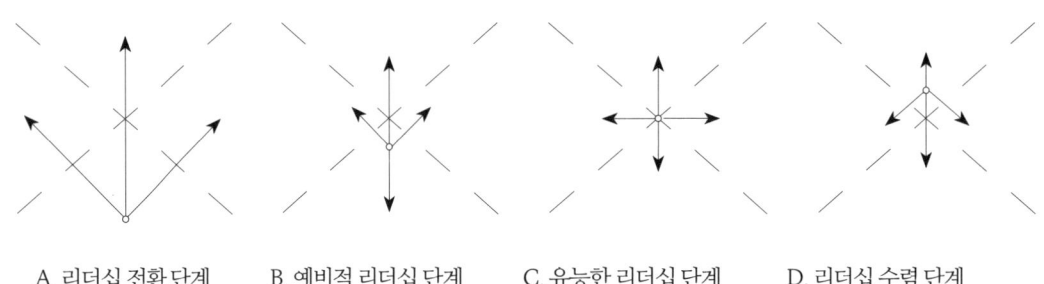

A. 리더십 전환 단계   B. 예비적 리더십 단계   C. 유능한 리더십 단계   D. 리더십 수렴 단계

도표 12-4. 리더십 단계와 별자리 모델의 자기 위치

해설 도표 A는 다음세대 리더가 리더십으로 진입하는 것을 보여준다. 여기서는 적은 경험과 성숙의 부족으로 하향 멘토링을 할 수 있는 여지가 없고 수평 멘토링도 거의 이루어지지 않는다.

해설 도표 B에서 어린 리더는 약간의 경험을 쌓고 리더십을 빠르게 배운다. 최소한 배운 영역에서 하향 멘토링이 약간 가능하다. 수평 멘토링은 탄력이 붙고 여전히 상향 멘토링이 강하게 이루어진다.

해설 도표 C에서 이 단계에 있는 리더는 사역에 능숙해진다. 사역에 유능한 리더는 모든 사분면의 관계들을 위한 기대감으로 균형 잡힌 별자리 모델의 이상적인 자기 위치를 취한다.

해설 도표 D에서 유능한 리더는 자신에게 알맞은 여러 요소들을 종합적으로 볼 수 있는 수렴 단계로 이동한다. 즉 가장 열매 맺는 단계이며 은사, 역할, 영향력, 권력, 영적 성숙, 사역 철학의 측면에서 모두 통합된다. 이 마지막 단계에서는 동료들 간에 멘토링이 더 적게 일어나고 자신에게 하향 멘토링을 해 줄 수 있는 사람들은 극소수에 불과하다. 그러나 그 리더는 높은 수준에서 영적 안내, 모델링, 그리고 상담과 같은 하향 멘토링을 주로 한다.

자기 위치에 대한 해설

해설: 스탠리의 관찰

멘토링의 별자리 모델을 처음 창안한 스탠리는 자기 위치의 이동에 대한 흥미로운 관찰을 하면서 하나의 논제를 제시했다. 그는 어느 리더십 집회에서 "리더의 필수적인 관계"에 관한 주제 발표를 하면서 그가 그동안 관찰한 것을 설명했다. 그가 강의하면서 강조한 내용을 아래에 간략하게 소개한다.

나는 우리 스태프와 다른 단체의 리더들을 연구하면서 매우 흥미로운 사실을 발견했다. 30대 이전의 남자들은 주로 상향 멘토링을 많이 기대하는 경향이 있다. 그들은 동료들을 그토록 찾지 않았다. 왜 그런가? 글쎄, 이 젊은 리더들은 실제 경험이 있고, 업무에 능숙한, 존경할 만한 모델들을 원하기 때문이다.

그들은 나이 든 리더들의 영적 권위를 은연중에 인식한다. 그런데 그들은 동료들을 오히려 경쟁자로 본다. 이러한 관점에서 예수님의 12제자들이 사역하는 방법을 배울 때 서로 많은 상호작용을 전혀 하지 않았다는 사실은 매우 흥미롭다.

그들은 논쟁만 하고 서로를 통해 배우지 못했고 권위 있는 답을 얻기 위해 예수님께 가곤 했다. 그들은 누가 최고로 높은 자리에 오를 것인지 알기 위해 서로 다투었다. 그래서 그들은 서로를 도움이 되는 자원이 아니라 오히려 경쟁과 위협으로 여겼다. 이것은 오늘날 우리의 모습이기도 하다. 어렸을 때는 동료들을 자원이 아니라 경쟁자로 바라보며 다른 사람들은 스스로 문제를 해결해 나갈 것이라고 여기는 경향이 있다.

그러나 30대에 이르러 어느 시점에서 변화가 일어난다. 남자들이나 여자들 대부분이 동료들을 돌보기 시작한다는 것을 발견했다. 나이가 들어 갈수록 동료들이 더욱 큰 영향을 끼친다. 더 어렸을 때는 그들이 서로 멘토링 해주며 개인적인 계발을 위한 자원이 될 수 있다고 여기지 않았다. 그들은 스스로 해결할 수 있다고 생각했다. 그러나 나이가 들어 가면서 여전히 배우고자 한다면 동료들뿐만 아니라 하향 멘티들과 다른 사람들로부터 배우는 데 더욱 마음을 열어야 한다.

관계적 초점

소개   관계적인 능력은 모든 종류의 멘토링에서 강조한다. 즉 멘토링은 한 사람이 다른 사람에게 인간관계를 통해 하나님이 주신 자원을 나눔으로써 능력을 부여하는 것이다. 별자리 모델에서 멘티들은 각 사분면의 다른 관계에 초점을 맞춘다. 도표 12-5는 가족 관계의 비유를 사용하여 각 사분면에 해당하는 관계적 기본 이슈를 제시한다.

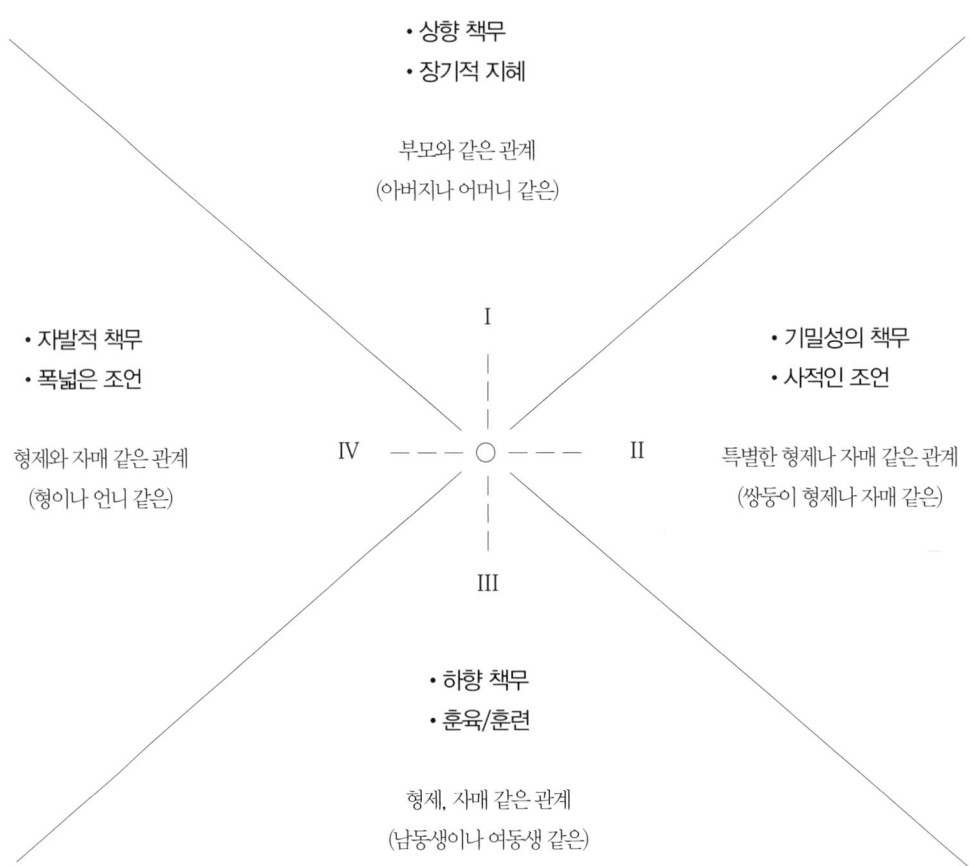

도표 12-5. 가족의 비유를 사용한 관계적 초점

능력 부여

소개 능력 부여의 초점은 각 사분면마다 다르다. 하나님은 리더들의 평생 계발을 위해 그들의 삶과 사역에 영향을 끼치는 주된 3가지 방법으로 다루신다. 영적 형성(spiritual formation)은 영성과 성품을 다루며 리더십 가치관을 형성한다. 사역적 형성(ministerial formation)은 따르는 자들에게 영향력을 행사하는 은사와 기술을 다루며 리더십 기술을 형성한다. 전략적 형성(strategic formation)은 영적 형성과 사역적 형성을 통합하여 사역 철학(ministry philosophy)을 형성하도록 초점을 맞추고 평생에 하나님의 목적을 이루기 위한 전체적 방향을 제시한다. 이것은 사명의 성취와 삶의 궁극적 공헌으로 이끈다. 도표 12-6은 다양한 멘토링 관계를 통한 능력 부여의 우선 순위를 3가지 형성의 관점에서 보여준다.

도표 12-6. 3가지 형성의 관점에서 능력 부여

4가지 비이상적 멘토링 프로필

소개   리더들은 대부분 이상적 별자리 모델의 균형 잡힌 관계를 유지하지 못한다. 어떤 관계가 빠졌을 때는 무슨 일이 생기는가? 관계에 대한 몇 가지 일반적인 프로필을 살펴보자. 도표 12-7은 회피해야 할 몇 가지 가능한 프로필을 보여준다. 각 사분면에 어둡게 표시된 부분은 현재 리더의 삶에 관점과 책무를 제공할 수 있는 멘토링 관계가 없다는 것을 나타낸다. 각 프로필은 내재된 위험을 수반하며 결국 리더로 하여금 곁길로 빠지게 한다.

설명   멘토링 프로필은 단절된 관계를 나타내는 영역이며 4가지 멘토링 사분면에서 검은 윤곽으로 표시한다.

설명   이상적인 멘토링 프로필은 X 표시의 검은 윤곽이 없다.

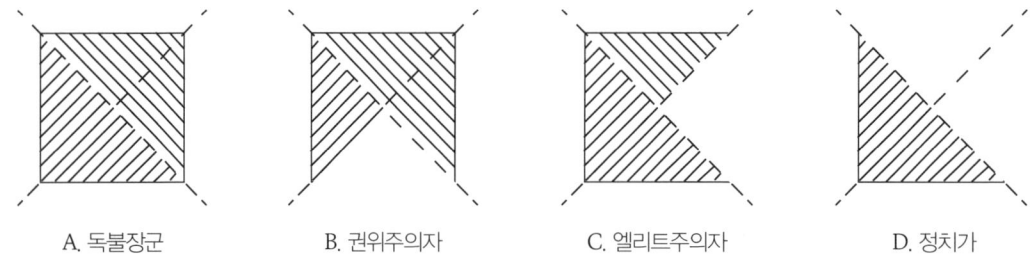

A. 독불장군   B. 권위주의자   C. 엘리트주의자   D. 정치가

도표 12-7. 비이상적 멘토링 프로필

해설: 독불장군 (Lone Eagle)   독불장군 패턴은 교회나 선교단체에서 기업가적 타입을 나타낸다. 조직의 설립자, 사도적인 사역자, 대형 교회의 설립 목사, 독립적인 개척 교회 사역자는 종종 어느 방향으로도 책무성 관계를 갖지 않는 전형적인 사람들이다. 이 타입은 대개 일 중독의 성향을 가진 일 중심적인 사람들이다. 이 타입의 사람들에게는 개인적으로 관계를 확립하고 발전시키는 일이 시간 낭비처럼 보인다. 그들은 대개 탈진이나 혹은 성공의 정도에 따라 극적으로 몰락하며 높은 대가를 지불한다. 따라서 그들이 떠날지라도 사역이 계속될 수 있도록 우선 하향 멘토링을 확립해야 하며 그다음은 상향 멘토링을 찾는 것이 필요하다. 현명한 상향 멘토들은 그들에게 수평 멘토링을 누구와 언제 어떻게 해야 하는지를 도와줄 수 있다.

| 해설: 권위주의자 (Authoritarian) | 권위주의자 타입은 매우 지시적 리더십 스타일을 갖고 있다. 피터 와그너(Peter Wagner)가 제시한 교회 성장 타입에서 종종 '강력한 리더들'의 부류에 속한다. 매우 지시적인 리더들은 대개 다른 사람들로부터 피드백을 민감하게 받아들이지 않고 피드백을 주지도 않는다. 그들은 나중에 사역을 가로막는 문제들을 미리 바로잡을 수 있는 시기를 놓치곤 한다. 이 타입의 리더들은 종종 권력 남용에 대한 죄책감을 느끼고 결국 강한 대립이 일어날 때 물러난다. 사역 갈등은 이 프로필을 가진 리더들에게 흔하게 일어난다. 이 리더들은 먼저 상향 멘토링을 확립하고 나서 외부 수평 멘토링을 확립해야 한다. 그후에 확고한 배움의 자세가 견지되었을 때 내부 수평 멘토링이 일어날 수 있으며, 마침내 하향 멘토링을 효과적으로 할 수 있다. 만약 하향 멘토링을 초기에 할 경우 매우 지시적인 성향이 전해질 것이며 같은 권위주의적 문제들이 다음세대에서도 다시 생길 것이다. |

해설: 엘리트주의자 (Elitist)

엘리트주의자는 사역에 있어서 많은 자유가 있는 선교단체나 혹은 리더들에게 많은 자유를 부여하는 앞서가는 교회에 흔히 존재한다. 엘리트주의자 타입은 그들의 조직과 운동 그리고 그들이 하는 일에 대한 확신을 갖고서 최상으로 여긴다. 그들은 무엇을 한다거나 바로잡아야 할 것을 말해 줄 수 있는 다른 조직의 사람들을 필요로 하지 않는다. 그들이 어떤 관계를 갖고 있다면 그것은 대개 느슨한 수준에서 단지 내부 동료들과의 관계이다. 그것은 주로 일하는 '요령'(how to)을 익혀 연합하거나 혹은 경쟁을 자극하는 관계이며, 상향 멘토링은 거의 존재하지 않는다. 그러한 단체의 위에 있는 리더들은 단번에 문제를 듣고, 제안을 제시하고, 도움을 약속하고서는 다음 상황으로 넘어간다. 대개 동료들이나 위에 있는 리더들 간에 지속되는 발전적인 관계는 없다. 엘리트 타입이 해야 할 것은 첫째 엘리트 타입의 선교단체나 어떤 공통점을 지닌 엘리트 타입의 앞서가는 교회와의 외부적 관계를 확립하는 것이다. 다른 사람들과 경쟁 관계에 있지 않고 하나님이 그들을 통해 시야를 넓힐 수 있다는 것을 알게 될 때 상향 멘토들을 갖게 될 것이다. 상향 멘토링은 먼저 그 조직 외부에 있는 사람들 가운데서 찾아야 한다. 엘리트 타입은 하향 멘토링을 빈번하게 하지만 대개 책무성이나 개인 성장을 위한 자극제로서는 관계를 형성하지 못한다. 다른 외부 동료들로부터의 배움은 상향 멘토들 그다음에는 내부 동료들로부터의 배움으로 이끌 것이다. 배우는 자세가 견고해지면 결국 하향 멘토링으로 확장될 것이다.

해설: 정치가 (Politician)

정치가는 조직 안에서 지위적인 권위에 매력을 느끼는 타입이다. 그들은 조직이 어떻게 돌아가는지를 잘 알며 거의 직관적으로 권력적 지위를 인식한다. 대개 그들의 유익을 위해서 시스템을 어떻게 운영해야 하는지 잘 알고 있다. 그들의 관계는 거의 배타적이며 조직 안에서 책무성이나 관점을 위한 것이 아니라 승진의 이유로 이루어진다.

정치가들이 영성의 이슈를 해결하기 위해서는 아마 상향 멘토링이 가장 먼저 필요할 것이다. 다음으로 다른 관점으로 볼 수 있기 위해 외부 동료들과 수평 멘토링이 필요하며, 그다음에는 하향 멘토링이 필요하다. 마지막으로, 내부 동료들과 신뢰성을 회복할 수 있다.

이상적인 별자리 모델에 대한 결론

균형 잡힌 별자리 모델은 이상적인 모델이다. 이 모든 방향으로 인간관계를 동시에 유지할 수 있는 사람은 거의 없다. 그러나 그것은 우리의 필요를 평가하는 데 유익하며, 필요의 관점에서 어떤 종류의 멘토링 관계에 초점을 맞추어야 하는지 알려준다. 별자리 모델을 이해하고 각 사분면의 멘토링 관계의 가치를 인식하면 우리 삶을 안내해 줄 수 있는 관계를 찾고 확인할 수 있다.

비록 동시적으로는 아니지만 아마 모든 사분면에서 우리는 중요한 멘토링 관계를 경험했을 것이다. 그렇지만 상향 멘토링과 하향 멘토링은 둘 다 찾도록 항상 주시해야 하며 이런 관계들을 종종 추구해야 한다.

12장의 하이라이트

1. 오늘날 높은 지위에 있는 많은 리더들이 공적인 신뢰성을 잃어감에 따라 리더의 개인적 성품 계발과 건강한 사역을 유지하기 위한 책무성이 절실히 필요하다.
2. 별자리 모델은 개인적 성장과 책무성을 위해 더 성숙하고 경험 많은 리더들과의 상향 멘토링, 비슷하고 다른 관점을 가진 동료들과의 수평 멘토링, 그리고 일관성과 이상적인 갱신을 갖도록 자극하는 하향 멘토링을 포함하는 폭넓은 관계를 제시한다.
3. 성장하는 리더는 각 리더십 단계에 따라 다양한 종류의 상향 멘토들이 필요하다. 먼저 제자훈련자, 상담자, 교사, 코치, 동시대 모델이 필요하고, 다음으로 영적 안내자, 후원자, 역사적 모델이 필요하며, 나중에는 섭리적 만남이 계속적으로 필요하다.
4. 내부 동료 멘토들은 기밀성을 유지하며 개인적/조직적 책무를 제공하고 상담자, 코치 그리고 교사 역할을 느슨하게 결합하여 돕는다.
5. 외부 동료 멘토들은 바라보는 관점을 비교하고 대조하는 객관적인 책무를 제공하며 상담자, 코치 그리고 교사 역할을 느슨하게 결합하여 돕는다.
6. 크리스천 사역자는 멘티들과의 하향 관계에서 2가지 주된 방법으로 유익을 얻는다. 멘티들은 멘토들에게 일관성과 책임성을 갖도록 한다. 또한 멘토들에게 종종 갱신을 경험하고 냉소주의가 뿌리 내리지 않고 이상적인 것을 추구하도록 자극제가 된다.
7. 하향 멘토링은 대부분 리더십 계발 단계에서 2단계의 리더십 전환, 그리고 3단계의 예비적 사역 단계에 있는 멘티들에게 이루어진다.
8. 2단계와 3단계에 있는 멘티들은 주로 제자훈련, 코칭, 티칭, 상담, 영적 안내 멘토링이 필요하다.
9. 리더들은 대개 리더십 초기 단계에서는 기본적으로 상향 멘토링이 필요하며 수평적으로 혹은 하향적으로 멘토링을 할 수 없다.
10. 리더가 예비적 사역으로 이동해 갈 때 특별히 몇 가지 사역 과제를 거친 후 약 6년 동안 사역을 경험한 후에

수평 멘토링을 발전시키기 시작하며 전문 영역에서 간헐적인 하향 멘토링을 발전시키기 시작한다.
11. 리더가 유능한 사역으로 이동해 갈 때 모든 멘토링 관계가 가능해진다.
12. 수렴 단계에 있는 리더는 대부분 하향적으로나 수평적으로 멘토링이 이루어지며, 상향적으로는 멘토링이 더욱 어려워진다.
13. 상향 멘토링에서 멘토와 멘티의 관계는 가족 관계에서 부모와 자식 관계와 비슷하다.
14. 내부 동료(상호 멘토링)와의 수평적 관계는 특별한 형제 관계와 비슷하며 쌍둥이 형제나 자매와 같다. 이것은 상호 멘토 각자가 서로 이상적으로 바라보는 방식이다.
15. 외부 동료(상호 멘토링)와의 수평적 관계는 특별한 형제 관계와 비슷하며 남동생이나 여동생 그리고 형이나 누나와 같다. 이것은 상호 멘토 각자가 서로 이상적으로 바라보는 방식이다.
16. 멘티의 형성적 관점에서 보면, 상향 멘토링은 첫째 전략적 형성, 둘째 영적 형성, 셋째 사역적 형성으로 장기적 계발에 초점을 맞춘다.
17. 멘티의 형성적 관점에서 보면, 내부 동료와의 수평(상호) 멘토링은 첫째 사역적 형성, 둘째 영적 형성, 셋째 전략적 형성으로 더 즉각적인 계발에 초점을 맞춘다.
18. 멘티의 형성적 관점에서 보면, 외부 동료와의 수평(상호) 멘토링은 첫째 사역적 형성, 둘째 전략적 형성, 셋째 영적 형성으로 더 즉각적인 계발에 초점을 맞춘다.
19. 멘티의 형성적 관점에서 보면, 하향 멘토링은 첫 번째 우선순위로 영적 형성, 둘째 사역적 형성, 셋째 전략적 형성의 계발에 중심을 둔 단기적인 필요에 초점을 맞춘다.
20. 독불장군의 부정적인 프로필은 조직의 설립자, 사도적인 사역자, 대형 교회의 설립 목사, 그리고 교회 개척자에게 흔히 나타나며 종종 탈진과 사역의 중대한 실패로 인해 물러난다.
21. 권위주의자의 부정적인 프로필은 배움의 자세를 가로막고 결국 도움을 받지 못하게 한다. 그와 같은 타입은 대개 권력의 남용, 갈등의 직면, 그리고 종종 사역에서 물러나는 대립을 경험한다.
22. 엘리트주의자의 부정적 프로필은 그들이 매우 확신하는 자신의 기준보다 다른 패러다임으로부터 배우는 데 문제점이 있다. 엘리트주의자들은 대개 정체기나 탈진을 경험한다.
23. 정치가의 부정적 프로필을 가진 사람들이 건강한 방식으로 성장하려면 지위적 권력으로부터 영적 권위의 권력으로 전환하는 관점의 중대한 변화가 필요하다.
24. 별자리 모델은 이상적인 모델을 제시한다. 극소수 사람들이 이 모델에서 제시하는 모든 관계를 동시에 유지할 것이다. 그러나 평생에 걸쳐 건강한 방식으로 성장하는 사람들은 모든 관계를 두루 경험할 것이다.

추가 연구

1. 도표 12-2를 자세히 살펴보라. 시간선 위에서 당신이 위치하는 곳을 확인하고 그 지점을 'x'로 표시하라. 그 'x' 점에서 아래쪽으로 수직선을 그린 후에 아래쪽에서 만나는 타입을 주목하라. 리더십 계발을 위해 당신이 이상적으로 움직여 나간다면 어떤 종류의 멘토링이 필요한가? 당신에게 필요한 멘토 타입을 적어라.

2. 현재 당신이 할 수 있는 멘토링의 종류를 확인하기 위해 도표 12-3을 자세히 살펴보라. 시간선 위에서 당신의 위치를 'x'로 표시하라. 그 'x'점에서 아래쪽으로 수직선을 그린 후 아래쪽에서 만나는 멘토 타입을 주목하라. 지금까지 당신은 어떤 종류의 멘토링을 했어야 하는가? 당신이 확인한 멘토 타입들을 적어라.

3. 도표 12-4를 자세히 살펴보라. 자기 위치(ego position)의 관점에서 볼 때 당신은 현재 어느 단계에 있는가? 현재 당신의 위치를 가장 잘 나타내는 다이어그램은 어느 것인가?

4. 사분면을 나타내는 다이어그램을 따라 당신 자신의 프로필을 그려라. 또는 책무성과 관점에 초점을 맞추는 관계들이 부족한 모든 사분면이나 사분면의 일부를 검은 윤곽으로 표시하라.

13장

수평 멘토링

서론

누구에게 동료 멘토들이 필요한가? 사실 우리 모두가 필요하다. 설문 조사에 따르면, 남성 10명 중에 평균 2명만 다른 동료들과 친밀하게 책무를 다하는 관계를 형성하고 있다. 대조적으로 여성 10명 중 7명이 이러한 관계를 형성하고 있다고 한다. 매우 과업 중심적인 크리스천 리더들은 남녀 할 것 없이 모두 그 비율이 더 낮은 것이다. 앞 장에서 이미 배운 균형잡힌 멘토링 관계의 별자리 모델 통해 이러한 관계들이 없이는 서로에게 책임을 다하는 책무성 서클 (circle of accountability)이 부족하다는 것을 배웠다.

수평적인 멘토링 관계에는 매우 독특한 면이 있다. 왜냐하면 동료들 간에는 나이, 압박감, 영적 성숙과 사역 경험 등이 거의 비슷하기 때문에 서로 간에 솔직하게 마음을 열 수 있다. 이러한 관계적인 개방성이 존재하면 서로 책무를 다할 수 있는 기회가 생긴다.

동료들 간에 일어나는 수평 멘토링에서는 하향이나 상향 멘토링과는 전혀 다른 방식의 멘토링에 초점을 맞춘다. 일반적으로 사람들은 어떤 필요를 채우기 위해 특정한 멘토링을 찾는다. 수평 멘토링에서는 영적 안내자, 코치, 교사, 혹은 상담자와 같은 역할이 포함될 수 있고 그렇지 않을 수도 있다. 멘토링 형태가 중요하지만 관계의 멘토링 역동성이 더 중요하다. 서로 관계를 발전시킴으로써 책무성이 발생하며 상황의 필요에 따라 능력 부여가 적절하게 일어난다.

13장의 개요

13장에서는 수평 멘토링 관계를 확립하기 위한 3가지 필수적인 요소를 소개한다. 다음은 수평적 관계를 확인하고, 평가하며, 전략을 세우기 위한 우정 멘토링 연속선(The friendship continuum)을 제시한다. 또한 수평 멘토링과 직·간접적으로 관련되어 있는 3가지 성경적인 강조점을 둔다. 그리고 리더십이 실패하는 6가지 원인을 제시하며 이를 사전에 예방하거나 장애물을 제거하는 데 수평 멘토링이 도움이 되는 것을 알아본다. 마지막으로, 수평적 상호 멘토링을 확립하는 단계를 제시한다. 이 장을 마치면 다음과 같이 할 수 있다.

- 현재 당신의 동료 멘토나 잠재적 동료 멘토들을 확인한다.
- 수평 멘토링의 개념을 뒷받침해 주는 성경적 강조점을 한두 가지 논한다.
- 리더십이 실패하는 주요 원인 6가지를 말한다.
- 동료 멘토를 찾는 단계를 적용한다.

동료 관계의 3가지 요소

소개   별자리 모델의 수평적 상호 멘토링에서 내부 및 외부 동료들이 제공할 수 있는 몇 가지 중요한 통찰력을 요약할 수 있다. 동료들은 책무성과 더불어 도전적 관점을 제공한다. 추가적으로 내부 동료들은 같은 그룹의 멤버들만이 알고 있는 기밀을 나눌 수 있는 은신처를 제공할 수 있다. 외부 동료들은 객관적 관점을 제공해 주며 종종 내향적 그룹의 편협적인 성향을 체크해 준다. 책무성과 관점의 측면에서 능력 부여가 일어나기 위해서는 수평적 상호 멘토링에서 적어도 3가지 관계적 요소가 필요하다. 능력 부여가 일어나게 하는 친밀감, 흥미, 그리고 투명성이 필요하다.

요소	설명
1. 친밀감(FIT)	첫째, 동료들은 서로 수용하고 고맙게 여겨야 한다. 서로 마음이 통해야 하고 서로 매력을 느끼고 존경해야 한다. 물론 서로 다른 점도 많다. 그러나 왠지 좋고 친해지고 싶고 서로 의기투합이 잘된다. 이처럼 마음이 잘 맞고 통하는 느낌이 처음부터 생기지 않을 수 있다. 때때로 첫인상 때문에 친밀감을 못 느낄 수도 있다. 그렇지만 상대방의 의견을 존중하기 위해서는 결국 서로 친밀감이 있어야 한다. 이것이 없으면 책무성과 관점을 위한 능력 부여는 일어나지 않을 것이다.
2. 흥미(FUN)	친밀감에 더하여 상호 멘토링 관계는 흥미로워야 한다. 상호 멘토들은 함께 있는 시간이 재미있어야 한다. 이는 서로 공통적인 취미나 관심 분야 때문일 수 있다. 사실 서로 공통적인 관심사 때문에 수용하고 친해질 수 있는 발판이 될 수 있다. 만약 상호 멘토와 함께하는 것이 즐겁다면 시간을 함께 보내고 싶을 것이다. 관계를 발전시키기 위해 시간을 함께하는 것이 필요하다. 함께 느긋하게 보내는 시간은 진지한 시간을 갖는 것 못지않게 중요하다. 사실 함께 보내는 각 시간은 다른 시간을 더욱 의미 있게 만든다. 상호 멘토링 관계를 발전시키기 위해 다음을 제안하다. 예를 들어, 식사를 같이 하고, 어떤 운동을 함께하며, 서로의 취미를 배우고, 때때로 사전 계획 없이 서로 어울리며 시간을 함께 보내라. 이것은 친구들과 함께 쉽게 할 수 있지만 과업 중심적인 사람에게는 힘들 수 있다.

투명성(TRANS-PARENCY)	상호 멘토링의 역동성에 필요한 마지막 요소는 이 4가지를 포함한다. 즉 배움성(teachableness), 개방성(openness), 신뢰성(trust), 그리고 기밀성(confidentiality)이다. 이 능력 부여의 요소들은 효과적인 상호 멘토링의 핵심이 된다. 상호 멘토들은 중요한 이슈들에 대해 서로 투명해야 한다. 물론 투명성의 수준은 관계가 깊어지는 만큼 발전할 것이다. 사실 투명성의 깊이는 상호 멘토링의 효과를 나타내는 주된 지표가 된다. 개방성은 신뢰성과 기밀성의 다른 두 가지 특성과 맞물려 있다. 만일 동료들을 신뢰하고 그들이 비밀을 유지할 것이라고 믿는다면 마음을 열 것이다. 자신이 개방하게 될 때 상대방이 문제점이나 잠재적인 문제를 알아채고 돕기 위해 개입할 수 있다. 그러나 우리에게 배움성이 없으면 여전히 배울 수가 없다

해설　　수용(acceptance), 호감(chemistry), 흥미(fun), 시간을 함께 보냄(time together), 개방성(openness), 신뢰성(trust), 기밀성(confidentiality), 배움성(teachableness)은 상호 멘토들이 추구해야 할 효과적인 관계의 요소들이다.

해설:
3가지 역동성　　이러한 요소들을 위해 근본적으로 필요한 두 가지 역동성은 '근접성'(proximity)과 '연속성'(continuity)이다. 상호 멘토들은 서로 근접 가능하고 서로에게 유용해야 한다. 만일 상호 멘토링 관계가 잘 이루어지길 원한다면 '지속성'이 유지되어야 한다. 정기적으로 만나는 것은 동료들 간에 근접성과 스케줄에 달려 있다.

이상적으로는 상호 멘토들이 일주일에 한두 번은 연락을 해야 한다. 만약 매달 한 번씩 만난다면 더 긴 만남의 시간이 필요할 것이다. 원거리 멘토링은 상향 멘토링 관계에서 가능하지만 수평 멘토링에서는 덜 효과적이다.

동료 관계의 3가지 요소에 대한 피드백

1. 동료 관계의 3가지 요소를 살펴보라. 처음 2가지 요소(친밀감, 흥미)를 발전시키는 것이 세 번째 요소인 투명성보다 더 쉽다. 당신은 동료 관계에서 투명성을 어떻게 발전시킬 수 있으며 투명성에서 가장 핵심적인 요소는 무엇인가?

2. 동료 관계를 발전시키는 데 필요한 요소들을 살펴보라. 관계 형성에 있어서 아래 단어들을 어떻게 정의할 수 있는가?

    a. 수용(acceptance)

    b. 호감(chemistry)

    c. 흥미(fun)

    d. 개방성(openness)

    e. 신뢰성(trust)

    f. 기밀성(confidentiality)

    g. 배움성(teachableness)

    h. 시간을 함께 보냄(time together)

해답

1. 핵심 요소들은 배움성, 개방성, 신뢰성 그리고 기밀성이다. 약점을 보여주는 것은 투명성을 갖기 위한 방법 중 하나이다. 신뢰성을 얻기 위해서는 시간과 자발성이 요구된다. 이 요소들은 의식적으로 선택하며 시도할 때 발전될 수 있다.

2. a. 수용(acceptance) – 그 사람의 모습 그대로를 받아들이는 것이다. 그 사람에 대해 비판하거나 판단하지 않는다.

   b. 호감(chemistry) – 이것은 두 사람이 서로 잘 통할 때 생기며 서로를 편하게 느낀다.

   c. 흥미(fun) – 함께 시간을 보내는 것이 재미있고 즐겁다.

   d. 개방성(openness) – 서로에게 정직하며 서로 숨기는 것이 없고 투명하다.

   e. 신뢰성(trust) – 서로 진심으로 최고의 관심을 갖고서 중대한 이슈들에 대해 비밀을 지키며 나눌 수 있다.

   f. 기밀성(confidentiality) – 두 사람 사이에 나눈 내용을 누구에게도 말하지 않는다.

   g. 배움성(teachableness) – 두 사람 모두 상대방으로부터 기꺼이 배우려고 하며 서로 배울 수 있는 기회를 항상 찾는다.

   h. 시간을 함께 보냄(time together) – 동료 관계는 정기적으로 시간을 함께 보낼 때 최상이다. 대개 한 주에 한 번씩은 만나 시간을 함께 보낸다.

우정 멘토링 연속선

소개 근접성과 지속성은 우정 멘토링 연속선을 따라 이동한다. 깊은 관계는 대개 시간이 흐르면서 발전하며 확인할 수 있는 단계를 갖는다. 도표 13-1은 5가지 발전 단계와 각 단계의 요소들을 나타낸다.

1단계	2단계	3단계	4단계	5단계
만남	알고 지냄	신뢰하는 형제나 자매	절친한 친구	동료 멘토
B1	B2	B3	B4	B5
수용	흥미, 시간을 함께 보냄	개방성, 신뢰성	기밀성	책무성

도표 13-1. 수평적 멘토링의 관계적 발전 단계

해설 B1에서 B5는 우정 멘토링 연속선 위에서 한 단계로부터 다른 단계로 옮겨 가는 경계선(Boundaries)을 나타낸다. 큰 장애물은 B5이다. 다른 장애물들은 각각 사람마다 다르다. 어떤 사람에게는 B1이 가장 어려울 것이다. 다른 사람들에게는 다른 장애물들이 가장 어려울 수 있다.

해설 연속선을 사용하여 당신의 프로필을 만들어 보면 도움이 된다. 각 단계에 해당하는 사람들의 이름을 적고 몇 명인지 확인하라. 이를 통해 당신이 만난 사람, 아는 사람, 크리스천 형제나 자매, 절친한 친구, 동료 멘토가 누구인지를 확인할 수 있다. 다음은 당신이 극복해야 할 장애물이 어떤 것인지 확인할 수 있다.

우정 멘토링 연속선에 대한 피드백

1. 남성은 10명 중 2명만 그리고 여성은 10명 중 7명이 다른 동료들과 친밀하게 책무을 다하는 관계를 유지하고 있다는 사실을 고려해 볼 때 당신 자신은 어떠한가? 당신과 일반적 책무 영역과 친밀한 책무 관계로 서로 책임을 다하는 사람들의 이름을 적어라. '그들이 당신에게 직언을 했거나 당신에게 도움을 주었던 어떤 영역'을 구체적으로 제시하면서 그러한 관계에 대한 당신의 주장을 뒷받침할 수 있다.

이름	책무 영역	최근에 일어난 능력 부여

2. 아래 연속선을 점검하라. 당신은 관계의 각 발전 단계에 해당하는 하나님께서 보내주신 잠재적 동료 멘토들을 제시할 수 있는가? 연속선 아래 각 단계에 해당하는 사람들의 이름을 적어라.

1단계	2단계	3단계	4단계	5단계
만남	알고 지냄	신뢰하는 형제나 자매	절친한 친구	동료 멘토
수용	흥미, 시간을 함께 보냄	개방성, 신뢰성	기밀성	책무성

사람들:

3. 2번 질문에 대한 대답으로 당신이 기록한 사람들 가운데 잠재적 멘토가 될 수 있는 내부 동료들과 외부 동료들은 각각 몇 명인가? 이것은 당신이 동료들과의 관계에서 더 노력해야 할 어떤 영역들을 보여주는가?

해답
1. 당신의 답을 말하라. 나의 경우 그것이 사실이며 이것을 바로잡기 위해 나는 그동안 적극적인 조치를 취해 왔다.
2. 당신의 답을 말하라.
3. 나의 경우 외부 동료들이 대부분이다. 이것은 내가 내부 동료들과의 관계를 확립하기 위해 노력할 필요가 있음을 보여준다.

동료 관계의 3가지 성경적 강조점

소개 | 성경은 동료 관계를 이해하는 데 도움이 되는 통찰력을 제공하는가? 물론 그렇다. 먼저 동료 관계에 대한 사례들이다. 잠언 말씀에 나오는 여러 훈계는 동료 관계를 통한 능력 부여의 통찰력을 제공한다. 또한 잠언에서는 상호적인 계명을 제시하는데 이것은 속한 그룹에서 동료들 간의 책무성을 가리킨다.

성경적인 강조	설명
1. 사례 요나단 – 다윗	성경에 나오는 동료 관계 중에 가장 훌륭한 예는 다윗과 요나단의 우정이다. 이것은 내부 동료 관계이다. 그 관계는 4단계에 도달한 것이며, 그들은 절친한 친구로서 비밀을 지켜주었다. 다윗과 요나단은 서로 신뢰했고, 서로에게 충성하며 서로 도와줄 것을 언약 맺었다. 요나단은 전쟁터에서 전사했다. 우정 멘토링 연속선의 마지막 단계인 그들의 동료 멘토의 단계는 볼 수 없지만, 동료 관계의 중요성을 보여주기에 충분하다.
2. 평가적 기능 (Evaluative Function)	성경에는 상호 멘토링 관계에 사용할 수 있는 수많은 권고, 경고, 혹은 다른 통찰력이 있다. 성경에 나타난 많은 것 가운데 몇 가지를 제시한다. 이것은 대부분 일대일 관계에서 평가적 관점 혹은 '파수꾼 기능'(watchdog function)에 집중한다.
3. 상호적 계명 (Reciprocal Command)	히브리서 10장 24-25절은 리더들에게 요구되는 2가지 자질을 제시한다. 동료 멘토들은 이것을 제공하는 데 도움이 된다. "서로 돌아보아 사랑과 선행을 격려하며 모이기를 폐하는 어떤 사람들의 습관과 같이 하지 말고 오직 권하여 그 날이 가까움을 볼수록 더욱 그리하자." – 히브리서 10:24-25

해설:
사례 | 요나단-다윗과 같은 동료 관계는 정서적 균형을 유지하도록 돕는다. 친밀한 나눔에서 상대방은 우리가 말하는 것을 공감하며 경청해 준다. 만약 우리가 잘못한 것이 있으면 동료는 우리를 바로 잡아 준다. 만일 우리의 꿈, 좌절, 그리고 생각을 자유롭게 나눌 수 있는 관계가 없다면 이러한 아이디어와 감정을 억누르게 되고 결국 정서적 불균형을 초래할 것이다.

해설:
성경적
파수꾼 | 여러 성경적 사례들은 개인과 관계를 발전시키도록 강력히 권고한다. 개방성, 신뢰성, 기밀성, 그리고 책무성이 존재하는 상호 멘토링 관계에서 경험할 수 있는 것을 제시하는 다음 페이지를 주목하라.

성경의 예	잠언 20:5	

"사람의 마음에 있는 모략은 깊은 물 같으니라 그럴지라도 명철한 사람은 그것을 길어 내느니라."

성경의 예 잠언 27:2

"타인이 너를 칭찬하게 하고 네 입으로는 하지 말며 외인이 너를 칭찬하게 하고 네 입술로는 하지 말지니라."

성경의 예 잠언 27:6

"친구의 아픈 책망은 충직으로 말미암는 것이나 원수의 잦은 입맞춤은 거짓에서 난 것이니라."

성경의 예 잠언 27:17

"철이 철을 날카롭게 하는 것같이 사람이 그의 친구의 얼굴을 빛나게 하느니라."

성경의 예 잠언 27:21

"도가니로 은을, 풀무로 금을, 칭찬으로 사람을 단련하느니라."

해설 이 성경적 훈계들은 교육적이다. 상호 멘토링 관계는 동기를 점검하도록 한다. 잠언 20장 5절은 관계에서 그 잠재력을 설명한다. 우리가 행동 뒤에 숨은 깊은 의도를 항상 인식하는 것은 아니다. 상호 멘토들은 그러한 내면적인 의도를 살피는 데 도움을 준다. 잠언 27장 2절과 21절의 두 말씀은 칭찬에 대해 다룬다. 리더들이 몰락하는 주된 원인 중에 하나는 교만이며, 이것은 칭찬을 어떻게 다루느냐와 밀접하게 관련이 있다. 상호 멘토들은 칭찬과 교만해질 수 있는 잠재적인 위험에 대해 파수꾼의 역할을 할 수 있다. 잠언 27장 6절과 17절은 관계에서 직언(confrontation)이 중요함을 보여준다. 상호 멘토들은 직언할 수 있어야 한다. 이 직언은 순간적으로는 아픔이 있지만 장기적으로는 더 훌륭한 리더가 되도록 도와줄 것이다.

해설 이 성경 구절들은 그룹에서 뿐만 아니라 개인적인 관계에도 적용된다. 이 상호적 계명들은 그리스도를 따르는 자들이 인내하도록 격려가 필요함을 보여준다. 그것은 상호 멘토가 행할 수 있는 중요한 기능이다. 장기적으로 볼 때 리더들은 믿음이 흔들리고 쉽게 지칠 수 있다. 따라서 인내와 믿음을 유지하기 위해 때때로 자극이 필요하다. 상호 멘토들은 관계적 요소들을 갖고 있기 때문에 이러한 상호적 계명들을 온전하게 지킬 수 있다.

동료 관계의 3가지 성경적 강조점에 대한 피드백

1. 효과적인 동료 관계에는 3가지 주된 요소가 존재하는 것을 배웠다. 즉 친밀감, 흥미, 그리고 투명성이다. 요나단과 다윗의 관계를 생각해 볼 때 어떤 요소들을 찾을 수 있는가? 발견할 수 있는 요소들을 적어라.

2. 동료 관계가 정서적 균형을 유지하는 데 어떤 도움을 주는가?

3. 신약에 나오는 상호적 계명들(reciprocal commands)을 생각하라. 이것은 주로 그룹에 관련되지만 개인적인 관계에도 적용할 수 있다. 만약 당신의 동료 관계에서 이루어진다면 도움이 될 수 있는 상호적 계명 3가지를 적어라. 그것이 왜 도움이 되는가?(힌트: 성경 용어 색인을 사용하여 "서로"가 나오는 모든 성경 구절을 찾으라.)

해답

1. 친밀감 – 요나단과 다윗은 "마음이 하나"(삼상 18:1)가 되었다. 그들은 매우 친하게 지냈고 서로를 사랑했다. 그들은 서로를 위한 사랑으로 함께 시간을 보내는 것을 즐거워했음을 알 수 있다. 사울왕이 다윗을 여러 번 죽이려고 했을 때 그들의 관계에 투명성이 있었던 것을 그들의 상호 작용을 통해 알 수 있다. 요나단은 다윗에게 다가올 위험에 대해 여러 번 경고했다. 이것은 서로 숨김이 없는 정직한 관계임을 보여준다.
2. 이러한 관계는 친밀한 나눔의 공간을 제공해 주며, 우리가 안내를 받고 잘못된 것을 바로잡을 수 있도록 한다. 동료 관계를 통해 우리의 꿈, 좌절, 그리고 생각을 나눌 수 있으며, 우리 마음속에 품고 있는 것을 억누르지 않도록 한다.
3. 당신의 답을 말하라.

유종의 미를 거두는 삶을 가로막는 6가지 장애물

소개 리더들의 평생 계발에 대해 연구한 결과 '소수의 리더들만 유종의 미를 거둔다'는 사실을 발견했다. 리더들은 살아가면서 여러 중요한 문제에 부딪히고 잘못될 수 있다. 흔히 일어나는 중요한 문제는 이성 관계, 권력의 남용, 교만, 가족 문제, 재정적 비리, 그리고 정체기를 포함한 6가지를 들 수 있다.

장애물	설명
1. 부적절한 이성 관계	우리 사회에 존재하는 부적절한 이성 관계에 대한 유혹을 목회자들도 동일하게 받을 수 있다. 그들에게는 연약한 사람들을 상담해 주는 일로 인해 종종 부적절한 불륜 관계가 생길 수도 있다. 그러한 불륜 관계와 연루된 목회자들이 때때로 그런 일을 숨기고 사역을 계속한다. 그러나 내면적으로 확신이 없어지고 사역을 지속적으로 할 수 있는 능력을 잃게 된다. 동료 멘토들은 투명성을 갖고서 그런 일이 생기기 전에 이런 파괴적인 방향으로 나아가는 성향을 체크할 수 있다.
2. 권력의 남용	성공적인 크리스천 리더들은 그들이 성공하기 전에 갖지 못했던 특권을 누리고자 하는 경향이 있다. 이것은 종종 권력의 남용을 포함한다. 권력이란 파괴적인 힘이 되거나 혹은 창조적인 힘이 될 수 있다. 그러나 액튼 남작(Lord Acton)이 주장한 것처럼 권력은 부패하기 쉬우며 절대적인 권력은 절대적으로 부패하기 쉬운 것이다. 서로 책무성 관계가 없는 리더들은 사실상 절대적인 권력을 가진 것과 같다. 수평 그리고 상향 멘토링은 이러한 장애물을 피하도록 도와줄 수 있다.
3. 교만	정당하게 업적을 완성할 때는 성취감을 느낀다. 그러나 이것이 지나칠 경우 자화자찬하는 교만한 마음을 불러일으킬 수 있다. 다윗의 경우처럼 이러한 교만은 리더십에 악영향을 초래할 수 있다. 분별력 있는 동료 멘토들은 이러한 함정을 주의 깊게 체크할 수 있다.
4. 가족 관계	자신의 가족 관계에서 성공하지 못하는 리더는 하나님의 백성들을 인도하는 데 실패할 가능성이 높다. 많은 리더들은 반항적인 자녀들이나 사역을 반대하는 아내 혹은 남편으로 인해 곁길로 빠진다. 이런 문제들이 아직 미미할 때 수평적 그리고 상향 멘토들의 현명한 충고를 통해 그런 이슈들을 다루고 큰 도움을 받을 수 있다.
5. 재정적 비리	리더들은 하나님의 재정을 관리할 때 절대적으로 진실성을 보여야 한다. 돈에 대한 무책임성과 탐욕석인 성향은 리너들 완선히 무너뜨릴 수 있나. 결국 리너믈이 사익에서 물러나게 만드는 이런 성향을 초기에 지적하고 올바른 충고를 할 수 있다.

6. 정체기	배움의 자세를 상실하거나 다람쥐 쳇바퀴 돌 듯 끝없이 반복되는 활동 때문에 리더들은 사역에서 효과가 떨어질 수 있다. 이때 적극적인 동료 멘토는 배움의 자세를 계속 견지하도록 도울 수 있다. 상향 멘토는 현명한 충고를 제공하며 다람쥐 쳇바퀴 같은 일과 그에 대한 해결책을 제시할 수 있다.	

해설: 수평적 멘토의 독특성
이 모든 영역에서 실패로 가는 성향을 특히 초기 단계에서 바로잡을 수 있다. 그러나 이를 위해 오직 동료 멘토들이 제공할 수 있는 특별한 멘토링 관계를 통해서만 가능하다. 상향 멘토들은 많은 방법으로 우리의 성장을 도와줄 수 있다. 그러나 그들은 동료 멘토들처럼 우리와 함께 많은 시간을 보낼 수 없으며 친밀한 관계로 발전되지 않는다. 하향 멘토링에서 멘티들도 그럴 만한 여력이 없고 문제를 예방하기 위해 어떤 행동을 취하기가 어렵지만 동료 멘토들은 그렇게 할 수 있다.

해설: 친밀함의 부족
크리스천 사역자들은 수평적 상호 멘토링이 필요하다. 크리스천 리더십에서 실패하는 많은 이유 가운데 하나는 동료들과의 친밀한 우정을 나누는 데 미흡하기 때문이다. 이래서는 안 된다. 평균적으로 남성 10명 중에 2명 혹은 여성 10명 중에 7명이 동료들과의 의미 있는 관계를 유지하고 있다. 이런 관계를 더욱 발전시켜 서로 보호해 주는 친밀한 우정 관계가 되도록 노력해야 한다.

6가지 장애물에 대한 피드백

1. 6가지 장애물 각각에 대한 성경의 예를 최소한 한 가지씩 적어라. 그리고 생각할 수 있는 동시대 인물들의 예를 들어 보라.

   1) 부적절한 이성 관계:

   2) 권력의 남용:

   3) 교만:

   4) 가족 문제:

   5) 재정적 비리:

   6) 정체기:

2. 당신은 자신에 대해 잘 알고 있다. 이 6가지 장애물 가운데 당신에게 가장 큰 함정이 될 수 있는 것은 무엇인가? 그 유혹을 피하고 이기기 위해 당신 자신은 어떻게 강력하게 대처할 수 있는가?

해답
1. 부적절한 이성 관계 : 다윗과 밧세바, 많은 동시대 리더들
   권력의 남용 : 아합과 이세벨의 나봇의 포도원 사건, 디오드레베(요삼 1:9~10)
   교만 : 바벨론 사절단과 히스기야 왕, 다윗의 인구 조사
   가족 문제 : 엘리와 그의 아들들, 사무엘과 그의 아들들
   재정적 비리 : 기드온, 아나니아와 삽비라, 아간
   정체기 : 아사왕(시작은 잘했지만 삶을 초라하게 마쳤다)
2. 당신의 답을 말하라.

상호 멘토링 관계를 확립하는 5단계

소개   동료 멘토들을 보내 주시는 분은 하나님이시다. 때때로 당신은 삶에서 어떤 문제를 인식하고 그 필요를 채워 줄 수 있는 특별한 사람, 아마 상호 멘토를 찾을 것이다. 그러나 대개 상향 멘토가 그 역할을 할 수 있다. 상호 멘토링은 성격상 '필요 중심의 역할'이 아닌 관계에 초점을 맞춘다. 그런 이유 때문에 상호 멘토링에서 항상 어떤 멘토가 필요한지(내부와 외부 동료들에 대한 일반적 개념 외에는)조차도 모른다. 우리 삶에 동료 멘토들을 보내 주시도록 하나님을 의뢰해야 한다. 표 13-1은 상호 멘토링 관계를 발전시키기 위한 몇 가지 지침을 제시한다.

표 13-1. 상호 멘토링 관계를 발전시키는 5단계

단계	지침
1	**기도하고 찾으라.** 내부 동료와 외부 동료의 2가지 주된 카테고리 안에서 필요한 관계를 위해 하나님을 적극적으로 의뢰하고 기도하라.
2	**직접 만나라.** 서로 공감대를 찾고, 재미있는 시간을 함께 보내라. 관계를 발전시키기 위해 필요한 기본적인 일들을 하라.
3	**바라는 것을 서로 나누라.** 상호 멘토링 관계에 대한 기대치를 서로 정하라.
4	**시간을 투자하라.** 당신의 스케줄과 활동의 우선순위를 정하여 더 깊은 상호 멘토링 관계로 발전하도록 적절하게 시간을 투자하라.
5	**마무리를 계획하라.** 더 지속적인 만남으로 언제든지 유지될 수 있지만, 동료간에 상호 멘토링이 효과적으로 일어나기 위해서 기간을 정하는 것이 좋다. 멘토링 기간을 계획하면 서로 기대치를 정할 수 있고 평가할 수 있다. 또한 언제든지 시간적으로 재조정하여 서로 헌신할 수 있다. 기간을 설정하는 데 제한을 두지 않으면 시간적인 헌신에 대한 책무성이 대개 감소한다.

해설   우리는 상호 멘토가 필요하다는 사실을 인식하고 민첩하게 대응할 수 있다. 따라서 우정 멘토링 시간선을 따라 나아가며 관계들을 발전시켜 나갈 수 있다. 그러나 결국 우리에게 상호 멘토들을 보내 주시는 분은 바로 하나님이시다. 상호 멘토링 관계를 시작하면서 중요한 지침이 되는 것은 하나님이 상호 멘토들을 보내주신다는 분명한 확신이다. 이 지침은 도표 13-1의 우정 멘토링 시간선을 따라 발전하는 관계에도 적용된다.

13장의 하이라이트

1. 크리스천 사역자들은 동료들과 친밀한 관계를 통한 책무성이 절대적으로 필요하다.
2. 성공지향주의적 사고와 더불어 개인주의적 사회 풍토는 동료 관계의 가치를 격하시키며 동료 관계의 발전 가능성을 제한시킨다.
3. 동료(상호) 멘토들은 비슷한 계발 단계에 있기 때문에 서로 솔직하고 개방적인 관계로 발전될 수 있으며, 특별한 공감대를 형성하며 상대방으로부터 서로 유익을 얻을 수 있다.
4. 동료들은 그들의 동료들이 직면하는 문제들에 대해 민감하게 공감할 수 있다.
5. '친밀감', '흥미' 그리고 '투명성'의 3가지 요소는 효과적인 상호 멘토링 관계에서 필수적이다.
6. 근접성, 연속성, 그리고 정기적으로 시간을 함께 보냄의 이 3가지 요소는 동료와의 관계를 발전시키는 데 있어서 필수적인 역동성이다.
7. 깊은 우정 관계는 대개 만남, 알고 지냄, 신뢰하는 형제나 자매, 절친한 친구, 동료 멘토의 시간선을 따라 발전해 간다.
8. 우정 멘토링 연속선의 각 단계에 따라 필수적 구성 요소들이 발전해 나간다.
9. 성경은 동료 관계에 대해 오늘날 우리가 아는 것보다 훨씬 더 많은 것을 가르쳐 준다. 잠언은 특별히 상호 멘토링 관계에 적용할 수 있는 지혜로 가득 차 있다.
10. 상호 멘토들을 보내 주시는 분은 하나님이시다. 우리가 필요한 상호 멘토들을 위해 하나님을 의뢰해야 한다.

추가 연구

1. 당신의 교회나 선교단체에 있는 성숙한 크리스천과 인터뷰하라. 우정 멘토링 연속선을 사용하여 그/그녀의 우정 멘토링 연속선을 따라 각 단계에 해당하는 사람들의 이름과 수를 확인하라. 12장과 13장에서 배운 수평적 상호 멘토링에 대한 몇 가지 아이디어를 나누고 그 사람으로부터 관점을 얻으라. 수평 멘토링에 대해 새롭게 배운 것은 무엇인가?

2. 당신의 교회나 파라처치에 있는 성숙한 크리스천에게 그/그녀가 알고 있는 사람들 가운데 리더십에서 실패한 사람들이 있는지 살펴보라. 13장에서 배운 리더십의 실패를 가져오는 장애물들 가운데 현저하게 나타난 것이 있는가? 가능하면 그 실패한 리더에게 투명성과 책무성을 위한 어떤 동료 멘토들(혹은 상향 멘토들)이 있었는지 그 여부를 확인하라.

14장

상향 멘토링

서론

사람 사이에 능력을 부여해 주는 가장 중요한 관계가 바로 상향 멘토링이다. 어떤 사람은 수평 멘토링에서 동료로부터 관점이나 교정 혹은 하향 멘토링에서 멘티로부터 일관성과 이상적인 것에 대한 자극제가 없이 그럭저럭 살아갈 수 있다. 그러나 상향 멘토링은 전체적인 관계적 개념에서 2가지 핵심적 역동성인 책무와 능력 부여에 초점을 맞춘다. 리더들은 전략적 책무(strategic accountability)가 필요하며 그것을 상향 멘토들로부터 얻는다. 상향 멘토들은 모든 형태의 멘토링에 따라 멘티들의 잠재력을 계발하는 역할을 하며 평생에 걸쳐 리더들의 됨됨이와 행위에 대한 책임을 다할 수 있다.

상향 멘토링은 평생 동안 쌓아가는 전략적 책무를 제공한다. 전략적 책무는 경험 있는 사람과 지속되는 관계를 통해 얻을 수 있는 중요한 자산이다. 리더는 평생에 몇 명의 상향 멘토들을 갖게 되며, 각 멘토는 전략적 책무를 위해 도울 수 있다. 14장에서 전략적 책무와 그 주요 기능에 대해 논한다.

중요한 문제 – 유용성(availability)

상향 멘토링이 필요한 것을 설명하면 그것을 원하지만 상향 멘토들에 대해 전혀 알지 못하는 사람들을 종종 만나게 된다. 그들은 그들이 속한 교회나 크리스천 조직에서 이러한 종류의 멘토링에 대해 들어 보지도 못했고 알지도 못했다. 그래서 그들에게 유용한 상향 멘토들이 없는 것은 당연하다고 생각한다.

2장에서 멘토들은 항상 유용하다고 배운 것을 기억할 것이다. 그 말은 2가지 조건에 근거한 것이다. 첫째, 멘티가 자신에게 어떤 멘토 역할을 할 수 있는 사람을 기꺼이 찾고자 하고 이상적인 멘토보다는 그 역할을 할 수 있는 사람들을 찾을 때 항상 유용하다. 둘째, 멘티가 기꺼이 멘토들을 찾고 그들의 삶으로부터 배우기 위해 스스로 노력한다면 멘토링을 제공할 수 있는 많은 역사적 모델을 찾을 수 있다는 점을 강조했다.

이제 그러한 종류의 멘토링 개념을 더욱 확장하고자 한다. 문헌이나 책을 통해서도 여러 멘토링 형태의 유익을 얻을 수 있다. 직접 만날 수 있는 멘토들을 통해 항상 더 강한 역동성이 일어나지만 책을 통해 모든 종류의 멘토 타입을 찾을 수 있다. 14장에서는 책을 활용하는 것을 포함하여 상향 멘토링이 가능한 여러 유용성에 대해 살펴본다.

14장의 개요

14장은 먼저 전략적 책무를 정의하고 그것을 제공하는 상향 멘토들이 행하는 4가지 주요 기능을 제시한다. 다음은 유용한 다른 자료나 책들을 통해 가능한 유사 멘토링(pseudo-mentoring)의 다양한 형태를 논하고 유용성 문제(availability problem)를 다룬다. 즉 각 멘토 타입에 대해 논하고, 언제 필요한지, 유용성의 문제점, 일반적 유용성, 책이나 다른 자료를 통한 유용성에 대해 논한다. 각 멘토 타입에 대해 최소한 한 권의 기본서(basal book)를 소개하며 그 멘토 타입에 관한 다른 책들을 참고하여 사용할 수 있도록 한다. 다양한 멘토링 형태에 관한 몇 권의 책과 당신 삶에 대리적 멘토링(vicarious mentoring)을 위해 도움이 될 만한 다른 자료를 언급할 것이다. 이 장을 마치면 다음과 같이 할 수 있다.

- 자신의 말로 전략적 책무를 정의한다.
- 상향 멘토들이 제공하는 전략적 책무의 기능을 열거한다.
- 제자훈련자, 영적 안내자, 코치, 상담자, 교사, 후원자, 동시대 모델, 그리고 역사적 모델 등의 상향 멘토들을 찾는 사람들을 위해 조언한다.

전략적 책무(Strategic Accountability)

소개 평생에 비주기적으로 이루어지는 멘토링은 초기에는 제자훈련자가 필요하고, 계속 사역 안내와 결정을 위해 몇 명의 상담자가 필요하다. 때때로 영적 성장을 경험하지 못한 상황에서 순탄한 길로 인도하는 영적 안내자가 필요하다. 교사와 코치도 적절한 시기에 필요하며, 멘티들이 성품과 사역에 대한 중요한 통찰력을 얻는 동시대 모델도 필요하다. 대개 한두 명의 역사적 모델은 리더로 하여금 자신의 사명을 이루기 위해 계속 나아가도록 도와줄 것이다. 이런 다양한 멘토링은 멘티들에게 독특한 공헌을 하며 적시에 도움을 준다. 각 멘토 타입은 멘티들의 전체적인 삶의 방향에 영향을 끼치며 전략적 책무를 제공한다.

정의 전략적 책무는 평생에 상향 멘토링으로부터 계속적으로 받을 수 있는 능력 부여이며 평생의 초점과 더불어 궁극적 공헌으로 연결된다.

해설 평생에 걸쳐 모든 멘토들이 종합적으로 멘티들을 위한 전략적 책무를 제공한다. 전략적 책무의 개념은 평생의 초점을 제시한다.

해설 책무성은 멘티의 계속적인 계발을 위해 전략적인 피드백을 제공한다. 하나님은 크리스천 사역자를 평생 동안 계발하신다. 일반적으로 이것은 분명하지 않은 미래의 전체적 목표를 이루어 나가는 단계적 계발을 의미한다.

해설 총체적으로 모든 전략적 책무를 다하는 상향 멘토는 없다. 각 멘토는 적시에 필요를 채워 주기 위해 존재한다. 그러나 멘티의 전체적 계발 과정을 지켜보시는 하나님의 주권 가운데 각 멘토에게 연결되고 더 큰 그림으로 맞추어진다.

전략적 책무의 4가지 기능

소개   전략적 책무에서 어떤 종류의 기능이 이루어지는가? 평생 동안 전체적 계발을 위해 필요한 것은 무엇인가? 전략적 책무에서 적어도 4가지 주된 전략적 능력 부여의 기능이 일어난다.

기능	설명
1. 확장 (Expansion)	상향 멘토는 항상 멘티의 잠재력을 확장시키기 위해 도전하고 멘토가 성장을 멈추는 것을 원치 않는다.
2. 관점 (Perspective)	상향 멘토는 전체적 측면에서 바라보며 멘티가 어느 시점에서 필요한 관점을 제공한다. 멘토는 더 많은 경험이 있기 때문에 멘티에게 현재 일어나는 사건을 미래의 가능성 측면에서 해석할 수 있다.
3. 전환기의 적절한 조언 (Timely Advice in Boundaries)	상향 멘토는 삶의 전환기(boundary times)에 특별히 필요한 적시의 조언을 제공한다. 리더십 계발 단계에서 전환기에 있는 크리스천 사역자는 사역 발전의 새로운 단계로 나아가도록 하나님으로부터 도전을 받으며 특별히 도움이 필요한 시기이다. 전환기에 있는 리더들은 종종 혼란스럽다. 그래서 멘토는 올바른 관점을 갖고서 이러한 전환기에 지혜로운 조언을 제공할 수 있다. 상향 멘토는 멘티가 이 전환기를 잘 헤쳐 나가고 최대한 유익을 얻도록 돕는다.
4. 도전적 안내 (Challenging Guidance)	마지막으로 상향 멘토가 계속적으로 끼친 영향으로 멘티가 리더십 가치관을 갖도록 안내하고 도전한다. 이를 통해 멘티가 사역 철학[1]을 갖고서 평생에 효과적인 사역과 하나님 나라를 위해 독특한 공헌을 하도록 이끌어 준다.

해설   따라서 평생에 하향 멘토링이나 수평 멘토링은 없을지라도 우리에게 능력을 부여하고 하나님이 원하시는 우리의 됨됨이와 행위에 대한 책임을 다할 수 있는 상향 멘토들이 반드시 필요하고 중요하다. 그러면 상향 멘토링을 어떻게 찾을 수 있는가? 이제 바로 그 문제를 다루고자 한다.

---

[1] 사역 철학은 『지도자 평생 개발론』에서 전략적 형성(strategic formation)의 항목으로 설명한다. 리더들은 평생에 3가지 주요 방식으로 다듬어져 간다. 즉 리더십 성품(leadership character)을 계발하는 영적 형성(spiritual formation), 따르는 자들에게 영향력을 발휘하고 리더십 기술(leadership skills)을 계발하는 사역적 형성(ministerial formation), 효과적 사역과 궁극적 공헌으로 이끄는 사역 철학으로 다른 형성들을 통합하는 전략적 형성(strategic formation)이다.

상향 멘토링 : 제자훈련자 찾기

필요한 시기 제자훈련자는 제자훈련 습관 가운데 부족한 부분을 발견할 때 필요하다. 대개 제자훈련은 리더십 전환기 초기에 일어난다. 그러나 때때로 어떤 제자훈련 습관은 이 초기 과정에서 제대로 형성되지 않는다. 리더들이 첫 번째나 두 번째 주요 사역 과제들을 수행할 때 종종 제자훈련 습관들을 위한 필요성을 발견하기도 한다.

유용성 제자훈련자 멘토들은 모든 멘토 타입 가운데 가장 쉽게 찾을 수 있다. 50년 전만 해도 상황이 달랐지만 오늘날은 흔하다. 지난 50여 년 동안 특별히 네비게이토 선교회 사역은 대학 캠퍼스, 군부대, 지역 교회, 비즈니스 단체 등지에서 제자훈련 사역을 통해 교계 전체에 큰 영향을 끼쳤다. 네비게이토 선교회를 비롯해 많은 캠퍼스 사역을 하는 단체들이 있으며, 대학생선교회(CCC), 기독학생회(IVF), 네비게이토선교회(Navigators) 등 거의 모든 캠퍼스 사역들이 대부분 어떤 형태로든지 제자훈련을 강조한다. 가까운 곳에 위치한 주요 대학교에 전화를 걸어 현재 어떤 캠퍼스 사역 단체들이 활동하는지 알아볼 수 있다. 그러한 캠퍼스 사역 단체에 연락하면 제자훈련에 대한 자료를 구할 수 있다.

자료 네비게이토의 교회제자훈련 "2:7 사역"은 제자도 훈련을 지역 교회에서 사용할 수 있도록 했다. 네비게이토의 "교회개발사역부"는 이 사역을 관리한다. 미국의 거의 모든 주에서 이 사역이 진행되고 있다. 그들은 교회와 단체를 위한 지속적인 제자훈련뿐만 아니라 클리닉과 워크숍을 실시한다. Church Resources Ministries, Disciple Making Ministries[2]와 같은 선교단체들은 지역 교회를 중심으로 하는 사역으로, 제자훈련 방법과 기술을 다루는 워크숍, 세미나, 컨퍼런스 등을 실시한다.

---

2) 네비게이토 선교회는 콜로라도 주의 콜로라도 스프링스에 본부를 두고 있다. Church Resources Ministries (CRM)은 캘리포니아 주의 풀러톤에 본부를 두고 사역한다. Disciple Making Ministries는 캘리포니아 주의 샌디에고에 본부가 있다. 이 단체들의 각 본부와 연락하면 주요 사역 활동과 인적 자원 등에 대한 유용한 정보를 구할 수 있다.

부분적 제자훈련   그러나 당신이 제자훈련에 대한 자료가 없고 출석하는 교회에서 제자훈련사역을 강조하지 않는다고 가정하자. 그러면 어떻게 제자훈련을 받을 수 있는가? 임시 방편이라도 기꺼이 원한다면 물론 가능할 것이다. 95페이지에 있는 표 3-2의 제자훈련 습관을 기억하는가? 복음주의적인 모든 교회에서 이러한 영적 습관을 잘 실천하는 사람들을 찾을 수 있다. 제자훈련자로 사역을 하지 않을지라도 그들은 이러한 영적 습관을 잘 배울 수 있는 방법을 알고 있다. 당신의 교회에서 개인적으로 기도를 열심히 하는 사람들이나 개인적으로 성경을 연구하는 사람들 혹은 경건한 삶을 잘 유지하는 사람들을 찾아보라. 이런 사람들을 반드시 찾을 수 있다! 그들은 자신의 제자훈련 습관을 다른 사람들에게 전수하는 방법을 모르거나 그렇게 하도록 동기 부여를 받지 못했을 수도 있다. 그러나 그들이 실천하는 영적 습관을 왜 그리고 어떻게 하는지를 분명히 알려 줄 수는 있다. 제자훈련 습관 가운데 구체적으로 하나를 택하라. 누가 그 영적 습관을 실천하고 있는지 확인하라. 그 사람들을 찾고 만나라. 그 영적 습관에 대한 조언을 얻기 위해 여쭈어보라. 아마 그들은 당신 스스로 제자훈련 습관을 배우도록 기꺼이 지켜봐주고 도와줄 것이다.

문헌적 자원   만약 당신이 전문 캠퍼스 사역 단체, 제자훈련 사역 기관, 혹은 교회 안에서 가능성 있는 제자훈련자들로부터 도움을 받을 수 없을지라도 언제든지 문헌적 자료를 통해 제자훈련에 대한 자료를 구할 수 있다. 우리는 제자훈련에 관한 해설을 포함한 참고 문헌을 제공할 것이다. 이런 서적들 중에 한 권 혹은 더 많은 책들은 제자훈련 멘토링을 위한 당신의 필요를 채워 줄 것이다. 당신이 시작할 수 있는 한 권의 책을 추천하고자 한다.

기본서   지역 교회에서 제자훈련의 모델을 사용해 온 목회자인 빌 헐(Bill Hull)은 제자훈련에 대한 여러 책들을 시리즈로 저술했다. 기본 제자도를 소개하는 그의 첫 번째 책 『제자 삼는 자 예수 그리스도』(Jesus Christ Disciple Maker, 요단)로 시작하라. 이 책은 당신에게 제자도에 대한 개요를 제시한다. 또한 여러 교단이나 다른 관점에서 출판한 제자훈련에 관한 다른 훌륭한 책들을 소개하는 부록의 참고 문헌 목록을 참고하라.

해설: 책무   제자훈련자와 실제적으로 상향 멘토링 관계가 없더라도 제자훈련에 대한 책들을 통해 멘토링의 도움을 받을 수 있다. 만약 당신이 제자훈련에 대한 책무성을 갖기 원하면 그 책을 기꺼이 함께 공부할 수 있는 상호 멘토를 찾으라. 각자가 책무를 다하기 위해 "책 멘토"(book mentor)의 기준을 사용하여 다른 사람에게 상호 멘토가 될 수 있다. 사실 '상향 멘토의 대리자'로서 책을 교재로 추가적으로 사용하는 상호 멘토링의 쌍방적 접근 방식을 권장한다.

상향 멘토링 : 영적 안내자 찾기

비주기적으로 필요한 시기

특별한 영적 안내가 언제 필요한가? 영적 안내 멘토링은 평생 계발을 위해 비주기적으로 필요하다. 제자훈련자 멘토가 제자훈련에 대해 가르치는 동안 실제적으로 영적 안내자로서도 섬긴다. 이는 영성을 위한 기초를 제공하기 때문이다. 그러나 제자훈련이 끝나면 영성에 대한 특별한 관심을 갖고서 다양한 필요성을 느낀다. 신자들이 어떻게 성장해 가느냐에 따라 영성을 이해해가면서 대개 성숙, 의심, 정체기, 그리고 확장기를 경험한다. 이 시기에 영성 계발을 위한 특별한 도움은 건강한 영적 성장을 위한 열쇠를 제공한다.

필요한 세 번의 시기

의심, 정체기, 그리고 확장기를 동반하는 비주기적으로 필요한 시기에 더하여 대체적으로 예측할 만한 시기가 있다. 도표 12-2에서 리더들은 그들의 사역 시간선으로 볼 때 세 번의 특별한 시기에 영적 안내자가 필요한 것을 나타낸다.

필요한 시기 1

첫 번째 필요 시기는 3-7년 정도 첫 사역을 경험한 후이다. 바쁜 사역 활동 때문에 흔히 젊은 리더는 영적 훈련에 태만해진다. 사역 활동과 성과에서 오는 자극으로 잠시 동기 부여를 받을 수 있다. 그러나 결국 영성의 부족이 그 젊은 리더의 삶에서 곧 드러난다. 됨됨이(being)보다는 행위(doing)에 집중하는 이러한 초기 사역 경험은 3-7년 정도 지속될 수 있다. 그 리더는 결국 탈진과 좌절감에 직면하겠지만 다행인 것은 하나님이 그 젊은 리더가 더 깊은 영성으로 계발될 수 있도록 인도하신다. 바로 이 순간에 영적 안내자가 필요하다.

필요한 시기 2

예측이 가능한 두 번째 시기는 리더가 유능한 사역 단계에 있을 때이다. 10-15년 정도 유능한 사역 단계를 거친 후에 흔히 2가지 경향이 나타난다. 1) 많은 노력 없이도 할 수 있는 기본기를 익혔기 때문에 즉흥적으로 일을 처리하려는 것과 정체하려는 성향, 2) '행위'(doing)적인 성공에 만족하지 않고 재평가하려는 성향이다. 이 성향 가운데 어느 것이든 영성에서 외부적 도움이 필요함을 나타낸다. 두 번째 성향은 능력 기반으로 '행위'가 아니라 '됨됨이'에서 사역이 흘러나오는 성숙한 단계를 나타낸다. 영적 안내자는 리더가 효과적인 사역을 한 후에 하나님과 더 깊은 관계를 유지하며 독특한 사역 국면으로 나아가는 과도기적 징후로서 이러한 인식을 감지한다.

필요한 시기 3

삶과 사역을 위해 능력이 필요하기 때문에 종종 영적 안내자로부터 도움을 갈망한다. 그리스도를 따르는 제자로서 성장해 가는 모든 사람들은 곧 그 필요성을 느낀다. 그러한 필요성을 비주기적으로 느끼며, 사역 시간선에서 특히 예비적 사역 단계 혹은 유능한 사역 단계의 어느 시점에서 일어난다.

필요한 시기 3의 징후	비일관성, 죄악된 습관 문제, 성결한 삶을 위한 갈망 등의 징후는 삶에서 능력이 필요하다는 것을 나타낸다. 영성의 구성 요소인 중심성, 내면성, 외면성, 열매 맺는 삶, 공동체 그리고 계발은 대개 능력의 삶(life power)을 위해 이러한 영적 안내의 필요성과 서로 관련이 있다.[3] 능력의 삶은 열매 맺는 삶을 살기 위해 성령의 충만함과 능력 부여로 그리스도를 알아가는 것이다.
필요한 시기 3의 다른 징후	사역에서 오는 성과의 부족으로 능력의 필요성을 절감할 수 있다. 영성의 구성 요소인 성령의 민감성, 독특성, 열매맺는 삶, 그리고 계발은 은사의 능력을 위한 필요에 초점을 맞춘다. 은사의 능력은 사역에서 외향적 성과와 연관된다. 능력의 삶과 은사의 능력을 위한 필요는 모두 영적 안내자의 도움이 필요함을 알려 주는 신호가 된다. 영적 안내자는 성장하는 리더들이 이러한 능력의 관문들(power gateways)을 통과하도록 현명하게 안내할 수 있으며, 그들이 능력을 깊이 경험하고, 균형을 유지하며, 곁길로 빠지지 않도록 도와줄 수 있다.
유용성	영적 안내 멘토링은 제자훈련 멘토링보다 드물게 일어난다. 제자훈련의 개념은 지난 60여 년 동안 폭넓게 퍼져 나갔지만, 그리스도를 따르는 자들에게 필요하며 중요한 이슈인 영적 안내 멘토링이 호응을 얻는 것은 최근 20여 년 정도부터이다. 적어도 개신교계에서는 그렇다.
특별한 필요에 따른 유용성	영적 안내자의 유용성은 어떤 종류의 필요가 언제 생기느냐에 따라 다르다. 젊은 리더가 초기 집중적 사역 후에 자신의 영성의 필요성을 평가하는 데 도와줄 수 있는 영적 안내자는 쉽게 찾을 수 있다. 비주기적으로 생기는 회의감이나 정체기에 대한 필요를 채워 주는 영적 안내자도 마찬가지이다. 그러나 영적 안내자는 비주기적으로 혹은 유능한 사역 마지막 단계의 확장의 시기에는 덜 유용하다. 이는 대개 독특한 사역 단계에서 더 깊은 영성을 경험하고 말해 줄 수 있는 리더들이 더 적기 때문이다. 리더들이 능력의 위기(power crises)를 통과하도록 도와줄 수 있는 영적 안내자는 때때로 유용하지만 대개 균형 잡힌 안내를 위해 지속적으로 돕는 능력은 멘토에 따라 차이가 있다.
수양관의 자원	비형식 그리고 무형식적 훈련을 제공하는 영성 센터들이 많이 생겨나고 있고 사용할 수 있는 수양관들도 많다. 영성에 관한 워크숍과 세미나에도 이제 많은 사람들이 몰리고 있다. 가톨릭 교인들과 같이 개신교인들도 영성 계발의 시설을 갖춘 가톨릭 수양관들을 사용할 수 있다.

---

[3] 『지도자 평생 개발론』에 의하면, 효과적인 리더들은 모두 그들의 삶에서 곧 능력의 위기(power crisis)에 직면한다. 그들은 위기를 통해 성장과 사역의 확장기로 움직여 나가기 위해 성령의 특별한 역사가 필요하다. 은사 세트와 개인적 성장을 경험한 어떤 리더들은 목자 사역 철학의 리더십 모델(shepherd ministry philosophical leadership model)에 사역의 초점을 맞추며, 모범적인 삶과 승리하는 삶을 경험하도록 능력을 부여하는 성령의 필요에 기반을 둔 능력의 관문(power gateway)을 통해 나아간다. 이것이 바로 능력의 삶(life power)이고, 특히 양육 사역에서 필요하며, 목자 사역 철학의 핵심이다. 또한 은사계발과 개인적 성장을 경험한 리더들은 추수 사역 철학의 리더십 모델(harvest ministry philosophical leadership model)에 사역 초점을 맞추며, 사역에서 열매를 볼 수 있도록 능력을 부여하는 성령의 필요에 기반을 둔 능력의 관문을 통해 나아간다. 이것을 은사의 능력(gifted power)이라고 부른다.

수양관 찾기	어떻게 영적 안내 멘토링의 도움을 받을 수 있는가? 가까운 곳에 위치한 수양관이 있으면 그곳에 연락하여 영적 안내자를 추천해 주도록 부탁할 수 있다. 수양관을 자주 찾는 개신교 목회자들뿐만 아니라 평신도 사역자들 가운데 깊은 영성을 경험한 사람들이 많다. 그들은 수양관을 이용하며 은둔, 침묵, 기도, 금식, 묵상의 훈련을 할 것이다. 따라서 수양관을 자주 찾는 어떤 사람과의 연락을 통해 다른 사람들에게 연결될 수 있다. 수양관 연락처는 일반 전화 연락처에 기재되어 있지 않을 수 있다. 가톨릭 수도원들을 찾기 위해서는 가까운 성당에 연락하면 인근에서 찾을 수 있는 수도원을 소개해 줄 것이다. 가까운 곳에 있는 개신교 신학교를 통해서도 필요한 정보를 얻을 수 있다. 만약 신학교에 영성 계발 부서가 있으면 아마 영적 안내자들의 명단을 갖고 있을 것이다.
영적 안내자 직접 찾기	가까운 지역에서 널리 알려진 복음주의적 교회에 연락하면 아마 영적 안내자들을 알아볼 수 있을 것이다. 『연합하는 삶』(Union Life, 빌 볼크만 출판사)과 같은 영성 잡지들은 인적 자원과 문헌 자료의 네트워크를 통해 능력의 삶(life power)을 경험하고자 하는 사람들에게 도움을 제공한다. 영성 간행물은 미국의 여러 지역에서 열리는 영성 계발 워크숍이나 컨퍼런스를 소개한다. 이를 통해 영성 계발과 성숙을 위한 영적 안내자들의 연락처를 알 수 있고 도움을 받을 수도 있다.
부분적으로 돕는 영적 안내자	영적 안내자를 찾기 위한 이런 모든 노력이 실패했다고 가정하자. 전체를 부분적으로 나누는 실제적인 법칙을 다시 기억하라. 만약 이상적인 영적 안내자를 찾을 수 없다면 영적 안내 멘토링의 어떤 특별한 역할을 할 수 있는 사람들을 찾을 수 있다. 복음적인 교회면 어느 곳이든 적어도 4가지 영성 계발(중심성, 독특성, 내면성, 성령의 민감성)을 위해 도와줄 수 있는 사람들을 찾을 수 있을 것이다.
중심성	복음적인 교회 안에는 대부분 인정받는 영성을 가르칠 수 있는 성경 교사들이 있다. 나이가 들고 성숙한 교사들은 그들의 티칭 사역에서 한두 번은 영성의 중심성 계발에 초점을 맞추어 가르쳤을 것이다. 즉 그리스도의 인격과 사역을 가르치고 그것을 현재 삶에 적용하는 것이다. 그들은 영성 연속선을 따라 계발을 돕는 다양한 강의 자료들을 소유하고 있을 것이다. 또한 중심성의 중요한 진리를 실천하며 살아가는 그리스도의 성숙한 제자들을 알고 있을 것이다. 이 성경교사들은 영성의 독특성 계발을 위해 도울 수 있다. 은사에 대해서도 부분적으로는 알고 있으며, 당신의 영적 은사를 확인하고 계발하도록 도울 수 있다.
내면성	복음적이고 역동적인 교회마다 영성의 내면성과 관련된 다양한 영성 훈련을 경험한 사람들이 있을 것이다. 은둔, 침묵, 기도와 금식 같은 영적 훈련은 그리스도의 성숙한 제자들에게는 낯선 것이 아니다. 주일 성경 공부반이나 사역자 모임에서 제기되는 신중한 질문들을 통해 이러한 영역에 선분성을 가진 사람들을 알아 낼 수 있다. 그러한 영성 훈련의 성격상 또는 실천이나 복석의 이유로 그것을 실제로 행하는 사람들은 공공연하게 말하지 않는다. 그것을 실천하는 사람은 자신이 '전문가'라든지 전문성을 갖고 있다는 것을 절대 시인하지 않을 것이다. 그러나 주의 깊게 질문하고 알아보면 그러한 사람들을 발견할 수 있다.

성령의 민감성 교회마다 개인적으로 성령과 동행하는 사람들은 성령의 민감성의 측면에서 다른 사람들을 도와줄 수 있는 자격이 된다. 성경을 가르치는 교사들은 교리적으로 이해하는 것을 도와줄 수 있다. 일반적으로 다양한 은사주의적 경험(charismatic experiences)이 있는 사람들도 성령의 민감성을 계발하는 데 큰 도움을 제공할 수 있다.

2차적 자료: 기본서 당신을 실제로 도와줄 수 있는 사람을 찾을 수 없거나 찾은 사람과 멘토링 관계를 형성할 수 없는 상황이라고 가정하자. 이런 상황에서 무엇을 할 수 있는가?[4] 영성의 내면성 계발에 도움이 되는 2권의 책을 소개한다. 리처드 포스터(Richard Foster)의 『영적 훈련과 성장』(Celebration of Discipline, 생명의 말씀사)과 달라스 윌라드(Dallas Willard)의 『영성 훈련』(The Spirit of the Disciplines, 은성)이다. 이 책들은 당신의 영성 계발에 유익하며 활용할 수 있는 많은 영적 훈련을 제시한다. 그리고 큰 도움이 되는 가톨릭 책으로 영적 안내자(가톨릭에서는 영성 지도 신부라고 부른다)가 수행하는 주요 기능에 초점을 맞춘 마리아 테레사 쿰즈와 프란시스 켈리 네멕(Maria Theresa Coombs and Francis Kelly Nemeck)의 『영적 안내의 방법』(The Way of spiritual direction)이다. 이 책은 그리스도의 성숙한 제자들이 영적 안내자가 되어 다른 사람들을 도와줄 수 있도록 한다. 이는 역사적으로 많은 사람들의 삶에 영향을 끼치며 내면성을 다룬 책으로 마담 잔느 귀용(Madam Jeanne Guyon)이 저술한 『예수 그리스도를 깊이 체험하기』(Experiencing The Depths of Jesus Christ, 생명의 말씀사), 『영적 성장 깊이 체험하기』(Final Steps in Christian Maturity, 생명의 말씀사), 그리고 『하나님과의 연합』(Union With God, 순전한 나드)을 들 수 있다.[5]

---

[4] 만약 다른 모든 것이 실패한다면 부록 C를 사용할 수 있다. 부록 C는 제자훈련과 더불어 영성 계발과 관련된 내면성과 성령의 민감성 등 몇 가지 중요한 영적 훈련을 제시한다. 이러한 영적 훈련을 시도하며 시작할 수 있다.

[5] 미국의 출판사, Christian Books Publishing House가 이 책들을 편집하고 재출판했다. 이 책들은 영성의 다양한 측면에서 멘토링을 다루는 도서 목록을 제공한다.

상향 멘토링: 상담자 찾기

비공식적 상담자가 필요한 시기

능력 부여 기능의 측면에서 두 종류의 상담자 멘토가 존재한다.[6] 상황적 상담자는 경험 있는 그리스도의 제자로서 지혜로운 조언과 관점을 제공한다. 이 종류의 상담자는 삶의 경험을 통해 비형식적으로 훈련받은 사람이다. 대개 격려, 경청, 주요 평가, 관점, 구체적 조언, 연결, 주요 안내를 제공하며 능력 부여의 기능을 행한다. 이러한 기능들은 리더십 전환, 예비적 사역, 유능한 사역과 관련된 하부 단계에서 두루 걸쳐 비주기적으로 필요하다. 상담 기간은 176페이지에 있는 도표 6-1에 제시한 것처럼 어떤 상황에서 일시적으로 이루어진다. 이러한 상담 멘토링은 멘티의 초기 계발 단계에 두루 걸쳐 특히 멘티가 의사 결정이나 새로운 사역 상황에서 안내가 필요할 때 여러 번 일어난다.

공식적 상담자가 필요한 시기

두 번째 형태의 상담자는 훈련된 전문가로서 두 종류가 있다. 첫째, 준전문(Para-professional) 상담자들은 '내적 치유' 기술에 대해 무형식(non-formal)이나 비형식(in-formal) 훈련을 받은 사람들이다. 그들은 영적인 이슈가 원인이 되는 내적인 정서적 문제를 다루는 상담과 실제 경험이 더 많은 '내적 치유 사역자'로부터 훈련을 받는다. 둘째, 결혼이나 가정 상담 혹은 상담 심리학 학위 과정을 밟으며 형식(formal) 훈련의 전문적인 교육을 받은 상담자들이다. 그들은 학위 과정을 마치면 대개 국가나 정부에서 인가한 예비 면허증을 받는다. 준전문 그리고 전문 상담자들은 모두 멘티들과 긴 시간 동안 상호 작용을 한다. 도표 6-1에 의하면, 이 상담 멘토링이 이루어지는 기간은 일시적이거나 지속적이다. 어떤 기본 감정이나 영적 문제의 성격상 그러한 상담이 요구되는 위기 상황의 결과로 일반적으로 리더십 전환 단계의 하부 국면이나 예비적 사역 단계의 하부 국면에서 일어난다. 이와 같은 공식적 상담 멘토링이 성공적으로 이루어지면 대개 같은 문제에 대한 공식적 상담은 반복되지 않는다.

---

[6] 도표 6-1의 연속선 왼쪽에는 상황적 상담자들(situational counselors)이 있다. 그들은 기본적으로 안내와 결정이 필요한 상황에서 평가와 함께 멘티들에게 조언을 제공한다. 이 형태의 상담자들은 역기능적이거나 아주 비슷한 문제의 배경이나 근원적 문제를 계속 알아 내고 바로잡기 위해 반드시 훈련된 사람들만 필요한 것은 아니다. 대신 지혜와 경험을 가진 그리스도의 성숙한 제자들이 있다. 그들은 갑작스런 요청일지라도 더 넓은 관점으로 의사 결정 상황을 감지하고 멘티들에게 적절한 조언을 제공할 수 있다. 그들은 대개 가르침, 권면, 지혜의 말씀 혹은 영분별의 영적 은사를 갖고 있으며, 타고난 사고력과 분석적 능력을 갖고 있다. 도표 6-1의 연속선 오른쪽에는 지속적으로 장기적 문제들을 다루는 데 훈련된 상담자들이 있다. 이 훈련된 상담자들은 그러한 훈련에 적절한 영적 은사들을 사용하여 임상 경험과 사역 현장을 통해 내적 치유 사역자로 훈련된 준전문 상담자들이거나 상담 심리학적 치료 기법을 배우고 상담자 자격증을 소유한 전문 상담자들이다.

비공식적 상담자 찾기	상황적 상담자들은 흔히 사람들의 입소문으로 알려진다. 그들은 나이 들고 성숙한 크리스천들이며, 삶의 연륜을 쌓고 성장한 사람들이다. 성경 지식도 박식하며 많은 인생 경험을 통해 배운 사람들이다. 또 성령으로 인도받는 사람들이며, 생각하고, 분석하고, 대안을 제시할 수 있는 능력이 있다. 대개 교회나 선교단체에서 인정을 받는다. 그리스도를 따르는 다른 사람들로부터 존경을 받고 있으며 해결책으로 도울 수 있다. 교회나 선교단체에서 좋은 조언을 제공할 수 있는 사람들이 있는지 알아보라. 사람들은 대부분 그들이 존경하며 올바른 조언을 해줄 수 있는 사람이 누군지를 말해 줄 수 있다.
공식적 상담자 찾기	결혼 상담자와 가정 상담자 그리고 기독 상담 심리학자를 교육하는 신학대학과 대학원 프로그램들이 급증하면서 활용할 수 있는 전문적 상담자들이 더욱 많아졌다. 일반적으로 대형교회에는 목회자 스태프 가운데 전문적 상담 교육을 받은 사역자가 있을 것이다. 주요 도시마다 상담 서비스를 제공하는 전문 상담소들을 활용하는 것도 가능하다. 준전문 상담자들은 아직 그렇게 유용하지 않지만 늘어나는 추세이다. 은사주의적 교회(charismatic oriented churches)에는 대개 전문 상담 사역자들이 여러 명이 있으며, 가까운 지역에 있는 다른 상담사역자들을 알고 있을 것이다.
2차적 자료: 일반 상담을 위한 기본서	당신이 어떤 상황적 혹은 준전문 상담자를 찾을 수 없다고 가정하자. 그리고 전문 상담자의 도움을 받을 수 있는 재정이 없다고 가정하자. 무엇을 할 수 있는가? 이제 당신에게 도움이 될 수 있는 책들을 권하고자 한다. 당신이 상황적 상담을 원한다면 두 명의 저자와 그 책들을 소개한다. 먼저 제럴드 에간(Gerald Egan)이 저술한『유능한 도우미』(The Skilled Helper: A Systematic Approach to Helping)이다. 이 책은 기본 상담 기법에 대한 베스트셀러에 속한다. 또한 그것을 보완한 책으로『상담 기술과 실습』(Exercise in Helping skills)이라는 핸드북이 있다. 두 번째 저자는 래리 크랩(Larry Crabb)인데, 그가 저술한 세 권의 책을 추천한다.『성경적 상담학 개론』(Basic Principle of Biblical Counseling, 아가페),『효과적인 성경적 상담』(Effective Biblical Counseling), 그리고 그의 상담 모델과 철학을 나타내는『영적 가면을 벗어라』(Inside Out, 복있는 사람)이다. 이 책들은 실제로 당신에게 멘토링의 도움을 제공할 뿐만 아니라 다른 사람들을 상담하는 것을 어떻게 시작할 수 있는지 가르쳐 줄 것이다
2차적 자료: 내적 치유를 위한 기본서	당신이 내적 치유 분야에 대한 책들을 찾는다면 다음과 같은 책들을 권한다. 데이빗 씨맨즈(David Seamands)가 저술한 책들 가운데『상한 감정의 치유』(Healing for Damaged Emotions, 도서출판 두란노)와『상한 감정의 치유와 억압된 기억의 치유』(Healing of memories, 죠이선교회)이다. 그리고 내적 치유 분야의 표준을 제시하는 책 가운데 하나는 데니스와 매튜 린(Dennis and Matthew Linn)이 저술한『삶의 상처 치유』(Healing life's hurt)이며, 이 저자들은 치유 사역에서 광범위하게 쓰임 받고 있는 가톨릭 사제들이다.

상향 멘토링: 후원자 찾기

후원자가 필요한 시기

대규모 조직, 선교단체, 교단, 교회에 있는 장래가 촉망되고 잠재력 있는 리더들을 위해 후원자 멘토들이 필요하다. 잠재력 있는 리더 자신들뿐만 아니라 조직을 위해서도 필요하다. 후원자 멘토는 잠재력 있는 리더의 재능을 알아채고 성장을 향상시킬 방법을 찾는다. 이를 통해 그 조직뿐만 아니라 리더에게 유익이 된다. 특별히 잠재력 있는 리더가 조직에 진입하는 초기 단계에 후원자 멘토의 역할이 매우 중요하다. 그 시기에는 리더십에 대한 신뢰와 충성심의 태도가 향상되거나 혹은 저해될 수 있기 때문이다.

후원자가 없을 경우 결과

만약 후원 멘토링이 이루어지지 않을 경우 다음 3가지 결과가 생길 수 있다. 1) 아마 잠재력 있는 그 리더가 자신의 능력과 은사에 알맞는 지위에 오를 수도 있다. 2) 그 리더가 실망하고 낮은 수준에 머문다. 이 사실을 대개 능력이 부족한 상관들이 위협을 느껴 은폐한다. 3) 그 리더는 그 조직에 대해 불만을 품고 떠난다. 세 번째 결과는 선교단체에서 매우 흔하게 일어난다. 이런 최종적 결과는 분명히 그 조직에 유익이 되지 않는다. 대개 이전에 속했던 조직에 대한 부정적인 감정을 갖고서 다시 시작해야 하는 그 리더에게도 최선의 유익이 되지 않는다.

후원자가 필요한 세 번의 특별한 시기

262페이지에 있는 도표 12-2의 리더십 계발 단계에서 세 번의 다른 시점에 후원자 멘토가 필요한 것을 보여준다. 즉 예비적 사역의 하부 단계 초기, 유능한 사역의 하부 단계 초기나 중반기, 수렴 사역으로 이동하는 역할 전환의 하부 단계이다. 각 시기에는 리더들이 속한 조직에서 어떻게 해야 될지 잘 모르거나 자신들을 개발해 나가는 동안 낙심할 때이다.

시기 1

예비적 사역 단계에서 젊은 리더들은 자신의 기대치에 대한 환상이 깨지는 것을 직면한다. 기대했던 역할이 그들에게 맡겨지지 않는다. 추구하고 싶은 이상적인 비전이나 아이디어들이 종종 기존 시스템과 특히 상관들에 의해 좌절당한다. 이때 후원자 멘토는 그 시스템의 한계를 초월하여 그 젊은 리더에게 희망과 용기를 줄 수 있다. 즉 새로운 아이디어를 지지하고, 자원을 제공하며, 이탈 행동(renegade-like)을 수용하는 신축성을 발휘하여 새로운 역할이나 지위를 만들어 주며 사역의 확언(ministry affirmation)을 해줄 수 있다. 이러한 종류의 후원이 없는 조직은 잠재력 있는 리더를 계발할 수 있는 기회를 일찌감치 놓치게 된다. 오늘날 젊은 리더들의 사고방식은 매우 자유롭다. 그들에게 충성심은 일방적이 아니라 쌍방향이며 기복이 심하다. 조직은 성장하는 그 리더를 지지해 줌으로써 조직의 충성심을 보여주어야 한다. 이에 따라 그 리더는 조직 안에서 자신의 꿈을 추구하기 위해 남다른 노력을 할 것이며 모든 상황을 고려한 후 그 조직에 헌신할 것이다. 일반적으로 이러한 중요한 상황에서 도와주는 후원자 멘토들은 극히 드물다. 15장에서 하향 멘토링, 특히 관리적 멘토링(supervisory mentoring)을 다루면서 이러한 후원 멘토링의 필요성을 제기할 것이다.

시기 2	후원 멘토링은 유능한 사역의 하부 단계에서도 필요하지만 매우 다른 성격이다. 예비적 사역의 하부 단계에서의 위험성은 멘티가 실망하고 그 조직을 떠나는 데 있다. 반면에 유능한 사역의 하부 단계에서 위험은 멘티가 실망하며 정체(plateauing)하는 데 있다. 이 단계에 이르기까지 멘티는 그 조직에 충성심을 발휘했고 그 조직에 오랫동안 헌신했다. 그런데 유능한 리더들이 위협적으로 느껴져 그들의 상관들이 제한을 가하려는 경향이 있다. 반면에 이 단계에서 후원자 멘토들은 유능한 리더를 키워 주며 은사와 경험을 향상시키는 알맞은 역할과 과업을 맡겨 주는 일에 주도면밀하다. 지나친 제한을 가하면 유능한 리더를 타성에 젖게 만들 것이다. 제한을 전혀 두지 않을 경우에도 마찬가지로 유능한 사역 단계로 발전하는 노력을 기울이지 않을 것이다. 다시 말하지만 조직의 유능한 리더들에게 이 중요한 시기를 인식시키는 후원자 멘토들은 흔하지 않다. 또한 조직 안에서 이러한 리더들을 위해 이루어지는 후원 멘토링은 제대로 보상받지 못하고 있다.
시기 3	마지막으로 매우 유능한 리더가 수렴 단계로 옮겨 가는 과도기에 후원자 멘토들이 필요하다. 수렴 단계는 리더의 경험, 은사, 성숙, 역할, 영향력, 사역 철학이 인정받고 함께 어우러져 극대화된 효과를 창출하고 하나님의 사명과 궁극적 공헌을 완성하는 것을 나타낸다. 필요한 후원자의 주요 역할은 이런 요소들에 적합한 역할에 맞게 리더의 사명을 성취하도록 이끌어 주는 것이다. 그러한 기능은 일반적으로 기대치, 기존 정책, 고정된 역할이나 조직 안의 시니어 리더들의 지위 때문에 저항을 받는다. 그러한 조직의 압력에 저항하기 위해서는 용기가 필요하다. 다시 말하지만 그런 필요를 인식하고 용기를 가진 후원자 멘토들은 흔하지 않다. 이것은 실제로 수렴 단계로 계발되는 리더들이 극소수에 지나지 않는 이유 중에 하나이다.
선택의 어려움	8장에서 후원자 멘토들을 찾는 실제적인 힌트를 제시했다. 가능하면 다음세대 리더들을 위한 후원 멘토링에 대해 호의적인 조직을 찾고 선택해야 한다. 이에 더하여 당신 자신의 잠재력을 계발하는 일에 집중해야 한다. 그 조직을 위한 충성심을 보여라. 마지막으로 당신을 지지할 수 있는 상향 리더십을 보내 주시도록 기도하고 하나님을 의뢰해야 한다

고위직 리더십에 대한 주의	이제 고위직 리더십에 있는 사람들에게 중요한 제안을 하고자 한다. 조직의 뒷문을 살펴라. 다시 말해, 당신의 조직에서 뒷문으로 빠져 나간 리더들에 대해 조사하고 연구하라. 유능한 리더들이 조직을 빠져 나가는 주된 원인을 파악하고 바로잡도록 노력하라. 이것은 조직 안에서 후원자 멘토들의 중요성에 초점을 맞추도록 도와줄 것이다. 후원자 멘토들에 대한 문헌을 연구하면 그것의 중요성과 활용 방법을 알 수 있다. 그다음은 후원 멘토링을 활성화하고 후원자 멘토들을 보상해 주는 정책을 만들어라.
2차적 자료: 기본서	후원 멘토링을 이해하는 데 도움이 되는 책들을 시중에서 구할 수 있다. 이 분야에 대한 기독교 서적은 드물지만 일반 책 가운데 유익한 정보가 많다. 테드 엥스트롬(Ted Engstrom)의 책 『멘토링의 예술』(The Fine Art of Mentoring)은 적어도 크리스천 리더들이 일반 멘토링과 특히 후원 멘토링의 중요성을 이해하도록 동기를 부여한다. 직업 현장의 멘토들을 다루는 장은 후원 멘토링을 이해하는 데 도움을 준다. 우선적으로 이를 통해 동기를 부여하고 그 개념에 대한 타당성을 제공한다. 캐시 크램(Kathy Kram)의 책 『직장의 커리어 멘토링』(Mentoring At Work)은 일반 비즈니스 세계에서 커리어를 향상시켜 주는 멘토링의 중요성을 논한다. 이 책은 일반 멘토링과 특히 후원 멘토링에 대한 개념을 소개하는 책으로 매우 유익하다. "멘토링을 활성화하는 환경 조성"을 다루는 7장은 후원 멘토링을 촉진하기 위해 조직의 변화를 가져오는 매우 중요한 문제를 다룬다. 마이클 제이(Michael Zey)의 책 『멘토 연결』(The Mentor Connection)은 후원 멘토링의 효과에 대해 다룬다. 일반 비즈니스 상황에서 그는 후원자 멘토들을 찾기 위한 전략을 제시한다. 후원자 멘토들이 특히 멘티들에게 기대하고 찾는 것이 무엇인지 설명하고 유익한 아이디어를 제공한다. 회사들이 그들의 조직 안에서 유능한 리더들을 확보하기 위한 이러한 전략적인 중요성을 인식하면 앞으로 후원 멘토링에 대한 책들이 분명히 더 많이 나올 것이다.

상향 멘토링: 코치와 교사 찾기

필요한 시기 코치와 교사 멘토는 멘티들이 리더십 전환기와 예비적 사역의 하부 단계, 즉 사역 개발의 초기에 필요하다. 그 시기에는 사역에서 느끼는 필요에서 비롯된 새로운 통찰력에 대한 개방성과 빠른 학습으로 인해 자연스럽게 상향 코치나 교사를 찾는다. 어느 교회나 선교단체에서 대부분 코치와 교사 멘토 두가지 타입을 모두 쉽게 찾을 수 있다.

유용성 코치들은 일반적으로 사역 현장에서 더 찾기 쉽다. 교사들은 대개 가르치고 양육하는 상황에서 더 찾기 쉽다[7]. 코치들은 주로 불신자를 대상으로 하는 사역 기술과 은사를 다룬다. 반면에 교사들은 그리스도를 따르는 자들을 성장시키는 데 초점을 맞추는 사역 기술과 은사를 다룬다.

교사를 찾는 장소와 방법 교사 멘토를 다룬 7장에서 제시한 실제적 힌트들을 사용하면 멘토를 선택하는 데 도움이 된다. 교사 멘토를 찾기 위한 첫 번째 단계는 먼저 구체적인 필요를 확인하는 것이다. 일단 구체적인 필요를 확인하면, 그다음에 형식, 무형식, 비형식 상황에서 교사 멘토들을 찾을 수 있다. 교사 멘토로부터 유익을 얻기 위해 모든 멘토링 역동성이 반드시 나타날 필요는 없다는 점을 기억하라. 당신 스스로 배우고자 하는 충분한 열망이 있으면 관계와 책무성은 반드시 필요한 것은 아니다.

코치를 찾는 장소와 방법 코치는 사역 현장과 같은 무형식이나 비형식 훈련 상황에서 더 흔하게 찾을 수 있다. 그리스도를 따르는 자들이 활용 가능한 워크숍이나 세미나가 수없이 많다. 지난 과거 그 어느 때보다 더 많다. 오늘날 전문적 사역 기술이나 훈련을 제공하는 수많은 선교단체들이 있다. 예를 들어, 관계전도, 개인전도, 제자훈련, 교사훈련, 상담기법, 조직기술, 교회성장, 교회개척, 훈련교재 기획, 주일학교 조직, 소그룹훈련, 단기선교, 지역교회의 선교운동, 타문화 선교 훈련 등 수없이 많은 사역 기술을 배울 수 있다.

많은 교회나 단체에서 위에 언급한 사역 기술 분야에 대해 배울 수 있는 훈련 프로그램을 제공하고 있다. 이러한 교회나 단체 안에서 대부분 코치들을 찾을 수 있다. 이런 훈련 프로그램을 진행하는 사람들은 그 분야에 경험이 있다. 또한 이 비형식 훈련 상황에서 훈련받은 많은 사람들이 교회 안에서 다른 사람들을 위해 코치로서 도울 수 있다.

---

[7] 양육 상황(Nurture situations)이란 불신자들을 전도하는 데 초점을 맞추는 전도 중심의 사역이나 혹은 개척 사역보다는 신자들에게 초점을 맞추어 공동체 성장과 티칭 사역을 지향하는 교회나 소그룹을 말한다. 이러한 사역 가운데 사역 기술적 측면에서 형식이나 비형식 훈련을 실시하는 코치들을 말한다. 가령, 양육 상황에서 가족 관계에 대한 삶의 기술을 다루는 코치들도 찾을 수 있다. 교사들은 훈련 기관의 형식 훈련, 세미나와 워크숍을 통한 무형식, 혹은 교육 사역에 중점을 두는 소그룹이나 교회의 비형식 훈련을 실시하는 양육 공동체에서 주로 그 역할을 한다.

2차적 자료: 실제적인 코치와 교사와는 별도로 코칭과 티칭 멘토링을 원하는 사람들에게 유용한 자료는 무
일반 기본서 엇인가? 수없이 많은 자료가 있다! 유용한 모든 종류의 자료를 제시하는 것이 불가능하지만 전
형적으로 사용할 수 있는 몇 가지를 소개한다. 당신이 코치 멘토를 찾는다면 정말 다행이다. 사
람들은 거의 대부분 '방법론'(how to)에 대한 책을 쓰기 좋아한다. '방법론'의 책들은 대개 책의
주제에 대해 저자의 방법론을 다룬다. 예를 들어, 귀납적 성경 공부의 인도 방법에 대해 배우기
원하는가? 그러면 글래디스 헌트(Gladys Hunt)가 쓴 책 『귀납적 성경 공부 인도자들을 위한 핸
드북』("How to": Handbook for Inductive Bible Study Leaders)이 그 기술을 코칭해 줄 수 있다.
교회에서 치유 사역을 시작하고 싶은가? 피터 와그너(C. Peter Wagner)의 책 『교회가 병들지
않고 치유 사역을 하는 방법』(How to have a Healing Ministry Without Making Your Church Sick)
이 코칭해 줄 것이다. 효과적인 독서법을 배우기 원하는가? J. 로버트 클린턴이 쓴 소책자인 『단
계적 독서법』(Reading on the Run)이 도움이 될 것이다. 이해가 되는가? 서점이나 도서관에는 이
런 책들로 가득 차 있다.

2차적 자료: 만약 티칭 멘토링을 위해 도움이 필요하다면 훌륭한 책 세 권을 권한다. 효과적 교수법을 배우
교수법 기 원하면 이 책들이 매우 유익할 것이다. 1954년에 존 밀턴 그레고리(John Milton Gregory)는
『7가지 교육법칙』(The Seven Laws of Teaching, 생명의 말씀사)를 출판했다. 이 책은 티칭 분야의
고전이며, 티칭을 결정하는 중요한 요소들을 간단명료하게 설명한다. 칼 쉐이퍼(Carl Shafer)는
그 책을 더 쉽게 다룰 수 있도록 『가르침의 7가지 법칙 요약』(Excellence in Teaching With the Seven
Laws)이라는 제목으로 요약본을 썼다. 널리 알려진 하워드 헨드릭스(Howard Hendricks)는
『삶을 변화시키는 가르침』(Teaching to Change Lives, 생명의 말씀사)을 통해 티칭 사역으로 멘토
링하며 잠재력 있는 교사들을 더 효과적으로 코칭할 수 있도록 도와줄 것이다.

상향 멘토링: 동시대 모델 찾기

유용성 지금까지 집중적 멘토링과 간헐적 멘토링으로 제자훈련자, 영적 안내자, 코치, 상담자, 교사, 후원자를 위한 '멘토 찾기'를 알아보았다. 이제 느슨한 간접적 멘토링 형태의 다른 '멘토 찾기'를 살펴보자. 집중적 내지 적극적 멘토링에서 '멘토 찾기'란 어떤 사람을 찾아 관계를 확립하고 결과적으로 능력 부여가 일어나는 비형식 훈련의 시간을 특별히 경험하는 것이다. 이것은 제자훈련자, 영적 안내자, 코치를 통해 일어난다. 간헐적 멘토링에서도 교사 멘토를 제외하고는 기본적으로 비슷한 경험을 한다.[8] 그러나 동시대 모델의 '멘토 찾기'는 크리스천 삶이나 사역의 좋은 본이 되는 누군가를 찾는 것을 말한다. 그 사람은 특별한 이유 때문에 존경받는 사람이다. 그렇다면 여기서 '멘토 찾기'란 그러한 사람들을 찾아 한동안 그들의 삶과 사역을 관찰하고 발견한 교훈과 가치관을 자신에게 의도적으로 적용하는 것이다. 이러한 동시대 모델이 될 수 있는 사람들은 수없이 많다.

필요한 시기 리더가 계발되는 동안 동시대 모델들은 종종 필요하다. 그들은 희망을 심어 주고, 사역 기술을 가르쳐 주고, 사역 철학을 구현하며, 성장하는 리더들이 흔히 직면하는 좌절감을 극복하도록 한다. 동시대 모델을 위한 일반적인 필요와 더불어 성장하는 리더들은 자신들에게 특별히 필요한 시기에 직면한다. 262페이지에 있는 도표 12-2에서 리더십 계발을 위해 동시대 모델들이 중요한 역할을 하는 네 번의 시기를 제시했다. 즉 주권적 기초 단계 초기, 리더십 전환기, 유능한 사역 단계로 옮겨가며 독특한 사역 단계로 전환할 때이다. 네 번의 각 시기에 대해 살펴보자.

시기 1 다음세대 리더가 리더십 전환 단계를 시작하기 전이라도 주권적 기초의 하부 계발 단계에서 대개 동시대 모델은 리더십에 대한 영감을 준다. 잠재력 있는 리더들이 영적 사역의 좋은 모델을 보여주는 사역자들을 관찰할 때 리더십으로 성장할 수 있는 원동력이 된다. 이 단계에서 '멘토 찾기'는 의도적이 아니다. 느슨한 멘토링 관계에서 일어나는 능력 부여는 가치 있는 삶을 향해 도전받고 사역 철학의 가치관을 구현하는 데 있다.

시기 2 리더십 전환 단계에 있는 성장하는 리더들은 첫 1-2년의 사역 상황에서 자신들의 사역을 실제로 하고 있는 동시대 모델들이 필요하다. 이는 일반적으로 사역에서 조금 앞서가며 잘하고 있는 사람들을 의미한다. 예를 들어, 어느 교회에서 주일학교 사역을 시작하는 사람이 있다면, 그것을 잘하고 있는 다른 교회 주일학교 교사를 알아보고, 관찰하고, 대화하고, 주일학교 사역에 대해 배우면 많은 도움이 된다. 고등부 사역을 새로 시작하는 청소년부 사역자는 고등부 학생들에게 열정적으로 동기를 부여하고 소통을 잘하는 사역자를 만나는 것이 필요하다. 캠퍼스 사역을 새로 시작하는 사역자는 캠퍼스 사역에 '노련한 사람'(old hands)을 만날 필요가 있다. 사역 전환기는 매우 중요한 시기이다. 바로 이때 동시대 모델은 필요한 용기, 사역 방법론에 대한 기본 아이디어를 제공하고 사역 철학의 기초를 갖추도록 한다. 이 시기에 리더들이 어떤 새로운 사역을 개척하지 않는다면 찾을 수 있는 동시대 모델들은 수없이 많다. 자신들이 속한 조직 안이나 주위에서 동시대 모델들을 쉽게 찾을 수 있다.

| 시기 3 | 유능한 사역 단계에서도 동시대 모델이 필요하다. 이 시기에는 성공을 이루고, 많은 활동과 과도한 스케줄로 쫓기는 가운데 잠재적으로 실패를 가져올 수 있는 씨앗들로 가득해질 수 있다. 유능한 사역 단계로 진입하는 리더들은 10-15년 정도 사역 경험으로 자신감을 갖는다. 여러 주요 사역 과제들과 도전들을 갖게 되며 자신들의 은사를 알고 사역을 잘할 수 있다. 그 어느 때보다도 더 많은 기회들을 갖는다. 이러한 사역 개발의 시기에 동시대 모델들이 특별히 필요하다. 부정적 측면에서 동시대 모델들은 탈진, 내면적 삶의 열정 부족, 정체 상태, 권력 남용의 위험성을 잘 알고 있다. 긍정적 측면에서 그들은 삶의 균형을 본으로 보여주며, 독특한 성취를 위한 집중, 능률적이고 효과적인 사역 철학을 구체화하는 데 초점을 맞춘다. 이러한 동시대 모델들은 많지 않기 때문에 더 열심히 찾아야 한다. 종종 자신이 속한 조직 외부에 존재하는 이런 모델들을 찾아야 한다. |

| 시기 4 | 동시대 모델들이 필요한 마지막 시기는 주목받을 만하다. 수렴(convergence) 단계로 진입하는 유능한 리더들은 평생 계발의 경험이 통합되어 효과적 사역이 일어나는 바로 그 시기에 동시대 모델들이 필요하다. 유능한 사역 단계에 있는 리더들은 10-20년 정도 사역 경험이 있을 것이다. 그들은 자신들에 대해 잘 알고 있으며 무엇을 잘할 수 있는지도 안다. 그들은 효율적으로 사역하지만 이제 효과적으로 사역하기를 원한다. 그들은 남아 있는 사역 기간 동안 정말 가치 있는 사역에 집중한다. |

| 시기 4의 중요성 | 이 시점에서 동시대 모델들은 몇 가지 점에서 본을 보여준다. 첫째, 그들의 역할은 자신들의 장점과 경험에 맞도록 조절하는 것이 가능하다는 것을 보여준다. 둘째, 그들은 삶에서 유종의 미를 거두는 길을 보여준다. 소수의 리더들만 유종의 미를 거두는 삶을 산다. 그처럼 마무리가 좋은 삶을 사는 동시대 모델들은 삶의 초점을 찾고 있는 다른 리더들에게 깊은 영감을 준다. 이러한 종류의 동시대 모델들은 그렇게 흔하지 않다. 그러나 적어도 원거리에서 대리적인 방식으로 그러한 동시대 모델들을 활용하는 것이 가능하다. 그들은 같은 나라의 다른 지역에 살 수도 있지만 중요한 동시대 모델들을 찾을 수 있다. 그들의 사역은 널리 알려져 있고, 그들의 사역과 신앙 여정에 대한 간증을 소개하는 기사들이나 책들이 있으며, 그것들을 기독교 잡지나 서점에서 구할 수 있다. 당신이 어떤 동시대 모델을 찾든지 필요한 자료는 얼마든지 구할 수 있다. |

| 시기 4에 대한 결론 | 이러한 특별한 동시대 모델들이 많지 않고 개인적인 관계를 형성하는 것은 쉽지 않지만, 삶의 초점을 가지고 유종의 미를 거두기 원하는 리더는 그러한 모델들을 찾을 수 있다. 또한 수렴 단계에 있는 리더들은 동시대 모델들을 찾는 데 도움이 될 만한 많은 유용한 자원과 네트워크를 가지고 있다. 이 단계에서 동시대 모델들을 찾는 것이 쉽지 않지만, 필요를 인식하는 것만으로도 그들을 찾는 데 강력한 원동력이 될 수 있다. |

---

8) 티칭 멘토링이 이루어지는 그룹 상황에서 교사들의 멘토링은 개인적인 관계가 형성되지 않을 수 있고, 일반 '멘토 찾기'보다는 '동시대 모델이나 역사적 모델 찾기'에 더 가깝다.

상향 멘토링: 역사적 모델 찾기

유용성과 필요한 시기
역사적 모델들은 모든 모델링 가운데 가장 유용하며 쉽게 찾을 수 있다. 그들은 가르쳐 주고, 도와주기 위해 기다리고 있다. 단지 필요한 것은 멘티들이 그 사실을 인식해야 한다. 역사적 모델들은 대개 리더십 계발 초반기에 시작하여 후반기 단계에 이르기까지 두루 영향을 끼친다.

초기의 필요한 시기
역사적 모델들은 종종 주님께 헌신하는 삶이나 제자도에 대한 영감을 심어 주는 원동력이 된다. 그들은 또한 종종 리더십 계발을 위해 결단하도록 영감을 준다. 따라서 경험 있는 리더들은 역사적 모델들의 중요성을 알아야 하며 다음 세대 리더들에게 유익한 정보를 제공해 주는 다양한 종류의 책들을 갖고 있는 것이 매우 중요하다.

후반기의 필요한 시기
역사적 모델들은 유능한 사역과 수렴 사역 단계에서 필요한 관점을 제공한다. 리더가 리더십에 있어서 계속 계발될수록 유용한 동시대 모델들이 더 적어지는 것이 분명하다. 그 사실을 인식함으로써 종종 리더는 역사적 모델들을 찾을 수밖에 없다. 그러면 역사적 모델들로부터 무엇을 찾아야 하는지 파악하는 데 도움이 된다. 지금까지 배운 각 멘토 타입을 찾기 위한 유용한 전기들(biographies)을 부록에서 제시할 것이다.

역사적 모델을 찾는 접근법
역사적 모델들을 찾기 위해 3가지 접근법을 제시한다. 즉 섭리적 만남, 타입에 따른 의도적 선택, 친밀감(affinity)에 따른 의도적 선택이다. 각각에 대해 살펴보자.

접근법 1: 섭리적 만남
하나님은 종종 다음세대 리더의 인생 여정 가운데 어떤 역사적 모델을 보내 주신다. 그러한 섭리적 만남은 그 책을 읽고서 추천한 친구로부터, 어떤 잡지를 읽다가 우연한 기회에, 혹은 당신과 관련된 책을 알고서 통찰력을 가진 사람으로부터 받은 책 선물에서 올 수 있다. 또는 수업시간에 교사로부터 추천받은 책을 통해 올 수도 있다. 어쩌면 유명인의 이름을 언급하는 설교자나 방송 진행자로부터 올 수도 있다. 어떤 출판사의 서평에서 올 수도 있다. 어쨌든 이렇게 섭리적 만남이 이루어진다. 당신이 그것을 찾지 않았거나 필요한 것을 몰랐을지라도 하나님이 당신에게 역사적 모델을 보내 주시는 특별한 때에 마음 문을 열어라. 나(로버트)의 첫 번째 역사적 모델인 허드슨 테일러는 어느 소그룹 모임에서 과제물을 통해 섭리적으로 만났다. 가장 최근에 만난 역사적 모델인 사무엘 로간 브렝글은 유종의 미를 거둔 리더들을 찾고 연구하는 나의 필요를 알아챈 어느 친구가 보내 준 책을 통해서였다.

접근법 2: 의도적 선택
당신이 섭리적인 역사적 모델들을 찾지 않아도 그들은 온다. 그러나 역사적 모델들을 적극 찾을 수도 있다. 당신 자신이 알 수 있는 계발 단계의 시점에서 어떤 구체적 멘토링을 위한 필요성을 느낄 것이다. 각 멘토 타입의 본이 되는 역사적 모델들이 존재한다. 당신이 제자훈련의 필요를 느끼면 제자훈련자였던 어느 역사적 모델을 찾아야 한다. 그러한 책은 영감을 주고, 제자훈련의 기술을 알려 주고, 제자훈련을 위한 책무성 기준을 알려 줄 것이다. 도슨 트로트맨(Dawson Trotman)의 일생기인 『도슨: 하나님을 신뢰했던 사람』(*Dawson: A Man Who Trusted God*)은 세상에 영향을 끼치는 수단으로 제자훈련을 발견한 리더의 삶을 보여준다. 당신이 일반 제자훈련이 필요하면 그 책이나 그와 같은 많은 책들을 활용할 수 있다.

이 같은 조언은 모든 멘토 타입에 적용된다. 영성과 영적 안내 기술의 본을 보여주는 역사적 모델들이 있다. 그들 중에 상담자, 교사, 후원자, 코치였던 사람들도 있다. 당신이 필요한 멘토 타입을 알면 그러한 역사적 모델들을 선택하는 데 열쇠가 된다. 당신이 필요한 멘토링과 더불어 사역 핵심을 보여준 인물의 삶을 탐구하는 것은 큰 의미가 있다. 이 책의 부록에 제시한 참고 문헌 목록은 각 멘토 타입의 몇 가지 예를 역사적 모델들로 분류하여 설명한다.

접근법 3: 친밀감

역사적 모델들을 위한 어떤 책들은 섭리적으로 만난다. 다른 책들은 현재 당신이 필요한 멘토링에 따라 선택하면 된다. 마지막으로 『지도자 평생 개발론』에서 관찰하면서 발견한 기본 원리이다. 즉 유유상종의 원리이다. 어떤 특정한 은사 프로필[9]을 가진 리더는 어느 정도 비슷한 은사를 가진 리더들에게 끌리고 그들을 존경하게 된다. 당신은 어떤 사람들에게 그리고 그들이 추구하는 사역에 왠지 끌릴 것이다. 근본적으로 끌리는 매력은 주로 당신이 그 리더와 공유하는 어떤 은사적인 면에서 비롯된다. 당신의 은사를 확인하면 비슷한 은사를 가진 다른 사람들을 의도적으로 선택할 수 있다.

유유상종의 일반 원리

이 유유상종의 원리는 수렴 단계에 진입하는 사역 후반기에 있는 리더들에게 동일하게 적용된다. 유종의 미를 거둔 리더들을 연구한 결과 그들이 성취하거나 남긴 영적 유산에 따라 12가지 주요 형태로 확인할 수 있었다.[10] 유능한 리더들은 이러한 '주요 형태'에 따라 하나 혹은 그 이상으로 유사성을 갖는다. 수렴 단계로 나아가는 유능한 리더들은 궁극적 공헌으로 남길 수 있는 잠재적 주요 형태들을 잘 인식한다. 또한 같은 방법으로 공헌했던 역사적 모델들을 확인하면 의도적으로 삶의 초점을 맞추며 많은 유익을 얻을 수 있다. 이 책의 참고 문헌에서 주요 멘토 타입과 궁극적 공헌에 따라 역사적 모델들의 전기를 확인할 수 있다.

---

9) 은사(giftedness)는 타고난 재능(natural abilities), 습득한 기술(acquired skills), 영적 은사(spiritual gifts)를 포함한다. 유유상종의 원리는 영적 은사를 가진 사람들 가운데 반복적으로 관찰되었다. 전도의 은사를 가진 사람은 복음 전도자에게 매력을 느낀다. 가르침의 은사를 가진 사람은 교사에게 끌린다. 이러한 관찰을 통해 특별한 리더들에게 이끌리는 다음세대 리더들이 가진 잠재적인 은사를 확인할 수 있다.

10) 이 책의 부록 D에 12가지 형태의 궁극적 공헌이 간략하게 설명되어 있다. 그것은 성자(saint), 독창적 사역자(stylistic practitioner), 멘토(mentor), 대중 설교자(public rhetorician), 개척자(pioneer), 운동가(crusader), 예술가(artist), 설립자(founder), 안정가(stabilizer), 연구가(researcher), 작가(writer), 주창자(promoter)이다.

상향 멘토링: 섭리적 만남 찾기

유용성 어떤 의미에서 우리는 '섭리적 만남 찾기'를 할 수가 없다. 섭리적 만남은 하나님이 보내 주시기 때문이다. 그러나 또 다른 의미에서 우리는 섭리적 만남을 찾을 수 있다. 우리는 하나님이 보내 주시는 그들을 인식해야 한다. 하나님이 보내 주시는 사람이나 정보를 인식하고 올바르게 반응하는 것이 바로 '섭리적 만남 찾기'를 의미한다.

민감성 섭리적 만남을 위해 우리 자신이 민감하게 대응할 수 있는 최선의 방법은 역사적 모델들과 같은 다른 사람들의 생애를 통해 그들을 알아보는 것이다. 모든 전기(biography)를 살펴보면 거의 3-10명의 중요한 사람들이 결정적 순간에 등장하여 그 역사적 모델에 지대한 영향을 끼친 것을 알 수 있다. 섭리적 만남의 정의를 기억하라. 섭리적 만남이란 어떤 사람의 삶의 결정적 순간에 그/그녀의 계발에 능력을 부여하기 위해 하나님이 보내 주시는 멘토로서 확인, 격려, 안내, 관점, 사람이나 자원이나 기회로 연결, 계발의 다음 단계를 제시해 준다. 따라서 섭리적 만남이 올 때 그러한 기회를 잘 활용하고 '하나님이 특별히 보내 주신 멘토들을 놓치지 말라.'

상향 멘토링의 5가지 실제적 지침

소개 14장 전체에 걸쳐 제시한 접근법을 뒷받침하는 상향 멘토링의 5가지 실제적인 지침이 있다.

1. 당신의 잠재력을 최대한 계발하기 위해 다양한 사역 단계에 두루 걸쳐 상향 멘토링이 필요함을 인식하라. 그러한 필요성이 당신이 상향 멘토링의 도움을 찾는 데 주된 원동력이 될 수 있다.

2. 구체적 필요에 초점을 맞추라. 당신의 필요를 더 구체적으로 파악할수록 그 멘토링의 형태와 그것을 할 수 있는 누군가를 찾는 것이 더 쉬워진다.

3. 당신이 어떤 자료들을 활용할 수 있는지 알아보라. 먼저 당신이 속한 교회나 선교단체에서 가능성 있는 멘토 타입들을 찾으라. 그리스도의 성숙한 제자들에게 조언을 구하라. 그들이 당신이 찾는 멘토 타입들이 아니면 당신을 도울 수 있는 다른 사람들에게 연결해 줄 수 있다.

4. 당신이 기꺼이 능동적으로 적극 반응하고 부족한 멘토링의 역동성을 제공하기 위해 스스로 노력한다면 문헌적 자료가 언제나 유용하다는 점을 인식하라. 특별히 문헌 자료를 통해 모든 종류의 멘토링에 해당하는 역사적 모델들을 찾을 수 있다.

5. 각 멘토링 분야에 정통한 모든 타입의 사람들이 어디엔가 있다. 이메일이나 전화 등 가능한 방법으로 그들에게 연락하여 도움을 청하라. 그들은 당신이 살고 있는 가까운 곳이나 어디에서라도 구할 수 있는 자료나 정보를 소개해 줄 수 있다.

14장의 하이라이트

1. 상향 멘토링은 균형잡힌 멘토링 관계의 별자리 모델에서 능력 부여가 가장 많이 일어나는 유일한 관계이다.
2. 전략적 책무란 평생 상향 멘토링이 축적되어 삶에 전체적으로 영향을 준다.
3. 전략적 책무는 전체적 평생 계발의 한 시점에서 필요한 관점을 제시한다.
4. 전략적 책무는 중요한 전환기에 의사 결정을 위한 안내를 제공한다.
5. 전략적 책무는 열매 맺는 사역 철학이 개발되도록 보장한다.
6. 멘티들은 처음에 멘토들을 찾을 수 없다고 여기는 경향이 있다.
7. 멘토링 기능을 구체적으로 확인하고 그 기능을 할 수 있거나 조언해 줄 수 있는 사람들을 찾으면 상향 멘토링은 항상 유용하다.
8. 상향 멘토링에는 사람들뿐만 아니라 문헌적 자료들도 항상 유용하다.
9. 제자훈련자들은 모든 멘토 타입 가운데 가장 흔하다.
10. 제자훈련자들은 리더십 전환기와 초기 사역 단계에서 필요하다.
11. 캠퍼스 사역은 제자훈련자들의 공급원이 된다.
12. 제자훈련에 관한 책들을 통해 비슷한 유사 멘토링(pseudo mentoring)을 제공할 수 있다.
13. 영적 안내자들은 제자훈련자들에 비해 찾기가 더 어렵다.
14. 신학교와 신학대학원에 있는 영성 계발 부서는 영적 안내자들에 관한 자료를 제공할 수 있는 공급원이다.
15. 가톨릭 수양관은 잠재적 영적 안내자들을 찾을 수 있는 정보를 제공할 수 있다.
16. 크리스천의 삶이나 사역을 위해 필요한 능력을 열망하는 것은 대개 영적 안내자가 필요한 것을 알려주는 신호가 된다.
17. 영적 훈련에 관한 책들은 영적 안내자로서의 몇 가지 기능을 제공할 수 있다.
18. 상담자들은 기본적으로 2가지 형태가 있는데, 그것은 상황적 상담자와 전문 상담자이다.
19. 상황적 상담자들은 중요한 때에 내려야 할 의사결정에 조언을 제공하는 현명하고 신앙 경험이 많은 크리스천들이다.
20. 훈련된 전문 상담자들은 2가지 유형으로 분류할 수 있는데, 그것은 영적 은사가 있고 사역 현장에서 훈련받은 내적 치유 사역자와 심리상담학에 기초한 정규 교육과 훈련을 받은 전문 상담자이다.
21. 조직 안에서 후원자 멘토들은 잠재력 있는 리더들이 종종 빠져 나가는 뒷문을 막을 수 있다.
22. 사역 코치들은 일반적으로 전도 사역 상황에서 더 쉽게 찾을 수 있다.
23. 교사 멘토들은 일반적으로 양육 사역 상황에서 더 쉽게 찾을 수 있다.
24. 당신이 필요한 코칭이나 티칭 기능을 분리하여 배우기 위해 스스로 훈련하고 노력하면 문헌 자료가 코치와 교사 멘토의 역할을 대리적으로 행할 수 있다.
25. 동시대 모델들을 위한 '멘토 찾기'는 크리스천의 삶이나 사역에서 좋은 본이 되는 사람들을 찾는 것을 의미한다.
26. 사역 초기 단계를 위해 가장 흔히 존재하는 멘토 타입은 동시대 모델들이다.
27. 사역 후기 단계를 위한 동시대 모델들은 드물지만 원거리 모델들을 통해 찾을 수 있다.
28. 역사적 모델들은 모든 모델링의 형태 가운데 가장 많이 존재한다.

29. 멘토로서 역사적 모델들을 찾을 때는 3가지 접근법이 있다. 섭리적 만남, 8가지 멘토 타입 가운데 의도적 선택, 혹은 당신의 은사와 비슷한 사람에게 끌리는 유유상종의 원리이다.
30. 섭리적 만남은 다른 8가지 멘토 타입과 같은 방식으로 찾을 수 없다. 하나님이 섭리적 만남을 보내 주실 때 찾는 열쇠는 그들에 대한 영적 민감성이다.

추가 연구

1. 다양한 멘토링 형태를 찾을 수 있는 유용한 자료와 해설을 첨가한 부록의 참고 문헌을 주의 깊게 살펴보라.
2. 사역에서 앞서가는 리더들에게 '주요 타입'에 관한 부록 D는 궁극적 공헌을 할 수 있는 영역을 제시한다. 이 주요 타입의 예로서 소개한 사람들은 그들의 전기물로 연결해 줄 것이다.
3. 262페이지에 있는 도표 12-2를 사용하여 사역 시간선 위의 당신의 위치를 대략 확인하라. 당신의 위치 밑으로 수직선을 그어서 지금 당신이 가장 필요한 멘토 타입들을 확인하라. 특별한 관심을 갖고 이러한 멘토 타입들을 찾기 위해 인명사전을 훑어보라. 당신이 잠재적으로 필요한 멘토링 분야의 자료를 읽는 것을 개인적인 성장 프로젝트로 삼으라.
4. 정기적으로 한 권 혹은 더 많은 크리스천 전기를 읽도록 지금 결단하라. 매년 한 권의 주요 전기를 선택하도록 제안한다. 당신이 직감적으로 은사 면에서 혹은 공헌 분야에서 끌리든지 당신에게 친밀감이 생기는 역사적 모델들을 선택하라.

15장

하향 멘토링

서론

14장에서는 분명한 2가지 사실을 발견했다. 첫째, 상향 멘토링은 능력을 부여해 주는 가장 중요한 '관계'이기 때문에 반드시 필요하다. 즉 리더들의 자질을 향상시키고, 리더십 영향력이 지속되고, 그들이 유종의 미를 거둘 수 있도록 책무성을 부여하기 원하면 자격을 갖춘 멘토들이 필요하다. 그리고 우리가 하향 멘토링을 제공할 수 있는 멘티들이 필요하며, 이것을 사역의 가장 중요한 우선순위로 여겨야 한다. 둘째, 그 필요성을 보고 실제로 멘토링을 할 수 있는 자격을 갖춘 멘토들이 부족하다. 그런 이유 때문에 14장에서는 책과 자료를 통한 비슷한 유사 멘토링(pseudo mentoring)을 찾는 방법에 대해 길게 다루었다.

15장의 개요

15장의 취지는 하향 멘티들의 수를 늘릴 수 있는 (질문서와 더불어) 8가지 이슈를 논함으로써 그 유용성 문제를 다루는 것이다. 우리가 '작게 생각하기'(think small)를 설명할 때 얼마나 많은 멘토들이 유용한지 논할 것이다. 그것은 은사와 관련된 다양한 멘토 타입들과 관계가 있다. 또한 조직 체계에서 관리적인 책임으로 하향 멘토링을 통합시키는 것이 중요함을 제시한다. 더욱이 그리스도를 따르는 자들의 다양한 역할에 대한 하향 멘토링과 관련된다. 다양한 종류의 멘토들이 얼마나 많은 멘티들과 동시적으로 만날 수 있는지에 대한 조절의 범위(span of control)도 제시한다. 멘토와 멘티 사이를 연결하는 2가지 기본 접근법, 즉 하향식 모집(top-down recruiting)과 상향식 모집(bottom-up recruiting)도 제시한다. 또한 각 접근법을 위해 단계적으로 일어날 수 있는 연속적 과정을 설명한다. 각 단계는 5가지 멘토링의 역동성이 중요함을 인식한다. 15장을 마치면 다음과 같이 할 수 있다.

- 하향 멘티들의 수를 늘리는 8가지 이슈를 설명한다.
- 하향 멘토링과 관련해 '작게 생각하기'에 대한 의미를 설명한다.
- 은사와 멘토링 사이에 가능한 상호 관계를 제시한다.
- 관리자가 하향 멘토링을 할 수 있는 방법을 제시한다.
- 평신도 사역자가 멘토링을 할 수 있는 방법을 제시한다.
- 멘토가 한 번에 몇 명의 멘티들을 도울 수 있는지와 관련된 몇 가지 이슈를 논한다.
- 하향 멘토링의 단계를 논하고 설명한다.

15장은 이러한 멘토링 이슈들을 논하기 위해 지금까지 사용한 안내도 방식보다는 다음 페이지와 같이 서술 방식을 사용한다.

이슈 1. 작게 생각하라(Think Small) - 부분적 멘토링이란 무엇인가?

우리는 줄곧 주된 주제를 반복적으로 다루어 왔다. 작게 생각하라. 아마 당신이 여태껏 이것을 인식하지 못할 수도 있다. 당신이 모든 것을 할 수 있는 이상적인 멘토를 찾는다면, 아마 그런 사람을 찾지 못할 것이라고 언급했다. 그것은 크게 생각하는(thinking big) 것이다. 그러나 만약 당신이 필요한 특정한 멘토의 역할을 확인할 수 있다면 당신은 그 역할을 할 수 있는 사람을 찾을 수 있다고 계속 언급했다. 그것이 작게 생각하는 것(thinking small)이다. 일반 멘토를 9가지 타입으로 나누어 계속 설명했다. 그때 당신의 필요를 구체적으로 확인하고 9가지 타입 중에서 어느 것이 그 필요와 가장 관련되는지를 파악해야 한다. 그것이 작게 생각하는 것이다. 상향 멘토들을 찾기 위한 접근법에 있어서도 그것을 반복적으로 강조했다. 당신은 생존하는 멘토를 실제적으로 못 찾을 수도 있다. 그것이 크게 생각하는 것이다. 그러나 당신은 그 멘토가 할 수 있는 더 작은 역할에 대한 기록된 자료들을 찾을 수 있다. 그것이 작게 생각하는 것이다.

이제 그 동일한 주제를 하향 멘토링에 적용하고자 한다. 당신이 이상적인 멘토가 될 수 없다고 생각하기 때문에 멘토링을 회피한다면 당신은 크게 생각하는 것이다. 반면에 하나님이 당신에 관한 어떤 것에 대해 가르쳐 주신 것이 있고, 그것이 당신에게 도움이 되었다면(어떤 방법으로든 당신에게 능력을 부여했다면), 당신은 누군가와 나눌 수 있는 잠재적 자원을 가진 것이다. 그것이 작게 생각하는 것을 배우는 것이다.

당신 자신이 삶 가운데 성장해 갈 때 하나님은 당신이 더 많은 교훈을 배우고, 잠재력을 더욱 계발하고, 그분의 은혜를 경험하도록 할 것이다. 그러면 당신은 다른 사람들과 더 많은 것을 나눌 수 있다. 당신은 능숙한 멘토 타입들 가운데 하나로 계발될 수 있다. 그렇기 때문에 멘토 타입의 모든 역할을 생각하는 대신 그러한 역할 중에서 당신이 할 수 있는 어느 특정한 멘토 타입을 생각하라.

하나님이 당신에게 가르쳐 주신 것 가운데 제자훈련자의 역할이 있는가? 당신이 능숙한 제자훈련자가 아닐지라도 아마 당신에게 한두 가지 영적 습관이 있을 것이다. 당신이 가진 그러한 습관을 다른 사람들에게 가르쳐 도와줌으로써 능력을 부여해 줄 수 있다.

당신은 능숙한 영적 안내자가 아닐 수 있다. 그러나 하나님이 당신에게 어떤 영성의 요소에서 성장하도록 하셨는가? 만약 그렇다면 당신은 그러한 특정한 영역의 영성에서 다른 사람을 도울 수 있는 잠재적 자원을 가지고 있는 것이다.

당신은 어떤 의사 결정을 내릴 때 지혜를 얻은 적이 있는가? 당신의 경험을 통해 비슷한 상황에 처한 다른 사람을 도울 수 있는 어떤 관점을 가지고 있는가? 당신은 능숙한 상담자가 아닐 수도 있다. 그렇지만 당신이 할 수 있는 시기적절한 조언으로 다른 사람이 더 현명한 결정을 내리도록 도울 수 있다. 코칭과 티칭에 있어서도 동일하게 적용된다. 어떤 기술이나 개념적 분야에서 작은 경험이지만 코치나 교사로서 소그룹 안에서 그 역할을 다할 수 있다.

작게 생각한다는 것은 당신이 아는 것, 당신이 배운 것, 다른 사람들과 함께 당신 자신의 계발에서 관찰하고 배운 것을 다른 사람들과 나눌 준비가 되어 있는 것을 의미한다. 어떤 타입의 특정한 멘토 역할을 하기 위한 이런 작은 시도는 다른 일들을 하기 위한 출발점이 된다. 이 작은 일들을 성실하게 하라. 이를 통해 멘토링에서 더 큰일들로 연결될 것이다. 이러한 경험을 반복함으로써 당신은 멘토 타입 가운데 한 가지 혹은 그 이상의 전문가로 발전할 수 있다. 하나님의 축복을 경험함으로써 결과적으로 자신감을 갖고 더 의도적이고 주도적으로 멘토링을 하게 될 것이다.

따라서 하향 멘토링을 할 수 있는 멘토들이 더 많아지도록 하는 첫 번째 단계는 **어떤 멘토 타입의 역할을 더 많은 사람들이 시도하도록 하는 것**이다. 만약 잠재적으로 멘토가 될 수 있는 사람들이 더 많아지면 결국 더 많은 멘토들이 계발될 것이고 필요한 멘토들을 더 쉽게 찾을 수 있을 것이다.

이슈 2. 멘토링의 발전 과정 - 어떻게 멘토가 계발되는가?

당신이 특정한 멘토링 기능으로 다양한 경험을 쌓아 갈수록 어떤 멘토링 형태의 패턴이 반복적으로 나타나는 것을 발견할 것이다. 이것은 능숙한 멘토가 실제적으로 어떻게 계발되는지 인식하는 데 도움이 된다. 도표 12-3에서 처음은 제자훈련자, 다음은 코치, 그다음에 교사 멘토로서 계발된다고 설명했다. 이 멘토 타입은 대개 리더십 계발의 전환기 초기와 약 3-6년 동안 첫 몇 가지 사역 과제를 이행하면서 계발된다. 아마 처음에는 임시적으로 멘토가 되고, 6-10년 동안 사역을 한 후에 쌓여진 경험과 자신감으로 능숙한 멘토가 될 수 있으며, 특정한 멘토링 형태에 더 초점을 맞출 것이다.

상황적 상담자로서는 약 6-10년의 사역 경험 후에 예비적 사역의 후반기 단계로 나아갈 때 시작한다. 사역 현장에서의 훈련과 내적 치유에 집중하는 선교단체의 상담자는 대개 신예 상담자에서 유능한 상담자가 되기까지 8-15년에 걸쳐 계발된다. 전문적 상담자는 그 전문적 훈련의 성격에 달려 있지만 전문적 상담 업무에 종사하기 전에 아마 30-35세의 나이에 해당할 것이다.

원숙한 영적 안내자는 대개 많은 경험과 하나님과의 깊은 내적 삶을 필요로 한다. 어떤 사람은 빠르면 10여 년의 사역 경험으로 영적 안내 멘토링을 시작할 수도 있지만 대체로 15-20년의 유능한 사역을 경험해야 하며, 멘토로서 영성 요소를 계발하는 데 많은 경험을 쌓은 후에 멘티들에게 적절한 영적 안내로 도울 수 있다.

후원자는 일반적으로 조직 안에서 지위적 권위를 갖고 역할을 하는 사람이다. 후원자는 상담자, 코치나 교사와 같은 다른 멘토 타입과 결합할 때 멘토링이 효과적으로 일어난다. 따라서 후원자 멘토로서 계발되는 시간은 어떤 특정한 멘토 타입일지라도 유능한 사역 단계에 이르러야 하며 그 조직 안에서 인정받기까지 시간이 걸린다. 대개 후원자로서의 멘토링은 어느 조직 안에서 권력과 권위가 부여되는 지위에 오르기까지 수년의 경험을 필요로 한다.

가끔 전국적 명성으로 잘 알려진 사람은 6-10년의 사역을 경험한 후, 예비적 사역 단계에서 동시대 모델이 될 수 있다. 그러나 원숙한 동시대 모델은 일반적으로 15-25년 정도 사역 경험을 통해 하나님과 개인적으로 동행하는 성공적 사역을 감당하고 유능한 사역 단계에 있는 사람이 될 수 있다.

이제 당신이 그 취지를 파악하고 멘토가 개인적으로 계발되는 매우 이른 시기부터 멘토링 형태의 여러 기능을 부분적으로 행할 수 있다는 것은 바로 당신이 작게 생각한다는 것이다. 능숙한 멘토링이 일어나기까지 시간이 걸린다는 것은 크게 생각하는 것이다. 따라서 기다리며 시간을 낭비하지 말고 지금 바로 시작하라. 사역을 어느 정도 해 오면서 사람들을 계발시키는 방법으로 멘토링을 전혀 해 본 적이 없는 크리스천 사역자들이 많다. 그들에게는 히브리서 5장 11-12절 말씀을 아래와 같이 적절하게 바꾸어 적용할 필요가 있다.

> 이것에 관하여 우리가 할 말이 많으나, 너희가 다른 사람들을 위해 멘토링을 해 오지 않았기 때문에 설명하기가 어렵다. 사실 지금쯤 너희는 마땅히 능숙한 멘토들이 되어 있어야 할 텐데 너희는 멘토링의 초보부터 가르침을 받아야 할 처지이다.

바로 시작하라! 당신이 이미 경험한 것을 최대한 활용하고 지극히 작은 일이라도 바로 멘토링을 시작하기 위해 시간을 사용하라. 대개 멘토링의 첫 단계를 밟기 위한 최상의 동기 부여는 먼저 누군가로부터 도움을 받는 것이다. 어떤 도움이 필요했던 사람이 지극히 작은 일이라도 다른 사람으로부터 도움을 받은 적이 있다면 또 다른 사람을 실제적으로 도와줄 수 있는 후보자가 된다. 도움을 받은 자는 다른 사람을 도울 수 있다. 이러한 기본적인 확신이 멘토링을 시작하는 첫걸음으로 이끌어 줄 것이다.

작게 생각하고 시작하는 것을 두려워하지 말라. 어린아이의 걸음마가 결국 거인의 발걸음으로 이끌어 줄 것이다.

이슈 3. 은사와 멘토링 - 은사와 멘토링은 서로 관련이 있는가?

능숙한 멘토들은 또한 유능한 멘토들이다. 그래서 당신이 작게 생각하면서 당신이 가진 어떤 적은 자원으로 오랫동안 멘토링을 시도하면 결국 당신의 은사에 알맞게 능숙한 멘토로서 계발될 수 있다는 점을 확신할 수 있다. 어떤 사람은 경험을 통해 몇 가지 멘토 타입으로 유능할 수 있지만 능숙한 멘토는 대개 한 가지 타입에 집중한다. 이것은 일반적으로 은사에서 흘러나오며 직접적으로 나타난다.

은사는 3가지 주된 요소를 포함한다. 즉 타고난 재능, 습득한 기술, 그리고 영적 은사이다[1]. 3가지 은사 요소 중에 영적 은사는 능숙한 멘토로서 계발되는 데 가장 강력하게 영향을 준다. 아래의 표 15-1은 멘토링 형태에서 영적 은사[2]와의 관련성을 보여준다. 타고난 재능과 습득한 기술의 종류는 많고 다양하며 궁극적 멘토 타입에 결정적 요소가 됨을 잘 보여준다. 그러나 대개 아래와 같이 영적 은사와 긴밀한 연관성이 있다. 은사와 멘토 타입 사이에 몇 가지 중복되는 점을 주목하라. 그 이유는 어떤 사람은 여러 가지 멘토링 기능을 하기 때문이다.

표 15-1. 멘토 타입과 영적 은사

하향적 멘토 타입	은사의 통합
제자훈련자	전도, 가르침, 권면, 사도성
영적 안내자	지식의 말씀, 지혜의 말씀, 권면, 가르침, 목회
코치	전도, 사도성, 권면, 가르침
상담자	지식의 말씀, 지혜의 말씀, 권면, (내적) 치유, 자비, 영 분별, 기적의 행함
교사	권면, 가르침, 목회
후원자	다스림(리더십), 행정, 돕기(다른 멘토 타입과 은사의 통합에 더하여)

은사의 통합(gift-mix)에 더하여 다양한 경험과 함께 타고난 재능과 습득한 기술은 그 멘토 타입에 영향을 준다. 제자훈련자는 대개 사람들과의 대인 관계 기술에 타고난 재능이 있으며, 사회성 기술을 배우고 주로 비형식적으로 이루어지지만 설득력을 습득한 기술로 갖고 있다.

영적 안내자는 대개 타고난 분별력과 분석적 기술이 있으며 또한 정규 교육을 통해 습득한 논리적 기술을 갖고 있다. 그룹의 사회성 기술을 갖고 있거나 그렇지 않을 수 있지만 대부분 강한 일대일 관계 기술을 갖고 있다.

상담자는 일반적으로 감정 이입과 타고난 분별력의 선천적 소질을 갖고 있다. 그리고 경험을 분석하여 교훈들

---

1) 은사 세트에 대한 더 구체적인 설명과 평생 계발 패턴에 대하여 『지도자 평생 개발론』을 참고하라.
2) 표 15-1에 나열한 은사들에 대한 자세한 내용은 『당신의 은사를 개발하라』를 참고하라. 각 은사에 대한 핵심 취지는 다음과 같다. 전도-다른 사람들에게 복음 제시, 가르침-명료하게 설명, 권면-적용, 사도성-필요를 채우기 위한 창출, 지식의 말씀-계시적 정보, 지혜의 말씀-계시적 말씀의 적용, 목회-성도들의 성장을 돌봄, 치유-치유 능력의 통로, 긍휼-상처받은 자들을 위한 공감적 돌봄, 영 분별-진리나 오류의 근본에 대한 초자연적 분별력, 기적 행함-초자연적 능력 사용, 다스림-비전을 향한 영향력, 행정-지원하는 조직 능력, 돕기-다른 사람들을 섬기는 태도와 능력.

을 이끌어 내며 관점을 제시할 수 있는 능력이 있다. 종종 타고난 분석적 기술이 있거나 정규 학습이나 경험을 통해 습득한 분석적 기술을 갖고 있다. 영적 안내자와 같이 상담자는 타고난 재능이나 대인관계를 잘하는 기술을 갖고 있다.

후원자는 일반적으로 타고난 조직적 재능이 있다. 조직적 구조와 부서들이 어떻게 서로 잘 작동되는지 이해하는 타고난 재능이나 습득한 기술을 갖고 있다. 따라서 경험이나 습득한 기술을 통해 조직 안에서 계발에 걸림돌이 되거나 혹은 향상시켜 주는 권력적 네트워크를 인식할 수 있다. 또한 후원자들은 조직 안에서 진로와 승진을 위해 무엇을 해야 하는지 인식하고 있다. 타고난 재능이든 습득한 기술이든 강한 동기 부여와 설득 기술을 갖고 있다.

교사는 대개 습득한 기술과 더불어 타고난 재능으로 개념화시키는 능력이 있다. 대개 의사소통의 타고난 능력이 있지만 처음 나타나고 이것은 습득한 기술을 강화시켜준다. 교사는 개인이나 소그룹과 관계하는 능력이나 기술에 있어서 서로 차이가 있다. 개인적으로 대인관계를 잘하는 교사는 영적 안내자 혹은 코치로서 종종 이중적인 멘토 타입이 될 수 있다.

코치는 사람들을 이끄는 타고난 재능이 있다. 일반적으로 복잡한 과정을 기본 단계로 분류하는 타고난 재능이나 전체를 부분적으로 나누고 분석하는 습득한 기술을 갖고 있다. 또한 동기부여하는 타고난 재능이나 경험을 통해 습득한 기술을 갖고 있다.

이슈 4. 관리와 하향 멘토링 - 관리자가 멘토링을 할 수 있는가?

만약 교회와 선교단체 리더들이 그들의 지위와 역할의 네트워크를 통해 하향 멘토링이 자연스럽게 일어날 수 있다는 것을 인식하면 멘토들의 수를 크게 늘리고 멘토링을 향상시킬 수 있다. 잠재적 멘티들과 이미 수직적 관계를 가진 리더들은 지위적인 힘 때문에 하향 멘토링의 위험성이 존재한다. 조직 안에서 공식적으로 일어나는 하향 멘토링의 장점과 단점 그리고 실제적인 조언을 고려해 보자.

바로 생각할 수 있는 하나의 단점은 편애를 보이는 것이다. 당신이 관리하는 어떤 사람과 멘토링 관계를 확립하면서 다른 사람들과는 그렇지 않을 경우 그 한 사람을 편애하는 것에 대한 비난을 받게 된다.

다른 단점은 인간관계의 영향에 관한 것이다. 멘토링 관계가 깊어질수록 당신은 업무 능력의 측면에서 그 사람을 객관적으로 평가하지 못하는 유혹을 받을 수 있다. 즉 멘티는 비현실적인 기대치를 갖고서 멘토링 관계를 이용할 수 있고, 당신은 친분 관계 때문에 다른 사람을 대하는 만큼 냉철하지 못할 수 있다.

멘토링의 장점은 사람들을 계발하는 본연의 의미대로 관리자로부터의 멘토링을 기대할 수 있다. 관리자들은 그들 밑에 있는 사람들을 항상 계발시켜 주어야 한다. 특히 코칭, 티칭, 그리고 동시대 모델링이 자연스럽게 일어나도록 해야 한다. 관리자들은 대개 전문가들로 간주되기 때문에 일상적 업무 상황에서 멘토링 관계를 의도적이며 자연스럽게 활용할 수 있다.

접근성, 규칙성, 그리고 연속성은 일상 업무의 한 부분이다. 이런 요소들을 다른 멘토링 상황에서는 종종 놓칠 수 있지만 관리적 멘토링에서는 자연스럽게 일어난다. 책무성은 관리하는 업무의 일부이기 때문에 관리자들은 일상 업무에서 이러한 멘토링 역동성을 자연스럽게 활용할 수 있다.

다음과 같은 경우라면 관리자의 멘토링에 대해 각별히 주의해야 한다.

1. 당신의 직속 상관이 멘토링을 인정하지 않는 경우
2. 조직이 전체적으로 멘토링과 맞지 않는 핵심 가치를 가지고 있는 경우
3. 당신의 멘토링이 자신의 개인적인 효과를 감소시킬 경우

이슈 5. 평신도 멘토링 - 평신도가 멘토링을 할 수 있는가?

　전임 사역자들이 멘토링에 관여하는 것을 더 쉽게 볼 수 있다. 그래서 그들은 언제나 직접 사역을 통해 사람들과 만나며 자연스럽게 능력을 부여할 수 있다. 그러나 직장, 학교, 가정에서 그리스도를 따르는 평신도들은 어떠한가? 그들이 멘토링을 할 수 있는가? 물론 그들이 할 수 있다. 모든 사역과 마찬가지로 비전임 사역인 평신도는 우선순위와 관련하여 어려움이 있다. 그렇지만 평신도들은 다양한 종류의 멘토링을 통해 사역에 집중할 수 있다. 때때로 평신도 사역자들은 교회 안에서 그들의 은사나 잠재력을 최대한 발휘할 수 있는 공적인 역할을 찾을 수 없기 때문에 사실 낙심하기도 한다. 그러나 어떤 공적인 그룹에서 개인의 지위나 역할에 상관없이 자신들의 은사를 의미 있고 가치 있는 사역에 초점을 맞추고 통합시키면서 멘토링할 수 있다.

　제자훈련은 개인적인 관계를 통해 최상으로 이루어질 수 있다. 주부, 학생, 사업가는 그들의 처한 상황에서 자연스럽게 제자훈련을 시킬 수 있다. 지속적인 제자훈련은 시간이 많이 걸리기 때문에 우선순위를 정하는 데 어려움이 따른다. 삶은 관계성, 사람들과 함께 보내는 시간, 개인적인 상호작용을 요구하며, 제자훈련은 이러한 일상적인 삶의 틀 안에서 이루어질 수 있다.

　가장 좋은 상담 멘토링은 전화 통화나 커피를 함께 마시면서 일어날 수 있다. 전화상으로 친구들과 수다를 떠는 일에 익숙한 주부들은 자연스럽게 상담을 한다. 비즈니스맨들은 일상적인 업무를 하면서 항상 이런 일을 한다. 하나님이 주신 경험과 하나님 임재의 인식 그리고 그러한 즉흥적인 대화를 통해 관련된 관점과 의사결정에 자연스럽게 영향을 줄 수 있다. 비공식적 상황에서 종종 상담의 주된 능력 부여의 하나인 조언으로 개입할 수 있는 최상의 기회를 가질 수 있다. 상담자의 8가지 기능인 격려, 경청, 주요 평가, 관점, 구체적 조언, 연결, 주요 안내, 내적 치유(170페이지를 참고하라)는 공식적인 상황이나 모임을 필요로 하지 않는다. 이러한 상담은 즉흥적으로 매일같이 일어날 수 있다. 필요한 것은 상담 기술을 연마하고, 대화 속에서 하나님의 임재를 인식하고, 상담에 대한 의도적인 관심을 가질 때 삶의 의사 결정에 영구적인 결과로 영향을 끼칠 수 있다.

　성경공부반의 소그룹을 인도하거나 가르치는 사역을 하고 있는 평신도 사역자들이 많다. 이러한 사역 활동을 통해서도 멘토링이 자연스럽게 일어날 수 있다. 언제나 교사 멘토들은 멘티들이 기본 원리를 배우고, 실제로 적용하며, 더 적극적으로 참여하고, 이후에는 배운 것에 대해 질문하고 답하도록 해야 한다. 인간 관계 기술을 가진 교사들은 그들이 가르치는 것과 그 방법을 필요로 하는 사람들이 있는지 주의 깊게 살펴야 한다. 교사로서 효과적으로 멘토링을 하는 데 반드시 교실이 필요한 것은 아니다. 단지 필요가 채워져야 하며 그 필요를 채우기 위한 자원이 필요하다. 교실을 벗어난 개인적인 티칭은 누군가의 도움이 필요한 영역에서 가장 빠르게 가르칠 수 있는 방식이 될 수 있다.

　코칭은 특별한 종류의 티칭이다. 그것은 사람들에게 기술을 가르쳐 주고 전수해 주는 것이다. 교사들과 마찬가지로 크리스천의 삶과 사역의 각 분야에서 기술을 가진 코치들은 주위 사람들이 도움을 요청할 때 민감해야 한다. 도움이 필요한 징후는 흔히 크리스천 삶이나 사역에서 기술이 부족함을 느끼는 것이다. 이런 필요의 요청을 들으면 코치들은 관계를 형성하면서 필요한 그 사람에게 기술을 전수해 줄 수 있는 훈련 상황을 개인적으로 만들어야 한다. 열쇠가 되는 것은 필요에 대한 민감성이며 그 필요를 채우기 위한 기술과 관련된 자원에 연결해 주는 능력이다.

　영적 안내 멘토링은 때때로 평신도 사역자들에게 더 효과적으로 일어날 수 있다. 일반 성도들은 전임 사역자들이 영적이기를 기대한다[3]. 그래서 그들은 평신도 사역자들이 영적이지 못하다는 생각으로 영성의 부족을 변명한다. 따라서 '영성'을 갖춘 평신도 사역자들은 자신들의 일터에서 다른 크리스천들에게 대단한 신뢰성과 능력을 발휘할 수 있다.

　일반 성도들은 대개 자신의 영적 성장과 계발에 많은 좌절감을 느낀다. 그들은 신앙으로 승리하는 삶을 가르쳐 주고 보여줄 수 있는 누군가를 간절히 찾고 있다. 좌절감을 느끼는 사람들은 같은 환경이지만 활력 있는 삶의 통찰력으로 매일의 삶 가운데 성령의 열매를 보여주는 평신도 사역자들에게 귀를 기울일 것이다.

영성을 계발하는 데는 시간이 걸린다. 영적 안내자는 제자훈련자와 같이 집중하거나 규칙적으로 만날 필요가 없다. 일대일로 영적 안내를 할 때 영적 안내자는 통찰력을 제시하고 그 상황에 대한 전체적 관점을 갖도록 격려하고 적용하기 위한 후속 조치를 취한다. 이러한 통찰력과 관점이 무르익고 부여받은 영성 과제를 이행하는 사이에 긴 시간적 간격이 있을 수 있다. 영적 안내자로부터 개인적으로 도움을 받는 시간은 사실 제자훈련자의 시간보다 덜 요구될 수 있다. 그래서 교회의 주요 사역에 헌신된 바쁜 성숙한 크리스천들은 영적 안내를 필요로 하는 한두 명은 도울 수 있다.

영적 안내자로 성장하기 위해서는 대개 오랜 시간이 걸린다. 영적 안내자로서 멘토링을 잘 할 수 있는 사람으로는 나이 든 성숙한 여성들을 추천한다. 그들은 가족의 다양한 요구를 통해 그리스도를 신뢰하는 것이 무엇인지를 경험했기 때문이다. 대부분 텅 빈 둥지 증후군(empty nest syndrome)을 경험했을 것이다. 그들은 이전보다 더 시간적 여유를 갖고서 의미 있는 사역을 찾고 있기 때문에 그들이 필요한 것이다. 오늘날 결혼한 젊은 여성들은 과거 여성들이 직면했던 것보다 훨씬 더 복잡한 상황을 직면하고 있다. 그래서 젊은 여성도들에게 영적 안내자가 필요하다. 영적 안내자의 개념, 기술, 방법에 대해 최소한 훈련을 받은 나이 든 성숙한 여성도들은 그리스도 안에서 그들의 경험을 잘 활용하여 아주 의미 있는 사역으로 개발할 수 있다.

이슈 6. 멘토링의 조절 범위 - 몇 명을 멘토링할 수 있는가?

유능한 멘토들은 동시적으로 많은 멘티들을 다룰 수 있다. 이 중요한 사실을 멘토들이 인식하면 하향 멘토링이 더 많이 일어날 수 있다. 이것은 멘토가 몇 명의 멘티들을 도울 수 있는지 알 수 있게 한다. 멘토의 능력을 가늠하는 요인들은 무엇인가? 멘토링 형태, 멘토링의 숙달 수준, 멘티의 성숙도, 멘토와 멘티 간의 접근성, 멘토의 직업적 상황 등 이 모든 것은 어떤 멘토가 얼마나 많은 멘티들을 다룰 수 있는가를 결정하는 데 중요한 변수가 된다.

직업적 상황과 압박감은 멘토링 사역을 위해 자유롭게 사용할 수 있는 시간에 영향을 준다. 전임 사역자들은 이론상 멘토링의 책임감을 그들의 사역 일정 가운데 넣을 수 있다. 대체적으로 그들은 일반 직장에 종사하는 사람들에 비해 더 많은 사람들을 멘토링할 수 있다. 직장이 없고 자녀들이 장성한 나이 든 주부들은 직장이 있거나 어린 아이들을 키우고 있는 주부들보다 더 많은 시간적 여유가 있다. 따라서 사역을 위해 사용할 수 있는 '자유 시간'을 얼마나 가질 수 있느냐가 주된 결정적 요인이 된다.

그러나 멘토링을 할 수 있는 한 자유 시간이 있다는 사실을 전제한다면 그 외에 무엇으로 몇 명의 멘티들을 동시에 다룰 수 있는지 결정하는가? 일반적으로 당신이 어떤 멘토링 형태에 더 숙달이 될수록 더 많은 멘티들을 다룰 수 있다. 멘토링의 숙달에 더하여 멘티들의 성숙도는 큰 차이점을 만든다. 상대적으로 더 성숙하고 자발적이며 기꺼이 주도적인 태도를 취하는 멘티들에게 유능한 멘토는 동시적으로 더 많은 멘티들을 효과적으로 도울 수 있다. 반면에 덜 성숙한 멘티들에게 동기를 부여하며, 후속 조치를 취하고, 책무의 역동성을 발전시키기 위해 더 많은 시간이 필요하다.

제자훈련 멘토링이 효과적으로 일어나기 위해서는 시간적인 집중이 매우 필요하다. 풀타임 사역자로서 제자훈련자일지라도 많게는 서너 명의 사람들에게만 동시적으로 집중할 수 있다. 이러한 멘토링은 매주 몇 번 만남이 필

---

3) 실제로 그 반대도 사실이다. 전임 사역자들은 사역 활동으로 너무 분주하기 때문에 사실 평신도 사역자들에 비해 영성 계발을 위해 더 적은 시간을 보낼 수 있다.

요하며 사역의 헌신과 공동 참여를 요구한다. 파트 타임 사역자로서 제자훈련자는 한 명의 멘토도 큰 부담이 될 수 있다. 그러나 당신이 제자훈련의 특정한 기능만 집중적으로 다루고 이행한다면 더 많은 멘티들을 제자훈련할 수 있다.

의사 결정 시기에 조언을 원하는 멘티와 '가끔씩' 만나는 관계인 상황적 상담자들은 그 멘티와 보통 2-8시간 정도를 보낸다. 이 상담자들은 멘티의 내적 치유를 다루는 전문 상담자들에 비해 더 많은 사람들을 상담해 줄 수 있다. 전문적 상담은 2-3달 정도 규칙적인 세션들을 필요로 한다. 풀타임 전문 상담자들은 물론 시간, 세션의 강도, 감정의 표출 그리고 다른 여러 요인들을 고려하면서 상담 세션들을 관리한다.

정규 수업을 가르치는 교사들은 더 많은 멘티들을 다룰 수 있는 여유가 있다. 그들은 이미 하고 있는 티칭을 통해 사람들을 초청하고 후속 조치와 적용을 위해 특별히 개인적으로 시간을 투자할 수 있다. 개인적인 멘토링을 하는 교사들은 멘티의 성숙도와 다루는 주제에 따라 차이가 있다.

멘티들을 위해 개인적인 맞춤형 훈련을 실시하는 코치는 제자훈련자와 마찬가지로 제한을 받는다. 그렇지만 그것도 전수하는 기술과 멘티의 성숙도에 따라 차이가 있다.

그러나 사실 경험 있는 멘토들, 특히 다양한 멘토 타입으로 활동하는 멘토들이 멘티들을 재량껏 멘토링 과정의 진척에 따라 규칙적인 만남에 변화를 줄 수 있다면 생각 이상으로 더 많은 사람들을 도울 수 있다. 멘토와 멘티가 기대한 대로 항상 만날 수 없는 것이 우리의 삶이다. 스케줄의 융통성을 갖고 멘티가 준비되는 데 종종 더 많은 시간이 필요한 것을 인식하면 멘토들은 더욱 자유롭게 멘토링을 동시적으로 할 수 있다.

다른 또 한 가지 요인에 대해 언급할 필요가 있다. 멘티들에 대한 멘토들의 접근성에 따라 멘토링이 영향을 받을 수 있다. 만약 서로 가까운 거리에 위치해 있으면 먼 곳에 떨어져 있는 경우보다 멘토에게 더 많은 시간이 요구될 가능성이 있다. 현명한 멘토는 접근성에 따라 멘티들을 다양하게 선택할 것이다.

이슈 7. 하향적 모집 - 멘토가 멘티를 어떻게 모집하는가?

민첩한 멘토들은 다음세대 리더들을 유심히 지켜본다. 그들은 사람들을 계발하기를 원하고 시간을 효과적으로

표 15-2. 하향 멘토링의 5가지 단계

단계	기본 개념
1. 시작 (Initiation)	먼저 매력 역동성이 일어나도록 한다. 능력 부여가 일어날 수 있는 가능성 때문에 멘티에게 동기 부여가 된다. 다음에는 관계 역동성을 확립한다.
2. 선발 (Screening)	구체적으로 필요한 멘토링이 무엇인지 파악한다. 멘티가 성실하고, 조언을 잘 듣고, 지시를 따르며, 멘토로부터 기꺼이 배우려는 의지가 있는지 확인한다.
3. 책무 (Accountability)	책무가 어떻게 이루어지고 기본적으로 누가 그것을 책임질 것인지 정한다. 초기에는 이를 위해 주로 멘토가 책임을 진다. 그러나 능력 부여가 분명히 일어나도록 하기 위해서는 책무가 멘티에게 옮겨져야 한다.
4. 성장 계획 (Growth Contracting)	멘티는 성장 계획 이슈들, 프로젝트 완성, 배우는 경험들에 대한 주인 의식(ownership)을 가져야 한다. 그리고 특정한 능력 부여가 일어나도록 멘토가 제안하는 것은 무엇이든 성장 계획에 포함시켜야 한다.
5. 종결 (Closure)	전체적 시간의 제한, 만남의 규칙성, 기대하는 성과, 최종적으로 이것이 실제로 이루어졌는지 분명히 확인해야 한다.

잘 사용하길 원한다. 그래서 그들은 적극적으로 멘티들을 모집하며 관계를 형성해 나간다. 이에 멘토링을 원하는 모든 사람들이 선발되는 것은 아니다. 매력적인 요인이 없을 수도 있다. 능력 부여의 가능성을 인식하지만 멘토링의 필요를 놓칠 수 있다. 이러한 하향적 모집에 도움이 되는 5가지 단계를 소개한다. 표 15-2는 5가지 단계와 각 단계의 기본 개념을 제시한다. 각 단계는 모든 과정을 마친 후에 다음 단계로 나아간다. 어떤 단계에서는 멘티가 주저하거나 원치 않을 경우 멘토가 멘토링 관계를 종결하는 이유가 될 수 있다.

이슈 8. 상향적 모집 - 멘티가 멘토를 어떻게 모집하는가?

능숙하고 유능한 멘토들은 다른 사람들에게 매력적이 된다. 멘토링에 유능한 사람의 주위에는 대개 사람들이 모인다. 이 유능한 사람은 전도가 유망한 리더들을 유심히 찾고 있다. 동시에 전도가 유망한 리더들도 자신들을 멘토링할 수 있는 사람들에게 도움을 요청하는 일에 매우 적극적이다. 유망한 리더들은 자신들에게 잠재적인 멘토들이 될 수 있는 사람들에게 매력을 느낀다. 그들은 멘토링 용어를 모를지라도 멘토링의 도움을 받을 수 있는 가능성을 알아본다. 대개 매력 역동성이 일어나기 때문에 이러한 잠재력이 있는 리더들은 좋은 멘티들이 될 수 있다. 그러나 유능한 멘토들은 대부분 그들이 동시에 다룰 수 있는 그 이상으로 도움을 요청받는다. 따라서 그들에게 가장 큰 매력을 느끼는 최고의 멘티들에게 가장 효과적이다. 이 때문에 2단계부터 5단계, 선발, 책무, 성장 계획, 종결은 하향적 모집 못지않게 상향적 모집에 적용된다.

나(로버트)는 종종 내가 잘 감당할 수 있는 이상으로 더 많은 멘토링의 요청이 쇄도하는 상향적 모집 상황에 처한다. 나는 대부분 잠재적 멘티들에게 성실성을 테스트하기 위해 멘토링 과제를 연속적으로 부여한다. 한 가지 과제를 완성하면 또 다른 과제를 부여한다. 대체로 이러한 과제들은 잠재적 멘티들을 평가하고 그들의 성실성을 확인할 수 있는 정보를 제공한다. 내가 종종 사용하는 한 가지는 잠재적 멘티들의 성경 이해력을 테스트하는 것이다. 나는 성경의 실제적 지식, 잘 알려진 성경 구절들에 대한 친숙도, 성경 리더들, 성경 각권의 주제를 체크하는 광범위한 성경 테스트를 실시한다. 테스트 답안지를 보고 잠재적 멘티들이 가진 성경 지식과 이해에 대한 강점과 약점의 프로필을 알 수 있다. 성경의 기본 이해력을 확인한 후 나는 성경 각 부분별로 나타난 점수의 프로필을 그들에게 보여준다. 이때 두 번째 과제를 부여한다. 그들에게 현재 점수의 프로필을 보게 하고 그들이 멘토링 해야 할 사람은 바로 그 사람이라고 상상하도록 한다. 그 프로필을 향상시키기 위한 5년 계획으로 무엇을 제시할 것인가? 그다음은 그들이 그런 계획을 세운 후 나한테 다시 와서 확인받도록 요청한다. 이를 통해 삶과 사역을 위해 평생 습관으로 성경을 연구하는 삶을 살고자 하는 그들의 열망과 성실함을 체크한다. 이러한 사역 과제(단계 2)를 성공적으로 통과하면 나는 그들과 함께 평가하고 책무와 성장 계획 단계로 나아간다.

결론

15장에서는 어떤 멘토링 형태의 작은 기능만 할 수 있더라도 하향 멘토링을 시도하도록 격려하고자 했다. 그러한 시도를 통해 경험을 쌓을 수 있다. 더 많은 경험을 축적할수록 자신의 은사를 확인하고 여러 멘토 타입 중 하나에 초점을 맞추어 계발할 수 있다.

하향 멘토링을 효과적으로 할 수 있는 멘토로 계발되는 데는 시간, 경험, 은사가 필요하다. 앞으로 더 많은 멘토들이 계발되는 것을 보기 원한다면 그 과정의 선행 단계에서부터 더 많은 사람들이 멘토링을 시도하는 것이 필요하다. 이것이 바람직한 목표가 되어야 한다.

그동안 우리는 하향 멘토링으로 누릴 수 있는 혜택에 대해서는 별로 언급하지 않았다. 하향 멘토링에 사람들을 끌어들이는 데 너무 집중한 나머지 그것의 상호 호혜적인 성격에 대해 거의 잊고 있었다. 믿거나 말거나 당신은 하향 멘토링을 하는 사람들로부터 당신 자신의 삶에 능력 부여를 놀랍게 경험할 수 있다. 어떻게 어린 멘티들이 멘토에게 능력을 부여할 수 있는가? 여기에는 2가지 방법이 있다.

멘티들은 당신과 특별한 종류의 책무 관계를 갖도록 할 것이다. 그들은 당신이 일관성을 갖도록 도전할 것이다. 당신이 다른 사람들을 멘토링할 때 종종 하나님이 동일한 영역에서 당신을 테스트한다는 사실을 발견할 것이다. 당신의 멘티들은 당신의 말과 행동에서 일관성이 없으면 금방 알아차린다. 사역은 당신의 됨됨이로부터 흘러나온다. 당신이 어떤 것을 직접 겪어 보고, 갈등하고, 적용하고, 실제로 그렇게 살지 않고서는 결코 다른 사람들에게 영향을 끼칠 수 없다.

두 번째로, 당신의 멘티들은 당신이 한때 그랬던 것처럼 하나님을 새롭게 다시 믿도록 당신의 믿음을 도전할 것이다. 다음세대 리더들은 대부분 이상적인 것을 추구하는 활력과 에너지로 충만하다. 이것은 전염성이 있어서 당신으로 하여금 종종 갱신의 시간을 갖도록 할 것이다. 또한 당신 자신의 상황을 직시하도록 도전하며 오래 된 문제나 상황에 대한 신선한 통찰력을 가져올 수도 있다. 창의적인 새로운 해결책은 종종 이러한 활력 넘치는 에너지와 성찰에서 나온다. 아마 이전에 많이 듣던 말이지만 반복해 들을 가치가 있는 말이 있다. "그것이 이루어질 수 없다고 말하는 사람들은 그것을 하고 있는 사람들에게 방해가 되지 않도록 비켜 서야 한다." 종종 다음세대 리더들은 새로운 패러다임으로 당신이 가진 낡은 패러다임으로는 볼 수 없는 것을 볼 수 있다. 하나님이 그들을 통해 당신을 도전하도록 허락하고 마음 문을 열어라. 나이 든 세대들이 갖는 냉소적 성향 때문에 믿음으로 나아가는 젊은 멘티들이 반대에 부딪치거나 당신의 과거 경험에 반하는 일들이 생겨날 수 있다.

하향 멘토링을 시도하라. 당신 자신을 위해서 하향 멘토링의 혜택을 누리라. 동시에 하향 멘토링이 필요한 사람들에게 더욱 유용할 수 있도록 적극 나서라.

15장의 하이라이트

1. 만약 다음세대 리더들의 자질을 향상시키고 그들을 계속 계발하기 원한다면 하향 멘토링을 할 수 있는 많은 멘토들이 필요하다.
2. 하향 멘토링의 계발 과정은 처음에 한 가지 멘토 역할을 하고, 다음은 반복적으로 그 역할을 다하고, 은사에 맞는 멘토 타입을 확인하고, 그 멘토 타입의 계발에 의도적으로 집중하는 것이다.
3. 잠재적인 멘토링 능력을 계발하는 과정에서 가장 초기에 나타나는 멘토 타입은 제자훈련자, 코치, 교사이다.
4. 제자훈련자, 코치, 교사는 대개 3-6년의 사역 경험을 통해 제한된 영역에서 유능한 멘토가 될 수 있다.
5. 상황적 상담자들은 그들이 잠정적으로 활동하기에 앞서 대개 6-10년의 사역 경험이 필요하다.
6. 상황적 상담자들은 대개 10-15년의 경험을 거쳐 더 유능하게 활동하기 시작한다.
7. 원숙한 영적 안내자들, 즉 매우 유능한 영적 안내 멘토들은 대개 15-20년의 사역 경험과 내적인 삶의 견고한 성장이 필요하다.
8. 결국 경험을 통해 자신의 은사를 확인할 수 있고 단계적으로 어떤 특정한 멘토 타입으로 계발되도록 집중할 수 있다.
9. 조직 안에서 관리자들이 그들의 지위적 권위를 사용하기보다는 관계를 통해 영성을 유지할 수 있다면 강력한 멘토들이 될 수 있다.
10. 멘토링 관계들은 평신도 사역자들에게 강력한 사역의 가능성을 열어줄 수 있다.
11. 유능한 멘토들은 몇 명의 멘티들을 동시적으로 멘토링할 수 있다.
12. 멘토가 감당할 수 있는 멘티들의 수는 여러 요인을 고려하여 정할 수 있다.
13. 멘티들이 더 성숙하고 자발적이며 책무를 다할 수 있다면 멘토는 더 많은 멘티들을 다룰 수 있다.
14. 민첩하고 유능한 멘토들은 항상 진정한 계발 잠재력을 보여주는 멘티들을 모집하기 위해 유심히 찾고 있다.
15. 모집에서 마무리까지를 위한 다섯 단계의 과정은 시작, 선발, 책무, 성장 계획, 그리고 종결을 포함한다.
16. 선발 과정은 정보 제공과 신실함을 테스트하는 사역 과제를 포함한다.
17. 유망한 리더들 가운데 주도적인 사람들은 멘토들을 적극 찾아 나선다.
18. 하향 멘토링은 멘티를 통해 멘토에게 일관성을 갖게 하고 갱신을 경험케 하는 2가지 혜택을 제공한다.

추가 연구

1. 마치 솔로몬에게 그랬던 것처럼 꿈 속에서 하나님이 당신에게 나타나셨다고 상상하라(왕상 3장). 하나님이 솔로몬에게 "내가 네게 무엇을 줄꼬 너는 구하라" 고 하셨던 것보다 조금 다르게 말씀하셨다고 생각하라. 하나님이 당신에게 "네가 되기를 원하는 멘토 타입이 무엇이든지 구하라 내가 너로 그러한 멘토가 되게 해 줄 것이다" 라고 말씀하셨다고 상상하라. 당신은 어떤 타입의 멘토가 되기를 원하는가? 당신이 되고 싶은 멘토 타입에 동그라미를 하라.

   a. 제자훈련자　　　d. 상담자　　　g. 동시대 모델
   b. 영적 안내자　　　e. 교사　　　　h. 역사적 모델
   c. 코치　　　　　　f. 후원자　　　i. 섭리적 만남

   당신이 소원하는 것을 친구와 나누라. 그리고 당신이 왜 그런 타입의 멘토가 되기를 원하는지를 이야기하라.

2. 만약 당신이 위에서 선택한 그 멘토(들)가 된다면 '작게 생각하기'의 첫 번째 단계는 무엇이 되겠는가? 즉 당신은 그런 종류의 멘토가 되기 위해 최소한 어떤 역할을 하면서 지금 시작할 수 있는가? 당신은 누구와 멘토링 관계를 맺고 그 역할을 할 것인가?

3. 당신이 속한 작은 크리스천 그룹 안에서 누군가가 다른 사람들에게 '작게 생각하기' 의 기능으로 어떻게 능력을 부여해 주는지 확인하라. 그들의 각 활동에서 잠재적으로 나타나는 멘토 타입의 종류를 확인하라.

4. 의미 있는 하향 멘토링을 해 온 사람과 인터뷰하라. 그 사람과 관련된 멘토 타입(들)을 확인하라. 하향 멘토링에서 그들이 경험한 혜택이나 장점이 무엇인지 물어보라. 앞서 제시한 두 가지 주된 혜택(일관성, 갱신)이 일어났는지 확인하라. 제시한 것과 다른 혜택이나 장점이 있다면 무엇인가?

6부 멘토링을 위한 실제적 제안

16장

멘토링을 위한 유익한 통찰력

서론

16장은 이 책의 마무리 손질이다. 여기서는 멘토링의 대안적 형태와 멘토링 십계명 형식으로 '할 것'(do's)과 '하지 말 것'(don'ts)을 제시한다. 먼저 이 장의 개요를 설명한 후 10가지 멘토링 지침으로 시작한다.

16장의 개요

16장은 다른 사람들을 효과적으로 멘토링하는 데 유익한 10가지 지침을 제시한다. 그리고 그룹 형태의 멘토링에 대해 간략하게 논한다. 즉 제자훈련, 티칭, 코칭, 동료 그룹, 전문가/수습생 그룹, 다수 수습생 그룹, 그리고 그룹으로 하향 멘토링과 수평 멘토링을 사용하는 소집단그룹 개념을 다루고 원거리 멘토링의 개념을 소개한다. 또한 멘토링에서 우리가 과거 실수로부터 배운 통찰력에 대해 나눌 것이다. 16장을 마치면 다음과 같이 할 수 있다.

- 멘토링 십계명 가운데 어느 것이든지 설명한다.
- 멘토링 십계명을 적용할 때 자신에게 가장 약한 2가지 계명을 확인한다.
- 멘토링 십계명을 적용할 때 자신에게 가장 강한 2가지 계명을 확인한다.
- 3가지 다른 형태의 그룹 멘토링을 열거하고 설명한다.
- 소집단 모델의 핵심을 제시하고 관련된 멘토링 종류를 논한다.
- 멘토들이 꼭 알아야 할 공통적인 교훈들을 열거하고 논한다.

멘토링 십계명

소개   멘토링 관계가 모두 잘 작동하는 것은 아니다. 그러나 우리는 때때로 실제로 일어날 수 있는 것보다 더 많은 것을 기대한다. 흔히 그 관계가 중간에 처지기도 하고, 때로는 표류하다가 결국 제대로 끝내지 못하는 경우도 있다. 그래서 관계 때문에 실망하기도 하고, 관계 회복과 향상을 위해 어떻게 해야 할지 모를 때도 있다. 그렇다고 할지라도 관계를 통해 언제나 얻는 것이 있고 어떤 능력 부여가 일어난다. 우리가 경험을 통해 어렵게 깨달은 몇 가지 실제적인 지침은 멘토링을 향상시키는 데 도움이 될 것이다. 구체적인 멘토링 관계를 위한 중요한 지침이 많겠지만, 여기서는 '멘토링의 실제 상황'에서 유익하고 적절한 몇 가지 일반 지침을 제시하고자 한다. 이에 더해 새로운 지침을 추가할 수 있다. 그러나 아래 지침들은 적어도 초보자들에게 유익할 것이다. 먼저 그것을 간략하게 언급한 후 각각에 대해 자세하게 설명할 것이다.

표 16-1. 멘토링 십계명

번호	이름	설명
1	관계(Relationship)	관계를 확립하라.
2	목적(Purpose)	멘토링 관계의 목적에 대해 서로 동의하라.
3	규칙성(Regularity)	상호 작용의 규칙성을 정하라.
4	책무(Accountability)	책무성의 형태를 정하라.
5	의사소통(Communication)	의사소통의 방법을 정하라.
6	비밀 유지(Confidentiality)	비밀 유지의 수준을 명확하게 하라.
7	순환 주기(Life Cycle)	멘토링 관계의 순환 주기를 정하라.
8	피드백(Feedback)	멘토링 관계를 수시로 평가하라.
9	기대치 수정(Revise Expectations)	실제 상황에 맞추어 기대치를 수정하라.
10	마무리(Closure)	멘토링 관계를 마무리하라.

해설   멘토링이 약하게 혹은 비효과적으로 일어날 경우 거의 대부분이 멘토링 십계명 중에서 한 가지 혹은 그 이상이 부족한 것을 확인할 수 있다.

계명 1. 관계

소개   때때로 멘토링 관계는 우연히 이루어진다. 또한 관계가 자연스럽게 발전한다. 그러나 대부분 관계를 발전시키기 위해 노력을 기울여야 한다.

계명 1. 관계를 확립하라.

기본 원칙	1. 멘토링 관계는 막연히 추정할 수 없다. 2. 멘토링 관계(목적 의식이 아주 분명한)는 다른 인간관계와 다르며 반드시 노력을 기울여야 한다.
해설	이전에 알고 지내던 사이라고 해서 관계가 존재한다고 막연히 추정하지 말라. 멘토링 관계는 이전 경험에서 성립될 수 있지만 능력 부여를 목적으로 이루어진다. 능력 부여가 효과적으로 일어나기 위해서는 특정한 멘토링 역동성, 즉 매력, 반응, 책무가 있어야 한다. 이 역동성은 이전에 다른 우호적인 관계가 있었다고 할지라도 각별한 주의를 기울여야 한다.
해설	13장의 284페이지에서 제시한 수평 멘토링의 연속선을 기억하는가? 여기서는 처음 만남에서 알고 지내는 사이로, 다음에는 신뢰하는 형제나 자매로, 나아가 절친한 친구로 발전해 나가는 관계를 설명했다. 멘토링이 진행되는 전체 과정에서 이러한 연속선을 따라 관계가 계속 발전하도록 노력해야 한다.
해설	모든 관계가 친밀한 우정에 이르기까지 발전하는 것은 아니다. 모든 관계가 그렇게 될 필요는 없다. 그러나 대부분 그 관계가 좋아질수록 능력 부여가 더 많이 일어난다. 그래서 그 관계를 계속적으로 발전시켜 나가야 한다는 점을 기억하라.
해설	깊은 관계 없이도(교사, 동시대 혹은 역사적 모델처럼) 어느 정도 능력 부여가 일어날 수 있지만, 그 이면에 깊은 관계가 확립되어 있으면 더 강력하고 오래 지속되는 효과가 나타난다.

계명 2. 목적

| 소개 | 때때로 멘토링은 실망을 준다.
멘토링에 대해 실망하는 것은 흔히 서로 다른 기대치를 갖고 있기 때문이다.. |

계명 2. 멘토링 관계의 목적에 대해 서로 동의하라.

기본 원칙	1. 양측이 상대방에게 기대하는 목적은 일반적으로 매우 다르다. 2. 특히 규칙적이고 계속 진행 중인 멘토링 관계에서 목적을 명확하게 적어라. 3. 명확하게 기록하는 목적은 계명 8, 9, 10을 이행하기 위해 필수적이다.
해설	멘토와 멘티는 모두 멘토링 관계와 그것이 가져올 결과에 대한 동일한 기대치를 갖고 있다고 막연히 추정하지 말라.
해설	멘티는 일반적으로 멘토링 관계의 잠재력에 대해 이상적인 견해를 갖고 있다. 멘토는 능력 부여가 대부분 제한적이지만 진전이 이루어지는 것을 인식한다. 멘티가 부분적인 능력 부여에 만족하지 않고 특히 이상적인 것을 기대할 때 실망한다.
해설	기대치에 대해 논하는 것은 특별히 중요하다. 멘토나 멘티는 원하는 멘토링을 시작하기 전에 같은 기대치를 서로 공유해야 한다.
해설	계명 2-8은 모두 이 기대치에 대한 주요 문제를 다룬다.
해설	멘토나 멘티는 그 멘토링의 목적에 대해 서로 의논해야 한다. 때때로 이것은 복합적 문제들과 관련될 수 있고, 어떤 것은 멘토에서 그리고 어떤 것은 멘티로부터 나올 것이다. 어떠한 경우든 그 멘토링의 기본 목적을 함께 인식하는 것이 유익하다. 이것은 멘토링 관계가 발전하는 초기에 이루어져야 한다.

계명 3. 규칙성

| 소개 | 만남의 규칙성에 대한 서로 다른 기대치 때문에 또한 실망할 수도 있다. 바쁜 멘토는 덜 빈번하게 만날 것을 염두에 둘 수 있다. 반면에 멘티는 더 자주 만날 것을 마음속으로 기대할 수 있다. 따라서 서로 대화하고 정기적으로나 즉흥적으로 만나는 횟수에 대한 기본 원칙을 정하는 것이 좋다. |

계명 3. 상호 작용의 규칙성을 정하라.

기본 원칙	1. 규칙성에 대한 필요는 멘토링의 형태와 멘티의 반응에 따라 다르다는 점을 인식하라. 2. 정기적 만남이나 피드백과 조언(불규칙할지라도)을 위해 규칙을 미리 정해 놓는 것이 아무런 규칙 없이 만나는 것보다 낫다. 3. 규칙성은 기대치에 영향을 준다.
해설	규칙성의 필요는 멘토링의 형태, 멘티의 반응, 효과적인 멘토링을 위해 필요한 관계의 깊이에 따라 다르다.
해설	만남을 즉흥적으로 가질 수 있는 가능성은 항상 관계를 발전시킬 수 있는 문을 열어 준다. 그러나 바쁜 멘토는 우선순위를 가지고 있으며 즉흥적인 만남은 그의 우선순위에 포함되지 않을 수 있다. 멘토링 관계 초기부터 이런 이슈들을 분명히 하라.
해설	하향 멘토링 관계에서 나(로버트)는 일주일에 최소한 한 번 만나며 집중적 멘토링(제자훈련, 코칭, 영적 안내)을 하는 것이 최상인 것을 발견했다. 그 만남은 직접 만나거나 전화로 이루어질 수 있다. 집중적 제자훈련에서는 일주일에 두세 번 만나는 것이 보통이다.
해설	수평 멘토링의 경우 나는 한 달에 한 번 정도 만난다. 때때로 그 멘티가 자발적이고 책임감 있는 사람이라면 그 횟수를 늘리기도 한다. 그러면 매달 한 번 만남과 더불어 비주기적으로 수시로 만날 수 있다.
해설	상향 멘토링에서는 내가 도움을 받는 멘토링의 종류에 따라 다르다. 나의 영적 성장과 열매 맺는 삶에 대한 책임을 다하는 나의 상향 멘토의 경우 나는 매달 한 번이나 가능하면 더 자주 만나는 것을 선호한다. 내가 어떤 기술을 배우는 코칭의 경우에 진전의 정도에 따라 필요한 대로 때때로 만난다.

계명 4. 책무

소개	책무는 중요한 멘토링의 역동성이다. 다시 말하지만 그것은 그냥 일어나지 않으며 미리 계획해야 한다. 멘토링 과제를 어떻게 부여하고 확인할 것인지에 대해 서로 동의하라. 능력 부여의 핵심은 멘토가 멘티와 나누는 것뿐만 아니라 멘토가 멘티에게 제시하는 과제에도 있다. 만약 멘티가 유익을 얻고자 하면 과제를 이행해야 한다. 책무성은 이것이 확실하게 일어나도록 촉구한다.

계명 4. 책무성의 형태를 정하라.

기본 원칙	1. 미리 처음부터 책무와 능력 부여의 필요성과 중요성을 솔직하게 알려라. 2. 만일 책무성이 확립될 수 없거나 합의될 수 없다면 그 멘토링 관계를 종결하라. 3. 가능하면 책무성의 이슈들을 기록하라.
해설	책무의 형태는 다음과 같다. 1. 기록 2. 정기적인 구두적 피드백 3. 과제의 완성 4. 자발적 관찰과 피드백 5. 다른 사람에 의한 관찰 등이다.
해설	책무성은 여러 방식으로 이루어질 수 있다. 서면 보고, 미리 계획된 전화 통화, 직접 만남으로 질문, 합의된 제3자에 의해 가능하다. 멘토는 그 책무가 분명히 일어나도록 멘티가 책임감을 갖기를 바란다. 책무성은 멘티에 의해 자발적으로 이루어지는 것이 이상적이다. 이것은 멘토가 자유롭게 더 많은 멘토링 기회를 가질 수 있도록 해준다.
해설	각 멘토 타입은 다른 종류의 책무성을 요구한다. 지속적 관계를 요구하는 제자훈련, 영적 안내, 코칭과 티칭의 경우 나(로버트)는 대부분 계명 2, 3, 4와 관련된 이슈들을 분명하게 기록하기 원한다. 상담 멘토링에서 많은 경우에 짧은 상황적 상담을 하기 때문에 책무를 서면으로 하거나 그렇지 않을 수 있다. 그러나 지속적 관계를 유지하기 위해서 나는 책무성을 서면으로 기록한다.
예	서면으로 기록된 책무성의 한 가지 예로 341페이지에 있는 로베르토에게 보내는 편지를 보라. 이것은 비형식적으로 이루어진 성장 계획(growth contract)이다.
예	부록 E의 사례 3, 마크/게일에게 보내는 편지를 참고하라.
예	부록 E의 사례 4, 중심성 요소(Centrality Component)에 초점을 맞추는 영적 안내 멘토링을 참고하라.

책무의 예 - 제자훈련 습관

소개   30대 중반인 어떤 사람의 사례를 소개하고자 한다. 그는 이전에 놓친 제자훈련의 습관을 배우기 원한다. 그는 제자훈련을 위해 나에게 도움을 요청했다. 나는 먼저 구두로 응답했고 이 편지로 명확하게 설명했다.

로베르토에게,

이 편지를 늦게 보내게 되어 미안합니다. 나는 당신이 제자훈련의 습관을 새롭게 시작하는 데 필요한 4가지를 제안하고자 합니다.

1. 경건한 삶에 대한 개념을 이해하기 위해서 나의 소책자 『하나님과의 교제』(Fellowship With God)를 읽기 바랍니다. 내가 사용하는 다양한 방법, 특히 "한 가지 사고법"(One Thought Method)을 배우기 바랍니다. 이것을 일주일 안에 끝내야 합니다. 그것을 마치면 알려 주길 바라며 전화로 연락하면 됩니다.
2. 다음은 "한 가지 사고법"(One Thought Method)을 사용하여 목회 서신(디모데전·후서와 디도서)을 묵상하길 바랍니다. 그 법칙은 성경 말씀을 문맥별로 읽고 적용하는 것입니다. 문맥의 전후 상황을 파악하기 위해 필립스 번역(Phillips version)을 사용하여 매일 한 문맥씩 묵상하면 됩니다. 떠오르는 "한 가지 생각"을 계속 기록해 나가고 디모데전서를 끝마치면 나에게 가져오십시오. 당신이 묵상한 내용의 하이라이트를 나와 나누기를 원합니다. 그런 후에 우리는 디모데후서와 디도서를 위한 날짜를 잡을 것입니다.
3. 당신이 기도 노트를 사용하여 매일 중요한 기도 제목과 응답을 구체적으로 기록하고 기도하길 바랍니다. 예전에 새신자 상담 훈련을 위해 빌리 그래함(Billy Graham) 목사님이 사용했던 양육용 "기도 달력"을 추천합니다. 내가 그것을 당신에게 보여주겠습니다. 다시 말하지만 당신이 이 방법을 사용하여 당신의 기도 일기를 기록하길 바랍니다. 우리가 만날 때 그것을 가지고 와서 무엇이 일어나고 있는지 나와 함께 나눌 수 있습니다.
4. 당신이 몇 가지 영적 훈련을 실천하길 바랍니다. 한 달에 한 가지 정도 하십시오.[1] 당신이 나의 사무실에 오면 영적 훈련에 대한 자료를 전해 주겠습니다. 이 영적 훈련들을 통해서 경험하는 것을 일기로 쓰고 기록한 그 내용을 나와 함께 나누기를 원합니다.

당신이 적어도 한 달에 한 번은 나와 만나면서 어떻게 하고 있는지에 대해 보고하길 바랍니다. 우리가 매달 한 번씩 만날 때 당신의 나눔과 더불어 나 자신도 제자훈련과 영적 훈련에 대해 배운 것을 당신과 나눌 것입니다. 나는 균형 잡힌 말씀 섭취를 위해 "말씀의 손"(The Hand)이라고 부르는 모델을 소개할 것인데, 이것은 내가 지난 26년 동안 사용해 온 것입니다.[2] 추가적으로 평생 성경 말씀을 연구하기 위한 나의 목표를 보여줄 것입니다. 이것은 당신이 기대했던 것이고 너무 부담되지 않기를 바랍니다. 하나님이 당신을 축복하시고 당신의 필요를 채워 주시길 기도합니다. 당신의 아내에게도 안부 전해 주길 바랍니다.

---

1) 로베르토에게 제시한 영적 훈련들에 대한 부록 C를 보라.
2) "말씀의 손"(The Hand) 예화는 네비게이토 선교회가 일대일 제자훈련에서 사용하는 것이다. 그것은 성경 말씀에 대해 의도적으로 집중하여 듣고, 읽고, 공부하고, 암송하고, 묵상하는 것이다.

계명 4. 책무에 대한 피드백

1. 부록 E의 사례 3에서 마크와 게일에게 보내는 편지를 읽어라. 어떤 종류의 책무성을 발견할 수 있는가? 책무를 나타내는 내용을 목록으로 적으라. 당신의 의견에는 무엇이 빠졌다고 생각하는가? 혹은 무엇을 더 향상시킬 수 있었는가?

2. 부록 E의 사례 4에서 성장의 영역을 읽어라. 당신의 의견에는 이러한 책무성에 관한 사례에서 무엇이 빠진 것처럼 보이는가?

해답
1. 구두로 나눔, 한 달에 한두 번씩 만남, 개인적 성장 프로젝트를 위한 자기 주도성, 그리고 책무성을 서면으로 기록했더라면 이러한 여러 책무 사항을 더 강화시킬 수 있었을 것이다.
2. 10가지 과제가 목록으로 기록되어 있지만 어떻게 처리할 것인지가 중요하다. 함께 만나기로 약속하고 구두로 하는 일반적 피드백 외에는 책무성이 약하다. 구두로 혹은 서면으로 이루어지는 책무가 없었고 구체적으로 시간도 제시하지 않았다. 이러한 책무성은 더욱 강화될 수 있다. 먼저 부여하는 과제를 줄이고, 이전 것을 완성하면 새로운 과제를 부여하라. 정해진 시간에 맞추어 서면으로 과제를 제출하도록 하라.

계명 5. 의사소통

소개	종종 멘토는 멘티에게서 교정이 필요하거나 염려가 되는 부분을 발견한다. 그러나 이러한 점을 멘티에게 어떻게 알려주느냐에 대해서는 쉽게 확신할 수 없다. 또한 멘토는 자신이 묻고 싶은 것이 있지만 어떻게 하는 것이 좋은지 잘 모를 수 있다. 따라서 멘토와 멘티 사이에 의사소통을 위한 기본 원칙이 확립되어야 한다. 대화 가운데 삼가야 하는 것은 무엇인가? 적절한 것과 적절하지 않은 것은 무엇인가? 5계명은 이러한 의사소통의 필요와 방법을 다룬다.

계명 5. 의사소통의 방법을 정하라.

기본 원칙	1. 의사소통의 방법에 대해 솔직하게 대화하라. 2. 대화에서 허용되는 것과 허용되지 않는 것에 대한 기본 원칙을 정하라. 3. 의심이 생길 때는 추측하지 말고 질문하라. 4. 기대한 대로 어떤 일이 일어나지 않을 때는 먼저 의사소통의 문제를 의심하라. 이 원칙을 자주 확인하라.
해설	멘토링이 진행되는 중에 멘티로서 멘토에게 항상 이와 같은 질문을 하는 것이 좋다. "염려되거나 말하고 싶은 것이 있나요? 그렇다면 자유롭게 말씀하세요." 사실 관계가 발전함에 따라 언제든지 이런 대화가 가능하도록 멘티가 전적으로 허락한다는 것을 명시하는 것이 좋다. 우리의 멘토링 경험에서 그런 일이 일어났으며 그것을 큰 특권과 진지한 책임으로 여긴다. 멘티가 이렇게 함으로써 멘토의 관점과 지혜에 마음을 열게 하고, 강력한 능력 부여를 받을 수 있다.
해설	때때로 멘티는 멘토에게 어떤 질문을 하기를 원하지만 약간 압도되거나 그렇게 하는 것을 두려워한다. 멘티가 캐물을 수 있는 것과 없는 것을 분명히 하는 기본 원칙을 정해야 한다. 한계를 정하고 서로 알아야 한다. 대부분 멘토가 질문을 유도해야 한다. 함께 있는 동안 멘토는 때때로 어떤 질문에도 마음을 터놓아야 한다. 우리는 멘토링 시간에 가끔 질문을 하도록 요청한다. 전달하는 정보나 과제에 관한 것뿐만 아니라 멘티가 질문하기 원하는 것이 무엇이든 마찬가지이다.

계명 6. 비밀 유지

소개	계명 5와 6은 모두 의사소통과 관련된다. 계명 5는 멘토와 멘티 사이의 의사소통을 다루는 반면에 계명 6은 멘토링 관계 밖에서 일어나는 의사소통을 다룬다. 멘토링 관계가 깊어질수록 멘토와 멘티는 개인적인 문제에 대해 서로 나누게 된다. 이 경우에 멘토나 멘티 혹은 둘 다 서로 나눈 내용이 다른 사람들에게 알려지는 것을 원하지 않을 수도 있다. 외부에 알려질 수 있거나 혹은 알려질 수 없는 것에 대한 원칙을 정해야 한다.

계명 6. 비밀 유지의 수준을 명확하게 하라.

기본 원칙	비밀 유지의 기본 원칙: **비밀 사항에 관하여 멘토 또는 멘티 어느 쪽이든지 기대를 저버리지 말라.**
해설	몇 가지 요인이 비밀 유지 수준에 영향을 준다. 그런 요인들 중에 하나는 멘토와 멘티 둘 다 갖고 있는 성향과 관련된다. 어떤 사람은 다른 사람보다 좀더 솔직하다. 어떤 사람은 상처를 더 잘 받는다. 반면에 덜 솔직하며 덜 상처를 받는 사람도 있다. 어떤 사람은 자신의 심각한 문제를 다른 사람들이 아는 것에 개의치 않는다. 다른 사람은 자신의 문제를 누군가가 알게 될 것이라는 생각으로 위협감을 느낀다. 자신의 나이가 알려지는 것을 원하지 않는 사람도 있다. 비밀 유지에 대한 성향과 느끼는 감정은 멘토링 관계에서 존중되어야 한다. 각 멘토링 관계에서는 개인적으로 이 점을 충분히 고려해야 한다.
해설	나(로버트)는 일반적으로 사용하는 기본 원칙이 있는데 그것을 멘티들에게 설명한다. 상담을 할 때 나는 모든 대화 내용을 비밀로 유지하고 그것을 다른 사람들과 나누지 않는다. 다른 형태의 멘토링 관계에서 나누지 말아야 할 것이 있다면 멘티가 구체적으로 말해 줄 것을 명확히 한다. 대개 나는 멘티들과 나누는 것에 열려 있으며 그들에게 모델링하며 내가 말한 것을 그들이 다른 사람들과 나누기를 기대한다. 나는 그들에게 똑같은 것을 기대한다. 만약 내가 나누는 것 중에 비밀 유지가 필요하면 나는 그것에 대한 주의를 준다. 만약 멘티들이 나누기 원하지 않는 것이 있다면 나에게 주의를 주도록 한다.
해설	멘토링의 형태에 따라 비밀 유지에 영향을 준다. 영적 안내자와 상담자는 대개 깊고 은밀한 내면적인 문제를 다룬다. 이런 내용은 비밀로 유지되어야 하며 오직 상호 간에 허락을 통해서만 외부로 알려질 수 있다. 코칭과 티칭은 대개 덜 비밀스러운 문제들을 다룬다. 제자훈련은 개방할 수 있는 문제들을 나누지만 깊고 더 비밀 유지가 필요한 것을 다룰 수도 있다. 후원은 대개 비밀 유지를 필요로 한다.

계명 7. 순환 주기

| 소개 | 멘토링의 기간은 능력 부여가 일어나는 기간에 따라 달라진다. 이것을 반드시 기억하고 멘토링 관계에 따라 적당한 기간을 정해야 한다. 순환 사이클의 계명은 시작, 성취, 종결의 과정이 필요하다. 이 멘토링 주기는 여러 요인에 따라 다르며 이것을 미리 계획해야 한다. |

계명 7. 멘토링 관계의 순환 사이클을 정하라.

기본 원칙	1. 제한 없이 무한정 멘토링 관계를 갖는 것을 피하라. 2. 기간이 길어질 가능성이 있는 멘토링 관계는 기간을 적당한 작은 단위로 나누라. 그렇게 하면 멘토링 관계를 유연하게 관리할 수 있다. 3. 좋지 못한 종결이라도 종결이 없는 것보다 낫다.
해설: 기본 원칙	제한 없이 무한정 멘토링 관계를 갖는 것을 피하라. 멘토링 관계를 시작할 때 영원히 지속되리라고 기대하지 말라. 사실상 길어질 가능성이 있는 멘토링 관계는 기간을 유연하게 관리할 수 있는 작은 단위로 나누는 것을 권장한다. 만약 주어진 목표와 책무 수준을 이루기 위해 6개월 정도 시간이 걸린다고 하면 3개월 동안의 좀더 작은 단위로 목표를 설정하고 평가하는 것이 좋다. 그렇게 했는데도 멘토링 관계를 통해 효과가 없으면 양쪽 모두 체면을 손상하지 않고 관계를 끝낼 수 있다. 반면에 관계를 통해 유익을 얻고 있다면 관계를 지속할 수 있고, 멘토링 기간과 평가 시점을 새롭게 정할 수 있다. 오랫동안 불편한 관계를 유지하는 것보다는 새롭게 시작할 수 있는 여지를 두고 기간을 짧게 계획하고, 멘토링을 평가하고 끝내는 시점을 갖는 것이 더 좋다.
해설: 상담의 순환 주기	상담에서 순환 사이클은 많은 변수에 달려 있다. 상황적 상담은 짧은 시간에 조언을 제공하는 것으로 가능할 수도 있고 다른 문제들은 며칠 동안 반복적인 만남으로 가능할 수 있다. 금전 지불이 필요한 상담은 더 길어질 수 있고 몇 개월이 걸리는 지속적인 관계가 필요할 수 있다. 전문적인 상담 멘토링 관계는 수개월 동안 지속될 수 있다. 비록 정확한 기간을 확신할 수 없을지라도 시간적 한계를 정하는 것이 현명하다.
해설: 코칭/티칭의 순환 주기	코칭과 티칭 멘토링 관계는 한두 달의 짧은 기간부터 서너 달에 이르기까지 다양하다. 그 관계는 배우는 기술 혹은 개인이나 그룹으로 가르칠 때 사용하는 접근 방법에 달려 있다.
해설: 후원의 순환 주기	후원 멘토링 관계는 대게 몇 년 동안 지속되지만 실제적으로는 그 기간 동안 집중적으로 이루어지지 않는다. 그 기간에 실제적인 후원 멘토링을 위해 단지 비주기적으로 만나는 것이 필요할 것이다. 그러나 후원자 멘토들은 대개 코칭이나 티칭 혹은 상담을 하는 멀티-멘토들(multi-mentors)이며, 사실 시간의 한계는 상담 멘토링에 따라 정해질 것이다.

해설: 제자훈련의 순환 주기	이전에 제자훈련 관계의 순환 사이클에 대해 논했다. 핵심적 이슈는 시간이 아니라 영적 습관의 확립이다. 따라서 제자훈련을 위한 순환 주기의 한계는 없으나 영적 습관에 대한 마무리를 잘할 수 있어야 한다.
해설: 영적 안내의 순환 주기	영적 안내 멘토링은 대개 3-12개월 지속된다. 물론 멘티가 무엇이 필요한지 평가하고 영적 안내자의 능력에 달려 있다. 그 관계는 처음 목표가 충족된 후에 일반적으로 더 친밀한 우정과 개방된 관계로 발전한다.
해설	요약하면, 다음과 같은 기본 원칙을 지켜라. 현실적 시간 제한을 두라. 서로의 관계가 악화되지 않는 상태에서 끝낼 수 있는 시점을 정하라. 멘토링 관계를 지속하자는 제안을 받아들일 여지를 계속 열어 두라. 어떤 멘토링 상황에서도 시간 제한을 두는 것이 필요하다는 점을 항상 염두에 두라.

계명 8. 피드백/평가

소개	이상적인 완벽한 멘토링 관계는 없다. 기대치가 완전히 채워지는 경우도 거의 없다. 그러므로 멘토링 관계를 수시로 평가해야 한다. 비록 평가에 대한 책임은 멘토에게 있지만, 평가는 멘토와 멘티 둘 다 나누어야 할 몫이다.

계명 8. 멘토링 관계를 수시로 평가하라.

기본 원칙	1. 멘토는 멘토링 관계를 주기적으로 평가하는 시간을 계획해야 한다. 2. 멘토는 평가 과정을 통해 멘티로부터 피드백을 이끌어 내야 한다. 3. 평가를 위한 주요 관점으로 멘토링 관계의 목적과 5가지 멘토링의 역동성을 사용하라. 4. 충족되지 않은 기대치와 목표를 실현하기 위해 그것을 변경하거나 현실적으로 가능하도록 수정하라.
해설	이 계명은 계명 1의 목적과 계명 9의 기대치 수정과 매우 밀접하게 관련이 있다.
해설	현명한 멘토는 멘토링 경험이 계속되는 상황을 평가하는 데 유익한 5가지 멘토링 역동성(매력, 관계, 반응, 책무, 능력 부여) 요인들을 사용한다. 이를 통해 멘토링이 진행되는 중간 과정에서 수정하는 것이 가능하다.
해설	평가는 주로 멘토가 하는 역할이다. 멘티는 주관적인 느낌이나 인식된 기대치의 부족감 외에는 평가를 위한 실제적인 근거가 부족하다.
해설	사실 멘토링 세션을 준비할 때마다 멘토가 먼저 전체적 과정을 검토하고 진전이 이루어진 것은 무엇이고, 문제점은 무엇이며, 멘토링을 향상시키기 위해 현 시점에서 개선할 점은 무엇인지를 확인하는 것이 필요하다.

계명 9. 기대치 수정

| 소개 | 계명 8과 9는 동전의 양면과 같다. 기대치에 대한 계명 9는 동전의 다른 면이다. 계명 8의 평가는 주로 멘토의 책임이며, 반면에 계명 9의 기대치 수정은 주로 멘티의 책임이다. 기대치는 멘토링 관계에서 가장 실망을 주는 근본적 원인이 되기도 한다. |

계명 9. 실제 상황에 맞추어 기대치를 수정하라.

기본 원칙	1. 처음에 갖는 목적과 기대치는 대부분 충족될 수 있는 것보다 더 높다. 2. 이상적인 기대치는 복잡한 이유 때문에 거의 도달할 수 없다. 따라서 때때로 멘토링의 실제 상황에 맞추어 평가와 피드백을 통해 기대치를 수정해야 한다.
해설: 기본 원칙	이상적인 기대치에 못 미치는 멘토링 상황을 해결할 수 있는 기본 원칙은 간단하다. 멘토링의 실제 상황에 맞게 평가와 피드백을 근거로 하여 기대치를 수정하라. 현실 상황은 예상치 못하는 복합성을 띠고 있기 때문에 기대치에 도달하는 것을 종종 가로막는다. 어느 정도 멘토링을 진행한 후에 현실적으로 일어날 가능성에 맞추어 기대치를 수정하라. 이렇게 할 때 실제적인 능력 부여가 일어나는 것을 보고 기뻐할 수 있다. 이상적인 기대치에 미치지 못한다는 사실 때문에 멘토링에 대해 실망할 필요가 없다.
해설	멘토링이 진행되는 동안 이 계명을 지킨다면 그렇지 않은 경우보다 마지막 마무리는 훨씬 더 효과적으로 이루어진다.

계명 10. 마무리

소개 "끝을 생각하며 시작하라"는 자주 사용되는 원리가 있다. 모든 멘토링에서는 이 기본 원리를 따라야 한다. 멘토링 경험을 만족스럽게 끝내기 위해서는 마무리를 잘해야 한다.

계명 10. 멘토링 관계를 마무리하라.

기본 원칙	1. 멘토링 관계의 주요 목적을 이루기 위한 순환 주기를 정하고 마무리 시간을 분명히 정하라. 2. 멘토는 멘토링 경험을 면밀히 평가하고 그 결과를 멘티와 나누기 위해 준비해야 한다. 3. 일어난 능력 부여를 알려 주면서 멘티에게 동기를 부여하라. 4. 다른 순환 주기로 멘토링 관계를 재개할 수 있는 가능성이나 지속될 수 있는 멘토링 기회에 문을 열어 놓아라. 5. 미래에 계속 멘토링 관계를 기대하지 않더라도 우정 관계를 확립하도록 노력하라.
해설: 이상적 마무리	분명한 마무리를 염두에 두지 않은 멘토링은 멘토와 멘티 모두 불편한 마음으로 흐지부지 끝날 가능성이 많다. 멘토링 관계는 영구히 지속되는 것으로 계획할 필요가 없다. 멘토링을 즐겁게 끝내려면 분명한 마무리가 필요하다. 멘토와 멘티가 모두 평가하고, 능력 부여를 인식하며, 멘토링 관계를 함께 끝내야 한다.
해설: 문을 열어 놓아라	멘토링을 성공적으로 마무리하면 흔히 비주기적으로 멘토링이 계속 일어날 수 있으며, 필요할 때마다 삶을 서로 나누는 지속적인 친구 관계가 형성될 수 있다.
해설: 맺는말	"멘토링 관계를 마무리하라"는 계명 10을 잊지 말라. 이 계명은 어느 계명보다도 덜 지켜지고, 지켜지지 않을 때 가장 해로운 결과를 가져올 수 있다. 비록 멘토링 관계가 성공적이지 못했을지라도 반드시 마무리를 해야 한다.

4가지 방식의 멘토링 그룹

소개 멘토링의 또 다른 방식을 통해 이해의 폭을 넓히고 멘토링을 더욱 유용하게 활용할 수 있다. 지금까지는 멘토링이 개인적인 차원에서만 이루어지는 것으로 다루었다. 사실 멘토링의 핵심은 그렇다. 그러나 멘토링은 개인적인 차원에서 뿐만 아니라 다양한 목표를 가진 소그룹에서도 이루어질 수 있다. 멘토링이 일어날 수 있는 4가지 방식의 그룹은 다음과 같다. 1) 티칭, 코칭, 제자훈련 형태의 멘토링 그룹, 2) 수평 멘토링을 위한 동료 책무 그룹, 3) 코칭, 티칭, 동시대 모델링을 사용하는 다수의 교육자/학습자 그룹, 4) 하향과 수평 멘토링 접근법을 사용하는 소집단 그룹 등이다. 이제 이 4가지 방식의 멘토링 그룹에 대해 살펴보자.

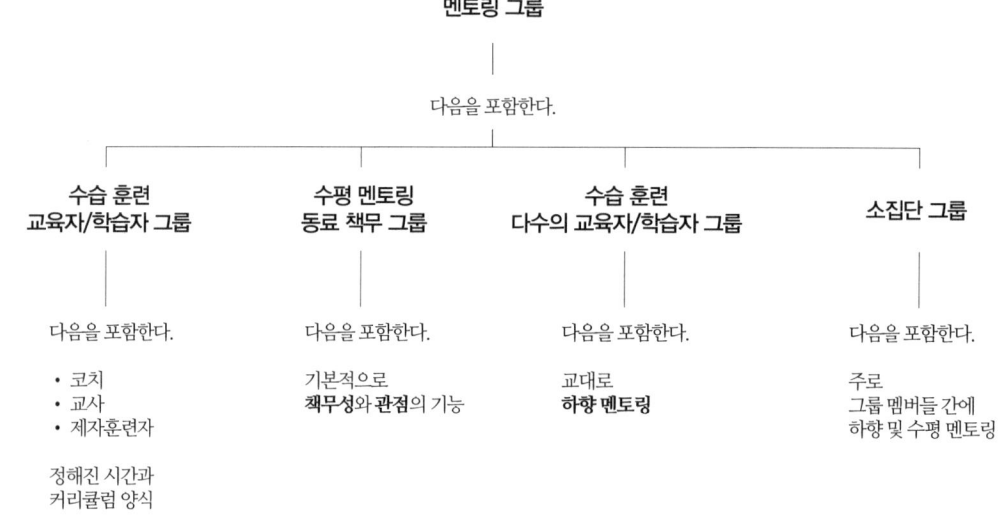

해설 나(로버트)는 과거 경험을 통해 볼 때 소집단 그룹을 제외하고는 다른 그룹 방식을 통해 의도적이지 않은 채 멘토링이 일어났다. 그러한 그룹들은 다른 목적을 위해 형성되었지만 멘토링은 이루어졌다.

해설 이 그룹들을 나열하고 설명하는 목적은 만약 멘토링 개념을 갖고 각 그룹을 의도적으로 적극 활용하면 멘토링이 훨씬 더 효과적으로 이루어질 수 있다는 점을 알려 주기 위해서이다.

교육자/학습자 그룹 동의어: 제자훈련, 코칭, 티칭을 위한 그룹

소개

그룹 방식의 멘토링은 그룹 멤버들 중에 한 명이 멘토가 되어 특별한 기술을 그룹 전체를 위해 가르칠 때 일어난다. 기술적 용어로 가르치는 리더를 교육자로 부르고, 그룹에 속한 다른 사람들을 학습자라고 부른다. 교육자는 어떤 기본 관점이나 기술을 배우도록 학습자들을 가르치고 코칭하며 사용하도록 하고 그들의 진전을 평가한다. 그룹 동료들은 수평 멘토링의 관점과 책무성 기능을 서로에게 제공한다. 가르치는 리더는 하향 멘토링의 역할을 한다. 예를 들어, 그룹 상황에서 제자훈련이 효과적으로 일어날 수 있다. 교육자인 제자훈련자가 인지적, 정서적, 경험적, 의지적 모든 습관적 핵심을 포함한 잘 짜인 훈련 프로그램을 사용하여 소그룹으로 멘토링할 수 있다. 다른 기본적인 기술이나 정보에 대한 그룹 멘토링도 마찬가지로 가능하다.

해설

코칭, 티칭, 제자훈련을 통한 하향 멘토링에서 그룹 역동성과 더불어 소그룹 이론의 역동성을 결합할 수 있다.

**예
코치/교사/
제자훈련자**

네비게이토 2:7 교회 제자훈련 시리즈는 이 방법을 매우 효과적으로 사용해 왔다. 그러나 이러한 그룹 프로그램의 2가지 약점에 주의해야 한다. 개인적인 제자훈련에서 강점의 하나는 경험적인 요소이다. 제자훈련자는 실제 상황에서 멘티에게 많은 기술을 어떻게 사용하는지를 보여준다. 멘티가 어떤 것을 직접 목격하고 느끼며 의지적으로 행동하면서 자신의 가치관에 변화가 일어난다. 그러나 그룹 상황에서는 제자훈련의 경험적 요소를 이루는 개인적인 접촉을 종종 놓친다. 두 번째 약점은 프로그램의 부합성과 관련이 있다. 그룹 제자훈련 프로그램은 대개 모든 사람이 동일한 시간 스케줄에 따라 똑같은 것을 하도록 요구한다. 사실 사람에 따라 정보를 처리하고 기술을 배우는 능력에서 차이가 있다. 그룹에서 제공하는 프로그램의 모든 내용이 다 필요한 것은 아니며, 모든 사람이 같은 속도로 소화해 낼 수 있는 것도 아니다. 제자훈련자는 항상 진도를 좀 빨리 나가길 원하지만 대개 개인적인 제자훈련은 멘티와 맞추며 진행한다. 그룹 상황에서 멘토와 멘티들 간에 개인적인 관계를 발전시키면 멘토링을 강화할 수 있다. 이를 통해 멤버들 간에 일어나는 그룹 역동성뿐만 아니라 개별화된 멘토링이 일어날 수 있다.

예: 코칭/티칭	제임스 케네디(James Kennedy)의 "전도 폭발"과 같은 프로그램은 소그룹에 잘 적용할 수 있다. 이러한 종류의 그룹은 코칭을 위해 이상적이다. 전도 기술은 인지적 동기에 초점을 맞출 뿐만 아니라 경험적 기술을 전수하고 개인적으로 현장 실습을 하는 그룹에게 가르칠 수 있다. 교사 훈련을 위해서도 동일하게 적용할 수 있다. 잠재력 있는 교사들에게 티칭 능력의 비약적인 발전을 이끌어 내기 위해 집중 그룹을 만들어 사용할 수 있다. 좋은 교사들은 잘 가르칠 뿐만 아니라 훌륭한 교수법을 전수해 주는 방법을 알고 있다. 경험적 목표뿐만 아니라 인지적 목표와 동기 부여를 위해서도 그룹으로 가르칠 수 있고 학습자들도 서로 가르칠 수 있다. 과제를 개인적으로 관찰하고 그룹에서 미흡한 피드백을 제공해야 한다. 그룹이 작고 개인적인 관계를 유지하고 멘토링의 역동성이 일어나면 코칭과 티칭 멘토링을 위해 그룹을 효과적으로 사용할 수 있다.
해설	이와 같은 그룹은 대개 2-3개월 동안 지속되며 마무리를 계획한다. 교육자는 이런 방식의 그룹에서 열쇠가 된다. 교육자는 그룹 멤버들이 배우기 원하는 기술, 지식, 관점을 갖고 있어야 한다. 교육자는 교육자/학습자 관계에서 전문가가 되어야 한다. 이것은 또 하나의 매우 효과적으로 이루어지는 하이브리드 방식의 멘토링이 될 수 있다.
해설	특별히 만든 집중 그룹에 더하여 코치와 교사는 일반적인 수업과 프로그램을 활용하며 멘토링을 추가해야 한다. 멘토들은 대부분 코치와 교사로서 일상적인 훈련이나 티칭에서 그들의 강점을 사용하는 공식적 역할에 대개 적극적이다. 멘토링의 가능성에 민첩한 멘토들은 그룹에서 잠재력 있는 멘티들을 선택하여 그룹 활동을 초월하여 개인적으로 특별한 관심을 기울인다. 나(로버트)는 종종 일상적인 강의 과제를 통해 잠재력 있는 멘티들을 찾아내곤 한다. 일반적으로 가르치는 정규 수업을 근거로 그들에게 과제물을 제시한다. 또한 이러한 상황에서 내가 보여주는 동시대 모델링의 능력을 매우 중요하게 여긴다.

동료 책무 그룹

소개 서로 교제를 나누며, 성장을 위해 자극을 주고, 책무를 제공하기 위해 규칙적으로 모이는 동료들로 구성된 그룹에서 서로 영향을 끼치는 멘토링이 일어날 수 있다.

설명 만약 자극제, 도전, 영적 책무를 제공하기 위해 규칙적으로 만나는 동료 그룹 안에 수평 멘토링의 개념을 도입하면 효과적인 측면에서 크게 향상시킬 수 있다.

예 언약 그룹

예 노회나 지방회 목회자 모임

해설 주로 동료들로 구성되어 책무를 다하는 그룹에서 수평 멘토링이 일어나며 영적 안내 멘토링을 포함하기도 한다. 그런 그룹에서는 대개 오랫동안 서로에게 헌신해 왔다. 그들은 서로 깊이 있는 인간관계로 발전시키고, 모임에서 높은 수준의 개방성을 유지할 수 있다. 모임의 초점은 성경 연구, 기도, 교제 등 다양할 수 있지만 주된 목적은 서로에게 책무를 다하는 것이다. 그리고 각자 서로에게 개방적인 태도를 가짐으로써 다양한 관점으로 새롭게 자극을 받을 수 있다. 나(로버트)의 상향 멘토들 가운데 한 사람은 10년 동안 그런 그룹을 통해 만남을 가져왔다. 수평 멘토링의 주요 기능은 13장에서 설명한 대로 이러한 종류의 책무 그룹 안에서 관점과 책무성의 기능이 분명히 작용한다. 만약 그룹 멤버들 모두 수평 멘토링의 개념을 이해하고 각 동료의 전문성을 통해 다양한 형태의 멘토링이 일어난다면 그 기능은 더 향상될 수 있다.

다수의 교육자/학습자 그룹

소개 교육자/학습자 그룹과 동료 그룹으로부터 나온 또 다른 형태의 멘토링은 다수의 교육자/학습자 그룹이다. 이것은 그룹의 각 멤버가 교대로 교육자가 되어 공동으로 이루어지는 하향 멘토링이다. 그룹 멤버들은 동료 학습자로서 각 교육자로부터 배운다.

설명 가까이 있는 동료들의 그룹은 서로 배우고 책무를 다하기 위해 약속을 정할 수 있다. 각자 교대로 그룹을 위해 교육자로서 활동하고 한 가지 혹은 더 많은 기술과 관점을 전수한다. 전체 그룹은 그 학습을 위해 일시적인 교육자를 따른다. 다음은 각자 교대로 그 그룹을 위해 교육자로 봉사한다. 그러면 그 그룹에서 모두가 교육자로서 가르치고 능력 자원을 전해 준다. 또한 각자 학습자로서 교대로 다른 사람들로부터 배운다.

예 안식년 동안 같은 학교에서 공부하는 중견 선교사들이 함께 수업을 듣는 학기 동안 서로에게 자극제가 되고 전문성을 나누기 위해 그룹을 만들 수 있다.

해설 이것은 학습과 책무 그룹을 위한 하나의 강력한 형태이다. 이런 그룹 방식의 멋진 점은 교육자가 어느 한 가지 영역에서만 유능하면 된다는 것이다. 그리고 각자 다른 사람의 강점으로부터 유익을 얻을 수 있고 어떤 기술을 다른 사람들에게 가르쳐 주면서 그런 학습을 계속할 수 있다.

해설 이것은 특히 은사를 계발하기 위한 좋은 방식이다. 각자가 그/그녀의 전문 분야에서 그룹으로 멘토링을 할 때 그 그룹 안에서 어떤 사람은 기술, 그리고 다른 사람은 또 다른 사람이나 기술에 끌릴 수 있다. 이를 통해 흥미를 일으키는 전문 분야에서 수평 또는 하향 멘토링으로 관계나 네트워크가 자연스럽게 이루어질 수 있다.

소집단 그룹

소개   소그룹 집단은 교육자/학습자 그룹, 수평 멘토링, 다수의 교육자/학습자가 결합된 방식이다. 어떤 분야에 전문성을 가진 교육자는 그 전문 분야에 특별한 관심이 있고 지리적으로 근접한 곳에 있는 동료들의 그룹을 만든다. 그 교육자로부터 하향 멘토링 그리고 관심 있는 동료들 간에 수평 멘토링이 일어난다.

설명   공통적인 사역에 관심이 있는 동료 그룹은 서로 약속을 정해 그들의 관심 분야에 어떤 전문성을 가르쳐 줄 수 있는 교육자(하향 멘토링: 코치, 영적 안내자, 상담자, 교사, 동시대 모델) 밑에서 배울 수 있다. 또한 그들이 배운 것을 적용하면서 과제를 통해 상호 간에 멘토링이 이루어진다.

모델의 핵심
1. 그룹의 동료들은 공통적인 사역을 추구한다.
2. 그룹의 동료들은 지리적으로 서로 근접해 있다.
3. 교육자는 전문성과 과제를 제공한다. 대부분 코칭, 티칭, 상담을 통한 하향 멘토링이 일어난다. 지식 습득은 자가 학습의 자료를 통해 이루어질 수 있다(예: 원거리 멘토링의 사용). 교육자는 지리적으로 근접해 있지 않더라도 시도할 수 있다.
4. 교육자와 전체 그룹은 자극제, 피드백, 그리고 새로운 과제를 제공하기 위해 주기적으로 함께 모임을 갖는다.
5. 각 그룹 멤버는 교육자로부터 개인적으로 도움을 받는다.
6. 각 동료는 그룹이 모이는 중간에 다른 동료들로부터 수평 멘토링을 제공받는다.
7. 각 동료는 그룹 안에서 다른 동료들에게 수평 멘토링을 제공한다.
8. 책무성은 교육자, 개인적으로 만나는 동료들, 그룹으로 만나는 그룹의 역동성으로 이루어진다.

예   교회 성장 컨설턴트의 후원으로 댄 리브스(Dan Reeves) 박사가 실시하는 교회 성장 소집단 그룹 컨설팅은 이 모델을 잘 보여준다. 리브스 박사는 10-15명의 목회자들로 구성된 소집단 그룹을 3개월마다 하루씩 날짜를 잡아 직접 만난다. 그 만나는 중간에 목회자들은 서로 수평 멘토링과 그들의 교회에서 하향 멘토링을 해야 하는 월별 과제를 이행한다. 이것은 교회 성장 컨설턴트가 제공하는 전문적 하향 멘토링과 동료 목회자들 간에 이루어지는 수평 멘토링을 결합한 매우 강력하고 체계화된 방식이다.

예   나는 최근 목회자들이 자신들의 리더십 평생 계발을 평가하는 데 관심 있는 소그룹 집단을 알게 되었다. 그 그룹은 나와 함께 매달 한 번씩 만났다. 나는 그들에게 하향 멘토링을 제공했다. 그들은 지식 습득과 서로 나누기 위해 매주 과제를 했다. 나는 각자에게 개인적으로 피드백을 제공했다. 이것은 5개월 동안 이루어진 프로젝트였다.

해설	소집단 그룹은 매달 혹은 간혹 모일 수 있다. 지식 습득은 자가 학습으로 이루어지며 그룹 모임 자체에서는 그렇게 많이 일어나지 않는다. 모이는 중간에 수평 멘토링을 통해 서로 간에 자극제가 되고 나눔이 일어난다.
해설	어떤 필요한 주제에 대한 유용한 자가 학습 자료는 소집단 그룹을 운영함에 있어서 핵심이 된다.
해설	소집단 그룹이 배우고 사용하고자 하는 동기 부여가 되어 있으면 지식 습득, 전문성 등 거의 모든 것을 활용할 수 있다. 교회 성장 이론, 지도자 평생 개발론, 멘토링, 조직변화의 역동성 등을 가르치기 위해 소그룹 집단을 이상적으로 활용할 수 있다.

멘토링의 부수적인 개념

원거리 멘토링(Distance Mentoring)

지금까지 배운 여러 멘토링 형태에 근접할 수 없는 상황에서는 대체 가능한 또 다른 형태의 멘토링을 활용할 수 있다. 이미 논한 멘토링은 대부분 근접성과 규칙적이고 직접적 만남을 전제로 한 것이었다. 그러나 어떤 종류의 멘토링은 원거리에서도 효과적으로 이루어질 수 있다. 제자훈련, 영적 안내, 후원, 일시적 그리고 전문적 상담은 대부분 근접성과 직접 대면하는 책무성이 필요하다. 그러나 영적 안내, 코칭, 티칭, 동시대 모델링, 상황적 상담은 경우에 따라 우편(이메일)이나 전화 등을 사용하여 원거리에서 이루어질 수 있다.

원거리 멘토링은 멘티의 편에서 어느 정도 성숙도가 필요하다. 자발적이 되어야 하고 직접적인 관찰이 없더라도 과제를 책임감을 갖고 성실하게 이행해야 한다. 멘티가 이러한 자세를 유지한다면 원거리 멘토링은 얼마든지 효과적으로 일어날 수 있다.

영적 안내 멘토링을 하고 있는 어떤 멘토를 알고 있다. 그는 모두 원거리 멘토링을 통해 멘티에게 내면성의 요소와 중보기도의 영적 민감성을 가르쳐 주고 코칭을 했다. 그 멘토와 멘티는 지리적으로 좀 떨어져 살고 있었다. 그래서 매주 전화 약속을 정해 놓고 30분에서 1시간 동안 전화 통화를 했다. 과제를 부여하고 반드시 확인했다. 경험한 일들에 대해 심도 깊게 나누며 서로 질문하고 응답했다. 새로운 과제를 계속 부여하면서 6개월 동안 진행된 그 멘토링은 매우 성공적이었다. 그 멘토는 훌륭한 중보기도자로서 경험이 많았으며, 유망한 그 중보기도자는 더 높은 영적 단계로 성장하면서 영적으로 매우 민감했다. 원거리 멘토링이 매우 성공적으로 이루어진 결과로 그 멘티는 지금 중보 기도 사역을 위해 다른 사람들에게 멘토링하고 있다.

어떤 교회 성장 컨설턴트는 석 달마다 한 번씩 그룹으로 사람들을 직접 만나 돕는 방법을 택하고 있다. 그는 또한 우편(이메일)로 과제물을 보내면서 지속적으로 지원을 하고 있다. 그다음 그는 우편(이메일)로 보낸 과제물을 토의하기 위해 전화 약속을 한다. 전화 통화 시간은 효과적으로 진행되었는데 그것은 우편(이메일)로 하는 과제의 일부분이었기 때문이다. 원거리 멘토링은 훌륭한 과제와 적극적인 반응을 보이는 멘티가 있을 때 효과적으로 이루어질 수 있다.

실수를 통해 배운 교훈

과거 수년 동안 우리가 멘토링에 참여하는 일이 계속 증가되어 왔다. 당신은 아마 우리의 실수로부터 배운 교훈을 통해 유익을 얻을 수 있을 것이다. 우리는 실수를 통해 분명히 많은 것을 배웠다. 나는 멘토링에서 범한 5가지 실수를 확인했다. 그리고 지금 그것들을 고치기 위해 노력하는 중이다. 내가 이전에 멘토링 십계명을 알았더라면 그런 실수를 예방할 수 있었을 것이다.

나는 (도비드) 멘토링의 목적을 정하는 데 나 자신이 일방적이거나 지나치게 주장하는 자세를 취했다는 것을 알게 되었다. 그래서 관계를 확립하기 전에 너무 빨리 책무성의 수준을 정하려는 나의 성향 때문에 매우 강한 과제 중심의 멘토링이 되었다. 내가 배운 교훈은 과제를 너무 앞세우지 말고 먼저 관계를 확립하라는 것이다.

두 번째 실수는 내가 너무 일찍 많은 과제물을 부여한 점이다. 나 자신은 과제를 처음 검토할 때 엄청날지라도 과제 범위를 전체적으로 파악하는 것을 더 좋아한다. 과제를 먼저 전체적으로 파악한 후 조금씩 해 나가면 된다고 생각하기 때문이다. 그러나 전체적인 모든 분량을 한꺼번에 검토하는 것은 멘티들에게 큰 부담감으로 작용한다는 점을 알게 되었다. 그들은 적은 과제물의 분량과 그것을 완수하는 데 있어 좀더 짧은 기간을 더 좋아한다. 이제 나는 멘티들이 부분적 목표를 완수한 후에야 그들에게 후속 과제를 부여한다. 결국에는 전체 과제물을 처리해 나갈 것이다. 부록 E의 사례 2, 3, 4에 있는 책무 편지들을 읽어보면 나의 이러한 실수가 무엇인지 확인할 수 있다. 나의 교훈은 물고기를 낚싯줄로 끌어당기기 전에 낚시 바늘에 단단히 걸리게 하라는 것이다. 과제를 전부 알려 주기 전에 그들이 완수할 수 있고 성취감을 느낄 수 있도록 다룰 수 있는 만큼 제시해야 한다. 멘토링의 전체적 과정을 통해 계획한 모든 능력 부여가 일어나길 원할지라도 초기에는 전체 과제 중에 일부만 부여해야 한다.

세 번째 실수는 약화된 관계와 관련이 있다. 나는 멘티들을 모집하고 멘토링 관계를 시작하기 위해 동기를 잘 부여할 수 있다. 그러나 나는 종종 멘토링이 진행되는 중에 축 처지는 기분이 든다. 만약 그런 상황이 개선되지 않으면 멘토링 관계는 더 약화될 것이다. 나는 아직 이런 문제를 해결하려고 노력하는 중이며, 융통성을 갖고서 더 짧은 기간과 더 적은 과제를 사용하면서 이런 상황을 개선하고자 한다. 내가 배운 교훈은 더 짧은 기간에 완수할 과제를 선택하거나 진전을 모니터링하기 위해 보다 나은 후속 장치를 고안해야 한다는 것이다.

내가 범한 또 하나의 실수는 평가에 대한 것이다. 멘토링을 원하는 모든 사람들을 받아들여야 하는 것은 아니다. 과거에 내가 받아들이지 않아야 했던 몇 사람을 받아들인 적이 있다. 나는 멘티들을 선발하기 위한 더 나은 방법을 배우는 중이다. 내가 볼 때 관계의 발전 가능성을 고려하며 사전 점검이 필요하다고 본다. 더 많은 멘토링을 경험할수록 누구를 실제적으로 도울 수 있는지 평가를 더 잘할 수 있다. 이를 통해 내가 배운 교훈은 함께 가장 일을 잘할 수 있는 사람들이 누군지 확인하기 위해 점검할 필요가 있다는 점이다.

다섯 번째 실수는 어설픈 마무리이다. 자기 주도적이며 책임감 있는 멘티들의 경우 나는 대개 순조롭게 멘토링을 마무리한다. 그러나 내 편에서 더 많은 책무성이 필요하고 책임감이 부족한 멘티들의 경우 대개 그 관계가 악화된다. 나는 바쁘게 지내기 때문에 멘토링 과제와 관계를 항상 최우선순위로 둘 수가 없다. 그 결과로 이러한 멘토링 관계는 마무리가 없거나 흐지부지해진다. 내가 배운 교훈은 멘토링을 마무리하기 위해 미리 계획을 세워야 하고 이를 위해 동기 부여를 해야 한다는 것이다. 마무리는 멘티들의 마음속에 졸업과 같은 즐거운 경험이 되어야 한다.

결론

현 시점에서 우리에게 멘토링은 과학만큼 예술적이다. 그리고 우리는 실제로 멘토링하면서 계속 배우는 중이다. 우리의 멘토링은 개선되고 있지만 배울 것이 더 많다는 점을 인정한다. 우리는 여러 방식의 그룹 멘토링에 대해 더 탐구할 필요가 있다. 아마 멘토링 십계명의 각 계명에 대한 다양한 종류의 자료와 실제적 처방책을 더 찾을 수 있을 것이다. 우리는 이런 실제적인 지침들에 대해 심도 깊게 충분히 다루지 못했다. 그러나 긍정적인 면은 우리의 부족한 멘토링 경험을 통해서 멘티들은 어느 정도 능력 부여를 경험했다. 그리고 더 나은 멘토링 경험으로 놀라운 능력 부여가 일어나는 것을 우리 눈으로 분명히 목격했다.

16장의 하이라이트

1. 멘토링 관계가 모두 잘 진행되는 것은 아니다.
2. 멘토링 십계명을 사용하여 잘 진행되지 않는 멘토링 관계의 근본 원인을 확인할 수 있다.
3. 멘토링 십계명을 사용하여 잘 진행되지 않는 멘토링 상황의 실제 문제들을 해결할 수 있다.
4. 계명 1. 관계를 확립하라.
5. 계명 2. 멘토링 관계의 목적에 대해 서로 동의하라.
6. 계명 3. 상호 작용의 규칙성을 정하라.
7. 계명 4. 책무성의 형태를 정하라.
8. 계명 5. 의사소통의 방법을 정하라.
9. 계명 6. 비밀 유지의 수준을 명확하게 하라.
10. 계명 7. 멘토링 관계의 순환 주기를 정하라.
11. 계명 8. 멘토링 관계를 수시로 평가하라.
12. 계명 9. 실제 상황에 맞추어 기대치를 수정하라.
13. 계명 10. 멘토링 관계를 마무리하라.
14. 책무 편지 혹은 성장 계획은 멘토링의 목표를 문서화하는 수단이 되고 기대치와 책무성을 명확하게 하는 데 유익하다.
15. 멘토링은 개인적으로뿐만 아니라 그룹으로 이루어질 수 있다.
16. 그룹 멘토링의 4가지 방식은 다음과 같다. 교육자/학습자 그룹, 동료 책무 그룹, 다수의 교육자/학습자 그룹, 그리고 소집단 그룹이다.
17. 만약 멘티들이 책임 있고 성실한 태도를 갖고 있다면 원거리 멘토링을 활용할 수 있다.
18. 적극적인 멘티들은 원거리 멘토링을 할 수 있는 더 많은 멘토들을 찾을 수 있다.
19. 제자훈련, 영적 안내, 코칭, 후원, 일시적 및 전문 상담은 대부분 근접성이 필요하기 때문에 원거리 멘토링을 통해 순조롭게 이루어질 수 없다.
20. 영적 안내, 코칭, 티칭, 동시대 모델링, 상황적 상담은 경우에 따라 우편(이메일)이나 전화를 사용하여 원거리 멘토링을 통해 이루어질 수 있다.
21. 현 시점에서 우리에게 멘토링은 과학만큼 예술적이다. 우리가 멘토링의 경험을 계속 축적하고, 관찰하며, 멘토링 개념을 확립해 가다 보면 앞으로 멘토링은 더욱 향상될 것이다.

추가 연구

1. 멘토링을 경험한 적이 있는 누군가를 찾아 멘토링 십계명을 사용하라. 그/그녀의 멘토링 경험에 비추어 멘토링 십계명을 확인하고, 수정하고, 혹은 추가할 수 있는 것이 있는지 견해를 물어보라.

2. 원거리 멘토링의 개념은 멘토들의 유용성에 대해 어떤 의미를 더하는지 생각하라. 원거리에서 당신에게 멘토링해 줄 수 있는 사람들이 있는가? 당신의 경우 원거리 멘토링이 이루어지기 위해 필요한 것은 무엇인가?

3. 그룹 멘토링의 개념에서 어떤 장점을 발견할 수 있는가? 그룹 멘토링은 멘토들의 유용성에 대해 어떤 의미를 더하는가?

4. 과거에 당신의 멘토링 또는 비슷한 경험에 비추어 보면서 멘토링 십계명을 주의 깊게 검토하라. 그 십계명 가운데 어느 계명이 그러한 멘토링 관계에서 더욱 도움이 될 수 있었겠는가?

17장

유종의 미를 거두는 삶

성경적 관점에서 리더란 하나님이 주신 능력과 책임감을 가지고 특정한 하나님의 백성들로 하여금 하나님의 목적을 향해 나아가도록 영향력을 행사하는 사람이다. 그러한 리더십은 매우 어렵고 복잡한 과업이라는 것을 성경은 분명히 말하고 있다. 리더로 계발되는 인생 여정에는 가로막는 장애물이 있다. 성경에 등장하는 리더들을 비교 연구한 결과 다음과 같은 사실을 확인했다. **유종의 미를 거두는 리더들은 드물다!** 이 사실은 역사적 그리고 동시대 인물들에 대한 리더십 비교 연구에서도 확인되었다. 이러한 사실에 대해 우리는 무엇을 할 수 있는가? 더 많은 리더들이 유종의 미를 거둘 수 있도록 리더들의 자질을 향상시킬 수 있는가? 그렇게 할 수 있다고 생각한다.

유종의 미를 거두는 삶을 살았던 리더들에 대해 연구한 결과 5가지 특징을 발견했다. 그 5가지 특징을 인식하면 우리 자신의 리더십 향상에 도움이 되리라고 생각한다. 평생 효과적인 리더십을 발휘한 리더들은 다음의 5가지 특징을 나타낸다.

유종의 미를 거둔 리더들의 5가지 특징

1. 삶에 대한 관점을 갖고 있었다[1].
2. 특별한 내적 갱신의 시간을 반복적으로 즐겼다.
3. 특별한 영적 훈련을 지속했다[2].
4. 평생에 배우는 자세를 견지했다.
5. 평생에 여러 명의 중요한 멘토들을 두고 있었다.

리더들과 따르는 자들의 차이점은 관점에 달려 있다. 유종의 미를 거둔 리더들은 모두 삶에 대한 관점을 갖고 있었다. 일반 리더들과 더 효과적인 리더들 간에 차이점은 바로 더 나은 관점을 갖는 데 있다. 관점은 하나님이 현재 리더 자신의 삶 가운데 행하시는 일을 바라볼 수 있는 능력을 말한다. 그것은 현재 일어나고 있는 일을 긴 안목과 평생 관점에서 바라보며 평가할 수 있는 능력이다. 관점은 경험, 은사, 다른 사람들로부터 배운 축적된 지혜로부터 온다. 리더들이 평생에 성공적으로 계발되고 유종의 미를 거두는 삶을 살기 위해서는 이러한 관점이 필요하다.

---

[1] 두 권의 책을 구해 공부하기를 권한다. 『영적 지도자 만들기』(*The Making of A Leader*, 베다니출판사) 그리고 『지도자 평생 개발론』(*Leadership Emergence Theory*, 하늘기획)이다. 이 두 권의 책은 리더의 평생 계발에 관한 세부적인 내용과 관점을 제공한다. 평생에 걸쳐 일어나는 일들에 대한 큰 그림의 관점을 갖는 것은 매우 유익하다. 잠언 22장 3절을 보라.
[2] 영적 훈련의 목록에 대한 부록 C를 보라.

유종의 미를 거둔 리더들은 하나님을 개인적으로 만난 특별한 경험이 여러 번 있었다. 그것은 그들을 영적으로 새롭게 회복시켜 준 독특한 내적 체험을 의미한다. 그들은 특별한 소명이나 도전, 경외심을 불러일으키는 사명적 경험, 헌신의 시간, 하나님의 확인을 경험한 시간, 비전의 시간, 특별한 능력 부여의 시간, 성결을 경험한 시간 등 하나님의 거룩한 임재의 시간을 가졌다. 그러한 경험을 한두 번 경험하는 것으로는 충분하지 않았다. 그러나 여러 유형의 영적 갱신을 경험함으로써 성품 계발과 리더십 비전과 능력 계발에 초점을 맞출 수 있다.

본질적으로 이러한 갱신의 시간은 리더들의 삶에 기본적으로 두 종류의 능력 부여를 가져왔다. 하나는 능력의 삶(Life Power)이고, 다른 은사의 능력(Gifted Power)이었다. '능력의 삶'을 경험하는 것은 그리스도와 개인적으로 동행하는 삶에서 승리를 경험하는 원동력과 가능성을 제공한다. 능력의 삶이란 바로 크리스천으로서 삶에서 승리하고 그것을 나타내는 것이다. '은사의 능력'은 리더로 하여금 따르는 자들에게 영향을 끼치며, 하나님을 위해 완수하며, 비전을 성취하도록 한다. 이것은 리더들이 통과해야 하는 능력의 관문(Power Gateways)을 이해하는 데 필요한 관점이다. 즉 능력의 관문을 통해 능력의 삶과 은사의 능력을 개발하고 사역에서 사용해야 한다. 능력의 삶과 은사의 능력을 경험하지 못한 리더들은 불안정했다. 이러한 능력을 경험했던 리더들도 이 능력을 잘못 사용할 때 불안정했다. 리더는 삶에서 반복되는 갱신의 경험을 통해 하나님이 가르쳐 주시는 교훈을 이해하고 통합시키는 관점이 반드시 필요하다.

유종의 미를 거둔 리더들은 영적 훈련의 가치를 잘 배웠다. 물론 그들이 구원을 얻기 위해 영적 훈련을 하는 것은 아니다. 오히려 그 반대이다. 그들은 하나님과 교제하며 그분의 은혜를 더욱 충만히 경험하기를 원하기 때문에 영적 훈련을 한다. 말씀훈련, 기도훈련, 내면적 그리고 외면적 삶의 훈련은 모두 리더의 삶을 강건하게 세워 가는 데 필요하다. 다시 말해, 사람들을 격려하고, 방법을 보여주며, 영적 훈련의 실패를 피하게 하고, 자신의 리더십 역량을 향상시키기 위한 관점을 갖는 것이 필요하다.

리더들은 평생 성장해야 한다. 효과적인 리더들은 바로 그렇게 한다. 그들은 일생 동안 배우는 자세를 견지한다. 그러나 많은 리더들은 성장을 멈추고 정체한다. 그들은 그들이 있는 자리에서 머물고 그들이 알고 있는 것에 만족한다. 그럴 때 그들은 필요한 새로운 관점을 얻지 못한다. 특별한 회복과 갱신의 시간을 놓치게 된다. 또한 정체기를 막아 주는 영적 훈련에 느슨해질 수 있다. 그러면 어떻게 배우는 자세를 유지할 것인가? 이 질문은 오늘날 급속하게 변화하는 세계에서 살아가는 우리에게 매우 중요하다. 다시 말해 우리는 삶에 대한 관점이 필요하다. 그러므로 그러한 배움의 자세를 견지하고 있는 사람들에게 가서 그들의 정신을 배워야 한다. 우리는 그들로부터 영감을 받을 필요가 있다.

처음 4가지 특징을 가진 리더들은 또한 이 마지막 특징을 경험했다. 그들은 평생 몇 명의 사람들로부터 멘토링의 도움을 받아 왔다. 사실 멘토들은 위의 모든 특징을 통합하는 열쇠를 제공한다. 멘토들은 처음 4가지의 특징을 어느 정도 보여준다. 멘토들은 리더십 계발의 중요한 시기에 필요한 관점을 제시한다. 그들은 갱신의 경험을 위한 필요성을 인식하고 리더들을 위해 안내해 줄 수 있다. 그리고 2가지의 폐해에 대한 경고를 할 수 있다. 즉 삶에서 능력을 경험하는 것을 두려워하거나 회피하는 것과 능력을 남용하는 것이다. 그들은 내면적 삶의 성숙을 가능케 하고 리더십에서 사용할 수 있는 능력의 견고한 기반을 제공할 수 있다. 또한 리더십에서 능력을 사용하는 필요성과 그것을 절제하고 향상시키는 중요성을 알고 있다. 그들은 영적 훈련이 필요한 사람들에게 권하고, 율법적으로 얽매인 자들을 자유롭게 하고, 평생 지속될 수 있는 영적 훈련의 습관을 가르쳐 줄 수 있다. 그들은 배우는 자세의 중요성을 보여준다. 그들은 또한 배우는 자들이기 때문에 멘토링을 해 줄 수 있다. 그들은 정체기의 징후를 알아차리고 멘티들에게 배움의 자세를 견지하도록 자극제가 될 수 있다. 하나님은 멘토들을 사용하셔서 리더들의 리더십 역량을 강화하고, 리더들의 책임성을 강화하며, 자신의 목적을 이루기 위해 자신의 백성들에게 영향을 끼치도록 하신다.

당신은 이 마지막 장에서 논제의 맥락을 쭉 따라왔는가? 유종의 미를 거두는 리더들은 드물다. 어떤 리더들은 유종의 미를 거두며 삶을 끝까지 잘 마쳤다. 삶을 끝까지 잘 마친 리더들은 어떤 특징을 분명하게 보여준다. 우리는 우리 자신의 리더십을 향상시키고 삶을 끝까지 잘 마칠 수 있도록 이러한 연구 결과를 활용할 수 있다. 멘토들은 멘티들의 삶에 이러한 자질을 계발하는 데 매우 중요한 역할을 한다. 만약 당신이 이 논제를 쭉 따라왔다면 다음 2가지 질문이 남는다.

유종의 미를 거두는 삶이란 무엇인가? 삶을 끝까지 잘 마친 리더들에 대한 비교 연구를 통해 발견한 그들의 삶의 특징은 아래와 같다.

유종의 미를 거두는 삶의 4가지 특징

1. 자신의 생애 마지막 순간까지 하나님과 친밀하고도 생생한, 개인적인 교제를 나눈다.
2. 성품에 주목할 만한 변화가 있고, 그리스도의 형상을 닮아가는 증거를 보여주며, 성령의 열매를 나타낸다(갈 5:22-23).
3. 생애 마지막 순간에도 여전히 배우는 자세를 견지한다. 그런 리더들에게는 하나님에 대해 그리고 하나님의 법도에 대해 배우고자 하는 하나님이 주신 호기심이 있다. 그들은 완고한 리더들은 배우려고 하지 않으며 삶을 잘 마치지 못한다는 사실을 인식하고 열린 마음을 갖는다.
4. 생애의 마지막에 자신의 삶을 뒤돌아보면서 영적 유산을 남기고 자신의 사명이 성취된 것을 볼 수 있다. 자신의 궁극적 공헌을 인식할 수 있으며, 가치 있는 인생을 살았다. 자신이 영향을 끼친 일과 자신에게 영향을 받은 사람들은 영원한 가치로 남는다.

진정 질문하고 싶은 것은 이것이다. "유종의 미를 거두는 삶을 살고 싶은가?"

만약 그 질문에 틀림없이 "예"라고 대답한다면 적어도 이 책에서 자세히 설명해 온 그 질문이 남아 있다. 당신은 이 질문을 해야 하며 그리고 대답해야 한다. **"저를 멘토링 해주실 수 있나요?"** 당신의 그 요청에 "예"라고 말할 수 있는 사람들을 찾고, 그리고 그 요청에 당신이 "예"라고 말할 수 있는 사람들을 찾기 바란다.

부록 A

용어 해설

- accountability(책무성)
실제로 무엇을 배웠는지를 밝혀내는 과정이며, 배운 것을 또한 분명히 사용하도록 확인하는 과정이다. 책무성이 낮으면 배운 것을 확인하는 활동이 적은 것을 의미한다. 책무성이 높으면 배운 것을 분명히 확인하는 형성적 피드백(formative feedback)을 갖는다.

- adult personal growth models(성인 개인 성장 모델)
리더십 훈련 이론의 기술적 용어로 성인 학습 과정을 말하며 성인 학습자는 어떤 것을 배우도록 동기를 부여받아 구체적이고 성취 가능한 목표를 달성하는 학습 활동을 통해 이행한다. 종종 이것은 자기 주도적 학습과 자기 모니터링(self-monitored)으로 이루어지는 성장 프로젝트이다.

- affective(정서적 학습)
리더십 훈련 이론의 기술적 용어로서 배우는 내용에 대한 태도와 감성을 다루는 학습을 말한다. 이 학습은 결과적으로 행동에 영향을 주는 가치관을 형성한다.

- A-service(비사역)
문자적인 의미는 사역이 없음을 뜻하는 학습 방법론적 용어이다. 학습 목표는 주로 인지적이며 사역의 봉사나 과정에서 사용에 대한 책무성을 필요로 하지 않는다.

- apprentice(수습생)
수습 훈련 과정에서 학습자 혹은 지도를 받는 사람이다.

- apprenticeships(수습 훈련)
사역 중 훈련 모델(in-service training model)이며, 훈련자가 되는 교육자가 훈련생인 학습자에게 실제 사역 상황에서 태도, 지식, 기술을 다음과 같이 전수해 준다. 1) 기대하는 태도, 지식, 기술의 모델링이 된다. 2) 이러한 것을 가르치고 설명한다. 3) 학습자에게 실습을 요구한다. 4) 학습자를 평가하고 교정해 준다. 수습 훈련이 제한적으로 이루어질 수 있고, 이 4가지 모든 단계를 따르지 않을 수 있다. 간혹 수습 훈련의 이 공식적 용어는 티칭 과정에서 4가지 모든 단계가 엄격하게 적용되는 것을 의미한다.

- Bible classes(성경공부반)
비형식 훈련 모델 이론에서 이루어지는 지식 습득의 자료는 주로 성경이며, 그 내용을 소그룹에 제공한다. 학습 취지는 주로 인지적, 정서적, 그리고 의지적 학습에 있다.

• camps(캠프)

비형식 훈련 모델에서 일상적 업무나 학업에서 분리되어 집중적으로 두세 주간 동안 그룹으로 지내며 새로운 개념을 배우고 경험한다. 종종 참가자는 자신에 대하여 혹은 하나님과의 관계에서 패러다임의 전환을 경험한다. 훈련 방식은 성경 말씀 연구나 설교일지라도 정서적 그리고 의지적 학습이 이러한 훈련의 핵심 취지가 된다. 일상생활에서 벗어나고 참가자 그룹의 영향을 받기 때문에 학습자는 캠프 행사를 통해 변화에 더 민감하게 반응한다. 이러한 종류의 활동은 위기/사건 중심 모델로 분류하며 높은 헌신이 따르는 비형식 훈련 모델이다.

• closure(종결)

리더십 훈련 이론의 기술적 용어로서 통합된 단위의 학습을 마무리하는 것을 말하며, 다음의 5가지 특성을 포함한다. 즉 학습자는 1) 통합된 단위의 배운 내용에 대한 심리적 성취감을 갖는다. 2) 훈련의 결과로 한 가지 혹은 그 이상의 변화된 내적인 가치관을 갖는다. 3) 사역에 직접적으로 적용할 수 있는 한 가지 혹은 그 이상의 새로운 관점을 얻는다. 4) 자료의 주제에 대한 접근법을 익힌다. 5) 학습 과정에서 하나님의 임재와 다루심을 인식한다.

• cognitive(인지적 학습)

리더십 훈련 이론의 기술적 용어로서 개념화와 관점을 다루는 정보적 학습을 말한다. 이 학습의 취지는 해석하고 평가하는 새로운 관점의 체계를 제공한다. 이것은 학습의 여러 분류 체계 가운데 하나이다.

• conative(의지적 학습)

리더십 훈련 이론의 기술적 용어로서 배운 것에 대한 의지적 그리고 그것을 실천하려는 내적인 결단을 다루는 것을 의미한다.

• conference(컨퍼런스)

비형식 훈련 모델에서 대개 일주일 동안 일상 업무나 학업으로부터 분리되어 단기간 동안 갖는 훈련이다. 컨퍼런스는 대개 여러 지역으로부터 많은 사람들이 참석하며 어떤 주제에 대한 대규모 집회와 소규모 세션을 제공한다. 이것은 또한 훈련 목적으로 특별히 컨퍼런스를 활용하는 의도적인 비형식 훈련이 될 수 있다. 비형식 훈련에서 컨퍼런스는 주된 주제에 대한 인식을 높이기 위한 취지로 대개 인지적 학습이다.

• competent ministry(유능한 사역)

『지도자 평생 개발론』에서 나온 기술적 용어이며 사역 시간선의 두 번째 단계인 성장 사역과 관련된다. 이때 사역이 효율적으로 이루어지는 시기이다. 왜냐하면 그 리더가 통합적인 사역 철학과 더불어 은사와 사역 경험에서 많은 진전이 이루어졌기 때문이다.

• convergence(수렴 단계)

『지도자 평생 개발론』에서 나온 기술적 용어이며 사역 시간선의 세 번째 단계인 독특한 마무리 사역과 관련이 있다. 이때는 사역이 매우 효과적으로 이루어지는 시기이다. 왜냐하면 그 리더가 자신의 은사와 경험의 측면에서 적합한 역할로 전환하기 때문이다.

• correspondence school(통신물 훈련)

지식으로 습득할 학습 내용을 학습자의 위치로 전달하는 기법을 말한다. 대개 학습자와 교육자 사이에는 전달되는 개념과 자료 외에 최소한의 상호 작용만 일어난다. 이것은 일반적으로 비사역의 훈련 방법론이다.

• direct ministry(직접 사역)

타입 A, B, C 리더를 타입 D와 E 리더로부터 구별하기 위해 사용하는 용어이다. 그것은 간접 사역과 관련하여 더 적은 수의 리더들과 일하는 것과는 대조적으로 주로 그 리더의 영향권 안에서 따르는 많은 사람들에게 은사를 직접 사용하는 사역을 말한다.

• dynamic reflection(역동적 성찰)

홀랜드 훈련 모델에서 이중적 사고 과정(two-fold thinking process)으로, 한편으로는 입력된 아이디어가 경험과 형성에 어떻게 적절하게 관련이 되는지를 가르쳐 주고, 또 한편으로는 사역 경험에서 얻는 아이디어가 그 학습자의 입력되는 지식에 영향을 주며, 더욱 새롭게 관련성을 갖도록 한다.

• extension(연장 교육)

대개 중앙 집권적인 거주형 프로그램을 위해 지방 분권화된 지역에서 실시한다. 신학교와 같은 중앙 집권적인 기관은 중앙 캠퍼스 프로그램의 일부 혹은 전부를 지방 분권화된 그 지역에서 복제하여 실시한다.

• feedback(피드백)

학습의 목적과 목표를 달성하기 위해 진전이 이루어졌는지 학습자로부터 알아 내기 위해 정보를 구하는 과정이다. 피드백은 형성적(formative) 평가 방법을 통해 학습이 진행되는 중간에 실시하여 그것을 학습에 반영할 수 있다. 혹은 총괄적(summative) 평가 방법을 통해 학습 과정이 끝난 후 이전 학습에 대한 전체적 효과를 평가하기 위해 실시할 수 있다.

• formal training(형식 훈련)

학위 혹은 다른 공인된 자격증의 프로그램을 제공하기 위해 설립된 교육 기관에서 실시하는 훈련을 말한다. 형식 훈련을 제공하는 대표적인 기관으로 크리스천 대학교, 신학대학원, 신학교 등을 예로 들 수 있다.

• formation(형성)

리더십의 성품 계발, 리더십 기술, 리더십 가치관을 가리키는 용어이다. 영적 형성(spiritual formation)은 성품을 다루며, 사역적 형성(ministerial formation)은 기술을 다루고, 전략적 형성(strategic formation)은 사역 철학에 대한 가치관의 축적을 다룬다.

• growth contracting(성장 계획)

교육자와 학습자가 서로 학습 목표, 학습 수단, 스케줄, 평가 방법과 책무성에 대해 동의하여 학습자가 학습 목표를 달성할 수 있도록 돕는 훈련 모델이며, 형식 훈련, 무형식 훈련, 비형식 훈련용으로 사용할 수 있다.

• growth ministry(성장 사역)

『지도자 평생 개발론』에서 나온 기술적 용어이며, 사역 시간선에서 리더십 계발의 두 번째 주요 단계를 나타낸다. 이 단계는 임시적인 첫 사역 경험인 예비적 사역 단계에서부터 유능한 사역에 이르기까지 리더십의 진전이 이루어진다. 성장 사역은 리더가 사역의 분명한 소명을 받거나 혹은 풀타임 사역을 할 때부터 시작되며, 20-30년 혹은 더 오랜 기간 동안 지속될 수 있다.

- **Holland's Analogy(홀랜드 훈련 모델)**

  프레드 홀랜드(Fred Holland) 박사가 소개한 모델로서 4가지 요소를 포함하며, 이 요소들 사이에 상호 작용이 일어난다. 이 요소들은 지식 습득(input), 사역 현장 경험(in-ministry experience), 역동적 성찰(dynamic reflection), 형성(formation) 이다.

- **imitation modeling(모방 모델)**

  비형식 훈련 모델에서 자가 훈련(self-training)을 말하며, 대개 훈련받는 자가 지역 교회나 사역 현장에서, 교회 안의 역할 모델들(role models)을 학습 자원으로 활용함으로써 자발적인 현장 실습으로 훈련을 받는다. 학습의 주된 수단은 먼저 관찰한 후 모방하며 배우는 것이다.

- **indirect ministry(간접 사역)**

  타입 A, B, C 리더로부터 타입 D와 E 리더를 구별하기 위해 사용하는 용어이다. 그것은 주로 따르는 자들과 직접 함께 일하는 것과는 대조적으로 주로 리더들(타입 A, B, C)에게 은사를 사용하는 사역을 의미한다.

- **informal apprenticeships(비형식 수습 훈련)**

  비형식 수습생(학습자)이 되는 한쪽이 훈련자의 일상적인 사역 상황에서 다른 쪽(교육자)을 관찰하고 모방하며 배운다. 때때로 수습 훈련 모델의 2, 3, 4단계에 대한 피드백을 주기적으로 제공할 수 있다.

- **informal interaction(비형식 상호 작용)**

  비형식 훈련에서 학습의 자원으로 사람들과의 개인적인 접촉을 활용하는 모델이다. 즉 대화, 즉흥적 만남, 사람들 간에 배움을 자극하는 통찰력을 나눈다. 강한 배움의 자세를 견지한 사람은 이것을 삶의 활동으로부터 계속 배우는 효과적인 수단으로 활용한다(잠 1:20-33 참고).

- **informal training(비형식 훈련)**

  훈련의 성과를 거두기 위해 삶의 활동(훈련 기반이라 칭함)과의 비형식 모델(훈련 수단이라 칭함)을 사용하는 것을 말한다. 더 의도적으로 노력하고 성과에 초점을 맞추면 그 훈련이 더 효과적으로 이루어진다.

- **informal models(비형식 모델)**

  기본적으로 삶의 활동을 지식 입력이나 자극의 자원으로 활용하는 훈련 모델이다.

- **in-ministry experience(사역 현장 경험)**

  홀랜드 훈련 모델에서 사역 현장에 지식 입력을 사용하여 그 지식을 테스트하고 상황에 적용한다. 이를 통해 학습자 자신의 개인적 기술이나 태도 혹은 습관이나 평가하는 기준과 관점을 배운다. 요컨대, 경험적 입력이 학습자의 가치 체계의 중요한 일부가 된다.

- **input(지식 습득)**

  홀랜드 훈련 모델에서 사역 현장 경험에 사용하게 될 인지적, 정서적, 그리고 경험적 학습의 핵심 취지가 된다.

- in-service(사역 중)

학습자에게 지식이 입력되는 동시에 그 지식을 사용하는 과정을 말하는 용어이다. 가르치는 교육자는 학습자가 배운 지식을 즉시 사용하도록 요구한다. 형성적 피드백은 역동적 성찰 과정의 일부가 된다.

- internships(인턴십)

비형식 훈련 모델로서(때로 형식 훈련 모델과 관련되어) 훈련자가 인턴에게 실제 현장 실습, 사역 경험과 더불어 특별한 형성(formations)에 초점을 맞추어 사역 현장 활동과 계속적인 역동적 성찰을 갖도록 안내하며 훈련을 제공한다. 이 모델은 대개 사전에 인지적 지식 입력을 시작으로 그 입력에 대한 경험적 학습을 더해 가는 것을 시도한다.

- interrupted in-service(일시 중단된 사역)

학습자가 경험을 쌓은 후에 그것을 평가할 수 있는 지식을 접하는 과정을 말하는 용어이다. 가르치는 교육자는 학습자가 배운 지식을 사용하기 위해 소급적으로 성찰하는 것을 요구한다. 역동적 성찰은 그 과정의 주된 일부가 된다. 이전의 사역과 관련된 지식을 습득하면 모든 종류의 형성들(formations)이 이루어지는 것이 가능하다.

- leadership transition(리더십 전환기)

『지도자 평생 개발론』에서 나온 기술적 용어이며, 사역 시간선의 첫 번째 단계인 사역 기초(ministry foundations)와 관련이 있으며 그 시기의 두 번째 하부 단계를 가리킨다. 그 시기는 대개 청년기 후반이나 성년기로 접어드는 전환기이며, 그 잠재적 리더가 처음으로 사역을 경험하고 하나님은 리더의 기초적 리더십 자질을 계발하는 데 초점을 맞추신다.

- marriage encounter(부부 수양회)

비형식 훈련 모델로서 결혼한 부부를 위한 특별한 형태의 수양회이며, 결혼 생활에 관련된 지식 입력에 대한 상호 작용을 한다. 별도로 갖는 이 특별한 수양회는 결혼에 대한 관점을 인지적으로 알려 주고 결혼한 부부의 삶에 정서적 그리고 의지적 변화를 가져오는 데 매우 효과적이다. 참여자들이 그들의 필요에 대한 인식이 커질수록 이런 종류의 비형식 훈련 모델은 다른 주제에 대한 수양회도 매우 효과적이다.

- master(훈련자)

수습 훈련 과정에서 지도하는 자 혹은 교육자이다.

- mentoring(멘토링)

멘토인 어떤 사람이 멘티인 다른 사람에게 하나님이 주신 자원을 나누어 줌으로써 능력을 부여하는 비형식 훈련 모델이다.

- ministerial formation(사역적 형성)

리더의 리더십 기술 계발을 말하며 다음을 포함한다. 1) 리더십 개념에 대한 경험적 이해의 증가, 2) 리더십 기반 요소(리더, 따르는 자들, 상황)의 측면에서 하나님의 목적에 대한 민감성의 증가, 3) 은사와 기술의 확인과 계발 그리고 따르는 자들에게 효과적인 은사 사용의 증대, 4) 하나님의 목적과 조화를 위해 유익한 변화를 향해 나아가도록 따르는 자들에게 동기를 부여하는 능력이다.

- ministry foundations(사역 기초)

『지도자 평생 개발론』에서 사역 시간선과 관련된 용어이며, 리더가 평생 직업이나 부직업으로 사역에 입문하기 전에 준비 단계인 첫 번째 단계를 가리킨다. 그 단계는 출생에서부터 대개 나이 17-30세에 이르는 시기이다. 이 초기 사역 단계는 주권적 리더십 기초 단계와 리더십 전환기의 두 가지 하부 단계로 나누어진다.

- ministry tasks(사역 과제)
  리더의 성실함과 순종을 검증하는 특별한 과업이지만, 종료, 책무성, 평가가 이루어지는 사역 상황에서 은사를 사용한다. 그 사역 과제가 자기 주도적이든 아니든 혹은 어떤 지위에 있는 사람이 부여하든지 상관없이 그것은 하나님으로부터 비롯된 것으로 인식한다.

- modeling(모델링)
  어떤 사람이 다른 사람에게 학습 목표의 예를 보여주는 비형식 훈련의 기술이다.. 모델링은 목표를 갖고 의도적으로 가르칠 수 있으며 혹은 학습자가 비의도적인 방법으로 지식, 태도, 기술을 자기 주도적으로 배울 수 있다.

- non-formal training(무형식 훈련)
  의도적으로 기획한 무형식 훈련 기능의 프로그램이며 실제적인 사역 목적을 위해 즉시 적용하고 성과를 이루기 위한 기술과 지식을 배운다. 기간은 대개 짧으며 장소는 학습자들이 위치한 현지나 혹은 주위 지역에서 이루어진다.

- paradigm shift(패러다임의 전환)
  이전에 몰랐던 지식에 중요한 변화가 일어나 보는 관점이 달라지고 삶에 파급 효과가 생긴다.

- prayer meetings(기도 모임)
  비형식 훈련방식으로 학습을 위한 기반을 조성할 수 있는 삶의 활동이다.

- pre-service(사역 전)
  학습자가 배우는 지식을 실제로 사용하기 이전에 접하는 과정을 말하는 용어이다. 가르치는 교육자는 학습자가 미래 (대개면) 언젠가 그 배운 지식을 사용할 것을 기대한다.

- provisional ministry(예비적 사역)
  『지도자 평생 개발론』에서 사역 시간선의 두 번째 단계인 성장 사역과 관련되는 기술적 용어이다. 그 단계에는 평생 직업이나 부직업으로 자신을 헌신한 리더에게 첫 중요한 사역 과제가 부여되는 시기이다. 이 기간에 하나님은 주로 사역적 형성에 관여하신다. 초기 여러 사역 기술을 익히고 특별히 습득한 기술과 영적 은사들이 나타나기 시작한다.

- radio extensions(라디오 방송 프로그램)
  주로 비사역 훈련 방법의 일종이며, 전달 시스템으로 라디오 방송 매체를 사용한다. 일반적으로 학습을 위한 책무성을 제공하지 않는다. 때때로 이 전달 시스템은 우편물이나 이메일을 통한 통신문 자료를 보충적으로 제공한다.

- retreats(수양회)
  일상생활로부터 분리된 비형식 훈련으로 집중적 학습을 위한 자극제를 제공한다. 이를 통해 종종 섭리적 만남 그리고 학습자가 중요한 패러다임의 전환을 경험하며 하나님과 특별하고 친밀한 시간을 갖는 계기가 된다.

- role transition(역할 전환)

『지도자 평생 개발론』에서 사역 시간선의 세 번째 단계인 독특한 사역의 종료(unique closure ministry)와 관련된 기술적 용어이다. 그 단계는 리더가 그/그녀 자신의 은사, 경험, 사명 의식(sense of destiny)을 향상시키는 이상적인 역할로 맞추어가면서 수렴 사역(convergent ministry)으로 전환하는 시기이다.

- seminars(세미나)

비형식 훈련에서 일상생활과 업무적 압박감으로부터 벗어나 대개 일주일 이내에 집중적 학습이 이루어지며, 전문성을 가진 한 사람 혹은 더 많은 사람들이 특정 분야의 지식이나 특별한 기술을 배우기 원하는 그룹에게 가르쳐 준다.

- short term institute(단기 훈련)

어떤 종류의 훈련을 단기간에 걸쳐 강화시키는 전달 시스템이며, 대개 학습자들(종종 직업을 가진 사역자들)의 편리한 시간에 맞추어 그들이 사는 현지나 인근 지역에서 이루어진다. 기간은 약 1–6주 지속될 수 있다. 훈련은 종종 지식 입력과 더불어 현장 실습을 강조한다.

- sovereign leadership foundations(주권적 리더십 기초)

『지도자 평생 개발론』에서 사역 시간선의 첫 번째 단계인 사역의 기초와 관련된 기술적 용어이다. 이 단계는 잠재적 리더의 어린 시절과 청소년기이며 기본 세계관, 기초적 기술, 태도를 배우기 시작하고 타고난 재능이 나타나기 시작한다.

- sphere of influence(영향권)

『지도자 평생 개발론』에서 나온 용어이며, 영향을 받는 모든 사람들을 말하며 리더가 그들을 위해 하나님 앞에서 책임을 다해야 한다. 이것은 개인적으로 직접 영향력 아래 있는 사람들(현재 직접 사역에서), 간접 영향력 아래 있는 사람들(시간을 초월한 영향력), 그리고 조직적 영향력 아래 있는 사람들(조직적 구조에서 나오는 영향력)을 포함한다.

- spiritual formation(영적 형성)

리더십 성품 계발을 말하며, 하나님의 사람이 내면적 삶에서 1) 그리스도의 생명을 더 깊이 경험한다, 2) 인격과 매일 관계적인 삶에서 그리스도를 닮아가는 성품을 더욱 나타낸다(성령의 열매를 드러낸다), 3) 삶과 사역에서 그리스도의 임재와 능력을 점점 더 많이 알아가고 경험한다.

- strategic formation(전략적 형성)

평생에 형성의 핵심 취지에서 나오는 사역 철학, 사역의 전체적인 관점을 말하며, 배운 교훈들이 서로 연결되어 점점 더 분명한 사역 체계를 이루며 리더의 삶에 방향, 초점, 궁극적 목적을 제시한다.

- T.E.E.(신학 연장 교육)

'Theological Education by Extension'의 머리 글자이며, 실제로 사역을 하는 사람들을 위해 그들의 사역 현장에서 신학 훈련을 실시하는 것을 말한다. 이 운동은 중남미에서 처음 시작되었다. 지식의 입력은 프로그램화된 자료로 이루어지고 (때로는 유사한 프로그램으로), 그것을 사역에 직접 사용하고, 주별 세미나에서 역동적으로 성찰하며(세미나 중간 기간은 프로그램과 여행의 제한에 따라 바뀐다), 세미나에서 이루어진 형성에 대해 설명한다.

- threshold 1(경계 1)

    리더십 훈련 이론의 기술적 용어이며, 리더가 타입 A 혹은 타입 B의 리더십 영향권에서 타입 C로 옮겨 가는 시기를 말한다. 그때는 대개 풀타임 사역으로 진입하는 시기이다. 이것을 또한 사역 업무적 장애물(the logistics barrier)이라고 부른다. 왜냐하면 파트 타임 사역자로 봉사하다가 풀타임 전임 사역자가 되는 것은 종종 어렵기 때문이다.

- threshold 2(경계 2)

    리더십 훈련 이론의 기술적 용어이며, 리더가 타입 C의 리더십 영향권을 벗어나 타입 D 혹은 E로 옮겨 가는 시기를 말한다. 그때는 대개 주로 직접 사역보다는 간접 사역으로 진입하는 시기이다.

- Type A leader(타입 A 리더)

    평신도 사역자(무급)로서 주로 교회나 선교단체 안에서 사역하며 대개 소그룹 내지 더 적은 수의 사람들에게 영향권을 갖는다. 맥가브란(McGavran)은 이 타입의 리더를 내향적 리더(a heading in leader)라고 부른다.

- Type B leader(타입 B 리더)

    평신도 사역자(무급)로서 주로 교회나 선교단체 밖에서 사역하며 대개 소그룹 내지 더 적은 수의 사람들에게 영향권을 갖는다. 맥가브란(McGavran)은 이 타입의 리더를 외향적 리더(a heading out leader)라고 부른다.

- Type C leader(타입 C 리더)

    전임 사역자(유급)로서 교회 수준에서 회중 전체적으로 그리고 그 지역 교회 밖에서 비슷한 그룹의 사람들에게 영향력을 행사하는 리더이다.

- Type D leader(타입 D 리더)

    전임 사역자(유급)로서 지역 교회 수준을 넘어서 지역적으로 혹은 전국적으로 타입 A, B, C 리더십에 영향력을 행사하는 리더이다.

- Type E leader(타입 E 리더)

    국제 기관의 대표, 국제적으로 활동하면서 여러 나라에 영향력 있는 크리스천 정치가, 저명한 신학자와 같이 나라와 문화를 초월하여 국제적으로 영향력을 행사하는 리더이다.

- unique closure ministry(독특한 마무리 사역)

    『지도자 평생 개발론』에서 사역 시간선의 세 번째 단계로 리더가 그/그녀의 사역을 마무리하는 마지막 시기이며, 가장 효과적으로 사역하는 단계를 의미하는 기술적 용어이다. 실제적으로 소수의 리더들만이 이 단계까지 개발된다. 그 시기에 (수렴 단계) 리더의 역할은 자신이 가진 은사와 경험이 최상으로 조화를 이루며 사역을 매우 효과적으로 한다.

- workshops(워크숍)

    비형식 훈련 모델에서 특별 세미나 형태로 대개 일주일 이내에 집중적으로 이루어지는 학습이며, 어떤 전문 기술을 배우기 원하는 그룹을 위해 심도 깊은 훈련을 제공한다.

- worship services(예배)

비형식 훈련 방식으로 학습을 위한 기반을 조성할 수 있는 삶의 활동이다.

부록 B

사역 시간선의 설명

사역 시간선

소개 각 리더의 사역 시간선은 개인에 따라 독특하다. 그렇지만 특별히 사역 개발의 관점에서 볼 때 크리스천 리더들은 모두 유사점을 갖고 있다. 리더십 비교 연구를 통해 아래와 같이 공통적인 특징을 종합적으로 확인했다. 이 시간선은 개인의 리더십 계발을 사역적 관점에서 바라볼 수 있는 도구를 제공한다.

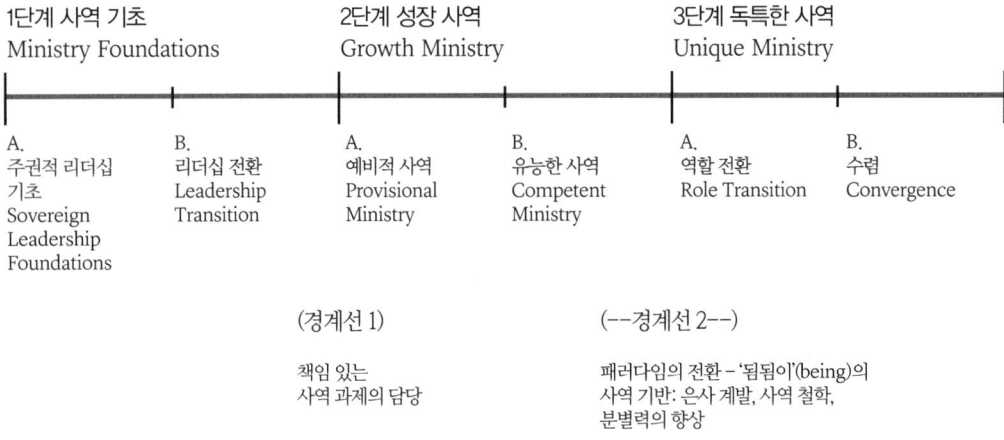

경계선 1 그/그녀가 경계선 1을 통과하면서 중대한 사역을 책임 맡고 이행한다. 리더십 전환기에 크리스천
Boundary 1 리더는 작은 사역 업무를 맡고, 다른 사람들과 함께 일하거나 일시적 과제를 실행한다. 어떤 역할을 위해 약 2-3년 동안 헌신하고 **사역 기초 단계**에서 이 경계선을 거쳐 **성장 사역 단계**로 건너가 중대한 사역 과제를 맡는 것을 나타낸다.

경계선 2 Boundary 2	'행위/성공'(doing/success)보다는 '됨됨이'(being)의 기반으로부터 작용하여 리더십 성품, 리더십 기술, 리더십 가치관이 나타난다. 이것은 은사, 분별력, 사역 철학의 형성에 있어서 사명적 과정(destiny processing)과 조화를 이루며 중대한 계발을 의미한다. 리더가 이 성숙의 경계선을 통과할 때 그/그녀는 **성장 사역**에서 **집중 사역**으로 진입하며 원숙하고 효과적인 시간선에 알맞는 역할을 맡기 시작한다. 그 역할을 통해 수렴 사역이 일어나고, 경험, 은사, 사명적 과정이 함께 작용하여 능률적 사역(일을 바르게 하는)뿐만 아니라 효과적 사역(바른 일을 하는)이 이루어진다. 이를 통해 리더는 궁극적 공헌(하나님 나라를 위한 영구적 유산)을 남길 수 있다.

사역 시간선: 각 단계와 특징

단계/하부 단계	기본 특징
I. **사역 기초**	리더십의 기초를 놓는 하나님의 초기 작업이다.
A. 주권적 리더십 기초	이 단계에서 청소년기로 성장해 가며 인격 형성과 기본 기술을 습득한다.
B. 리더십 전환	이 단계에서 다른 사람들을 위해 봉사하는 일에 처음으로 관심을 갖는다. 이 시기에 극적으로 소명을 받거나 혹은 점진적으로 사역에 동참한다. 리더는 그/그녀 자신이 가진 리더십 잠재력을 처음으로 인식하며 '받기' 만 하는 모습에서 '주기' 시작하는 모습으로 바뀐다.
II. **성장 사역**	잠재적(potential) 리더에서 유능한(proficient) 리더로 전환한다.
A. 예비적 사역	1. 실망감(역할의 기대치와 현실 사이의 괴리감)을 갖는다. 2. 부정적 경험을 통해 많은 리더십 교훈을 배운다. 3. 역할과 은사에 있어서 시행착오를 통해 접근한다. 4. 중도 이탈자들이 많이 생긴다. 5. 사역적 형성(ministerial formation)이 일차적 초점이며, 영적 형성(spiritual formation)은 이차적이다. 전략적 형성(strategic formation)은 암시적이며 경험적으로 이루어진다. 6. 대개 사역은 효과가 적으며 일관성이 없다. 좀 잘되는 사역, 좀 좋지 않은 사역이 공존한다.
B. 유능한 사역	1. 능률적 사역(일을 바르게 하는)이 이루어진다. 2. 개인적 은사에 대한 기본 지식을 배운다. 3. 미니–수렴 사역(mini–convergence)에 대한 경험적 지식을 배운다. 4. 열매 맺는 자신의 역할을 이해한다. 5. 자신감을 갖고 사역한다.
III. **독특한 사역**	효과적인 사역(바른 일을 하는)을 한다.
A. 역할 전환	수렴 사역을 강화하는 역할로 맞추어 나간다.
B. 수렴 사역	1. 사역 철학을 계발한다. 2. 사명을 실현한다.

부록 C
제자훈련과 영적 안내를 위한 영적 훈련

초안 자료

소개 이 자료는 크리스천들 대부분에게 익숙하지 않은 절제 훈련에 대한 정의와 실제적 제안들을 소개한다. 참여 훈련에 대해서는 대개 익숙하기 때문에 이 부록에 포함할 필요가 없을 것이다. 기타 여러 훈련은 모든 사람들에게 적합한 것은 아니지만 어떤 사람들에게는 알맞을 것이다. 각자에게 필요한 영적 훈련을 선택적으로 계발할 수 있다. 그렇지만 이 7가지 훈련은 제자훈련과 영적 안내 멘토링에서 공통적으로 사용할 수 있으며, 그러한 멘토링을 받기 원하거나 혹은 제공하기 원하는 사람들에게는 가치 있고 매우 유익할 것이다.

초안 이 자료는 초안에 불과하다. 아래에 있는 기본적 개요를 나중에 추가할 수 있다. 아래 굵은 글씨체로 된 제목들을 중심으로 본 부록에서 소개한다. 금식에 대한 전체 내용을 포함하는 소책자(사례 연구)는 바나바 출판사로부터 구할 수 있다

I. 참여 훈련(Disciplines of Engagement)
　　학습 훈련(Study Disciplines)
　　기도 훈련(Prayer Disciplines)
　　공동체 훈련(Corporate Disciplines)
　　　　축제(Celebration)
　　　　친교(Fellowship)
　　　　고백(Confession)
　　　　순복(Submission)
　　　　예배(Worship)

II. 절제 훈련(Disciplines of Abstinence)
　　고독(Solitude)
　　침묵(Silence)
　　금식(Fasting)
　　검약(Frugality)
　　순결(Chastity)
　　비밀 유지(Secrecy)
　　희생(Sacrifice)

III. 기타 훈련(Miscellaneous Disciplines) – 계속 추가하고 분류할 수 있다.

영적 훈련

소개 달라스 윌라드(1988:68)에 의하면, 하나님의 주권을 통해 한 개인이 하나님 앞과 하나님 나라로 나아가면, 성령의 역사와 은혜로 인해 그/그녀가 자신의 삶에 대한 책임감을 갖는 만큼 영적 훈련을 자신에게 적용하고 실천한다.

정의 영적 훈련이란 전인격적으로 하나님의 영과 온전한 연합을 이루기 위해 몸과 마음으로 목적 있는 활동을 하며 하나님 나라의 삶을 반영하는 것이다.

경험적 기반 어떤 영적 훈련은 영성을 계발하기 위한 유효성이 성경 말씀에 있으며 영성 계발에 유익한 점이 교회 역사를 통해 경험적으로 증명되었다. 성경 말씀은 그러한 영적 훈련을 언급하지만 그것들에 대한 정의는 대부분 제시하지 않는다.

인정된 영적 훈련 영성을 계발해 주는 것으로 역사적으로 인정된 훈련은 아래와 같다. 달라스 윌라드(1988:158)는 그 목록을 절제 훈련과 참여 훈련의 두 가지 카테고리로 나누었다.

절제 훈련 다음은 절제 훈련이다.
- 고독(solitude)
- 순결(chastity)
- 침묵(silence)
- 비밀 유지(secrecy)
- 금식(fasting)
- 희생(sacrifice)
- 검약(frugality)

참여 훈련 다음은 참여 훈련이다.
- 학습(study)
- 기도(prayer)
- 예배(worship)
- 친교(fellowship)
- 축제(celebration)
- 고백(confession)
- 봉사(service)
- 순복(submission)

기타 훈련 영성 향상과 계발에 도움이 되는 어떤 활동도 영적 훈련이 될 수 있다. 역사적으로 주목되지 않았지만 다음과 같은 훈련을 포함할 수 있다.

- 자발적 망명(voluntary Exile)
- 가난의 실천(practices among the poor)
- 잠을 청하지 않고 간병하기(keeping watch)
- 영성 일기 쓰기(journaling)
- 안식일 엄수(sabbath keeping)
- 하나님 음성 듣기(listening)

고독 훈련

소개	영적 훈련에 대한 책을 저술한 저자들은 종종 고독 훈련을 다른 훈련보다 우선되는 중요한 훈련으로 본다. 자주 그 훈련을 통해 교훈을 배워야 유익을 얻을 수 있다.
정의	고독 훈련은 목적을 갖고 다른 사람들과의 상호 작용을 절제하는 것이다. 그리고 영적인 일에 더욱 집중하기 위해 다른 사람들과의 상호 작용에서 오는 모든 교제를 거절하는 것이다.
예	예수님은 고독 훈련을 반복적으로 보여주셨다. • 공생애 사역의 시작 – 40일 동안 광야에서 금식하셨다(마 4:1-11). • 12제자를 선택하시기 전에 온밤을 홀로 지내셨다. • 세례 요한의 죽음으로 한적한 곳으로 물러나셨다. • 바쁜 사역을 한 후에 홀로 지내셨다(막 1:35). • 사역 일정을 마친 후에 오직 제자들과 시간을 보내셨다(막 6:31).
목적	• 우리가 하나님의 관점을 갖고 그분의 음성을 더 잘 들을 수 있도록 타성에 젖고 통제적인 행동으로부터 자유롭게 한다. • 우리가 내면의 삶을 살도록 가르쳐 준다. • 우리가 삶의 속도를 늦추어 살도록 가르쳐 준다. • 사람들과 함께하는 자유를 새롭게 경험하도록 한다.
해설	리처드 포스터(1978:85)는 공동체와 고독은 공통적으로 필요하다는 점을 지적한다. 고독의 정적은 우리에게 다른 사람들과 함께 더 의미 있게 지내고 싶도록 만든다. 또한 다른 사람들과 함께 교제함으로 혼자 있고 싶도록 만든다. 따라서 고독과 공동체는 각각 필요하며 이 훈련을 반드시 길러야 한다.
해설	"절제 훈련 중에서 고독은 영적인 삶을 시작할 때 가장 핵심이 되며, 삶이 성숙해지면서 그 훈련을 반복적으로 되풀이해야 한다" (윌라드 1988:61).
해설	경건의 시간, 새벽 당직(morning watch), 혹은 하나님과 홀로 경건의 시간을 갖는 활동은 모두 기본적으로 고독 훈련이다. 또한 이 같은 시간을 위해 자세하게 안내하는 클린턴의 소책자, 『하나님과의 교제』(Fellowship with God)를 참고하라.
적용	1. 하루 중에 잠시라도 고독 훈련의 기회를 활용하는 것을 배우라(리처드 포스터 1978:96에 있는 예를 보라.). 2. 고독의 시간을 갖기 좋은 장소들을 찾고 그 장소에서 시간을 보내기 위해 의도적으로 그곳으로 훌쩍 떠나라. 3. 연중에 반복적으로 특별한 시간을 통해 삶의 목표를 평가하고 재정립하는 혼자만의 시간을 가져라. 4. 만약 당신이 고독 훈련 수련회에 간다면 그 수련회의 기본적 개요를 기억하라. 즉 시작(entry), 듣는 시간(listening time), 종료(closure)이다. 시작을 위해 긴장을 풀어야 하고 쉽게 잠이 올 수도 있다. 실제적으로 고독의 시간을 보내며 내면을 성찰할 수 있다. 마지막으로 고독의 시간에 무슨 일이 일어났는지 이해하도록 노력하라.

침묵 훈련

소개 우리는 주위의 많은 소음이 홀로 조용한 시간을 갖는 것을 방해하며 우리의 일그러진 내적 자아를 다루지 못하게 한다는 사실을 깨닫지 못한다. 침묵은 우리가 참된 자아로부터 거짓된 자아를 분리하도록 돕는다. 침묵 훈련은 우리가 고독을 건설적인 방법으로 다루도록 하며 내면의 삶을 강화해 준다. 침묵은 자신의 내적 자아를 평가하도록 하며, 자신이 내면적으로 집중하는 것을 배우도록 한다. 또한 우리가 말하기 전에 생각하게 하고 말할 때 신중하게 선택하도록 가르쳐 준다.

정의 침묵 훈련이란 특히 말을 삼가는 것이며, 긍정적인 성경적 가치인 혀의 제어를 가져온다.

목적
- 우리가 말하기 전에 할 말을 충분히 고려하고 언행에 더 신중하고 절제하도록 한다.
- 사람들의 말을 더욱 주의 깊게 경청하도록 한다.
- 다른 사람들과 다른 일들에 대해 관찰하도록 한다.
- 하나님께 집중하는 삶의 변화가 일어나도록 한다.

성경적 예 침묵의 습관, 특히 말을 삼가는 것은 긍정적인 성경적 가치이며 혀의 제어를 가져오는 하나의 훈련이다(약 3:1-12, 잠 25:11).

적용
1. 한밤중에 홀로 일어나서 침묵의 시간을 경험하라.
2. 하루 혹은 그 이상의 침묵을 위해 기도원이나 수양관으로 떠나라. 어떤 수양관은 침묵 훈련을 위한 시설을 갖추고 있다.
3. 라디오, TV, CD, 인터넷, 전화기 등 당신이 평소에 즐겨 사용하는 모든 것을 삼가라. 대신 침묵을 지켜라.
4. 자동차를 운전하고 갈 때 라디오를 켜지 말고 그 대신 묵상하라.
5. 귀마개나 비행기 여행용 귀마개를 구입하여 공부할 때나 묵상할 때 혹은 읽거나 기도할 때 소리를 차단하기 위해 사용하라.
6. 만약 당신이 침묵 훈련 수련회에 간다면 그 수련회의 기본적 개요를 기억하라. 즉 시작(entry), 듣는 시간(listening time), 종료(closure)이다. 시작을 위해 긴장을 풀어야 하고, 쉽게 잠이 올 수도 있다. 침묵하는 가운데 하나님으로부터 듣는 것을 배우라. 마칠 때는 침묵의 시간에 무슨 일이 일어났는지 이해하도록 노력하라.

금식 훈련

소개 금식은 성경이나 기독교 역사에서 발견할 수 있고 오늘날에도 격하되지 않았으며 많은 크리스천들이 실천하는 영적 훈련이다.

정의 금식 훈련이란 일정 기간 동안 먹는 것과 가능하면 마시는 것을 의도적으로 절제하는 것이다.

목적
- 자기 부인을 배운다.
- 능력을 행한다.
- 중보기도의 역사하는 능력을 증대시킨다.
- 의사 결정에 있어서 안내를 받는다.
- 치유와 영적 자유를 경험한다.
- 성경 연구에 집중적으로 초점을 맞춘다.
- 육체적 웰빙 – 몸속을 깨끗하게 한다.
- 하나님 임재의 인식을 증대시킨다.
- 하나님의 계시를 받는다.
- 영적 권위를 증대시킨다.
- 집중을 증대시킨다.

금식의 종류
- 물과 음식이 없는 완전 금식(3일까지)
- 음식 없이 물만 마심(40일까지)
- 음식, 물 외에(기호 음료가 아닌) 약간의 음료 – 40일까지

목적에 따른 금식의 종류
- 일상 금식(working fast) – 일상생활을 하면서 비밀스럽게 하는 금식이다. 이 금식은 대개 어떤 목표를 정해 놓고 한다.
- 고립 금식(isolation fast) – 금식자 자신이 다른 사람들로부터 완전히 분리되어 전적으로 하나님과 영적 문제에 집중하는 금식이다. 이것은 대개 어떤 목표를 갖고 하는 금식이다.
- 능력 금식(power fast) – 주로 영적 전쟁의 인식을 높이고 영적 대결에서 승리하고 하나님의 능력을 행하기 위해 하는 금식이다.
- 절제 금식(discipline fast) – 분명한 목표가 없더라도 하나님으로부터 받은 확신에 순종하는 금식이다.
- 사도적 사역 금식(apostolic ministry fast) – 새로운 사역을 시작하는 것을 목표로 하는 금식이다. 이 금식은 홀로 혹은 팀으로 연합하여 할 수 있다.

성경적 예 금식 훈련을 잘 보여준 성경 인물들은 다음과 같다. 모세, 엘리야, 다니엘, 바울, 에스더, 안나 선지자, 예수님 등이다.

역사적 예	금식 훈련을 잘 보여준 역사적인 영적 거인들은 다음과 같다. 루터(Luther), 녹스(Knox), 에드워즈(Edwards), 피니(Finney), 칼빈(Calvin), 웨슬리(Wesley), 브레이너드(Brainerd) 등이다.
주의사항	모든 사람들이 금식하기에 생리학적으로 적합한 것은 아니다. 금식 훈련에 들어갈 때 주의해야 한다. 장기적 금식은 경험 있는 금식자로부터 상담을 받은 후에 해야 한다. 금식의 부작용도 있다(금식에 대해 클린턴의 소책자를 참고하라).

검약 훈련

소개 금전적 채무로 인해 어떤 크리스천들은 하나님의 사역에 유용할 수(available) 없는 이유가 된다. 디모데후서 2장 4절에서 바울은 디모데에게 세상적인 일에 얽매이지 않도록 경고한다. 로마서 13장 8절에서 바울은 로마 성도들에게 사랑의 빚 외에는 아무에게든지 아무 빚도 지지 말라고 권면한다. 검약 훈련은 우리가 재정과 다른 자원들을 지혜롭게 관리하는 것을 배우도록 돕는다.

정의 검약 훈련이란 지위, 화려함, 혹은 사치에 대한 우리의 욕구나 욕심을 채우기 위한 방편으로 마음대로 돈이나 물질들을 사용하지 않도록 절제하는 것이다.

해설 절제 훈련을 실천한다는 것은 하나님이 우리를 부르신 삶을 살기 위해 기본적으로 필요한 물품들을 구하기 위해 돈을 사용하는 것이다.

목적
- 많은 욕심에 몰두하거나 염려하지 않도록 자유하게 한다.
- 빚으로 인한 영적인 속박으로부터 자유하게 한다.
- 책임 있는 청지기 의식을 갖도록 가르친다.
- 삶에서 필요한 물질의 중요성을 줄인다.
- 자원을 갖지 못한 사람들과 공감하는 것을 배운다.
- 삶의 방식으로 소박하게 살도록 인도한다. 즉 인간의 행복에 꼭 필요치 않은 것은 분명히 제외하고, 몇 가지 일관성 있는 목적을 위해 삶을 정돈한다.

적용
1. 간소하게 식사하는 것을 배워라(기름진 음식을 덜 먹는다). 건강한 식사법은 대개 의료비와 치과 비용에 대한 부담을 덜어준다.
2. 비용이 들지 않는 레저 활동(독서, 걷기 등)을 실천하라.
3. 실행할 수 있으면 차를 타지 말고 걸어라.
4. 집을 구입할 경우 신중하게 선택하라(최고급을 택하지 말라).
5. 환경을 보호하라(물의 절약, 식물과 나무의 보존 등).
6. (당신이 더 이상 사용하지 않는) 옷들을 다른 사람들에게 나누어 주라.
7. 최신 기계 장비들을 사 모으지 않도록 하라.
8. 당신에게 필요 없는 판촉 광고물을 거절하라.
9. 예산을 세우며 그것에 맞추도록 하라.
10. 가능하면 무엇이든지 재활용하라.
11. 신용카드들을 사용하는 것을 절제하고(당신이 갚을 능력이 없으면 절대 구입하지 말라) 혹은 신용카드들을 모두 없애라.
12. 당신이 갖고 있는 자원에 의존하고 그것을 충분히 활용하라.

13. '공동체' 사고(공동체로 살지 않더라도)를 실천하라.
    - 청지기 삶의 방식으로 살아가도록 격려와 서로 책무성을 가질 수 있는 한두 사람의 다른 가족이나 싱글들과 서로 약속을 정하라.
    - 잔디 깎는 기구, 연장 도구, 서적, 잡지 등 값비싼 물품들을 공동으로 소유하라.
    - 대량으로 공동 구입하여 나누라. 가능하면 자동차를 합승하여 함께 타라.

14. 자가 생산(homegrown) 사고를 실천하라.
    - 통신비를 줄이고, 비용을 절약하는 통신 수단을 사용하라.
    - 비싸지 않은 선물들을 구입하거나/집에서 직접 수작업으로 만들어 개인의 이름을 새겨서 그것에 특별한 마음을 담아 선물하라.

15. 교회와 청지기의 삶
    - 교회들은 최고급(top of the line)이 아닌 오르간이나 다른 물품들을 구입할 수 있으며 남는 것은 제3세계의 교회를 세우는 선교 후원금으로 후하게 기부하는 데 사용하라.
    - 값비싼 엔터테인먼트와 레크리에이션(recreation) 등의 교회 야유회 행사에 덜 집중하고, 어려운 사람들을 위한 지원, 전도, 봉사 프로젝트를 통해 흥미와 재창조하는 리크레에이션(re-creation)을 경험하라. 가끔 커피나 간식 없이 친교 모임을 갖고, 굶주린 사람들을 돕기 위한 방법을 의논하고 일상 비용을 줄여 굶주린 사람들에게 기부하라.

16. 때때로 금식을 하라.

17. 환대(hospitality) – 외식하기보다는 다른 사람들을 당신의 집으로 초대하여 식사를 대접하라. 외지 사람들에게 집을 개방하고 당신이 여행할 때는 홈스테이하라.

주의사항 검소한 삶의 방식(청지기 삶의 방식)은 재미없고 누추한 생활 방식이 아니다. 적은 비용으로 얼마든지 삶의 기쁨과 아름다움을 마음껏 누릴 수 있다.

순결

소개	달라스 윌라드(1988:170)는 인간의 본성 가운데 가장 미묘하고 강력한 힘 중에 하나는 성(sexuality)이라고 주장한다. 성을 왜곡할 때 파괴적이 될 수 있다. 성적인 영역의 훈련은 다른 영적 훈련들을 위한 기초가 된다. 성을 왜곡할 때 간음, 불륜, 성욕, 강박적 성적인 활동, 동성애, 외설, 성차별주의를 야기할 수 있다[이에 대한 더 자세한 내용은 리처드 포스터(1985)의 책을 참고하라].
정의	순결한 자(결혼했거나 싱글)는 자기 자신, 동성, 그리고 다른 이성과의 관계에서 성적인 온전함과 진실성을 보여주는 사람이다.
정의	순결은 순결한 자가 되기 위해 자신의 성적인 욕망을 절제하고자 노력하는 결단력 있는 훈련을 말한다.
훈련 영역	성의 절제, 성적인 감정과 사고에 탐닉하지 않는 절제, 성적인 생각에 사로잡히지 않는 습관, 다른 사람들과의 관계에서 성적인 대화를 삼가고 관여하지 않는 습관은 모두 자신의 순결 훈련을 실천하는 데 유익하다.
성경적 이슈	데살로니가전서 4장 4절 말씀은 성의 절제에 대해 권면한다. 고린도전서 7장 5절에서 바울은 결혼한 부부가 합의하여 금식과 기도할 틈을 얻기 위하여 절제하도록 충고한다. 고린도후서 10장 5절에서는 모든 생각을 사로잡아 그리스도께 복종하라고 말한다.
목적	• 오랜 시간 동안 금식과 기도에 전적으로 집중하도록 한다. • 결혼생활에서 성적인 충족이 관계의 중심이 아니라는 올바른 초점을 갖도록 한다. • 인간관계의 소중함을 인식하도록 한다. • 삶에서 욕망의 힘에 대해 지적해 준다. • 이성 간에 긍정적 인간관계를 가르쳐 준다.

적용	1. 당신 자신의 개성과 성을 매우 소중하게 여겨라. 2. 남녀노소 다른 사람들의 개성과 성을 매우 소중하게 여겨라. 3. 건전한 사고방식을 유지하라. 4. 부적절한 성적 상상에 빠지게 하는 오락물을 삼가라. 5. 만약 결혼했다면, 일정 기간 동안 기도와 금식을 위해 성생활(부부간 동의로)을 절제하라. 6. 이성과의 관계를 건전하고 성에 관심을 두지 않는 긍정적인 관계로 발전시켜라. 7. 당신이 일상생활에서 만나는 이성들을 위해 선을 추구하라. 8. 이성 간에 의심을 받을 만한 상황에 처하지 않도록 하라
순결과 금욕	결혼을 했든 싱글이든 크리스천들은 모두 순결하도록 부르심을 받았다. 그러므로 성에 있어서 온전해야 한다. 다른 한편으로 순결은 성적인 활동을 절제하는 것이다. 결혼하지 않은 사람들은 모두 금욕적인 삶의 방식으로 살도록 부르심을 받았으며 이것은 또한 순결을 포함한다. 결혼하지 않고서 순결하지 않을 수도 있다.
신약 모델: 예수님	예수님은 결혼의 목적(마 19:6)에 대해 말씀하셨으며, 음욕을 품는 것(마 5:28)은 이미 마음으로 간음한 것과 같다고 지적하셨다. 예수님은 성별에 차별 없이 이성 간에 다른 사람들과 긍정적인 인간관계를 유지했다.
신약 모델	바울은 성차별주의를 가르치지 않았고 행하지도 않았다. 그러나 그는 순결을 실천하며 살았다.

비밀 유지

소개 잠언 27장 2절 말씀은 자기 자신을 칭찬하는 것에 대해 경고하고 있다. "타인이 너를 칭찬하게 하고 네 입으로는 하지 말며 외인이 너를 칭찬하게 하고 네 입술로는 하지 말지니라." 우수함이나 선행에 대해 인정을 받고 싶은 것은 마음속에 생기는 자연스러운 현상이다. '자화자찬'(tooting ones own horn)에 대한 금언이 많은데 이는 인정받고 싶어하는 인간의 욕망을 잘 보여준다. 비밀 유지는 이 본능적인 욕망에 상반되는 훈련이다.

정의 비밀 엄수(practice of secrecy)는 자신의 우수함이나 선행이 알려지지 않도록 절제하는 활동을 통해 이루어진다.

성경적 참조 빌립보서 2장 3절 말씀은 각각 자기보다 남을 낫게 여기도록 권면한다. 잠언 27장 2절 말씀은 우리 자신의 선함과 선행을 스스로 알리지 않도록 경고하고 있다. 예수님의 어머니 마리아는 "이 모든 것을 마음에 담아 두었다"(눅 2:51).

목적
- 명성, 명분, 혹은 다른 사람들의 관심을 얻고 싶은 욕망을 절제하도록 한다.
- 하나님의 확인(God's affirmation)을 받는 데 집중하도록 한다.
- 알려지지 않고, 평안, 기쁨 혹은 목적을 잃지 않으며, 오해까지도 받아들일 수 있도록 사랑하는 법을 배운다.
- 다른 사람들의 의견에 상관없이 하나님과의 지속적인 관계를 경험한다.
- 하나님과 다른 사람들 앞에서 사랑과 겸손을 행하도록 가르쳐 준다.
- 우리의 동료들을 호의적으로 보도록 한다.
- 우리의 자기 중심 주의를 보게 한다.
- 경쟁 관계에 있는 다른 사람들의 폭넓은 아이디어의 가치를 인정하도록 한다.
- 하나님을 더욱 깊이 신뢰하도록 가르쳐 준다.

적용
1. 당신의 업적이나 훌륭한 자질을 논하는 사람들 앞에서 함께하는 것을 삼가라.
2. 칭찬을 야단법석 없이 정중하게 받아들여라.
3. 당신은 능력이나 성취할 수 있는 기회가 하나님의 은혜로 당신에게 주어질 때 마음속으로 인정하라.
4. 당신이 비난을 받을 때 변호하지 말라.
5. 만약 필요하다면 인격의 정당성이 입증되거나 혹은 인격이 연마되도록 하나님을 신뢰하라.

희생

소개	희생은 검약하는 것 이상이다. 검약은 우리가 가진 것을 청지기로서 주의 깊게 관리하는 것이다. 희생은 우리가 필요로 하는 것을 다른 사람들을 위해 사용하는 것이다. 자신의 능력 이상으로 다른 사람들에게 베푸는 일에 초점을 두는 훈련이다.
정의	희생 훈련(discipline of sacrifice)은 우리가 소유하거나 혹은 우리 생활에 필요한 것으로 즐기기를 절제하고 우리가 소유한 것으로 우리 자신의 필요를 채우는 안도감(security)을 포기하는 것이다.
성경적 예	• 희생적으로 두 렙돈을 바친 과부(눅 21:2-4) • 이삭을 제물로 드린 아브라함(창 22장, 히 11:19)
목적	1. 우리가 안도감을 느끼는 수단을 의지하지 않고 하나님을 신뢰하는 것을 배운다. 2. 우리가 다른 사람들의 필요를 채워 줄 수 있도록 한다. 3. 우리가 믿음으로 모험을 할 수 있도록 가르쳐 준다.
주의사항	이것은 특별한 영적 훈련이다. 성경 말씀은 우리가 가진 것에 대해 주의 깊은 청지기가 될 것을 권면한다. 그러나 우리 자신의 필요를 채워야 하는 것으로 남들을 위해 기부하도록 권면하는 것은 아니다. 이것은 검약하고 기부하는 일에 한층 더 노력하고 관대해야 함을 말한다.
적용	1. 당신 자신의 필요를 채우기 위해 준비한 것을 다른 사람들의 필요를 위해 나누어 주라. 2. 월말 청구서의 돈을 모두 갚은 후에 남는 돈으로 다른 사람들의 필요를 위해 나누라. 3. 잔돈을 매달 모아 그것을 모두 기부하라.

부록 D
12가지 형태의 궁극적 공헌

서론

뒤 페이지에 있는 표는 훌륭한 크리스천 지도자들의 생애를 연구하고 그들이 남긴 영적 유산을 확인한 2가지 중요한 연구 프로젝트를 요약한 것이다[1]. 기라성 같은 선교사 타입의 리더들을 포괄적으로 연구 대상으로 삼았다. 즉 개신교, 가톨릭, 남성, 여성, 서구인과 비서구인, 학자, 사회사업가, 교회 개척자, 전도자, 기관이나 선교단체의 설립자등을 포함했고, 연구 결과 다음과 같이 확인했다.

1. 궁극적 공헌의 카테고리 확인
2. 궁극적 공헌의 성격을 나타내는 특징
3. 궁극적 공헌의 기본 패턴
4. 공헌자의 타입

위의 '궁극적 공헌'의 핵심에 더하여 이 개략적 카테고리에 해당되는 삶에서 많은 예들을 확인할 수 있는 실제적 가치가 있었다. 그 연구는 또한 유종의 미를 거두는 삶을 위한 실제적 힌트를 제공해 주었다.

궁극적 공헌의 카테고리

유산(legacies)은 미래 리더들을 위해 과거 리더들이 남긴 소중한 영적 자산이며, 5가지 카테고리로 크게 나눌 수 있다. 즉 성품(character), 직접적 사역(direct ministry), 촉매적 사역(catalytic ministry), 조직(organization), 개념화(ideation)이다. 이 가운데 하위 카테고리로 더 분류되는 것도 있다. 표 1은 궁극적 공헌의 카테고리, 하위-카테고리, 주요 타입, 궁극적 공헌과 카테고리의 핵심 개념의 본이 되는 인물들의 예를 보여준다.

---

[1] 클린턴의 소책자 『궁극적 공헌 – 가치 있는 삶』(The Ultimate Contribution–A Life That Counts)을 참고하라. 미국 바나바 출판사(Barnabas Publishers)를 통해 구할 수 있다.

표 1. 궁극적 공헌의 카테고리

카테고리 예	하위 카테고리의 주요 타입	설명
A. **성품** (Character) 짐 엘리엇 (Jim Elliot) 허드슨 테일러 (Hudson Taylor) 사무엘 브렝글 (Samuel Brengle)	1. 거룩한 삶의 방식 – 성자(Saint)	본이 되는 삶을 살았던 사람들이다. 다른 사람들이 본받고 싶은 모델이나 성자로 여긴다. 그들은 대개 하나님과 매우 친밀한 관계를 유지하며 살았다. 종종 신비적인 경험이 있었고 그것이 성령의 열매로 나타났다. 하나님을 위한 뜨거운 열정이 있었다. 이 공헌의 취지는 하나님을 향하여 수직적이며 상향적이다.
E. 스탠리 존스 (E. Stanley Jones) A. J. 고든 (A. J. Gordon)	2. 모델이 되는 사역과 삶의 방식 – 독창적 사역자 (Stylistic Practitioner)	중요하거나 독특한 사역 모델의 모범을 보여주는 사람들이다. 사역 모델은 궁극적 공헌이 되며 모방할 가치가 있는 것으로 여겨진다. 앞서가는 대형 교회 담임 목사들이 종종 이 타입이다. 효과적이고 독특한 사역을 하는 선교단체 리더들도 이 타입이다.
B. **직접적 사역** (Direct Ministry) 로버트 C. 맥퀼킨 (Robert C. McQuilkin) A. G. 호그 (A. G. Hogg) 플로렌스 올숀 (Florence Allshorn) 루퍼스 앤더슨 (Rufus Anderson) 폴 데바난단 (Paul Devanandan) 케네스 스트라찬 (Kenneth Strachan) 구스타브 워넥 (Gustav Warneck)	1. 개인적 사역 – 멘토(Mentor)	개인들에게 영향을 끼친 사람들이다. 그들은 개인적인 관계를 형성하며 사람들에게 직접적으로 사역을 했다. 멘토, 제자훈련자로 여겨지며 따르는 사람들과 긴밀한 네트워크를 유지한다. 사람들을 계발하는 데 시간을 투자한다. 집중적이고 포괄적으로 강한 영향권을 행사한다. 궁극적 공헌은 바로 계발된 사람들이다.

카테고리 예	하위 카테고리 주요 타입	설명
D.L. 무디 (D.L. Moody) C.H. 스펄전 (C.H. Spurgeon) W.W. 해리스 (W.W. Harris) D.T. 닐스 (D.T. Niles)	2. 대중적 사역 – 대중적 설교자 (Public Rhetorician)	이 사람들은 대중적으로 활동하며 그들의 사역은 일반 대중이나 대규모의 사람들을 위한 것으로 간주된다. 그들은 대개 대중적 설교자이다. 그들은 대규모 사람들 앞에서 설교하며 따르는 무리에게 동기를 부여한다. 포괄적이며 집중적인 영향권은 거의 없을지라도 광범위한 영향권을 갖는다. 궁극적 공헌은 바로 변화된 사람들이다.
C. **촉매적 사역** **(Catalytic Ministry)** J. O. 프레이저 (J. O. Frazer) 로버트 제프레이 (Robert Jaffray) V. S. 아자리야 (V.S. Azariah) D. 리빙스턴 (D. Livingstone) F. C. 라우바흐 (F. C. Laubach)	1. 개척 사역 – Pioneer(개척자)	이 사람들은 새로운 선교 단체나 기관, 새로운 교회나 교단, 혹은 전에 아무도 하지 못한 일을 시도하거나 특별한 문제점을 발견하고 그것을 해결하는 방법을 찾거나 어떤 사역의 새로운 방식을 보여줌으로써 새로운 영역을 개척한 자들이다. 설립한 단체나 혹은 이룬 것이 유산으로 남는다.
마더 테레사 (Mother Theresa) 아빌라의 테레사 (Theresa of Avila) 존 울만 (John Woolman) 이다. S. 스쿠더 (Ida S. Scudder) C. F. 앤드류 (C. F. Andrews) 알렉산더 더프 (Alexander Duff) 윌리엄 페이턴 (William Paton)	2. 개선 작업 – 운동가(Crusader)	이 사람들은 일을 바로잡기를 열망한다. 그들은 사회나 교회 혹은 크리스천 조직의 문제점을 발견하고 그것을 바로잡기 위해 변화를 시도한다. 어떤 사람들은 상황을 개선하고자 하는 동기보다 도움이 필요한 사람들을 위한 긍휼함으로 봉사한다. 사역의 대상자들 혹은 변화된 상황이 (때로는 정의의 실현) 유산으로 남는다.

카테고리 예	하위 카테고리의 주요 타입	설명
필립 블리스 (Philip Bliss) 찰스 웨슬리 (Charles Wesley) 엘리자 휴이트 (Eliza Hewitt) C.S. 루이스 (C. S. Lewis) 키이스 그린 (Keith Green)	3. 창의적 공헌 – 예술가(Artist)	창의적 달란트를 가지고 기독교 교계에서 다양한 종류의 새로운 작품들을 창출하는 사람들이다. 예술품, 새로운 음악, 새로운 장르의 문학 작품이나 다른 혁신적 창조물을 남길 수 있다. 종종 이런 종류의 공헌을 남기는 사람들은 그들의 은사 기반으로 타고난 재능을 갖고 있다. 찬송가, 새로운 장르의 문학작품, 시, 그림, 드라마, 무용 혹은 예술 작품 등이 공헌이 될 수 있다.
D. **조직** (Organization) 사무엘 밀스 (Samuel Mills) A. J. 고든 (A. J. Gordon)	1. 새로운 조직을 시작한다 – 설립자(Founder)	이 사람들은 어떤 필요를 보고 그것을 충족시키기 위해 새로운 조직을 만든다. 조직은 그 필요를 해결하기 위해 조직을 갖추어 가며 미래에도 지속된다. 대개 이 사람들은 조직을 새로 만드는 일에 도전하지만 그 조직을 계속 운영해 나가는 일에는 그렇지 않다. 조직을 만들고 나서 흔히 다른 필요를 해결하기 위해 새로운 시도에 나선다. 설립한 조직 그 자체가 궁극적 공헌으로 남는다.
바바라 헨드릭스 (Barbara Hendricks) 헨리 벤 (Henry Venn) 루퍼스 앤더슨 (Rufus Anderson) 맥스 워렌 (Max Warren) A. J. 브라운 (A. J. Brown)	2. 조직을 발전시키거나 세워 나간다 – 안정가(Stabilizer)	어떤 조직을 발전시키고 그 조직에 안정을 가져오는 사람들이며 지속 발전하고 효과적인 조직이 되도록 한다. 많은 새로운 조직들이 초창기에 살아남지 못한다. 많은 경우 그 조직에 안정가의 존재 유무가 큰 차이를 만든다. 좋은 아이디어를 가진 사람들이 많이 있지만 안정화시킬 수 있는 사람들은 흔하지 않다. 안정된 조직 혹은 지속하는 기관이나 운동이 궁극적 공헌이 된다.

카테고리 예	하위 카테고리의 주요 타입	설명
E. 개념화 (Ideation) 도널드 맥가브란 (Donald McGavran) 윌리엄 캐리 (William Carey) 로널드 앨런 (Roland Allen) 피에르 찰스 (Pierre Charles) H. 크래머 (H. Kraemer)	1. 해답이나 이유 혹은 진리를 찾는다 – 연구가(Researcher)	상황을 보고 그것을 이해하고자 노력하며 그것을 파악하기 위한 체계를 만드는 사람들이다. 이러한 체계화는 대개 기독교 교계를 전체적으로 돕는 돌파구로 간주된다. 그 연구는 당대의 이슈에 초점을 맞추고 단지 그 시대에만 특별히 적용될 수 있거나 혹은 적용에 있어서 시대를 초월한 근본 이슈들을 다룰 수도 있다. 궁극적 공헌의 기본 취지는 개념화하는 것이다.
K. S. 라투레 (K.S. Latourette) 존 번연 (John Bunyan) 스티븐 닐 (Stephen Neill) 빌헬름 슈미트 (Wilhelm Schmidt) J. H. 바빙크 (J. H. Bavinck) C. 피터 와그너 (C. Peter Wagner)	2. 문서를 통해 의사소통한다 – 작가(Writer)	한 시대에 한정된 방법으로 (역사적으로 특정한 상황에 맞게) 기독교의 한 영역에 중대한 영향을 끼치거나 혹은 시대를 초월하여 후세까지 계속해서 읽혀지는 문학작품들을 저술한 사람들이다. 때때로 책, 전도지, 찬송가가 된 시, 설교, 글과 같은 작품일지라도 궁극적 공헌으로서 충분한 가치가 있다. 궁극적 공헌의 기본 취지는 저작물 혹은 특정한 시대를 위해 제시된 해결책이 된다.
존 모트 (John Mott) S. 즈웨머 (S. Zwemer) 로버트 스피어 (Robert Speer) A. J. 고든 (A. J. Gordon)	3. 아이디어를 홍보하고 사람들을 동원한다 – 주창자(Promoter)	이 사람들은 약간 개념화 작업을 시작하거나 그렇지 않을 수 있지만 그것을 크리스천들에게 널리 보급하는 일에 유능하다. 그들은 기획자들이며 일이 성사되도록 한다. 사람들에게 귀를 기울이고 후속 조치를 취한다. 그 아이디어가 크리스천들에 의해 널리 수용되고 사용되는 것이 바로 궁극적 공헌이 된다.

차트 설명

궁극적 공헌의 5가지 주요 카테고리를 제시했다. 아마 다른 카테고리도 포함될 수 있을 것이다. 그러나 42명의 인물들을 비교 연구한 유용한 데이터로부터 얻은 결과이며 궁극적 공헌을 다음과 같이 요약할 수 있다.

1. 다른 사람들에게 삶의 본보기가 되는 기준을 제시한다.
2. 개인의 성장이나 대중을 위한 말씀 사역에 초점을 맞춘다.
3. 필요성을 확인하고 그 필요를 충족시킬 수 있는 방법을 찾는 사역이다.
4. 조직과 단체를 시작하거나 안정시켜 나가는 데 초점을 맞춘 사역이다.
5. 아이디어들을 찾고, 전달하고, 그것들을 사용하는 사역이다.

이 가운데 어떤 카테고리는 그 인물들이 평생 대중들의 시선에 더 쉽게 드러난다. 예를 들어, 그 사람의 사역과 삶의 방식은 다른 사역을 위한 본보기(독창적 사역자)가 되며, 대중들에게 말씀 사역을 하며(대중적 설교자), 음악이나 창작품과 같은 예술적 활동(예술가), 아이디어에 대한 저술(작가), 홍보(주창자)와 같은 개념의 하위 카테고리에 해당된다.

어떤 것은 그 사람의 생애가 끝난 후에야 알려지며, 사회적 필요를 충족시키거나 혹은 사회나 기관을 변화시키거나(운동가) 혹은 새로운 일을 개척한다(개척자). 거룩한 삶의 방식(성자)의 경우 다른 사람들이(때로는 제자들이나 다른 추종자들) 그것을 의도적으로 인식하고 일반 사람들에게 알리지 않으면 전혀 알 수가 없다. 어떤 것은 개인들을 대상으로 하는 사역(멘토)이며, 사역을 창시하고(설립자), 조직을 충실하게 안정시키며(안정가), 아이디어나 해결책을 찾는 사람(연구가)이다.

카테고리는 분명한 차이점을 보이는 하위 카테고리로 더 세분화할 수 있다. 촉매적 사역(catalytic ministry)은 필요를 보고 그것을 충족시키기 위해 사람들을 동원하는 방법을 찾는 사역이다. 그리고 개념화(ideation)는 아이디어들을 찾고, 알리고, 널리 보급하는 사역이며, 각각은 공헌의 종류에 있어서 중대한 차이점이 있다. 이 2가지 항목은 모두 공헌의 중요한 공백을 채울 수 있는 필수적인 3가지 하위 카테고리를 확인해 준다. 성품 (character) 공헌, 그리고 직접적 사역(direct ministry)의 공헌도 마찬가지로 다른 하위 카테고리를 갖고 있다.

2가지 종류의 성품 유산이 있다. 순수주의자(purist)는 이상적인 삶을 살았던 생애와 관련된다(성인). 다른 것(독창적 사역자)은 다른 사역자들을 위해 기준을 제시하는 평생 사역을 묘사한다. 직접적인 말씀 사역의 한 가지 혹은 다른 종류에 초점을 맞춘 삶의 인물들은 하위 카테고리로 분류되며, 오랜 기간에 걸쳐 심도 깊게 소수의 개인들의 삶에 매우 중대하게 관여한 멘토, 혹은 많은 대중들과 짧은 시간 동안에 관여했던 대중 설교자이다. 이 카테고리와 하위 카테고리에 대한 더 많은 연구가 이루어지면 더 확장되고 명확해질 것이다.

기억할 것은 이 한정된 데이터는 주로 선교사들이나 선교 지향적인 목회자들을 대상으로 연구한 것이다. 이것은 목회자들이나 평신도 지도자들을 대상으로 연구하지 않았다. 앞으로 그런 연구가 이루어지면 새로운 카테고리가 생길 것이다.

카테고리들을 확인하는 것이 가치 있는 이유는 어떤 인물이 중요하게 여기는 영역들을 제시한다는 점이다. 이것은 그 카테고리에서 더 체계적인 공헌을 위해 의도적인 의사결정을 할 수 있도록 한다.

부록 E

멘토링 사례 연구

사례 1. 해럴드와 로버트

교회 안 복도에서 일어난 일이었다. 해럴드는 나(로버트)를 개인적으로 불러 영적 성장을 원하는 크리스천들에게 필요한 기본 신앙 지식을 배우는 6주간의 소그룹 모임에 참석하도록 도전하였다. 그 초청은 기대도 되었지만 두렵기도 했다. 그러나 그 자리에서 당장 거절할 만한 특별한 이유를 생각할 수 없어서 참석하기로 했다.

멀리서 나는 해럴드에게 매력을 느껴 왔다. 그는 진지하게 그리스도를 따르고 있었고 나를 도와줄 수 있는 무엇인가를 알고 있다는 것을 인식하였다. 당시 그는 크리스천이 된 지 3년 밖에 되지 않았다는 것을 나중에 알게 되었다. 그러나 그는 3년 동안 네비게이토 선교회 출신의 공군 하사관으로부터 철저한 신앙 훈련을 받으며 견고하게 계속 성장해 왔다. 군 복무 시절 해럴드는 유럽에서 일본으로 근무지를 옮긴 적이 있는데, 그 이유는 '포커' 게임을 더 즐길 수 있다는 소문을 들었기 때문이었다. 그러나 그는 일본에서 카드 게임이 아니라 그리스도께 사로잡히게 되었다. 다른 동료 군인들 앞에서도 분명한 신앙으로 사는 헌신된 크리스천들을 만났던 것이다.

해럴드가 인도하는 그 소그룹에서 우리는 기독교의 기본 제자도에 대해 배웠다. 그리스도와 개인적인 교제, 하나님의 말씀에 순종하는 삶, 개인적 성경 공부 방법, 기도에 대해 배웠다. 그리고 영적으로 성장하며 그리스도를 위해 살고자 하는 다른 헌신된 크리스천들과 교제의 중요성을 배웠다. 우리는 모든 과제와 실습을 통해 신앙에서 생명력을 얻고 매일 성령의 역사를 분명하게 경험할 수 있었다.

해럴드는 4가지로 나를 인상 깊게 했다. 그는 가르치고 그 방법을 보여주었다. 그는 소그룹 안에서 각 사람을 위해 개인적으로 관심을 보였다. 그 그룹에 참석한 6명은 모두 나와 같이 개인적으로 초청을 받은 사람들이었다. 그는 매일 우리 삶에 적용하는 실제적인 과제를 부여하며 도전했다. 그 과제는 나중에 우리가 동일한 방법으로 다른 사람들에게 사용할 수 있었다. 그는 우리가 만나는 소그룹 시간에 충실하였을 뿐만 아니라 그 모임 밖에서도 우리와 개인적인 시간을 갖기 위해 노력했다.

그가 우리에게 부여한 과제는 그가 이전에 배워서 지금도 습관적으로 계속 하고 있는 것이었다. 그는 성경 말씀을 체계적으로 암송했는데, 우리도 그 방법을 배웠다. 그는 1년에 한 번씩 성경을 통독했다. 한번은 일주일 동안 나와 성경을 서로 바꾸어 사용한 적이 있다. 그의 성경책 여백에는 "처음 성경 통독을 시작하다"라는 문구와 날짜가 함께 기록되어 있었다. 다음엔 1년 후 날짜와 "생전 처음 성경을 통독하다"라는 문구가 있었다. 이러한 내용이 세 번 반복되어 있었다. 그는 크리스천이 된 지 3년밖에 되지 않았지만 이렇게 했다는 점에 큰 도전을 받았다. 나는 크리스천이 된 지 거의 18년이 되었지만 영적 성장에는 별 진전이 없었고 성경을 통독해 본 적이 한 번도 없기 때문이다. 나는 처음으로 성경을 체계적으로 통독하기 시작했다. 그의 성경에는 성경 구절에 밑줄이 그어진 곳도 있었고, 여백에 중요한 내용이 잘 기록되어 있었다. 나도 물론 그렇게 하는 습관을 본받기 시작했다.

하나의 과제는 나에게 획기적인 사건이 되었다. 우리는 각자 어떤 크리스천 전기를 읽어야 했다. 해럴드는 책들로 가득한 상자를 소그룹 모임에 가져왔다. 각자 한 권을 선택하여 모임을 갖는 여섯 주 동안 그 책을 읽어야 했다.

처음에 나는 미국 남침례교의 유명한 설교자인 조지 트루엣(George Truett)의 책을 골랐다. 그러나 해럴드는 그 책을 나에게서 빼앗고는 "너는 이것이 필요해"라고 말해 주었다. 그러고는 『허드슨 테일러의 영적인 비밀』(Hudson Taylor's Spiritual Secret)을 건네주었다. 이 작은 일이 나의 평생에 얼마나 큰 영향을 끼치게 될 줄을 전혀 생각하지 못했다. 허드슨 테일러의 삶을 통해 나는 철저한 순종에 대해 배웠다. 그리고 모든 일을 통해 하나님을 실제적으로 어떻게 신뢰할 수 있는지 보았다. 구체적으로 기도 응답이 이루어지고, 어떻게 비전이 이루어지는지를 보았다. 하나님께서 어떻게 한 사람을 계발하시고, 사명을 주시고, 그것을 어떻게 성취하시는지를 보았다. 간단히 말해, 나는 다른 사람들의 경험으로부터 배우는 평생 학습의 습관을 갖기 시작했다. 허드슨 테일러는 나의 영웅이 되었다. 그 이후로 다른 사람들의 전기도 읽었다. 각 전기는 나에게 영향을 주었고, 사고의 폭을 넓혀 주었고, 다양한 관점에서 리더십 모델이 되었고, 나 자신에게 적용할 수 있는 삶의 원리를 제시해 주었다.

해럴드는 자신이 만나고 있던 한 부부의 집에 복음을 전하러 갈 때 내가 동행하도록 초청했다. 그들의 질문에 답하기 위해 해럴드가 성경을 사용하는 것을 지켜보았다. 그 집의 남자는 지난 주에 두 친구가 방문하여 만약 구원을 얻으려면 그들의 교회에서 세례를 받아야 한다고 말한 것을 언급했다. 계속 말하기를 그는 이미 두 번이나 세례를 받았다고 말했다. 한번은 그가 어릴 때 받았고, 또 한번은 그가 한국 전쟁에 참전했을 당시 죽음이 두려워서 세례를 받았다고 했다. 그 사람이 구원을 얻기 위해 그 친구들의 교회에서 다시 세례를 받아야 하는가? 해럴드가 그 부부의 질문에 답하고 세례의 의미와 삶이 변화되는 그리스도와의 관계의 중요성에 대해 설명하기 위해 성경의 여러 구절을 사용했다. 나는 그 집 문을 나서며 나도 해럴드처럼 성경을 잘 다룰 수 있기를 소원했다.

소그룹 모임이 진행되는 동안 해럴드는 나의 크리스천 삶에 도움을 주는 것 이상으로 그에게는 더 많은 자원이 있을 것이라고 생각했다. 그는 나와 정기적으로 만나 교제를 나누도록 초청했고, 나는 이를 통해 많은 것을 배웠다. 그러나 무엇보다도 우리는 서로 친밀한 관계가 되었다. 그 이후에 우리는 미국의 여러 지역과 다른 나라에 서로 떨어져 살게 되었지만 중요한 순간마다 하나님께서 반복적으로 개입하셨다. 때때로 우리의 만남이 지연되기도 했으며 이전 만남에서 나누었던 이야기로 다시 돌아가곤 했다. 잠깐 동안 만날 때도 있었지만 하나님의 인도하심을 알거나 분명하게 확인할 수 있는 지혜로운 상담의 시간이 되었다. 우리의 관계는 상호적이었으며 하나님은 또한 나의 삶을 해럴드를 위해 사용하셨다. 나는 해럴드를 생각할 때마다 빌립보서 1장 3절의 "내가 너를 생각할 때마다 나의 하나님께 감사하며"란 말씀을 마음속에 속삭인다. 왜냐하면 내가 제자도의 삶을 살기 시작한 그 짧은 막간을 위해 하나님께서 해럴드를 나에게 보내 주셨다는 것을 알기 때문이다.

사례 2. 피에르의 요청

피에르는 약 12년 동안 그리스도의 제자로 살아 왔다. 그의 나이는 30대 중반이었고 프랑스에서 구원받았다. 그는 신앙생활 초기에 오순절과 은사주의(charismatic) 교회에서 영적 경험을 가졌다. 일찍이 멘토링 경험이 약간 있었는데, 기본적으로 상담자와 동시대 모델의 멘토링이었다. 그러나 자신을 제자훈련시켰던 어느 성숙한 그리스도의 제자와 책무성 관계를 가져본 적은 없었다. 경건의 시간, 성경 공부, 기도 습관, 중보기도와 경건생활, 성령의 인도를 받는 그룹 기도와 같은 기본적인 영적 훈련을 배우는 데 있어 도움을 받지 못했다. 금식기도에 대해서도 전혀 배운 적이 없었고 영적 훈련에서 중보기도의 능력을 더해 주는 금식의 중요성도 모르고 있었다. 또한 그는 평생에 걸쳐 하나님의 말씀을 통달하기 위한 목표도 없었다.

이제 피에르는 풀타임 사역을 위해 하나님의 부르심을 인식하고 있었다. 그러나 그는 아직 준비가 되지 않았다고 느꼈다. 그는 나(로버트)의 영적 훈련에서 초기 제자훈련이 어떻게 실패했는지 듣고서 나에게 찾아왔다. 그리고 나에게 제자훈련을 해 줄 수 있는지를 물었다. 많은 부분에서 성숙하지만 어떤 부분에서는 기본적인 영적 훈련이 부족한 사람을 어떻게 제자훈련하겠는가? 하나님과의 수직적 관계부터 시작하기로 정하고 경건의 시간과 기도에 대한 과제물을 부여했다. 서로에게 필요한 책무를 기록하도록 요청했다. 책무성이 있다는 사실 그 자체가 후속 조치를 취할 수 있는 동기 부여의 요인이 되었다.

사례 3. 마크와 게일에게 보내는 편지

다음은 젊은 부부를 위한 멘토링 사례이다. 내(로버트)가 가르치던 미국 풀러신학교에서 그들에게 이미 1년 이상 교수로서 비형식적으로 멘토링을 해 왔다. 우리는 좋은 관계를 유지해 왔다. 이제 나는 그 관계를 영적 안내자와 코치로서 발전시키길 원했다. 내가 그들에게 보낸 편지 내용을 소개한다.

마크와 게일에게,

당신 두 사람은 지난해에 나의 강의를 들은 학생들 중에서 가장 우수했습니다. 모든 수업시간마다 탁월함과 훌륭한 창의력을 보여주었습니다. 장래에 당신들이 리더십으로 쓰임을 받도록 하나님께서 많은 것을 예비해 두셨다고 나는 믿습니다. 나는 인생의 중요한 시점에 있는 당신들을 가르칠 수 있어서 감사하게 생각합니다. 만약 당신들이 원한다면 내가 더 많이 도울 수 있다고 느낍니다. 그래서 앞으로 여섯 달 동안 당신들과 멘토링 관계를 갖는 것을 제안하니 고려해 보십시오. 나의 제안사항을 잘 읽어본 후에 'Yes' 나 'No' 로 답장해 주기 바랍니다.

나는 당신들과의 멘토링 관계에서 다음 6가지를 제안합니다.
1. 나는 당신들 각자가 개인 성장 프로젝트를 구상하기를 원합니다. 예를 들어, 성경 연구, 기도, 혹은 사역 기술을 배우는 것이나 당신들이 관심을 갖고 있는 다른 것도 좋습니다. 나는 단지 그것에 대한 책무를 다할 것이며 그것을 하는 방법에 대해 조언할 것입니다. 프로젝트의 종류, 범위, 책무성 수준, 그리고 종료는 당신들에게 달려 있습니다. 나는 당신들이 그 영역에서 진전하는 것을 확인할 뿐입니다. 나의 경험으로 볼 때 개인 성장 프로젝트는 삶에서 배움의 자세를 유지하는 데 가장 큰 자극제가 됩니다.
2. 언제든지 연락할 수 있습니다. 나의 사무실 입구에 있는 약속 시간표에 적어 놓을 수도 있으며 혹은 집으로 전화를 해도 좋습니다. 나에게 연락하면 언제든지 만날 수 있습니다. 그리고 이번 멘토링 기간 동안 나는 당신들을 위해 기도할 것입니다.
3. 어떤 종류이든 영적 훈련(한두 달에 하나 정도)을 위해 노력을 기울이기를 바랍니다.
4. 우리는 정기적인 책무/나눔의 시간을 가질 것입니다. 프로젝트에 달려 있지만 매달 한두 번씩 만나게 될 것입니다. 또한 여섯 달의 기간 동안 한번은 내가 멘토링하는 모든 사람들과 함께 모여 각자 준비한 음식을 함께 먹으며 삶을 나누는 기회를 갖기 원합니다. 우리가 정기적으로 함께 만나는 시간에 다음과 같은 것들을 나누기를 원합니다. 성경 연구를 위한 나의 평생 목표와 성취, 말씀 연구에 대한 나의 해석적 접근, 영성과 영성의 역동성에 대한 정의, 영적 권위에 대한 이해, 기도생활과 접근 방법, 기도 노트북 등입니다.
5. 이 기간 동안 나는 당신들이 2가지 말씀 훈련에 주의를 기울이기 원합니다. 특히 각자에게 다음 2가지를 제안합니다. (1) 균형 잡힌 성경 공부 방법을 사용하여 여섯 달 동안 성경 말씀을 체계적으로 연구하는 것입니다. (2) 성경을 종합적인 관점으로 공부하는 것입니다. 즉 성경을 전체적으로 이해하며, 각 권을 전체적 문맥 가운데서 파악하는 것입니다.
    (나는 계속해서 2가지 말씀 훈련의 목표를 설명했으며 위의 1번 목록을 위한 성장 프로젝트를 제안했다. 이 사례의 설명에서 그 내용을 모두 언급하기에는 너무 길다.)

6. 나는 가끔 당신들의 사역에 동참하기를 원합니다. 당신들이 사역하는 곳을 방문하여 관찰하고 당신들이 익힌 훈련을 실행으로 옮기는 것을 보고 싶습니다. 마찬가지로 내가 하는 티칭 사역을 당신들도 가끔 관찰하기를 원합니다. 아마 내가 강의하는 수업시간 외에 특별한 사역 기회에 함께할 수 있을 것입니다.

마크와 게일, 위에 제시한 내용이 마음이 들지 모르겠습니다. 아니면 시기적으로 적절하지 않거나 혹은 너무 부담이 되는 것은 아닌지 모르겠습니다. 이 제안을 받아들이지 않거나 혹은 당신들의 시간 계획에 맞추어 적절하게 변경해도 좋습니다. 만약 이번 기회에 할 수 없다고 결정하거나 혹은 이 제안을 수정하기 원한다고 해서 당신들에게 실망하지는 않을 것입니다.

두 사람 모두 이 제안을 놓고 기도해 보고 1월 첫 주말까지 알려 주기 바랍니다. 만약 "Yes" 라고 한다면 위에서 언급한 몇 가지 사역 과제를 위해 우리는 계획을 세워야 합니다.

멘토들은 목적, 규칙성, 그리고 책무성을 명확하게 정하는 데 있어서 다르다. 위의 사례 3, 그리고 다음 사례 4에서 제시한 엄격한 체계는 아마 일반적인 것은 아닐 것이다. 그러나 그 사례들은 책무성 이슈의 명확성이 무엇인지 그 의미를 잘 설명해 준다.

사례 4. 리처드 윌리암스의 성장 영역

사례 4는 영적 안내 멘토링의 측면에서 멘티와 '성장 계획'(growth contract)을 제시한다. 그 프로젝트는 중심성(centrality) 요소를 다루며 멘티에게 그리스도와 연합하는 삶(union life)으로 옮겨 가는 것(118페이지 도표 참조)을 추구한다.

그 멘티는 10여 년 사역 경험을 가진 30대 초반의 나이에 있었다. 나는 영성 요소의 근거를 사용한 그의 영성 프로필(136페이지)을 알고 있었다. 나는 그것을 다시 확인할 필요없이 그가 책무를 다할 것을 알았다. 그가 일주일에 한 번씩 규칙적으로 나를 만나줄 것을 알았다. 또한 그가 삶에서 경험으로부터 진리를 이끌어 내어 그것을 개념화시키면서 가장 잘 배운다는 것을 알았다. 그가 그리스도와 연합하는 삶을 경험하는 경험적 학습의 진지한 프로젝트를 위해 준비된 것을 인식했다.

이러한 배경을 염두에 두고 8가지 과제를 부여하고 하나씩 자유롭게 완성해 갈 수 있도록 아래와 같은 약정서를 준비했다. 그가 과제를 자유롭게 해 나가도록 했다(혹은 성령의 인도하심에 따라 이 과제들 가운데 자유롭게 대체할 수 있도록).

이것은 진지한 프로젝트이며 높은 수준의 헌신이 필요하다. 그것으로 인해 압도당하지 말라. 그러나 그것은 실제적으로 효력이 있었고 영적 안내 멘토링을 위한 책무의 명확성을 나타내기 때문에 그것을 제시한다. 멘토링의 역동성이 모두 일어났다. 우리는 친밀한 관계를 가졌으며, 그는 그리스도와 연합하는 삶에 이끌렸고, 순응하였으며, 바른 배움의 자세를 보여주었다. 그는 책임감을 갖고 책무를 다했으며, 능력 부여를 위한 열망이 있었다.

리처드 윌리암스
샌디에고 세미나의 멘토링 과제
과제 일시: 1990년 7월 24일부터 5개월 과제, 1991년 1월 1일까지 완성
기본 과제: 경험적 그리고 인지적 학습으로 그리스도와 연합하는 삶의 진전

1. 경건의 시간을 갖는 동안(18일 동안 매일 하나씩) 마일즈 스탠포드(Miles Standford)의 녹색 편지(The Green Letters)를 읽기 바랍니다. 휴식을 취한 후 다음 달에 한 번 더 반복하길 바랍니다. 각 편지를 읽는 데 10분 정도 걸리며 그것은 나에게서 구할 수 있습니다.

2. 에드먼(Edman)의 『그들이 발견한 비밀』(They Found the Secret)을 읽기 바랍니다. 이 책은 그리스도와 연합하는 삶을 경험한 사람들의 간증입니다. 그들이 그리스도와 연합하는 삶의 관문이 무엇이며 어떻게 발견했는지 등을 확인하기를 원합니다. 당신에게 그 책을 전달하겠습니다. 만약 그 책에 나오는 각 사람에게 20–30분 정도 시간을 할애한다면 8시간 정도면 다 읽을 수 있습니다.

3. 허드슨 테일러에 대한 장, "변화된 삶"(The Exchanged Life)을 읽기 바랍니다. 그 전기는 나에게 빌리거나 학교 도서관에 비치된 자료집에서 구할 수 있습니다(읽는 데 20분 정도 걸립니다).

4. 트럼불(Trumbull)의 『승리하는 삶』(The Life that Wins)을 읽기 바랍니다(읽는 데 20분 정도 걸립니다). 학교 도서관에 비치된 자료집에서 구할 수 있습니다.

5. 맥퀼킨(McQuilkin)에 대한 7장, "1911년 8월 15일"을 읽기 바랍니다. 도서관에 비치된 자료집에서 혹은 그 전기를 나한테서 빌릴 수 있습니다(읽는 데 약 20분 걸립니다).

6. 그리스도와 연합하는 삶에 대한 워치만 니의 견해가 담긴 『정상적인 그리스도인의 생활』(The Normal Christian Life)을 읽기 바랍니다. 학교 도서관 자료집에서 아니면 나한테서 구할 수 있습니다(워치만 니가 연합하는 삶을 설명하기 위해 사용한 사례들을 공부하고 이해하기 위해 읽는다면 4–10시간 정도 걸립니다).

7. 그리스도와 연합하는 삶의 이론과 그것에 대한 간증인 "이제 나는 알아요"가 실린 중요한 사설들을 읽기 위해 "연합하는 삶(Union Life Magazines)" 잡지들을 훑어보기 바랍니다. 나의 서재에 있는 20–30개의 잡지들을 줄 것입니다(이것을 모두 읽는 데 적어도 서너 시간이 걸립니다).

8. 헤링(Herring)의 『하나님은 나의 도움』(God Being My Helper)을 읽기 바랍니다. 이 책은 연합하는 삶에서 성령의 역사에 대한 로마서 8장의 훌륭한 예시를 보여줍니다. 나는 이 책을 두 권 갖고 있는데 나한테서 빌려 보면 됩니다(이 책은 읽는 데 두세 시간 걸립니다).

9. 위의 8가지 과제를 끝낸 후에는 로마서 5–8장을 반복해서 읽기 바랍니다. 20회 혹은 더 많이 읽은 후에 우리는 문맥별로 함께 공부를 시작할 것입니다. 내가 확인한 성경 본문의 전체적 구조와 주제별로 나눌 것입니다. 당신은 문맥별로 그 작업을 해 나가면 됩니다. 당신이 목회학 박사(D. Min.) 수업 시간에 배운 성서 해석 기법을 적용하기 바랍니다. 나는 로마서에 대한 나의 자료집을 당신과 함께 공부해 나갈 것입니다. 당신은 이런 자료들을 복사하여 당신 자신의 사역에 사용하기를 원할 것입니다. 이것은 이 과제의 핵심이며 많은 시간이 걸릴 것입니다. 그러나 그것을 적어도 매주 3시간씩은 규칙적으로 해야 합니다.

10. 로마서에 대한 스티플러(Stifler)의 주석을 읽기 바랍니다. 이 주석은 나의 서재에서 빌려 볼 수 있습니다. 당신 자신이 먼저 로마서 5–8장 연구를 끝낸 후에 (3–5시간 동안) 우리가 함께 공부할 것입니다.

우리가 함께 시간을 보낼 때, 하나님이 만나 주시고 은혜를 베푸신 것을 함께 나누길 원합니다. 당신이 그리스도를 더 깊이 경험하도록 하나님이 인도하시길 기대합니다.

사례 5. 로베르토의 초기 과제

로베르토에게,

이 편지를 늦게 보내게 되어 미안합니다. 나는 당신의 제자훈련 습관을 새롭게 시작하는 데 4가지를 제안하고자 합니다.

1. 경건한 삶에 대한 견해를 이해하기 위해 나의 소책자 『하나님과의 교제』(Fellowship With God)를 통독하기 바랍니다. 내가 사용하는 다양한 방법, 특히 "한 가지 사고법" (One Thought Method)을 배우기를 원합니다.
2. 다음은 "한 가지 사고법" (One Thought Method)을 사용하여 목회 서신(디모데전·후서와 디도서)을 묵상하길 바랍니다. 성경 말씀을 문맥별로 읽으며 그 법칙을 적용하십시오. 문맥 전후 상황을 파악하기 위해 필립스 번역(Phillips version)을 사용하여 매일 한 문맥씩 하면 됩니다.
3. 기도 노트를 사용하여 매일 중요한 기도 제목과 응답을 구체적으로 기록하며 기도하길 바랍니다. 예전에 새 신자 상담 훈련을 위해 사용했던 빌리 그래함(Billy Graham) 목사님의 양육용 "기도 달력"을 추천합니다. 내가 그것을 당신에게 보여주겠습니다.
4. 당신이 몇 가지 영적 훈련을 실천하길 바랍니다. 한 달에 한 가지 정도 하십시오. 나는 영적 훈련에 대한 자료[1]를 가지고 있습니다. 나의 사무실에 들르면 영적 훈련에 대한 자료를 전해 줄 것입니다.

당신이 적어도 한 달에 한 번은 나와 만나면서 어떻게 하고 있는지에 대해 보고하길 바랍니다. 우리가 매달 한 번씩 만날 때 당신의 나눔과 더불어 나 자신도 제자훈련과 영적 훈련에 대해 배운 것을 당신과 나눌 것입니다. 나는 균형 잡힌 말씀 섭취를 위해 "말씀의 손"(The Hand)이라고 부르는 모델을 당신과 나눌 것인데, 이것이 내가 지난 26년 동안 사용해 온 것입니다[2]. 추가적으로 평생 말씀을 연구하기 위한 나의 목표를 보여줄 것입니다.

내가 당신에게 멘토가 되어 주기를 원하는지, 그리고 위의 4가지 사항에 당신이 기꺼이 책무를 다할 수 있는지 알려 주기 바랍니다. 우리가 그것들을 마치면 다른 것들을 염두에 두고 있습니다. 하나님이 당신을 축복하시고 당신의 필요를 채워 주시길 기도합니다. 당신의 아내에게도 안부 전해 주기 바랍니다.

(이 사례는 341페이지에 있는 편지의 책무성 강화하기 위해 약간 수정하여 다시 쓴 것임을 주목하라.)

사례 6. T 목사 – 코치

T 목사는 성경을 가르치는 것 그 이상이었다. 사람들은 사역을 실제로 실행함으로써 사역하는 방식을 배운다는 것을 확고하게 믿고 있었다. 그는 사람들을 사역으로 이끌어주는 방법을 알고 있었다. 그는 리더들을 훈련하고 계발하기 위해 그의 강단과 가정 성경 공부 모임을 다른 사람들에게 내어 주고 공유했다. 그는 사람들이 균형 있게 성장하기 위해서는 좋은 성경 교사로부터 배워야 한다고 굳게 믿고 있었다.

---

[1] 로베르토에게 제시한 영적 훈련을 위해 부록 C를 참고하라.
[2] "말씀의 손" 예화는 네비게이토 선교회가 일대일 제자훈련에서 사용하는 것이다. 그것은 말씀에 대해 의도적으로 집중하여 듣고, 읽고, 공부하고, 암송하고, 묵상하는 것을 포함한다.

우리 교회에서 매년 두 번 열렸던 한 주간 성경 사경회를 위해 미국 전 지역에서 훌륭한 강사들을 초청했다. 노먼 게이슬러(Norman Geisler), 허먼 호이트(Herman Hoyt), 조 템플(Joe Temple), 마미온 로(Marmion Lowe) 등은 우리 시골 교회에서 내가 강의를 들었던 많은 사람들 중에 몇 사람이다.

그의 패턴은 단순했다. 그가 가르치는 성경공부 수업에 기회가 생길 때마다 교육전도사들(preacher boys)과 함께 동행했다. 그런 후에 수강생들과 관계를 형성하고 어느 정도 기간을 지켜본 후에는 한 번씩 자신은 빠지고 대신에 교육전도사들이 그 수업을 가르치도록 했다. 그리고 그 수업으로부터 피드백을 받고 그들이 가르친 것에 대해 평가해 주었다. 그다음에 그는 다시 개입하여 그 수업을 함께 진행했으며 만약 그들이 잘하지 못하는 경우 다시 활력을 되찾도록 했다. 결국 그는 그 수업을 그들에게 넘겨 주었다. 어떤 수업은 성공적이고, 어떤 수업은 성공적이지 못했다. 그러나 우리는 티칭에 대해 잘 배울 수 있었다. 그리고 그는 항상 다시 새롭게 시작했다.

그는 대개 새로운 사람들에게 요한복음으로 시작했다. 그는 교육전도사들이 포켓 사이즈로 된 요한복음서를 구해 사역하러 가는 곳마다 갖고 다니도록 했다. 그리고 그들이 일주일에 적어도 한 번씩 요한복음을 통독하도록 했으며 중요한 구절들은 표시하고 암송하도록 권고했다. 그들은 요한복음이 기록된 목적을 말해 주는 20장 31-32절 말씀을 암송해야 했다. 요한복음의 서막을 알려 주며 예수님의 성육신에 대한 중요한 성경 구절인 요한복음 1장 1-14절은 암송했던 많은 구절들 가운데 하나였다. 그의 목표는 분명했다. 그는 우리가 요한복음에 통달하여 성경을 문맥별로 이해하고, 그다음에는 그것을 다른 사람들에게 가르칠 수 있기를 원했다. 그는 이것을 각 수업마다 우리에게 입증해 주었다.

우리는 그의 예화 사용 방법, 성경 말씀에 통달, 수강생들과 따뜻한 온정과 태도로 가르치는 것을 관찰하는 것 이상으로 성령의 사람인 그에게 매료되었다. 우리는 하나님의 말씀의 능력으로 삶이 변화되는 것을 지켜보았다. 우리가 한 것은 단지 성경 말씀을 믿고, 알고, 사용하는 것이었다. 하나님의 성령이 역사한 것이다.

나에게는 몇 가지가 좋아 보였다. 한번은 우리 교회가 신년 주일 프로젝트로 성도들이 함께 모여 강단에서 성경을 차례로 읽어가며 통독을 했다. 우리 각자 몇 번씩 차례로 돌아가며 성경을 읽고 녹음했다. T 목사는 라디오 방송 사역을 하고 있었다. 녹음된 자료들은 파일로 보관하며 교회에서 누구든지 구입하거나 빌려 갈 수 있었다. 그리고 그는 다른 많은 성경 교사들의 녹음 자료들을 갖추어 놓고 누구든지 사용할 수 있도록 했다. T 목사의 서재는 모두에게 개방되어 있었다. 그의 책을 누구든지 빌려 볼 수 있었다. 또한 그는 목사관에 작은 서점을 운영하며 최신 성경 주석들과 유익한 다른 성경 공부 자료들을 구입할 수 있도록 했다.

나는 T 목사의 현장 실습 훈련을 통해 소그룹 성경 공부를 인도하는 방법을 배웠다. 그리고 다른 사람들을 사역에 동참시키면서 훈련하는 그의 철학을 파악했다. 또한 나의 평생 동안 성경에 통달하라는 그의 도전을 받아들였다. 나는 그 목적을 달성하기 위해 장기 프로젝트를 시작했으며 지금까지 계속하고 있다. 나는 T 목사로부터 성경을 가르치는 기술뿐만 아니라 지역 교회 중심의 목회 철학을 배웠다. 무엇보다도 나는 평생에 걸쳐 성경을 공부하고 사용하고자 하는 열망을 갖는 동기 부여를 받았다. 그는 마치 우리가 실제로 운동을 하면서 운동 경기를 잘 배운다는 사실을 아는 훌륭한 코치와 같았다. 그는 우리에게 시범을 보여주었고, 기회를 제공하고, 그것을 더 잘할 수 있는 방법을 가르쳐 주었다.

사례 7. 헨드릭스 교수

기대하지 않았던 비가 내려 여름에 보기 드물게 그 선교센터 주위에 개울물이 졸졸 흐르고 있었다. 그곳은 미국 콜로라도 주의 콜로라도 스프링스에 국내 본부를 둔 네비게이토 선교회 센터였다. 내 생각에 그해는 1966년 여름이었다. 아내 마릴린과 나는 부부 수양회에 참석하기 위해 그곳에 있었다. 그 당시는 우리에게 매우 중요한 시기였다. 나는 벨 전화연구소(Bell Telephone Laboratories)에서 직장을 그만두고 이제 막 시작된 미국 남동부 지역에서 네비게이토 선교회 사역을 고려하는 중이었다.

그 수양회의 주강사는 하워드 헨드릭스였다. 그 당시 그는 미국 달라스신학교(Dallas Theological Seminary)의 교수였다. 그는 엘리야에 대해 가르쳤다. 내가 기억하기로 그는 6-7번 정도 강의를 했던 것 같다. 그것은 나에게 아주 특별한 경험이었다. 그가 가르치는 성경 말씀에서 나는 리더십을 배웠고, 리더십의 교훈을 이해했다. 열왕기상 17장, 18장, 19장 말씀이 생명력 넘치게 다가왔다. 성경적 교훈과 더불어 가르치는 그 강사로부터 깊은 감동을 받았다. 그는 성경을 잘 알았고, 그것을 공부하는 방법을 알았으며, 성경 말씀을 생동감이 넘치도록 가르치는 방법을 알고 있었다.

그러나 직접적인 학습 이상으로 2가지의 큰 유익이 있었다. 그 중 하나는 그가 티칭에 대해 가르치는 중에 즉석에서 나온 말이었다. 그는 말하기를 그레고리의 『7가지 교육법칙』(The 7 Laws of Teaching, 생명의 말씀사)이 그의 티칭에 큰 도움이 되기 때문에 1년에 한 번씩 그 책을 공부한다는 것이었다. 나는 같은 책을 반복해서 읽는다는 것을 믿을 수가 없었다. 나는 강한 호기심이 생겨 그 책을 바로 구입하여 한꺼번에 읽었다. 그때서야 그가 왜 그 책을 반복해서 읽었는지 그 이유를 알 수 있었다. 당신이 티칭을 더 많이 경험할수록, 그 책에 담겨 있는 통찰력을 더 폭넓게 활용할 수 있다. 당신이 이전에 읽었던 책의 배경을 알고 있을 경우 그것을 다시 읽을 때마다 새롭게 와 닿는다. 나는 지금까지 그 책을 반복해서 수없이 읽었다. 나의 교육철학을 크게 강화시켜 준 귀중한 자료를 알려준 그의 한마디 조언이 얼마나 감사한지 모른다.

두 번째 큰 유익은 성경 인물 연구를 통해 많은 것을 배울 수 있다는 중요한 통찰력을 얻었다는 점이다. 리더들의 삶에서 교훈을 얻기 위해 연구해야 한다고 말하는 히브리서 13장 7-8절 말씀의 진리에 대한 경험적 학습이었다. 예수님은 지금도 살아 계시기 때문에 우리 삶에서 리더십을 고무시키고 동일하게 리더십 가치관, 방법론, 리더십 철학을 가르쳐주시고 신실하게 역사하신다.

뒤돌아볼 때 이를 통해 하나님이 리더들을 평생 어떻게 계발하시는지를 발견하는, 중요한 사역 취지를 향해 나 자신을 이끄는 이정표적 사건이 되었다. 첫 번째로 나를 제자훈련시켰던 그 멘토는 역사적 인물들의 전기를 통해 교훈을 얻도록 연구하는 것이 중요함을 가르쳐 주었다. 두 번째로 헨드릭스 교수는 성경의 인물들을 연구하는 것이 중요함을 가르쳐 주었다. 세 번째는 이 이정표적 사건으로 이제 동시대 인물들을 연구하는 것이 중요함을 배웠다. 이 삼중적인 리더십 자원은 리더십 계발에 대한 나의 박사 연구 과정을 위한 나의 중요한 데이터베이스가 되었다.

헨드릭스 교수는 수양회에 참석하고 있었던 우리의 마음을 끌리게 하고 개인적으로 다가왔다. 나중에 알게 된 사실이지만, 많은 수양회 강사들은 관계적인 기술이 부족한 편이며 대중들 앞에서는 잘하지만 개인적인 관계에서는 잘하지 못한다. 하지만 우리는 헨드릭스 교수가 우리에게 개인적으로 관심을 갖는 것을 알면서 큰 격려를 받았다. 그래서 오하이오주 콜럼버스의 집으로 돌아온 후 나는 그의 사역으로 인해 정말 감사한다는 편지를 써서 보냈다.

그 편지의 주된 내용은 나에게 '성경의 인물들을 연구하는 것을 배울 수 있도록 나를 도와줄 수 있는가?' 하는 것이었다. 나는 그와 같이 성경으로부터 배우고 가르칠 수 있기를 원했다. 그는 친절한 답장과 함께 "성경 인물들의 전기적 인터뷰"(Biographical Interview of Biblical Characters)라는 제목의 자료를 동봉하여 보내주었다. 그것은 헨드릭스 교수가 성경 인물들을 연구할 때 사용했던 18가지 질문의 목록이었다. 나는 그 방법을 사용하기 시작했다. 나는 바로 그런 방법으로 배웠다. 그는 성경 인물 연구를 시작할 수 있는 중요한 열쇠를 제공해 주었다. 그후 나의 리더십 연구에서 발견한 많은 핵심적 개념은 바로 그 질문들을 사용하여 얻은 대답에서 나온 것이다.

사례 8. 현명한 이웃 사촌

1967년, 아내 마릴린과 나는 미국 컬럼비아신학교(Columbia Bible College)를 다니는 중이었다. 우리는 앞으로의 우리 삶을 위해 하나님의 인도하심을 구하고 있었다. 때마침 그곳에서 안식년을 보내고 있던 이웃집의 존스 씨 가족 아이들과 우리 집 아이들이 금방 친한 친구가 되었다. 우리도 그 아이들의 부모인 아지엘(Aziel)과 메리안(Marianne)과 금방 친해지게 되었다. 그들은 코스타리카에서 사역을 했던 선교사들이었다. 1년 동안 서로 이웃으로 살면서 우리는 선교에 대해 많은 이야기를 나눌 수 있었다. 그들의 나이는 약 20년의 선교 경험을 가진 40대 후반이었다. 우리는 당시 젊은 30대 초반의 나이였는데 우리가 대부분 질문을 했다. 메리안과 아지엘은 많은 이슈들에 대해 지혜로운 조언을 해 주었다. 그 조언은 그들의 경험에서 나온 것이었다. 그들은 성숙한 크리스천들이었고 경험이 많은 선교사들이었다. 우리는 다음 단계로 하나님이 선교지로 인도하시는지 확인하기 위해 컬럼비아신학교에 다니고 있었다. 아지엘과 메리안은 학문적 준비와 더불어 다음 단계를 위해 구체적인 조언을 해 주었다. 우리는 그들의 조언을 하나님의 인도하심으로 받아들였다. 그들의 조언은 정말 훌륭했고, 우리는 오랫동안 매우 감사하고 있다. 우리 삶을 위한 중요한 안내는 이 특별한 멘토링 기능인 상담에서 온 것이었다.

사례 9. 켄터키에서 걸려온 전화

나는 가끔 켄터키에서 걸려오는 장거리 전화를 받는다. 이전의 나의 학생 중 한 명인 토미(Tommy)가 전화를 하곤 한다. 그는 풀러신학교에서 공부하는 동안 파트 타임으로 목회를 했는데 나중에는 결국 풀타임으로 목회 사역을 했다. 나는 몇 년 동안 가끔씩 그를 위해 사역을 도왔다. 나는 그에게 몇 가지 성장 프로젝트를 제시했다. 또한 그가 당시 목회하던 교회 상황에 필요한 조언을 알려주기 위해 만나곤 했다. 이러한 과거 관계 때문에 그는 자유롭게 전화를 걸어온다. 그의 질문은 대개 사역에 필요한 관점과 조언을 구하기 위한 것이다.

나는 내가 바라는 대답을 그에게 강요하지 않는다. 그러나 그는 대개 나의 조언을 받아들인다. 그리고 보통 나는 그가 현재 상황을 장기적 안목을 갖고 바라볼 수 있도록 돕는다.

사례 10. 대표직을 맡을 것인가, 거절할 것인가?

그가 나에게 전화를 걸어 와 약속을 한 후 만났다. 그는 과거에 나의 강의를 몇 과목 공부했는데 일본에서 처음 만났다. 가끔 그는 나를 찾아왔고 대화를 나누었다. 우리는 서로 부담 없이 만나는 사이였다. 우리는 만날 때마다 마치 그 사이에 휴식이 없었던 것처럼 이전에 나누던 이야기를 계속 하곤 했다. 나는 항상 그를 위해 시간을 배려했다. 일본 사역지에서 그를 처음 만났을 때 그는 그곳에서 5-6년 동안 리더로 일했는데 그때부터 국제적 리더가 될 만한 잠재력을 가진 것이 분명해 보였다. 그에게는 거룩한 열망이 있었다. 그는 고립의 기간을 벗어나는 중이었다. 그 기간에 그는 나와 함께 리더십 계발 이론을 공부했고 자신의 삶과 사역을 돌아보며 깊이 성찰하는 시간을 가졌다. 이를 통해 미래 사역에 대해서도 진지하게 생각할 수 있었다. 우리는 약속 날짜를 잡았다.

마침내 그가 나를 찾아왔다. 그가 속한 선교단체의 최고 직책을 제의받았다고 말했다. 그가 자신이 위치해 있던 경계선(boundary)의 상황에 대해 설명할 때 나는 목록으로 적었다. 어느 정도 이미 알고 있었지만 나는 그가 말하는 것을 유심히 들었다. 그다음에 나는 몇 가지 질문을 했다. "최근 하나님이 당신에게 보여준 것은 무엇인가? 당신이 가진 은사와 사명을 고려해 볼 때 이 직책은 적합한가? 당신이 인계받게 될 상황은 어떠한가?" 그리고 특히 나이가 많은 이사 멤버들의 추천으로 최고 직책을 인계 받았을 경우에 내가 목격한 것을 그에게 경고하기도 했다. 나는 몇 가지 주의사항을 제시한 후에 그 상황에서 나라면 어떻게 할 것인지 그에게 말했다. 이와 같은 상황에서는 그가 협상 카드를 사용할 수 있는 보기 드문 경우라는 것을 지적했다. 나는 그가 그 직책을 맡기 전에 요청할 수 있는

5가지 사항을 목록으로 적어 주었다.

만약 그 단체가 그런 조건들을 충족시켜 준다면 그는 변화를 적절하게 유도할 수 있을 것이다. 그는 주의 깊게 나의 조언을 들었다. 항상 그랬던 것처럼 그에게 선택할 수 있는 여지를 남겨 두었다.

내가 그에게 격려와 도움이 되었다는 것을 그 세션이 끝난 후에야 알았다. 그가 반드시 알아야 할 것들을 나는 구체적으로 지적해 주었다. 나는 경청하며 그가 자신의 상황을 평가하도록 도왔다. 나중에 그가 그 선교단체의 대표로 임명되었다는 소식을 듣고 나는 매우 기뻤다.

사례 11. 중년기 커리어 결정

그는 매우 철두철미하고 진지한 타입이었다. 무엇을 하든 그의 모든 것을 쏟아 부었다. 그는 나의 『지도자 평생 개발론』의 집중 세미나에 참석하면서 1주일 동안 나와 함께 공부했다. 그는 다른 참석자들보다 훨씬 훌륭하게 모든 세미나 과제를 완벽하게 해냈다. 그는 개척자 기질과 진지함을 갖고 상황을 파악하고 행동으로 실천하기를 원했다.

세미나 기간 동안 우리는 고맙게도 휴가를 떠난 어느 친절한 가족이 내어 준 가정집에서 함께 지낼 수 있었다. 그래서 나는 그와 함께 개인적으로 많은 시간을 보낼 수 있었고 친구처럼 친해질 수 있었다. 그는 야외 활동을 즐기는 타입이었다. 등반과 같은 야영 경험도 많았다. 그는 회심한 후에 제자훈련을 받았다. 그는 분명한 해답이 없을지라도 답하기 어려운 질문들을 하면서 해답을 찾기 원하는 사람이었다.

세미나를 마친 후 우리는 서로 연락하면서 지냈다. 나는 그가 속한 선교회의 연례 총회에서 매년 한 번씩 만났다. 나는 그 선교단체의 이사로서 그 총회에 매년 그와 함께 참석하였다. 그의 사역은 도심 지역의 사역이었다. 연례 총회 때마다 우리는 함께 보낼 수 있는 기회를 가졌다. 그는 그가 나눈 아이디어에 대해 내가 반응하는 것을 살피곤 했다. 그에게 나의 의견을 제시하면 그는 나에게 질문 공세를 퍼붓기도 했다. 어떤 질문은 내가 대답할 수 있었고, 어떤 질문들은 어디에서 대답을 찾을 수 있는지 알려만 줄 수밖에 없었다. 연례 총회가 열리기 전후 사이에는 그가 평상시처럼 나에게 장거리 전화를 걸어 와 직면하고 있는 문제들에 대해 조언을 부탁했다.

그는 집중적인 언어 훈련을 위해 중앙아메리카로 갔다. 왜냐하면 그는 중남미 출신의 난민들과 이민자들에게 복음을 전하길 원했기 때문이다. 그는 몇 번 믿음의 도전을 받았고 하나님이 놀라운 일들을 행하시는 것을 보았다. 나는 계속 그의 성장을 지켜보았다. 나의 마음속에 의심의 여지가 전혀 없었다. 그는 복음 전도자의 은사와 더불어 개척자 타입이었다. 그리고 그는 개척자 타입에게서 흔히 볼 수 없는 긍휼함과 같은 뛰어난 감성을 지니고 있었다.

약 여섯 달 전 즈음에 나는 그로부터 장문의 편지를 받았다. 그가 제의한 것은 겉으로 보기에는 정신이 나간 것처럼 보였다. 그는 유랑민 타입의 사람들에게 복음을 전하는 특별한 야외 전도 사역을 위해 도심 지역의 사역을 떠나는 것을 고려하고 있었다. 그러면 그가 그동안 배운 스페인어는 어떻게 되나? 하나님의 도우심으로 그가 모금하고 새로 세운 선교센터는 어떻게 되는가? 도심 지역의 사역을 위해 그의 주위에 함께 모여있는 그 팀은 어떻게 되나? 그는 주도적인 역할을 했고 중요한 동원가로서 그 팀을 모집했다. 그는 사역 중도에서 멈출 수 없는 팀 멤버들을 어떻게 떠날 수 있는가? 그의 편지를 주의 깊게 읽었다. 내가 아는 그에 대해 회상해 보며 심사숙고했다. 나는 이것이 정말 개척자 타입의 사역으로 그에게 적합하다는 결론에 이르렀다. 이것을 그의 마지막 사역이 아니라 퍼즐의 다른 한 조각으로 보았다. 나는 그 선교회의 대표 외에 다른 세 사람의 추천서들을 확인했다. 그다음 나는 장거리 전화를 걸어 그의 편지에 대해 이야기를 나누었다. 대화의 취지는 그가 엉뚱한 면이 있기도 했지만 그가 하기 원하는 것을 긍정해 주는 것이었다. 그 새로운 사역을 그의 평생 계발의 관점에서 바라보도록 했다. 나는 그 사역에 5-6년 동안만이라는 단서를 달고서 그를 격려하며 확증해 주었다.

사례 12. 장기적 학업을 위한 조언

그는 그의 선교단체를 막 떠난 중견 선교사였다. 그는 삶과 사역에서 전환기 시점이 되는 경계선 시간(boundary time)을 보내고 있었다. 그는 거의 하는 모든 일에 관심과 진정성을 갖고서 사람들과 얘기하기를 좋아했으며 매우 창의적이었다. 그는 리더십을 전공하면서 내가 가르친 모든 리더십 과목들을 집중적으로 공부했다. 나는 그가 강한 배움의 자세를 가진 것을 발견했다.

그는 종종 나의 사무실에 들르며 베이글 빵이나 커피를 가져오곤 했다. 또한 종종 나에게 새로운 아이디어가 떠오르게 부추기기도 했다. 그는 자신이 발견한 책이나 자료를 나에게 소개해 주었다. 그는 궁금한 것이 많았으며, 나에게 많은 질문을 했다. 그는 미래 비전을 가진 중요한 사람이라는 것을 인식했기 때문에 나는 항상 그를 위해 시간을 내주었다.

그는 재정적으로 어려움을 겪고 있었고 미래를 위해 어떤 결정을 내려야 한다는 점을 알고 있었다. 그래서 그는 나와 약속 날짜를 잡고 만났다. 그는 그의 상황을 설명하고 몇 가지 대안을 나열했다. 나는 처음에는 거의 한 시간 정도 경청했다. 그다음 내가 이해한 것에 대해 언급하기 시작했다. 나는 그가 가진 은사를 알고 있었다. 또한 선교사로서의 그의 사역 경험에 대해서도 알고 있었다.

나는 그가 가진 배움의 자세를 알았고 그의 사명에 대해서도 인식했다. 나는 평생 계발 계획으로 박사 학위가 무엇을 의미하는지 그에게 명확하게 설명해 주었다. 하나님이 길을 열어 주시면 그가 어떻게 계속 학위 과정을 밟으며 경제적으로 기본적인 생활을 유지해 나갈 수 있는지에 대해 이야기를 나누었다. 우리가 시간을 함께 나눈 후에 그가 격려와 도움을 받게 된 것을 알았다. 그는 몇 가지 선택할 수 있는 대안을 생각할 수 있었다. 그의 여러 질문에 대해 나는 성의껏 대답했다. 앞으로 진로 때문에 그가 고민하며 힘들어하던 이슈들에 대해 나는 객관적인 견해를 제시할 수 있었다.

나는 우리가 얘기를 나누었던 많은 시간들을 뒤돌아보며 회고했다. 우리는 서로 신뢰관계를 쌓았다. 나는 그의 배경을 알았고 그에게 영적인 권위를 갖고 있었다. 나는 나의 조언이 그에게 도움이 된다는 것을 알았다.

사례 13. T 목사–가정 성경 교사

그를 생각하면 항상 큰 성경을 갖고 다니는 사람으로 기억한다. 그의 성경은 낡고, 느슨하게 늘어져 여러 페이지가 삽입되어 있었고 있었고 표시로 가득했다. T 목사는 성경 말씀에 통달했다. 그는 60대 중반의 나이였고 가정 성경 공부 모임에서 만났다. 내가 해럴드와 제자훈련 멘토링 관계를 마친 후였다. 해럴드는 컬럼비아신학교로 진학했다. 그러나 그가 떠나기 전에 나를 오하이오 주 콜럼버스 근교에 있는 어느 성경 중심의 교회에 소개해 주었고, T 목사는 그곳에서 목회하고 있었다.

T 목사는 성경을 잘 가르쳤다. 그는 항상 큰 성경을 가지고 다니며 때와 장소를 가리지 않고 누구를 만나든지 항상 그 상황과 필요에 맞는 성경 말씀을 가르쳤으며 듣는 사람들의 이목을 끌었다.

T 목사는 '교육전도사들'(preacher boys) 이라고 부르는 몇 명의 사람들과 항상 동행하며 다녔다. 그들은 그 목사가 성경을 가르치는 사역에 매력을 느꼈다. 그들 가운데 많은 사람들이 지금은 풀타임 사역을 하고 있다. T 목사는 그들을 개인적으로 가정 성경 공부반에 데리고 갔다. 그 목사는 매일 두 서너 개의 가정 성경공부반에서 가르쳤다. 어떤 공부반은 이웃 여성들을 위한 것이었고, 어떤 공부반은 부부들을 위한 것이었다. 밤낮으로 그는 가정 성경공부반에서 가르쳤다. 그 성경공부반에는 적게는 서너 명, 많게는 15–20명이 모였으며, 그들은 하나님 말씀의 능력을 경험할 수 있었다. 그들은 또한 많은 질문을 할 수 있었다. 나는 이 성경공부반에서 성경 말씀의 내용 그 이상으로 많은 것을 배웠다. 그리고 하나님의 말씀은 능력이 있으며 삶을 변화시킬 수 있다는 것을 배웠다. 우리가 단

지 해야 할 것은 성경을 펴고 그것을 잘 사용하는 것이다.

T 목사는 그의 모든 교육전도사들을 토요일마다 아침 6-8시 특별반에 참석하도록 초청하였다. 거의 2년 동안 우리는 모세 오경 전체를 한 절씩 성경 강해 방식으로 공부해 나갔다. 비가 오든 눈이 오든 어떤 궂은 날씨에도 그 공부반은 계속되었다. 우리 특별반에는 17명 정도가 있었다. 그 기초 성경 공부반에서는 성경의 첫 다섯 권, 즉 모세 오경에 대한 기초를 쌓을 수 있었고, 나 자신이 지금까지 구약 성경을 즐겨 읽게 된 계기가 되었다. 분명한 것은, T 목사는 하나님의 말씀을 사랑했고 성경에서 금덩어리(nuggets)를 찾아내어 그것을 나누는 것을 즐거워했다.

사례 14. 셀즈 교수-대중적 성경 교사

셀즈 교수는 1967년, 내가 컬럼비아 신학교에 다닐 때 가르치던 선생님이시다. 그는 또한 여러 교회와 다른 대중 모임에서 성경을 가르쳤다. 그는 구약과 신약 개론 그리고 성경을 권별로 배우는 과목을 가르쳤다. 그는 키가 작았고, 거의 대머리였으며, 벼락 같은 목소리로 가르쳤다. 그가 가르친 수업은 대규모로, 때로는 거의 200명이나 되었다. 그는 정말 큰 목소리가 필요했다. 그 당시 강의실은 요즘과 같은 음향 시설이 갖추어져 있지 않았기 때문이다.

나는 원래 1년을 공부하기 위해 컬럼비아 신학교로 갔다(결국 그곳에서 3년을 공부했다). 나는 나 자신에게 가르침의 영적 은사가 있는 것을 알게 되었다. 나는 두 사람의 좋은 교수들로부터 가르침을 받기 위해 그곳으로 갔으며, 셀즈 교수가 그 중 한 분이었다. 그가 가르치던 수업에서 교수법, 강의 계획, 방법론을 배웠고, 특히 그가 가르친 것을 적용하는 방법을 지켜보았다. 나는 각 수업에서 그가 가르친 것을 바로 나 자신에게 적용하였으며, 그는 우리가 배운 어떤 원리나 진리에 대해 하나님께 헌신을 촉구하지 않은 적이 한 번도 없었다. 나는 셀즈 교수와 개인적인 관계로 발전시키지는 못했다. 다른 학생들과 수업 시간에 함께 배웠을 뿐이다. 그러나 나에게는 특별한 경험이었다. 나는 그가 가르치는 과목뿐만 아니라 그가 가르치는 교수법을 배우기 위해 그곳에 갔다. 그리고 나는 그를 통해 나 자신의 티칭 사역에 기초가 되는 많은 것을 배울 수 있었다.

내가 그를 통해 특별히 배운 것은 삶에 적용하기 위해 성경의 모든 책을 알아야 한다는 것이다. 그리고 성경을 이해하기 위해 각 권의 중심 메시지에 초점을 맞추는 방법, 즉 간단명료한 요약 '핵심 성경 구절', '핵심 주제', 성경 공부 종료의 필요성 등을 배웠다.

그는 이 사실을 모른 채 나에게 멘토링을 했다. 나는 그가 일 년 동안 학교에서 가르쳤던 모든 과목을 수강했다. 나는 내게 영향을 준 그 어떤 사람보다도 셀즈 교수로부터 그때 배운 성경 지식을 나의 삶에 실제적으로 더 많이 적용해왔다. 나는 여러 번 반복적으로 셀즈 교수로부터 배운 성경 원리를 사용하고 있으며 다른 사람들에게도 가르쳐 주고 있다. 만약 내가 셀즈 교수와 개인적인 관계로 발전시켜 그가 가르치는 곳에 함께 가보고 어떻게 강의 자료들을 체계적으로 준비하며 왜 그렇게 하는지 질문할 수 있었더라면 좋았겠지만 그런 일은 일어나지 않았다. 그러나 나는 가능한 모든 기회를 최대한 활용했다. 그것은 엄격하게 말해 멘토링을 위한 하나의 모방 모델링 방식(imitation modeling format) 이었다.

사례 15. 해치 교수-탁월한 교사

나는 자랑스럽게 입고 다니는 특별한 티셔츠를 하나 갖고 있다. 셔츠에는 녹색으로 백 달러짜리 지폐가 그려져 있고, 지폐 상단에는 큰 글씨로 "벅"이 여기서 멈추었다("The Buck" stopped here)[3]라고 되어 있다. 그 지폐에는

---

3) 역자 주: "모든 책임은 내가 진다"의 원뜻을 지니고 있다.

진한 녹색 글씨로 "제임스 M. 해치, 39년간의 봉사"라고 커다랗게 쓰여져 있다. 글자 벅(Buck)은 모서리에 있는 백 달러 숫자 위에 겹쳐져 있다. 그리고 그의 사역 취지와 방법론을 전형적으로 나타내는 다른 문구들도 쓰여져 있다. 지폐 하단에는 컬럼비아신학교 선교 대학원의 로고가 있다. 벅(Buck)이란 별명을 가진 해치 교수는 39년 동안 그곳에서 재직하다가 멈춘 것이다. 내가 컬럼비아신학교에 진학한 이유도 바로 해치 교수 때문이었다.

해치 교수는 항상 잘 기억할 수 있도록 체계적으로 가르쳐 주었다. 나는 그 교수가 가르치는 모든 과목을 수강하며 공부했다. 그가 소개하는 개념 체계뿐만 아니라 그의 교육 철학에도 관심이 많았다. 그는 그레고리의 7가지 교육법칙(Gregory's 7 Laws)을 잘 알고 있었고 그것을 능숙하게 사용했다.

해치 교수는 칠판을 사용할 때 마치 예술가와 같았다. 그는 칠판에 몇 번 분필과 지우개를 사용한 후에 전체적인 강의 내용을 체계적으로 잘 이해하도록 설명해 주었다. "큰 아이디어"(big idea) 하면 바로 해치 교수이셨다. 전체 수업은 종종 하나의 핵심 아이디어에 집중되기도 했다. 모든 것이 그 아이디어를 향해 모아졌다. 그 개념을 이해하면 그것은 영구적으로 나의 것이 되었다. 그리고 그는 우리를 감질나게 했다. 그는 항상 다음 순간에 무슨 말을 할지 우리가 궁금증을 갖게 하고 생각하도록 만들었다. 기대감은 동기부여를 위한 강력한 수단이 되었고, 해치 교수는 그것을 항상 보여주었다. 물론 강의 내용과 여러 개념들은 나에게 큰 영향을 주었다. 그러나 멘토링 관점에서 본다면 그는 교사로서 3가지 중요한 교훈을 가르쳐 주었고, 그것을 나 자신의 것으로 만들도록 동기를 부여해 주었다.

해치 교수가 가르쳐 준 첫 번째 교훈은 항상 어떤 주제에 대한 전체적 관점을 갖는 것이 중요하다는 점이다. 그는 항상 전체적 구조를 먼저 설명해 주고, 그다음에는 그 구조에 들어맞는 각 부분을 가르쳐 주셨다. 그래서 우리는 그 내용이 전체적 큰 그림 가운데 어디에 속하는지, 왜 맞는지, 연관된 의미는 무엇인지에 대해 이해할 수 있었다. 그렇게 설명하는 데 그는 능숙했다. 수업을 시작할 때마다 첫 5분은 전체적으로 다시 복습하는 데 시간을 보냈으며, 이를 기초로 하여 새로운 내용이 추가되었다. 전체적인 맥락 가운데 재검토하고 가르치는 이 개념은 탁월한 교사이신 해치 교수로부터 배운 핵심적인 통찰력이었다.

해치 교수가 가르쳐 준 두 번째 교훈은, 가르치는 내용에 대해 항상 신선함을 유지해야 한다는 점이다. 그는 종종 이렇게 말씀하셨다. "어젯밤 이것을 공부하면서 나는 생전 처음으로 발견한 것이 있습니다." 그러고는 그의 보물상자에서 새롭고 신선한 진리가 막 쏟아져 나왔다.

그것이 나 자신의 목표가 되었다. 나는 어떤 과목을 가르칠 때마다 항상 나 자신이 그 내용을 새롭게 더 배우기를 원한다. 그 강의와 관련하여 개인적으로 항상 성장 계획을 세우고 나 자신을 더욱 계발하려고 노력한다. 내가 어떤 과목을 몇 번이나 가르쳤든지 상관없이 이것이 나의 목표가 되었다. 이 습관적 태도는 바로 해치 교수한테서 배운 것이다.

내가 해치 교수로부터 배운 세 번째 교훈은 자신의 됨됨이와 은사에 충실하라는 것이다. 해치 교수는 자신이 잘할 수 있는 일에 머물며 성실했다. 그는 결코 명성을 원치 않았고 사람들에게 널리 알려지거나 대중매체를 통해 드러나는 것을 원치 않았다. 그는 탁월한 좋은 교사였으며, 강의실에서 그의 강점이 드러났다. 39년에 걸쳐 그의 가르침을 받아 온 수없이 많은 학생들이 전 세계에 흩어져 그 효과를 입증하고 있다.

해치 교수는 우리 사이에 성장 계획이나 개인적인 관계를 맺지 않고서 나에게 멘토링을 해 주었다. 그의 가르침은 오늘날 나의 티칭 사역의 중요한 부분이 되었다. 나는 3년 동안 그분 밑에서 배우며 그가 가르쳤던 여섯 과목 이상을 수강하며 공부했다. 집중적으로 공부를 하는 동안 나는 지식과 동기 부여와 여러 기술 면에서 삶에 변화를 가져오는 중요한 교훈들을 배웠다. 해치 교수는 어떻게 가르치는지 본을 보여주면서 나를 멘토링을 해 주신 또 한 사람의 훌륭한 교사 멘토이셨다.

사례 16. 비형식 상호 멘토링

내가 개인적으로 경험한 최고의 티칭과 학습 경험 중에 하나였다. 개인적으로 서로 배우고 학습할 수 있었던 개별화된 멘토링이었다. 털어놓고 대화하고, 서로에게 자극제가 되는 어떤 질문도 주고받을 수 있었고, 깊이 생각할 수 있는 시간이었다. 사실 이 시간은 거의 우연히 마련되었다. 폴(Paul)은 나의 전문 분야인 리더십 계발 이론에 대해 배우기를 간절히 원했다. 그는 리더들의 진로에 영향을 주는 많은 의사결정을 해야 했기 때문에 결과적으로 당사자들에게 어떤 영향을 미칠지에 대해 가능한 많이 알고 전체적인 안목을 갖고 싶어했다. 내가 그 주제에 대해 가르치던 정규 과목을 수강하기 위해 그는 여러 번 스케줄을 맞추려고 시도했다. 그러나 스케줄이 딱 들어맞지 않았다. 마침내 그는 나에게 정중하게 부탁했다. "만약 제가 시간을 따로 낸다면 당신이 콜로라도 스프링스로 와서 개인적으로 가르쳐 줄 수 있나요? 내 생각에 나의 아내 필리스(Phyllis)도 관심이 많으며 기회를 활용하기 위해 네비게이토 선교회 리더들과도 스케줄을 잡을 수 있습니다."

이를 통해 하나님께서 개입하신다는 것을 느꼈다. 나는 폴이 주창자(promoter)인 것을 알고 있었다. 만약 그가 나의 리더십 이론을 이해한다면 그것을 더 널리 알리고 활용할 수 있을 것이다. 나는 그 가능성을 생각하며 신이 났다. 먼저 나는 3가지 조건을 내세웠다. "우리는 전화나 회의 등으로 전혀 방해받지 않고 그 주제를 집중적으로 연구할 수 있는 나흘과 반나절의 시간이 필요합니다. 나는 이것을 당신과 필리스를 위해서만 하길 원합니다. 나는 집중하기 위해 주의를 딴 데로 돌리지 않고 다른 어떤 모임도 원치 않습니다. 그리고 내가 그곳에 가기 전에 당신과 필리스가 미리 예습을 하기 원합니다. 그것은 내가 도착하기 전에 나의 자습 매뉴얼인 『지도자 평생 개발론』을 미리 읽는 것입니다. 그리고 내가 떠난 후에는 마무리 프로젝트를 남길 것입니다".

그다음에 나는 네 번째 조건을 추가했다. 폴이 멘토링에 대해 배워 온 것을 말했던 기억이 났다. 그래서 폴에게 "만약 당신이 멘토링에 대해 배운 것을 나에게 가르쳐 주기 위해 시간을 낸다면 나도 당신과 필리스에게 리더십 계발에 대해 가르쳐 주기 위해 기꺼이 시간을 내겠다"고 말했다. 나는 그의 별자리 모델(constellation model)에 대해 아는 것이 별로 없었지만 관심이 있었기 때문이다. 그는 "나는 그것을 오후 시간에 할 수 있어요"라고 대답했다. 그래서 우리는 앞으로 7개월 후에 내가 콜로라도 스프링스로 가기로 하고 날짜를 잡았다.

나흘 동안의 시간은 나에게 즐거운 나날들이었다. 나는 필리스와 폴의 가정에서 함께 지냈다. 나는 지금도 내 머리 속에 그 식당 테이블을 그려볼 수 있다. 바로 그 테이블에서 우리는 서로 지식과 경험을 주고받았다. 여러 매뉴얼과 자료들이 그 테이블 위에 잔뜩 널려 있었다. 우리는 서로 의견을 교환하며 함께 기도했다. 하나님 말씀을 함께 묵상하고 연구하며 시간을 보냈다. 간혹 휴식 시간을 가지며, 영국식 토피(toffee)를 곁들인 냉동 요구르트를 마셨고, 미 공군 팀이 텍사스 팀을 이기는 미식축구 경기를 세 시간 반 동안 즐기기도 했다. 그 부부는 훌륭한 학생들이었다. 나는 그들처럼 동기 부여가 잘되어 있는 사람들을 개인적으로 개인적으로 가르쳐 본 적이 없었다.

그들은 잘 배웠으며 나는 가르치면서 배웠다. 그들은 리더십 이론을 잘 이해하고 확장시켰으며 나에게도 새로운 전환점이 되었다. 다음에는 우리가 서로 역할을 바꾸어서 배웠다. 폴은 여러 사역지를 방문하며 네비게이토 선교회 리더들을 위해 멘토링을 실시해 왔다. 그는 나에게 평생 건강하고 지속적인 사역을 보장하는 균형 잡힌 멘토링 관계를 보여주었다. 삶에서 경험한 사례들을 사용하며 가르치는 그의 훌륭한 티칭은 정말 흥미로웠다. 그는 자신이 몸소 경험한 멘토링을 가르쳐 주었으며, 나는 멘토링을 이전과 다른 새로운 관점으로 바라볼 수 있었다.

바로 그 티칭 세션에서 우리 두 사람이 멘토링에 관한 책[4]을 함께 출간하도록 하나님이 인도하신다는 것을 느꼈다. 나는 의도적으로 별자리 모델을 경험적으로 탐구해야 함을 알았다. 나는 즉시 6개월 동안 개인적인 연구를 하면서 그 모델을 사용하기 시작했다.

사례 17. 구체적 필요 중심의 멘토링

나(폴)[5]는 몇 년 전에 특별한 과업을 맡게 되었다. 그 당시 전 세계 약 67개국에서 사역하는 우리 선교회 리더들에 대해 면밀히 조사하고 연구하는 것이었다. 특히 우리 선교회의 중견 지도자 이상의 리더십을 대상으로 현황을 파악하도록 요청을 받았다. 나는 군 생활을 하면서 리더십 훈련을 받았고, 지난 수년간 리더로서 사역해왔다. 그러나 이번 일은 리더로서 일하는 것과 전혀 다른 분야였다. 리더십을 개념적으로 이해하는 것과 폭넓은 리더십 역할과 기능에 걸쳐 그것을 평가할 수 있는 능력은 별개의 일이다.

나는 약 11년을 해외에 있었기 때문에 미국 내에서 현재 리더십 상황이 어떤지 잘 모르고 있었다. 또한 리더십 분야의 연구 자료를 어디서 찾아야 할지 몰랐다. 그래서 나는 잠시 고민했다. '리더십에 관한 최신 정보를 어디에서 구할 수 있는가?' 그때 나는 수년간 내가 알고 지내던 풀러신학교에서 가르치시는 J. 로버트 클린턴 교수를 생각해 냈다. 그가 리더십 분야의 전문가인 것을 나는 알고 있었다. 그는 리더십에 대해 연구하고 강의를 하고 있었으며, 그 분야에서 세계적인 권위와 상당한 영향력을 가진 사람이었다. 그래서 나는 그에게 "약 6개월 동안 교사 멘토가 되어 줄 수 있습니까?" 라고 부탁했다. 주된 목표는 리더십에 관한 최신 추세와 정보를 파악하는 것이라고 말했다. 그리고 나는 여러 질문을 퍼 부었다. "내가 알아야 할 이슈들은 무엇입니까? 어떤 책들을 읽어야 합니까? 6개월 동안 그 주제를 충분히 다룰 수 있습니까? 도움이 될 만한 세미나 혹은 코스가 있습니까?" 그는 계속 경청했다. 마침내 그가 말했다. "좋아요 폴, 당신을 도와주고 싶소" 라고 말하며 쾌히 승낙했다. 그다음에 내가 읽어야 할 책들과 내가 연락해야 할 사람들의 이름이 적힌 목록을 보내주었다.

가끔 우리는 내가 독서를 통해 배우거나 관찰한 내용에 대해 토론을 하곤 했다. 6개월 후에 나는 그의 도움으로 리더십의 주제 전반에 걸쳐 올바른 식견을 갖게 되었다.

---

4) 역자 주 – 이 책은 폴 스탠리(Paul D. Stanley)와 J. 로버트 클린턴이 공동 저술한 『인도: 삶으로 전달되는 지혜』(Connecting: The mentoring relationships you need to succeed in life, 네비게이토)이다.

5) 역자 주 – 사례 16 에서 소개한 폴 스탠리(Paul D. Stanley)이다.

참고 문헌[1]

Allen, Ronald B.
  1988 "Accountability in Leadership" in *Worship Times*, Vol 2, No 4, 1988.

J. 로버트 클린턴(Clinton, J. Robert)
  1976 *Fellowship With God*. Altadena: Barnabas Publishers.
  1985 *Spiritual Gifts*. Alberta: Horizon House.
  1986 *Coming to Conclusions on Leadership Styles*. Altadena: Barnabas Publishers.
  1989 *Leadership Emergence Theory*. Altadena, CA.: Barnabas Publishers.
  (『지도자 평생 개발론』 하늘기획, 2011)

Clinton, J. Robert and Raab, Laura
  1985 *Barnabas: Encouraging Exhorter - A Study in Mentoring*. (revised 1997)

Chan, Leona
  1990 *Powerlines*. Philadelphia: Christian Publications.

Coombs, Maria Theresa and Francis Kelly Nemeck
  1986 *The Way of Spiritual Direction*. Wilmington, Del.: Glazier.

스티븐 코비(Covey, Stephen)
  1989 *The Seven Habits of Highly Effective People*. New York: Simon and Schuster.
  (『성공하는 사람들의 7가지 습관』 김영사, 1994)

Crabb, L. J.
  1974 *Basic Principles of Biblical Counseling*. Grand Rapids, MI: Zondervan.
  1977 *Effective Biblical Counseling*. Grand Rapids, MI: Zondervan.

Denzin, Norman K.
  1989 *Interpretive Biography*. Newberry Park, Ca: Sage Publications.

---

1) 참고 문헌 가운데 한국어로 번역된 책은 한국어 출판 정보를 소개한다.

Edman, V. Raymond
　1984　*They Found the Secret*. Grand Rapids: Zondervan.

Egan, Gerald
　1990　*The Skilled Helper*. 4th ed. Brooks/Cole.

Engstrom, Ted with Norman B. Rohrer
　1989　*The Fine Art of Mentoring*. Brentwood, Tenn.: Woglemuth and Hyatt Publishers.

리처드 포스(Foster, Richard J.)
　1978　*Celebration of Discipline*. San Francisco: Harper and Row
　　(『영적 훈련과 성장』 생명의 말씀사, 2009)

Goodwin, Bennie
　1981　*The Effective Leader*. Downers Grove: InterVarsity Press.

Greenleaf, Robert
　1983　*The Servant as Religious Leader*.

존 밀턴 그레고리(Gregory, John Milton)
　1954　*The Seven Laws of Teaching*. Grand Rapids, MI: Baker Book House.
　　(『7가지 교육법칙』 생명의 말씀사, 2005)

Groeschel, Benedict J.
　1988　*Spiritual Passages*. New York: Crossroad.

잔느 귀용(Guyon, Jeanne)
　1975　*Experiencing the Depths of Jesus Christ*. Auburn, Maine: Christian Books.
　　(『예수 그리스도를 깊이 체험하기』 생명의 말씀사, 2009)
　　Final Steps in Maturity. Auburn, Maine: Christian Books.
　　(『영적 성장 깊이 체험하기』 생명의 말씀사, 2007)

Union With God. Auburn, Maine: Christian Books.
  (『하나님과의 연합』 순전한 나드, 2006)

Herring, Ralph
  1966 *The Cycle of Prayer*. Wheaton: Tyndale House.
  1955 *God Being My Helper*. Nashville: Broadman Press.

Houston, James M. (abridged and edited work of St. Teresa)
  1983 *A Life of Prayer*. Portland, Oregon: Multnomah Press.

Kram, Kathy E.
  1985 *Mentoring At Work - Developmental Relationships in Organizational Life*.
     Glenview, Ill.: Scott, Foresman, and Co.

Linn, Dennis and Linn, Matthew
  1978 *Healing Lifes Hurts*. New York: Paulist Press.

Morrison, George H.
  1970 *The Wings of the Morning*. Grand Rapids: Baker Book House.

워치만 니(Nee, Watchman)
  1962 *The Normal Christian Life*. Washington, D.C.: International Students Press.
  (『정상적인 그리스도인의 생활』 생명의 말씀사, 2006)

Pierson, A.T.
  1972 *George Muller of Bristol*. London: Pickering and Inglis.

데이비드 씨맨즈(Seamands, David)
  1985 *Healing of Memories*. Wheaton, IL: Victor.
  (『상한 감정과 억압된 기억의 치유』 죠이선교회, 1999)

Shafer, Carl
  1985 *Excellence in Teaching With the Seven Laws*. Grand Rapids, MI: Baker Book House.

Skinner, Betty Lee
  1974 *Daws: The Story of Dawson Trotman*, Founder of the Navigators. Grand Rapids: Zondervan.

Stanford, Miles
- 1981 *The Green Letters*. Self published. [later published by Back to the Bible as *The Principles of Spiritual Growth*]

Stifler, James M.
- 1897 *The Epistle to the Romans*. New York: Fleming H. Revell.

Tracey, Wesley D.
- 1988 "John Wesley, Spiritual Director: Spiritual Guidance in Wesley's Letters," in the Wesleyan Theological Journal, Vol 23, No 1,2 Spring, Fall 1988.

루스 터커(Tucker, Ruth)
- 1983 *From Jerusalem to Irian Jaya*. Grand Rapids, MI: Zondervan.
  (『선교사 열전』 크리스챤다이제스트사, 1990)

워렌 위어스비(Wiersbe, Warren)
- 1976 *Walking With the Giants - A Minister's Guide to good Reading and Great Preaching*. Grand Rapids, Michigan: Baker Book House.
  (『위대한 발자취를 남긴 사람들』 엠마오, 1991)
- 1977 *Treasury of the World's Great Sermons*. Grand Rapids: Kregel

달라스 윌라드(Willard, Dallas)
- 1989 *The Spirit of the Disciplines*. San Francisco: Harper and Row.
  (『영성훈련』 은성, 1993)

Zey, Michael G.
- 1984 *The Mentor Connection*. Homewood, Ill.: Dow Jones-Irwin.

멘토링 관련 도서[1]

다음은 각 멘토링 형태에 관련된 도서 목록이며 멘토링을 시작하는 데 유익한 안내 자료가 될 것이다.

1. 제자훈련 멘토링

Bruce, A. B.
  1971 『열두 제자의 훈련』(*Training of the Twelve*). Grand Rapids: Kregel Publications.
- 해설: 그리스도의 제자훈련 모델을 상세하게 연구한 고전이다.

Hartman, D. and Sutherland, D.
  1976 『제자도의 가이드북』(*Guidebook to Discipleship*). Irvine, CA: Harvest House.

빌 헐(Hull, Bill)
  1984 *Jesus Christ, Disciplemaker*. Colorado Springs, CO: Navpress.
  (『제자 삼는 자 예수 그리스도』 요단, 1994)
- 해설: 오늘날 사용할 수 있는 그리스도의 제자도 원리, 가치관, 방법론을 확인하고 연구한 책이다.
  1988 *The Disciple Making Pastor*. Old Tappan, NJ: Fleming H. Revell.
  (『목회자가 제자 삼아야 교회가 산다』 요단, 1994)
- 해설: 지역 교회 상황에 제자훈련을 적용한 책이다.

네비게이토 출판사 자료
  1974 *The 2:7 Series - Navigator Discipleship Training for Laymen Courses 1-3.* Colorado Springs: Nav Press.
  (『2:7 교회 제자훈련 과정 1-3』 네비게이토, 2002)
- 해설: 네비게이토 책들은 교회의 소그룹 훈련에서 사용되고 있다. 이 책들은 질문과 연습 문제를 포함한 워크북으로 장기간에 걸쳐 제자훈련의 기본 습관을 심어 주는 것을 추구한다. 참가자들은 일정 기간 동안 정기적인 모임에 헌신해야 한다.

---

[1] 멘토링 관련 도서 가운데 한국어로 번역된 책은 한국어 출판 정보를 소개한다.

후안 카를로스 오르티즈(Ortiz, Juan Carlos)

1974 *The Disciple*. Carol Stream, Ill.: Creation House.

(『제자입니까』도서출판 두란노, 2005)

- 해설: 제자도 이슈에 대한 남미의 관점에서 다루었다.

로이 로버트슨(Robertson, Roy)

1986 *The Timothy Principle*. Singapore: Navpress.

(『디모데 원리』네비게이토, 1987)

- 해설: 네비게이토 선교회의 설립자인 도슨 트로트맨(Dawson Trotman)이 제시하는 제자훈련의 기본 모델과 관련된 책들 가운데 하나이다. 로버트슨은 일생 동안 이 제자훈련 모델을 사역에 적용하며 사용하였다.

Watson, David

1982 *Called and Committed*. Wheaton, IL: Harold Shaw Publishers.

- 해설: 제자훈련에 대한 왓슨의 견해와 그의 간증(암으로 사망)을 들을 수 있다.

Wilson, Carl

1976 『그리스도와 함께 제자학교를 세우기』(*With Christ in the School of Disciple Building*). Grand *Rapids*, MI: Zondervan.

2. 영적 안내 멘토링

로렌스 형제(Brother Lawrence)

1985 *Practicing His Presence*. Philadelphia: The Judson Press. (『하나님의 임재 연습』좋은씨앗, 2006)

- 해설: 영성의 고전서. 내면성과 성령의 민감성의 결합에 초점을 맞춘다.

리처드 포스터(Foster, Richard J.)

1978 *Celebration of Discipline*. San Francisco: Harper and Row. (『영적 훈련과 성장』생명의 말씀사, 2009)

- 해설: 이 책은 침묵, 고독 등과 같은 다양한 종류의 기본 영적 훈련을 강조한다.

Jones, Cheslyn, Geoffrey Wainwright, and Edward Yarnold, eds.
1986 『영성의 연구』(The Study of Spirituality). New York: Oxford University Press.

Lane, George A.
1984 『크리스천 영성: 역사적 스케치』(Christian Spirituality: An Historical Sketch). Chicago: Loyola University Press.

Lovelace, Richard
1979 『영적 생활의 역동성』Dynamics of Spiritual Life. Downers Grove, IL: Intervarsity Press.

McQuilkin, Robertson
2000 『성령 안에서의 삶』(Life in the Spirit). Nashville: Broadman & Holman Publishers.

Nouwen, Henri J. M.
1981 『마음의 길』(The Way of the Heart). New York: The Seabury Press.

달라스 윌라드(Willard, Dallas)
1989 The Spirit of the Disciplines. San Francisco: Harper and Row.
(『영성 훈련』 은성, 1993)
- 해설: 미국 남침례교 목회자 출신의 개신교 학자로서 영적 훈련에 대한 통찰력을 제공하며 그것이 왜 오늘날 필요한지 보여준다.

Woodbridge, Barry A.
1985 『영적 친구들을 위한 가이드북』(A Guidebook for Spiritual Friends). Nashville, TN: Upper Room.

3. 상담 멘토링

Augsburger, David W.
1986 『타문화 목회 상담』(Pastoral Counseling Across Cultures). Philadelphia: The Westminster Press.
- 해설: 미국 풀러신학교 신학대학원 교수인 저자는 그의 타문화권 상담 접근법을 신학에 근거를 둔다. 이 책은 서로 다른 문화권에서 비롯되는 상담의 차이를 연구한 흔치 않은 상담 분야 책들 가운데 하나이다.

래리 크랩(Crabb, Larry)
1977 『효과적인 성경적 상담』(Effective Biblical Counseling). Grand Rapids, MI: Zondervan.
- 해설: 저자는 성경적 접근으로 상담에 심리학을 통합하기 위해 1년의 안식년을 보냈다. 그는 안식년 동안 이 연구를 교회 상황에서 접근하였다. 성경적 근거의 접근을 사용한 책으로 아마 가장 앞설 것이다.

1989 *Inside Out*. Colorado Springs, CO: Nav Press.
   (『영적 가면을 벗어라』 복있는 사람, 2000)
- 해설: 이 책은 진지하게 상담에 종사하는 평신도 및 전임 사역자들을 위한 실제적인 도움을 제공한다.

제랄드 에간(Egan, Gerald)
1990 *The Skilled Helper*. 4th ed. Books/Cole.
   (『유능한 상담자』 학지사, 1999)
- 해설: 이 책은 상담 훈련에 관한 베스트셀러 중 하나이다. 정규적 상담 코스의 교재로 사용되며 이 분야의 기본서이다.
1990 *Exercises in Helping Skills*. Books/Cole.
   (『상담 기술 연습서』 시그마프레스, 2005)
- 해설: 위에 있는 그의 책 유능한 상담자의 동반 워크북이다.

Sandford, John and Paula
1982 『속사람의 변화』(*The Transformation of the Inner Man*). South Plainfield, NJ: Bridge.
- 해설: 내적 치유에 대해 가장 종합적으로 다룬 책이다. 지금 내적 치유를 다루는 상담자라면 누구든지 이 책을 자신의 서재에 갖고 있어야 한다.

데이빗 씨맨즈(Seamands, David)
1981 *Healing for Damaged Emotion*. Wheaton, IL: Victor.
   (『상한 감정의 치유』 도서출판 두란노, 1992)
1985 *Healing for Memories*. Wheaton, IL: Victor.
   (『상한 감정과 억압된 기억의 치유』 죠이선교회, 1999)
- 해설: 씨맨즈의 두 책 모두 상담과 내적 치유에 대한 매우 균형 잡힌 접근을 한다.

4. 티칭 멘토링

Clinton, J. Robert
2001 『티칭 매뉴얼』(*Teaching Manual*). Altadena: Barnabas Publishers.
- 해설: 클린턴 박사는 이 매뉴얼에서 티칭에 대해 수년간 터득한 것을 나누며 이 교재는 정규 과정을 가르치기 원하는 풀러신학교 선교대학원 박사 과정 학생들을 위해 사용된다. 이것은 PDF 파일로 구입할 수 있다.

존 밀턴 그레고리(Gregory, John Milton)
1954 *The Seven Laws of Teaching*. Grand Rapids, MI: Baker Book House.
   (『7가지 교육법칙』 생명의 말씀사, 2005)
- 해설: 19세기의 선구적인 교육가였다. 크리스천 저자인 그레고리는 훌륭한 교육의 역동성을 확인했다. 교육

자/학습자를 결합하는 관점으로 티칭에 초점에 맞춘다. 효과적인 티칭을 하기 원하는 모든 사람에게 도움이 되는 고전으로 인정받는 책이다.

하워드 헨드릭스(Hendricks, Howard G).
1987 *Teaching To Change Lives*. Portland, OR: Multnomah Press and Walk Thru the Bible Ministries. (『삶을 변화시키는 가르침』 생명의 말씀사, 2002)
- 해설: 유능한 교사 멘토로서 교수인 저자는 티칭 멘토링에 대한 통찰력을 제공한다. 그는 그레고리의 7가지 교육법칙을 그의 티칭 사역에 창의적인 방법으로 적용해 왔다.

Shafer, Carl
1985 『7가지 교육법칙의 우수성』(*Excellence in Teaching With the Seven Laws*). Grand Rapids, MI: Baker Book House.
- 해설: 그레고리의 7가지 교육법칙에 대한 현대적인 해석을 제공한다.

5. 코칭 멘토링

어떤 적용 형태의 코칭 스킬을 다루는 '방법론'(how to)에 대한 책들은 수없이 많이 출판되고 있기 때문에 코칭 분야의 어떤 책들을 제시해야 될지 모르겠다. 그러나 많은 책들 가운데 코칭에 도움을 받을 수 있는 대표적인 책들을 소개한다.

J 로버트 클린턴(Clinton, J. Robert)
1984 『단계적 독서법』(*Reading on the Run*). Altadena, CA: Barnabas Publishers.
- 해설: 이 자습서 책자는 효과적인 독서법을 코칭해 준다. 이 책의 기본 논지는 책의 종류에 따라 다른 수준으로 읽어야 한다는 것이다. 어떤 책들은 대충 훑어볼 수 있고, 다른 책들은 샅샅이 읽을 수 있다. 다른 책들은 대강 읽을 수 있지만 어떤 책들은 심도 깊게 정독해야 한다. 각 타입의 독서법에 따라 사용할 수 있는 과정과 방법이 있다. 선택적으로 목적을 갖고 모든 내용을 읽지 않고서 효과적으로 독서하는 방법을 배울 수 있다.

스티븐 코비(Covey, Stephen)
1989 *The Seven Habits of Highly Effective People*. New York: Simon and Schuster.
 (『성공하는 사람들의 7가지 습관』 김영사, 1994)
- 해설: 이 책은 탁월한 코칭 책이다. 이 책은 어떻게 삶의 초점을 갖고 살 수 있는지 코칭을 해 준다.

Griffen, Em
1982 『함께 연합함: 훌륭한 그룹을 위한 가이드』(*Getting Together: A Guide for Good Groups*). Downers Grove, IL: Intervarsity Press.

- 해설: 소그룹을 어떻게 인도하는지 코칭해 준다. 지금은 소그룹 사역에 대한 책들이 수없이 많이 나와 있으며 크리스첸 삶에 필요한 이러한 특정한 기능에서 대리 코칭으로 효과적으로 기여할 수 있다.

Hunt, Gladys
1971 『하우 투 핸드북』("How-To" Handbook). Wheaton, IL: Harold Shaw Publishers.

Wagner, C. Peter
1988 『교회가 병들지 않고 치유사역을 하는 방법』(How to Have A Healing Ministry Without Making Your Church Sick!) Ventura, CA: Regal.
- 해설: 치유 사역을 시작하는 변화의 역동성에 대한 코칭을 제공하며 지역 교회의 한계를 극복하고 그 사역으로 인하여 혜택을 얻도록 한다. 지역 교회에서 일어날 수 있는 치유 사역의 혜택을 보여준다.

6. 후원 멘토링

Bagnal, Charles W., Pence, Earl C., and Meriwhether, Thomas N.
1985 "멘토로서 리더" (Leaders As Mentors) in Military Review, July, 1985.
- 해설: 1985년, 미국 국방장관과 참모 총장은 군대를 주제로 리더십을 다루었다. 이 기사는 멘토링이 리더십을 길러 주는 중요한 수단으로 삼는 것을 보여주었기 때문에 중요한 책이다. 그것은 상담자, 코치, 교사, 후원자 멘토의 통합을 주로 다룬다.

Engstrom, Ted with Norman B. Rohrer
1989 『멘토링의 예술』(The Fine Art of Mentoring). Brentwood, Tenn.: Woglemuth and Hyatt Publishers.
- 해설: 멘토링에 관해 가장 처음으로 다룬 기독 서적 가운데 하나이다. 저자는 자신의 개인적인 멘토링 체계로서 후원 멘토링을 다룸으로써 매우 큰 유익을 제공한다.

Kram, Kathy E.
1985 『직장 멘토링 – 조직의 삶에서 개발적인 관계』(Mentoring At Work - Developmental Relationships in Organizational Life). Glenview, Ill.: Scott, Foresman, and Co.
- 해설: 일반 직장에서 일어나는 멘토링에 관하여 다룬 매우 훌륭한 책이다. 후원 멘토링 상황에서 네 단계를 다루며, 수평 멘토링을 논하고, 많은 실제적인 조언을 제공한다. 주로 후원자 멘토에 초점을 맞춘다.

Zey, Michael G.
1984 『멘토 커넥션』(The Mentor Connection). Homewood, Ill.: Dow Jones-Irwin.
- 해설: 후원자 멘토와 멘티를 다룬다. 멘토링의 부정적 측면이라는 제목으로 다룬 장은 멘토링에 대한 좋은 충고를 제공한다.

7. 역사적 모델

Aldridge, Alfred
1964 『조나단 에드워즈』(*Jonathan Edwards*). New York: Washington Square Press.
- 해설: 그는 평생 사역에서 목사/교사/교육자로서 능력을 실제로 보여주었다. 하나님은 그를 사용하여 미국 교회 역사상 중요한 영적 부흥을 일으켰다. 가치 있는 멘토 타입은 영적 안내자, 교사, 동시대 모델, 목회자로 교사/교육자 모델이다.

Allen, Catherine
1980 『로티 문의 이야기』(*The New Lottie Moon Story*). Nashville: Broadman.
- 해설: 미국 남침례교 소속의 중국 선교사. 중요한 가치: 당대의 여성 동시대 모델, 운동가, 선교사 여걸.

코트니 앤더슨(Anderson, Courtney)
1972 *To The Golden Shore: The Life of Adoniram Judson*.
(『아도니람 저드슨의 생애』 좋은씨앗, 2009)
- 해설: 미국 선교 역사에서 중요한 개척자이며 선교사 영웅이다.

아타나시우스(Athanasius)
1980 *The Life of Anthony*. (『성 안토니의 생애』 은성, 2009)
- 해설: 영성 모델을 실제로 보여준다. 영적 안내를 위해 모델을 실례로 보여주며 도움을 제공한다. 안토니는 4세기에 살았던 수도자였다. 그는 하나님을 찾기 위해 광야로 갔다. 그의 삶과 본보기는 하나님을 찾는 많은 사람들의 마음을 사로잡았다. 생애 말기에 그는 영적 안내자와 상담자로서 섬기며 살았다. 영성의 영웅이다.

Ayling, Stanley
1979 『요한 웨슬리』(*John Wesley*). Cleveland: Collins.
- 해설: 그가 살았던 당대의 동시대 모델이다. 코치와 교사 타입의 실례를 보여준다. 교회/혁신가의 영웅이다.

Beets, Henry
1937 『나이지리아의 조안나: 조안나 빈스트라의 삶과 사역』(*Johanna of Nigeria: Life and Labors of Johanna Veenstra*). Grand Rapids: Grand Rapids Printing Company.
- 해설: 선교사의 여걸이다.

Bentley-Taylor, David
1975 『나의 사랑은 기다려야 한다: 헨리 마틴의 이야기』(*My Love Must Wait: The Story of Henry Martyn*). Downers Grove: InterVarsity.
- 해설: 마틴은 찰스 시몬의 멘티였다. 그가 살았던 당대의 동시대 모델로서 많은 사람들이 오늘날 이슬람권 사역에 관심을 갖도록 격려하고 도전했다. 선교사 영웅이다.

Bobe, Louis
　1952 『한스 에게드: 그린랜드의 식민지 개척자와 선교사』(*Hans Egede: Colonizer and Missionary of Greenland*). Copenhagen: Rosenkilde and Bagger.
- 해설: 선교사 영웅이다.

Broomhall, Marshall
　1924 『로버트 모리슨: 주님의 건축가』(*Robert Morrison: A Master-builder*). New York: Doran.
- 해설: 아프리카의 선교사 영웅이다.

Christian, Carol and Plummer, Gladys
　1970 『하나님과 붉은 머리: 칼라바르의 메리 슬레소르』(*God and One Red Head: Mary Slessor of Calabar*). Grand Rapids: Zondervan.
- 해설: 선교사 여걸이다.

Conwell, Russell H.
　1892 『찰스 스펄전의 생애』(*Life of Charles Haddon Spurgeon*) Edgewood Publishing.
- 해설: 목회자 영웅이다.

에일린 크로스만(Crossman, Eileen)
　1982 *Mountain Rain*. Singapore: OMF Books. (『산비』로뎀, 2006)
- 해설: 중국 남서 지역에 있는 부족들을 위해 사역한 선교사 영웅이다. 선교 사역에서 기도의 능력을 보여준다.

Dallimore, Arnold
　1970 『조지 휫필드: 위대한 전도자의 생애와 시대』(*George Whitefield: the life and time of the great evangelist*). London: Banner of Truth Trust.

Drewery, Mary
　1979 『윌리엄 캐리의 전기』(*William Carey: A Biography*). Grand Rapids: Zondervan.
- 해설: 18세기 후반에 개신교 선교사역에 영감을 준 개척자이며 참된 선교사 영웅이다.

DuPlessis, Johanes
　1920 『남아프리카의 앤드류 머레이의 생애』(*The Life of Andrew Murray of South Africa*). London: Marshall Brothers.
- 해설: 개신교의 영성 모델이 된다. 앤드류 머레이는 "신앙의 깊이를 더하는 삶"(Deeper Life)의 메시지를 가르쳤고 자신이 그렇게 살면서 실천했다.

Edwards, Jonathan

1949 『데이비드 브레이너드의 삶과 일기』(*Life and Diary of David Brainerd*). Chicago: Moody.
- 해설: 브레이너드는 식민지 아메리카의 인디언 원주민들을 위해 초기에 헌신했던 미국인 선교사였다. 그의 일기는 내면의 삶의 갈등에 대한 통찰력을 제공한다.

엘리자베스 엘리엇(Elliot, Elisabeth)
1950 *Shadow of the Almighty*. New York: Harper and Brothers.
　　(『전능자의 그늘』 복있는 사람, 2008)
- 해설: 짐 엘리엇의 일생에 관한 책이다. 선교사 영웅이다.

1968 『누가 오를 것인가: 코스타리카의 케네스 스트래컨의 생애』(*Who Shall Ascend: The Life of R. Kenneth Strachan of Costa Rica*). New York: Harper and Row.
- 해설: 최소한 두 가지 이유로 중요한 작품이다. 크리스천 전기의 장르에 새로운 장을 열었다. 일생을 통해 배움의 자세를 견지했던 혁신적인 선교사 자녀의 생애를 보여준다. 토착화된 선교 리더십과 전국적 전도를 포함한 여러 선교 운동을 일으킨 라틴 아메리카의 선교사 영웅이다.

Fox, George
1901 『조지 폭스의 일기: 그의 생애, 여행, 고난, 크리스천 경험을 담은 역사적 기록』(*Journal of George Fox: being an historical account of his life, travels, sufferings, Christian experience*). London: Friend's Tract Assoc.
- 해설: 친우회(퀘이커교 운동) 의 설립자이며 교회 영웅이다.

Francis, Convers
1969 『요한 엘리엇의 생애: 아메리칸 인디언들의 사도』(*Life of John Eliot, the apostle to the Indians*). New York: Garett.
- 해설: 선교사 영웅이다.

Fullerton, W. Y.
1932 『F. B. 마이어의 전기』(*F.B. Meyer: A Biography*). London: Marshall, Morgan & Scott.
- 해설: 영국 출신의 교회 영웅이다.

Goforth, Rosalind
1937 『중국의 고포스』(*Goforth of China*). Grand Rapids: Zondervan.
- 해설: 중국에 간 선교사 영웅이다. 이 캐나다인 장로교 선교사는 평생 배우며 적응할 수 있었던 융통성을 가진 리더였다. 성경 말씀을 알고 사용하는 모델로서 영감을 준다.

Green, Melody and Hazard, David
1989 『타협은 없다: 키이스 그린의 생애 이야기』(*No Compromise: The Life Story of Keith Green*).

Chatsworth, CA: Sparrow Press.
- 해설: 키이스 그린은 1960년 후반과 1970년대 초에 그의 열정적인 음악과 메시지를 통해 그의 세대를 도전하도록 하나님에 의해 쓰임을 받았다. 그는 비행기 추락 사고로 생애를 마쳤다.

노먼 그러브(Grubb, Norman P.)
1972 *C.T. Studd: Cricketer and Pioneer*. Fort Washington, PA: Christian Literature Crusade. (『C.T. 스터드』도서출판 두란노, 1993)
- 해설: 아프리카에 간 선교사 영웅이며 WEC 선교회의 설립자이다. 강한 과업 추진형 리더이다.
1973 *Rees Howells Intercessor*. Lutterworth Press. (『성령의 사람 리즈 하웰즈의 중보기도』도서출판 두란노, 2007)
- 해설: 중보기도에 초점을 맞춘 영성 모델이다.
1969 『사로잡히면, 벗어날 수 없다: 나의 생애 이야기』(*Once Caught, No Escape: My Life Story*). Fort Washington, PA: Christian Literature Crusade.
- 해설: 그리스도와 연합하는 삶의 옹호자이다.

Gutch, John
1974 『암초를 넘어서: 선교사 요한 윌리엄의 생애』(*Beyond the Reefs: The Life of John Williams, Missionary*). London: McDonald.

Hall, Clarence
1933 『사무엘 로간 브렝글: 선지자의 초상』(*Samuel Logan Brengle; portrait of a prophet*). New York: Salvation Army.
- 해설: 영성의 개신교 모델이다. 이 책은 일화들과 그 의미들을 해석해주는 전기의 훌륭한 사례들을 보여주며 또한 브렝글의 중요한 가치관을 요약해 준다.

Hefley, James and Marti
1974 『캠 아저씨: 위클리프 성경번역선교회의 설립자, 윌리엄 카메론 타운젠드의 생애』(*Uncle Cam: The Story of William Cameron Townsend, Founder of the Wycliffe Bible Translators and the Summer Institute of Linguistics*). Waco: Word.
- 해설: 원대한 비전을 가진 선교 지도자이다.

Hitt, Russell T.
1973 『밀림의 조종사: 나다니엘 세인트의 증인된 삶』(*Jungle Pilot: The Life and Witness of Nate Saint*) Grand Rapids: Zondervan.
- 해설: '지원'(helps) 위주의 선교사로 봉사하였으며 남미의 아쿠아 인디언들에 의해 순교했다. 실용주의적 경건성을 보여준다.

Hopkins, C. Howard
1979 『존 모트의 전기』(John R. Mott, 1865-1955: A Biography) Grand Rapids: Eerdmans.
- 해설: 세계 선교를 위해 광범위하게 영향력을 행사한 선교 지도자이다.

Hopkins, Hugh Alexander
1977 『캠브리지의 찰스 시몬』(Charles Simeon of Cambridge) London: Hodder and Stoughton.
- 해설: 찰스 시몬은 광범위하게 영향을 끼친 멘토였다. 그의 사역 철학은 집중하는 삶의 중요성을 보여준다. 그는 영국 목회자 영웅이다.

Horst, Irvin
1962 『메노 시몬즈의 전기』(A Biography of Menno Simons). Nieuwkoop: B. Le Groat.
- 해설: 그는 네덜란드 재세례파(Anabaptists)의 초창기 리더였다. 그의 설교 영향으로 그 교파의 이름이 '메노나이트'(Mennonites)로 바뀌게 되었다. 교회의 영웅이다.

Houghton, Frank
1954 『도나버의 에이미 카마이클』(Amy Carmichael of Dohnavur). London: Society for the Propagation of Christian Knowledge.
- 해설: 인도로 간 선교사 여걸이다. 신앙의 깊이를 더하는 개신교 영성 모델이다. 멘토링을 받고서 차례로 다른 사람들을 멘토링해 주었던 훌륭한 본을 보여준다.

Howard, Philip Eugene
1944 『찰스 겔로드 트럼불: 승리하는 삶의 사도』(Charles Galaudet Trumball: Apostle of the Victorious Life). Philadelphia: Sunday School Times.

Hunter, J. H.
1961 『불꽃: R.V. 빙험의 삶과 사역』(A Flame of Fire: The Life and Work of R.V. Bingham). Scarborough, Ontario: Sudan Interior Mission.
- 해설: 선교사 영웅이다.

Jones, Nard
1959 『위대한 계명: 마르쿠스와 나르시사 휫트만 그리고 미국 오레곤 주 개척자 이야기』(The Great Command: The Story of Marcus and Narcissa Whitman and the Oregon Country Pioneers). Boston: Little.

Kerr, J. Lennox
1959 『윌드레드 그렌펠: 그의 삶과 사역』(Wildred Grenfell: His Life and Work). New York: Dodd.

Kinnear, Angus
1973 『세상 풍조를 거슬러』(Against The Tide). Wheaton: Tyndale House.

- 해설: 중국인 목회자이며 선교회 대표였던 워치만 니(Watchman Nee)의 생애에 대한 책이다. 그리스도와 연합하는 삶의 영성을 보여준다.

Lennox, Cuthbert
1902 『뉴기니아의 제임스 찰머스』(*James Chalmers of New Guinea*). London: Melrose.
- 해설: 선교사 영웅이다.

Livingstone, W. P.
1915 『칼라바르의 메리 슬레소르: 개척자 선교사』(*Mary Slessor of Calabar: Pioneer Missionary*) London: Hodder and Stoughton.
- 해설: 선교사 여걸이다.

Mackie, Robert
1965 『비범한 평신도: 존 R. 모트』(*Laymen Extraordinary: John R. Mott, 1865-1955*) New York: Association.
- 해설: 선교 지도자이다.

Martin, Roger
1976 『R.A. 토레이: 확신에 찬 사도』(*R. A. Torrey: Apostle of Certainty*). Murfreesboro, TN: Sword of the Lord.

McQuilkin, Marguerite
1956 『항상 승리하는 삶』(*Always in Triumph*). Columbia, S. C.: Bible College Bookstore.
- 해설: 영성의 개신교 모델이다. 그는 미국 컬럼비아신학교(Columbia Bible College)의 설립자이다.

바실 밀러(Miller, Basil)
1943 *Praying Hyde*. Grand Rapids: Zondervan.
(『기도로 매일 기적을 체험한 사람』 규장, 2008)
- 해설: 기도의 능력을 발견한 인도 선교사이다. 중보기도에 초점을 맞춘 영성 모델을 보여준다.

Miller, Basil
1948 『윌프레드 그렌펠, 래브라도 개썰매이 의사』(*Wildred Grenfell, Labrador's Dogsled Doctor*). Grand Rapids: Zondervan.
- 해설: 선교사 영웅이다.

윌리엄 무디(Moody, William R.)
1900 *The Life of Dwight L. Moody*. New York: Fleming H. Revell.

(『무디의 삶』 도서출판 두란노, 1997)
- 해설: 미국인 목회자/전도자 영웅이다.

Neely, Lois
1980 『이 산으로 오르라: 클래런스 W. 존스와 HCJB의 기적』(Come Up to This Mountain: The Miracle of Clarence W. Jones and HCJB). Wheaton: Tyndale.
- 해설: 에콰도르의 중요한 크리스천 라디오 방송국 설립자이다.

Northcott, Cecil
1973 『데이비드 리빙스턴: 그의 승리, 쇠퇴, 그리고 쓰러짐』(David Livingstone: His Triumph, Decline, and the Fall). Philadelphia: Westminster.
- 해설: 선교사 개척자 영웅이다.

Northcott, Cecil
1973 『로버트 모팻: 아프리카 선교의 개척자』(Robert Moffat: Pioneer in Africa, 1817-1870). London: Lutterworth.
- 해설: 선교사 영웅이다.

Palau, Luis
1980 『루이스 팔라우의 생애』(The Luis Palau Story). Old Tappan, NJ: Revell.
- 해설: 전 세계적으로 사역하는 남미 출신의 복음 전도자이다.

Paton, William
1922 『알렉산더 더프: 선교사 교육의 개척자』(Alexander Duff: Pioneer of Missionary Education). New York: Doran.
- 해설: 선교사 영웅이다.

Peterson, William J.
1967 『내 위에 있는 또 하나의 손: 아프리카 내지선교회의 칼 벡크 박사의 이야기』(Another Hand on Mine: The Story of Dr. Carl K. Becker of Africa Inland Mission). New York: McGraw-Hill.
- 해설: 선교사 영웅이다.

Pierson, A. T.
1972 『브리스톨의 조지 뮬러』(George Muller of Bristol). London: Pickering and Inglis.
- 해설: 형제회 운동의 초창기 크리스천 사역자이다. 하나님을 신뢰하는 것에 대한 큰 영감을 준다.

Pike, Eunice V.
1981 『켄 파이크: 학자와 크리스천』(Ken Pike: Scholar and Christian). Dallas: Summer Institute of Linguistics.
• 해설: 선교사 영웅이며 위클리프 성경 번역 선교회와 하계언어훈련학교의 충실한 사역자이다.

Pollock, J. C.
1976 『허드슨 테일러와 마리아: 중국 선교의 개척자』(Hudson Taylor and Maria: Pioneers in China). Grand Rapids: Zondervan.
• 해설: 선교사 영웅이며 허드슨 테일러에 관한 새로운 장르의 책이다.

Ransford, Oliver
1978 『데이비드 리빙스턴: 암흑의 아프리카 내륙』(David Livingstone: The Dark Interior). New York: St. Martins.
• 해설: 개척자 선교사 영웅이다.

Richards, Thomas Cole
1906 『사무엘 밀즈, 선교사 길잡이, 개척자, 그리고 주창자』(Samuel J. Mills, Missionary Pathfinder, Pioneer and Promotor). Boston: The Pilgrim Press.
• 해설: 다수의 크리스천 단체와 운동의 설립자이다. 크리스천 단체의 영웅이다.

Rohrer, Norman B. and Deyneka, Peter, Jr.
1975 『다이나마이트 피터: 피터 데이네카의 이야기 - 러시아 선교사』(Peter Dynamite: The Story of Peter Deyneka - Missionary to the Russian World). Grand Rapids: Baker.
• 해설: 선교 기관인 슬라브 복음 선교회의 설립자이며 선교사 영웅이다.

Schaeffer, Edith
1981 『융단: 프란시스와 이디스 쉐퍼의 삶과 시대』(The Tapestry: the Life and Times of Francis and Edith Schaeffer). Waco: Word Books.
• 해설: 당대의 동시대 모델이다.

Skinner, Betty Lee
1974 『도스: 네비게이토 선교회 설립자, 도슨 트로트맨의 이야기』(Daws: The Story of Dawson Trotman, Founder of the Navigators). Grand Rapids: Zondervan.
• 해설: 네비게이토 선교회를 시작한 제자훈련자 멘토이다.

Spink, Kathryn
1982 『사랑의 기적: 캘커타의 마더 테레사』(The Miracle of Love: Mother Teresa of Calcutta). New York:

Harper and Row, 1982.
- 해설: 가톨릭 영성을 행동으로 옮긴 동시대 모델이다.

하워드 테일러 (Taylor, Howard)
1960 *Hudson Taylor's Spiritual Secret*. Chicago: Moody.
(『허드슨 테일러의 생애』 생명의 말씀사, 1992)
- 해설: 선교사 영웅이며 개신교 영성 모델로서 그리스도와 연합하는 삶을 경험한 그의 간증을 알려준다.

Taylor, Mrs. Howard
1960 『존과 베티 스탬의 승리』(*The Triumph of John and Betty Stam*). Philadelphia: China Inland Mission.
- 해설: 중국에서 순교한 선교사 영웅과 여걸이다.

Thompson, A. E.
1920 『A. B. 심슨의 생애』(*The Life of A.B. Simpson*). New York: Christian Alliance Publishing.
- 해설: 얼라이언스 C & MA(The Christian and Missionary Alliance)의 창설립자이며 개신교 영성 모델이다.

Upham,
1984 『귀용 부인의 이야기』(*The Story of Madame Guyon's Life*). Augusta, GA: Christian Books.
- 해설: 귀용 부인은 1600년대 후반과 1700년대 초기 프랑스에서 살았다. 그녀는 많은 사람들에게 영적 안내자와 상담자였다.

Weinlick, John R.
1956 『진젠도르프 백작』(*Count Zinzendorf*). Nashville: Abingdon.
- 해설: 위대한 크리스천 운동들 가운데 하나를 일으켰으며 경건성의 모델이다.

헬렌 웨셀 (Wessel, Helen)
1977 *The autobiography of Charles G. Finney*. Minneapolis: Bethany Fellowship.
『찰스 피니의 자서전』 생명의 말씀사, 2000.
- 해설: 1800년대 중반에 강력한 영향력을 끼친 전도자/교육자이다.

Whitney, Janet
1972 『엘리자베스 프라이, 퀘이커교의 여걸』(*Elizabeth Fry, Quaker Heroine*). New York: B. Blom.

Wilson, J. Christy
1970 『불 같은 선지자: 사무엘 즈웨머의 이야기』(*Flaming Prophet: The Story of Samuel Zwemer*). New York: Friendship.
- 해설: 영감을 주는 선교사 영웅이다.